U0692770

中華書局校刊

聚珍仿宋版

十三經注疏

二十

爾雅注疏

中華書局

爾雅注疏

四部備要

經部

上海中華書局據阮刻本校刊

桐鄉 陸費逵 總勘
杭縣 高時顯 吳汝霖 輯校
杭縣 丁輔之 監造

欽定四庫全書總目爾雅注疏十一卷

晉郭璞注宋邢昺疏璞字景純河東聞喜人官至弘農太守事蹟具晉書本傳昺有孝經疏已著錄案大戴禮孔子三朝記稱孔子教魯哀公學爾雅則爾雅之來遠矣然不云爾雅爲誰作據張揖進廣雅表稱周公著爾雅一篇（案經典釋文以揖所稱一篇爲釋詁）今俗所傳三篇（案漢志爾雅三卷此三篇謂三卷也）或言仲尼所增或言子夏所益或言叔孫通所補或言沛郡梁文所考皆解家所說疑莫能明也於作書之人亦無確指其餘諸家所說小異大同今參互而考之郭璞爾雅注序稱豹鼠既辨其業亦顯邢昺疏以爲漢武帝時終軍事七錄載犍爲文學爾雅注三卷（案七錄久佚此據隋志所稱梁有某書亡知爲七錄所載）陸德明經典釋文以爲漢武帝時人則其書在武帝以前曹粹中放齋詩說曰（案此書今未見傳本此據永樂大典所引）爾雅毛公以前其文猶略至鄭康成時則加詳如學有緝熙于光明毛公云光廣也康成則以爲學于有光明者而爾雅曰緝熙光明也又齊子豈弟康成以爲猶言發夕也而爾雅曰豈弟發也薄言觀者毛

公無訓振古如茲毛公云振自也康成則以觀爲多以振爲古其說皆本於爾雅使爾雅成書在毛公之前顧得爲異哉則其書在毛亨以後（案詩傳乃毛亨作非毛萇作語詳詩正義條下）大抵小學家綴緝舊文遞相增益周公孔子皆依託之詞觀釋地有鶼鶼釋鳥又有鶼鶼同文複出知非纂自一手也其書歐陽修詩本義以爲學詩者纂集博士解詁高承事物紀原亦以爲大抵解詁詩人之旨然釋詩者不及十之一非專爲詩作揚雄方言以爲孔子門徒解釋六藝王充論衡亦以爲五經之訓故然釋五經者不及十之三四更非專爲五經作今觀其文大抵採諸書訓詁名物之同異以廣見聞實自爲一書不附經義如釋天云暴雨謂之涷釋艸云卷施艸拔心不死此取楚辭之文也釋天云扶搖謂之猋釋蟲云蒺藜蝍蛆此取莊子之文也釋詁云嫁往也釋水云瀵大出尾下此取列子之文也釋地四極云西王母釋畜云小領盜驪此取穆天子傳之文也釋地云東方有比目魚焉不比不行其名謂之鰈南方有比翼鳥焉不比不飛其名謂之鶼鶼此取管子

之文也又云邛邛岠虛負而走其名謂之蟨此取呂氏春秋之文也又云北方有比肩民焉迭食而迭望釋地云河出崑崙虛此取山海經之文也釋詁云天帝皇王后辟公侯又云洪廓宏溥介純夏幠釋天云春爲青陽至謂之醴泉此取尸子之文也釋鳥曰爰居雜縣此取國語之文也如是之類不可殫數蓋亦方言急就之流特說經之家多資以證古義故從其所重列之經部耳璞時去漢未遠如遂幠大東稱詩釗我周王稱逸書所見尚多古本故所注多可據後人雖迭爲補正然宏綱大旨終不出其範圍昺疏亦多能引證如尸子廣澤篇仁意篇皆非今人所及睹其犍爲文學樊光李巡之注見於陸氏釋文者雖多所遺漏然疏家之體惟明本注注所未及不復旁搜此亦唐以來之通弊不能獨責於昺惟既列注文而疏中時復述其文但曰郭注云云不異一字亦更不別下一語殆不可解豈其初疏與注別行歟今未見原刻不可復考矣

爾雅注疏校勘記序

阮元撰盧宣旬敬錄

爾雅一書舊時學者苦其難讀今則三家村書塾尠不讀者文教之盛可云至矣爾雅注郭氏後出不必精審而從前古注之散見者通儒多愛惜攈拾之若近日寶應劉玉麐武進臧庸皆采輯成書可讀邢昺作疏在唐以後不得不綷唐人語爲之近者翰林學士邵晉涵改弦更張別爲一疏與邢並行時出其上顧邢書列學官已久士所共習而經注疏三者皆譌舛日多俗閒多用汲古閣本近年蘇州翻版尤劣元搜訪舊本於唐石經外得明吳元恭仿宋刻爾雅經注三卷元槧雪牕書院爾雅經注三卷宋槧爾雅邢疏未附合經注者十卷皆極可貴授武進監生臧庸取以正俗本之失條其異同纖悉畢備元復定其是非爲爾雅注疏校勘記六卷（上中下三卷各分上下卷）後之讀是經者於此不無津梁之益陸德明經典釋文此經爲最詳仍別爲校訂譌字不依注疏本與經注相淆若夫爾雅經文之字有不與經典合者轉寫多岐之故也有不與說文解字合者說文於形得義皆本字本義爾雅釋經則假借特多其用本字本義少也此必

治經者深思而得其意固非校勘之餘所能盡載矣阮元記

引據各本目錄

單經本

唐石經爾雅三卷首載郭序每卷標篇目下題郭璞注每行十字卷上釋詁第一釋言第二釋訓第三釋親第四卷中釋宮第五釋器第六釋樂第七釋天第八釋地第九釋丘第十釋山第十一釋水第十二卷下釋草第十三釋木第十四釋蟲第十五釋魚第十六釋鳥第十七釋獸第十八釋畜第十九大致與今本同非特較陸氏釋文迥然不侔即與邢疏本亦有異如釋天石經作析木謂之津而邢本作析木之津云定本有謂字因注誤釋地石經作下者曰溼而邢本作下者曰濕云本作溼誤舉此如今本承石經之誤者多矣

國朝石經考文提要爾雅一卷乾隆五十六年校刊石經據宋元舊刻多所訂正尚書彭元瑞撰輯此篇每經爲一卷

經注本

明吳元恭仿宋刻爾雅經注三卷嘉靖十七年秋七月東海吳元恭校刊有後序每葉十六行每行十七字卷首標目同唐石經卷末總計經若干字注若干字間有一二小誤絕無私意竄改處不附釋文而郭注中之某音某完然無闕爲經注本之最善者必本宋刻無疑今以此爲據間參用陳本以證其同陳本者明陳深十三經解詁本也較此多印合而微有刪改處如釋詁注云其餘義皆通見詩書陳本作其餘義見詩書嗟咨嗟也注云音兗罝陳本刪此三字不若吳本之可據也今作校勘記以此本爲據凡摘書經注皆用此本凡札記經注云此本者謂此也

元槧雪牕書院爾雅經注三卷無年代可考首署雪牕書院校正新刊八字故稱雪牕本字體與唐石經同每葉二十行每行

經十九字注二十六字注下連附音切於本字上加圈爲識較諸注疏本獨爲完善釋畜騋牝驪牝與經義雜記合釋蟲注蠠蠶桑樹與釋文合而今本釋文亦誤若女桑桋桑之作姨四蹢皆白首之作騚釋草注音繾綣之作音丘阮皆其私改又不可不知者然較之俗所行郎奎金鍾人傑等刊本則遠勝之矣郎鍾等本隨意增刪竄易更不可據

單疏本

宋槧爾雅疏十卷宋史藝文志玉海皆十卷俗本注疏分十一卷非卷一釋詁卷二釋詁下卷三釋言卷四釋訓釋親卷五釋宮釋器釋樂

卷六釋天卷七釋地釋丘釋山釋水卷八釋草卷九釋木釋蟲釋魚卷十釋鳥釋獸釋畜每卷卷標目首署邢氏名銜每葉三十行每行三十字或多少一字經注或載全文或標起止皆空一格下稱釋曰此當脫胎北宋本中有明人刊補者最劣今作校勘記以此本爲據凡摘書疏本皆用此本凡札記疏文云此本者謂此也

注疏本

元槧爾雅注疏十一卷卷一釋詁分上中下卷二釋言分卷下卷三釋訓釋訓下釋親卷四釋宮釋器下釋器卷五釋樂釋天下釋天

卷六釋地釋丘卷七釋山釋水卷八釋草分卷下卷九釋木下釋木釋蟲卷十釋魚釋鳥下釋鳥卷十一釋獸釋畜分卷極無理閩本正襲此每葉十八行經每行二十字注及疏低一格亦每行二十字經下載注雙行不標注字疏標陰文疏字內多明人補刻板其佳者往往與單疏本雪牕本印合而訛

字極多不勝指摘今第取其是者及與閩監毛三本有相涉者證其同異云

明閩本爾雅注疏十一卷明嘉靖間閩中御史李元陽刊分卷及疏文脫落處悉與元板同知此本出於元板也其佳者多與單疏本元本合而增補之字多不得當剜擠之痕灼然可考監毛本則照此排勻矣每半葉九行每行經二十一字注及疏低一格每行二十字經下載注單行居中標陰文注字分經注疏爲大中小三等字

明監本爾雅注疏十一卷萬曆二十一年刊每卷首署皇明朝列大夫國子監祭酒臣曾朝節司業臣周應賓等奉勑重較刊皇明朝列大夫國子監祭酒臣吳士玉承德郎司業仍加俸一級臣黃錦等奉旨重修行數字數與閩本同惟分印吾台予以下爲釋詁下餘篇不分上下注用小字單行偏右較閩本爲完舊誤字亦較毛本爲少

明汲古閣毛本爾雅注疏十一卷崇禎庚辰古虞毛晉刊經注疏亦分大中小三等字合釋詁爲一篇其餘行款與監本同此世所通行者而錯誤極多

國朝浦鏜爾雅注疏正誤三卷嘉善浦鏜撰據毛本及他書徵引之文以意參校其所改正之字多未可信

國朝惠棟爾雅注疏校本十一卷元和惠棟校本多以說文釋文唐石經等訂俗本之譌

國朝盧文弨爾雅注疏校本十一卷餘姚盧文弨校本以釋文及衆家說參校

經典釋文

明葉林宗影抄宋本經典釋文爾雅音義共二卷上中一卷下一卷

國朝盧文弨爾雅音義考證二卷盧文弨撰

珍倣宋版印

爾雅疏敘

翰林侍講學士朝請大夫守國子祭酒上柱國賜紫金魚袋臣邢昺等奉

敕校定

夫爾雅者先儒授教之術後進索隱之方誠傳注之濫觴爲經籍之樞要者也

夫混元闢而三才肇位聖人作而六藝斯興本乎發德於衷將以納民於善洎夫醇醨既異步驟不同一物多名繫方俗之語片言殊訓滯今古之情將使後生若爲鑽仰繇是聖賢間出詁訓遞陳周公倡之於前子夏和之於後蟲魚草木爰自爾以昭彰禮樂詩書盡由斯而紛郁然又時經戰國運歷挾書傳授之徒寖微發揮之道斯寡諸篇所釋世罕得聞惟漢終軍獨深其道豹鼠既辨斯文遂隆其後相傳乃可詳悉其爲注者則有犍爲文學劉歆樊光李巡孫炎雖各名家猶未詳備惟東晉郭景純用心幾二十年注解方畢甚得六經之旨頗詳百物之形學者祖焉最爲稱首其爲義疏者則俗閒有孫炎高璉皆淺近俗儒不經師匠今既奉

敕校定考案其事必以經籍爲宗理義所詮則以景純爲主雖復研精覃思尚慮學淺意疏謹與尚書駕部員外郎直祕閣臣杜鎬尚書都官員外郎祕閣校理臣舒雅大常博士直集賢院臣李維諸王府侍講大常博士兼國子監直講臣孫奭殿中丞臣李慕清大理寺丞國子監直講臣王煥大理評事國子監直講臣崔偓佺前知洺州永年縣事臣劉士玄等共相討論爲之疏釋凡一十卷雖上遵睿旨共竭於顓蒙而下示將來尚慚於疏略謹敘

爾雅疏。卷第一

翰林侍講學士朝請大夫守國子祭酒上柱國賜紫金魚袋臣邢昺等奉

勑校定

爾雅序 **疏** 釋曰爾雅者釋文云所以訓釋五經。辨章同異實九經之通路百氏之指南多識鳥獸草木之名博覽而不惑者也爾近也雅正也言可近而取正也釋詁一篇蓋周公所作釋言以下或言仲尼所增子夏所足叔孫通所益梁文所補張揖云昔在周公纘述唐虞宗翼文武克定四海勤相成王踐阼理政日昃。不食坐而待旦德化宣流越裳來貢嘉禾貫桑六年制禮以導天下著爾雅一篇以釋其義傳乎後學歷載五百墳典散落唯爾雅常存禮三朝記哀公曰寡人欲學小辯以觀於政其可乎孔子曰爾雅以觀於古足以辯言矣春秋元命包言子夏問夫子作春秋不以初哉首基爲始何是以知周公所造也率斯以降超絕六國越踰秦楚爰暨帝劉魯人叔孫通撰置禮記文不。違古今俗所傳三篇爾雅或言仲尼所增或言子夏所益或言叔通所補或言沛郡梁文所著皆解家所說先師口傳既無正驗聖人所言是故疑不足能明也夫爾雅。之爲書也文約而義固其陳道也精研而無誤真。九經之檢度學問之階路儒林之楷素也序與緒。音義同釋詁云敘緒也言己注述之由敘陳此經之旨若繭之抽緒耳孔子作書序子夏作詩序故郭氏亦謂之序序之大指凡有五焉初自夫爾雅者至辨同實而殊號者也明此書之用也二自誠九流之津涉至擒翰者之華苑也言爲羣經之樞要也三自若乃至莫近於爾雅言其博物他書不之過也四自爾雅者至其業亦顯明其與隆之時也五自英儒贍聞之士。至序末。總序己所以作注之意也今各依文解之

夫爾雅者所以通詁訓之指歸敘詩人之興詠總絕代之離詞辯同實而殊號。者也 **疏**

夫。爾。雅。至。同。實。而。殊。號。者。也。○釋。曰此明其用也夫者發語辭亦指示語指此爾雅者所以通詁訓之指歸也詁古也通古今之言使人知也訓道也道物之貌以告人也指歸謂指意歸鄉也言此書所以通暢古今之言訓道百物之貌使人知其指意歸鄉也若言初哉首基者其指歸在始也若言番番矯矯者其指歸在勇也略舉一隅他皆放此云敘詩人之興詠者敘次也鄭玄注周禮大司樂云興者以善物喻善事又注大師云興者見今之美嫌於媚諛取善事以喻勸之鄭司農云興者託於事物詞者永言也故舜典云歌永言孔注云歌詠其義以長其言又詩序云言之不足故嗟嘆之嗟嘆之不足故永歌之斯皆詩人所爲此書能次敘之故言敘詩人之興詠也若言雍雍喈喈以興民協服也其虛其徐以詠威儀容止也如此之類皆是案爾雅所釋偏解六經而獨云敘詩人之興詠者以爾雅之作多爲釋詩故毛公傳詩皆據爾雅謂之詁訓傳亦此意也云總絕代之離詞者總聚也絕代猶遠代也離詞猶異詞也郭璞敘方言云標六代之絕語類離詞之指韻亦猶此也以其六代絕遠四方乖越故今古語異夷夏詞殊此書能總聚而釋之使人知也若其繹又祭也周曰繹商曰肜夏曰復胙及注引方言之類是也云辯同實而殊號者也者辯謂辯別。凡物雖殊其號而同一實者此書辯之若繴謂之罿罿罬也罬謂之罦罦覆車也又釋草云唐蒙女蘿女蘿菟絲注云別四名如此之類是也

誠九流之津涉六藝之鈐鍵學覽者之潭奧摛翰者之華苑也鍵音件摛音癡

【疏】誠九至苑也○釋曰此明其樞要也云誠九流之津涉者誠實也九流者敘六藝爲九種言於六經若水之下流也津涉者濟渡之處名言九流之多非此書無以通喻九河之廣非津涉無以渡案漢書藝文志云儒家者流五十三家八百三十五篇蓋出於司徒之官助人君順陰陽明教化者也游文於六經之中留意於仁義之際祖述堯舜憲章文武宗師仲尼以重其言於道最爲高孔子曰如有所譽其有所試唐虞之隆殷周之盛仲尼之業已試之效者也然惑者既失精微而僻者又隨時抑揚違離道本苟以譁衆取寵後進。循之是以五經乖析儒學寖衰此僻儒之

患也道家者流三十七家九百九十三篇蓋出於史官歷記成敗存亡禍福古今之道然後知秉要執本清虛以自守卑弱以自持此人君南面之術也合於堯舜之克讓易之嗛嗛一謙而四益此其所長也陰陽家者流二十一家二百六十九篇蓋出於羲和之官敬順昊天曆象日月星辰敬授民時此其所長也法家者流十家二百一十七篇蓋出於理官信賞必罰以輔禮制易曰先王以明罰飭法此其所長也名家者流七家三十六篇蓋出於禮官古者名位不同禮亦異數孔子曰必也正名乎名不正則言不順言不順則事不成此其所長也墨家者流六家八十六篇蓋出於清廟之官茅屋采椽是以貴儉養三老五更是以兼愛選士大射是以上賢宗祀嚴父是以右鬼順四時而行是以非命以孝視天下是以上同此其所長也縱横家者流十二家百七篇蓋出於行人之官孔子曰誦詩三百使於四方不能專對雖多亦奚以為又曰使乎使乎言其當權事制宜受命而不受辭此其所長也雜家者流二十家四百三篇蓋出於議官兼儒墨合名法知國體之有此見王治之無不貫此其所長也農家者流九家百一十四篇蓋出於農稷之官播百穀勸耕桑以足衣食故八政一曰食二曰貨孔子曰所重民食此其所長也此九流之大旨也云六藝之鈐鍵者案漢書藝文志六藝謂易書詩禮樂春秋六經也凡六藝一百三家三千一百二十三篇說文云鈐。鑃。也方言云戸鑰自關之東陳楚之間謂之鍵小爾雅云鍵謂之鑰言此書為六藝之鑰鑰必開。通之然後得其微旨也故云六藝之鈐鍵也云學覽者之潭奧者潭淵也室中西南隅謂之奧言隱奧也此書釋二儀之形象載八表之昏荒雖博學廣覽之士莫能究淵深隱奧故云學覽者之潭奧也云摛翰者之華苑也者言此書森羅萬有純粹六經摛文染翰之士。足以擬其英華若園苑然故云華苑也

若乃可以博物不惑多識於鳥獸草木之名者莫近於爾雅

疏若乃至爾雅○釋曰此言其博物也云若乃者因上起下語上既言其功用此復美其博物故云若乃既可以博釋庶物又能多識。辨於鳥獸草木之莫者莫近於爾雅言爾雅最近之。又案公羊傳說春秋功德云撥亂世反諸正名

近。諸春秋何休云莫近猶莫過之也然則博物多識他書亦莫過於爾雅也

爾雅者蓋興於中古隆於漢氏豹鼠既辯。其業亦顯

疏 爾雅至亦顯○釋曰此言興隆之時也云蓋興於中古者爾雅之作經傳莫言其人及時世但相傳云周公作之以教成王無正文故云蓋以疑之經典通以伏犧爲上古文王爲中古孔子爲下古周公文王子父統子業周公亦可。言中古故云蓋興於中古云隆於漢氏者以夫子沒後書紀散亡戰國陵。遲嬴秦燔滅則此書亦從而墜矣洎乎漢氏御宇旁求典籍除挾書之律開獻書之路此書亦從而隆矣故。曰隆於漢氏也云豹鼠既辯其業亦顯者謂漢武帝時孝廉郎終軍既辯豹文之鼠人服其博物故爭相傳授爾雅之業於是遂顯言不但興行兼亦廣顯故云亦也

英儒贍聞之士洪筆麗藻之客靡不欽玩耽味爲之義訓璞不揆檮昧少而習焉沈研鑽極二九載矣雖注。者十餘然猶未詳備並多紛謬有所漏略是以復綴集異聞會稡舊說考方國之語采謠俗之志錯綜樊孫博關羣言剟其瑕礫搴其蕭稂事有隱滯援據徵之其所易了闕而不論別爲音圖用祛。未寤輒復擁篲清道企望塵躅者以將來君子爲亦有涉乎此也

○贍時豔反璞音朴檮音桃少時照切會古外切稡子外切剟音掇礫音歷搴音僊稂音郎易以豉切了音療篲似稅切企丘豉切躅音逐

疏 英儒至序末○釋曰此言己所以作注之意也云英儒贍聞之士者案禮。辯名記德過千人曰英儒者柔也能以德柔服人也贍多也士者有德之稱言英俊通儒多聞之士也云洪筆麗藻之客者洪大也麗美也藻水。草也有文以喻人之文章言大有詞筆美於文章之客也云靡不欽玩耽味爲之義訓者靡無也欽玩猶敬愛也耽味猶樂嗜也言英儒等無不敬愛此書如耽廣樂嗜嘉肴然

故曰耽味而爲之義理訓解謂作注也云璞不揆檮昧少而習焉者此自謙也揆度也檮謂檮杌無知之貌昧謂闇也郭氏言己不度其無知闇昧自少小而習此書焉云沈研鑽極二九載矣者此言用。功深不敢苟爲注解也謂深沈研覈鑽求窮極凡十八載故云二九載矣云雖。注者十餘然猶未詳備者言作注者。雖十有餘家猶尚未能精詳具備十餘家者陸德明敘錄犍爲文學注。二卷劉歆注三卷樊光注六卷李巡注三卷孫炎注三卷爲此五家而已又五經正義援引有某氏謝氏顧氏今郭氏言十餘者典籍散亡未知誰氏或云沈旋施乾謝。嶠顧野王者非也此四家。存郭氏之後故知非也云並多紛謬有所漏略者言十家所注並多紛紜錯。繆若孫叔然覭髳茀離字別爲義是紛繆也其所難解則全不入根節是漏略也云是以復綴集異聞會稡舊說者是以綴者因前起後語因前十家所注紛繆漏略起己作注之意故言是以對前已有注故云復綴集謂聯綴聚集異聞者注所引六經子史之類是也會稡者廣雅云會收也稡聚也舊說謂十家所說也雖不能盡善亦時有可觀其所善者則收聚用之也云考方國之語者考成也四方之國言語不同有所通釋者則援引考成之注引方言是也云采謠俗之志者采取也徒歌謂之謠案漢書地理志云好惡取舍動靜亡常隨君上之情欲故謂之俗但童謠嬉戲之言及俗。閑有所記志可以通此書者亦采用之若楥櫙注引齊人諺曰上山斫檀楥櫙先殫。蟰蛸注云俗。呼爲喜子之類是也云錯綜樊孫者謂交錯綜聚樊光孫炎二家之注取其理長者用之云博關羣言者關通也羣言謂子史及小說也言非但援引六經亦博通此子史等以爲注說也云剟其瑕礫搴其蕭稂者此喻己作注去惡取善也剟其瑕礫以玉石喻也剟削。也。削去其。疵瑕瓦礫以取瑾瑜也搴其蕭稂以禾莠喻也搴拔也蕭蒿也稂童粱莠類也拔去其蕭蒿稂莠以存其嘉禾也云事有隱滯援據徵之者援引也徵成也若事有隱奧滯泥者則援引經據以證成之也云其所易了闕而不論者謂通見詩書不難曉了者則不須援引故闕而不論也云別爲音圖用袪未寤者謂注解之外別爲音一卷圖贊二卷字形難識者則審音以知之物狀難辯者則披圖以別之用此音圖以袪除未曉寤者故云用祛未寤也云輒復擁篲清道企望塵躅者此郭氏自問也擁手持也篲帚也清道謂清絜道塗也企望者企踵而瞻望也塵躅者塵路躅跡也言己注此書若人持帚以清道企踵而望其芳塵美跡所以然者何謂是自問也云以將來君子爲亦有涉乎此也者此。自荅也言己注此書非他以爲將來有德君子之爲必欲研覈百氏探討九流非爾雅不可必涉歷此途若其注釋未備則恐迷誤後人作注之由良爲此也

爾雅卷。上

疏 釋曰上者對中下生名直以簡編重多分爲上中下三卷無義例也

郭。璞注。

疏 郭璞字景純河東人東晉弘農太守著作郎注者著也解釋經指使義理著明也亦言己注意以釋此書也詩書謂之傳者傳傳也博識經意傳示後人也此皆其人自題故或言傳或言注無義例也

釋詁第一

疏 釋曰釋解也詁古也古今異言解之使人知也釋言則釋詁之別故爾雅敘篇云釋詁釋言通。古今之字古與今異言也第次也一數之始也以其作最在先故爲第一此篇相承以爲周公作但其文有周公後事故先儒共疑焉或曰仲尼子夏所增足也或曰當周公時有之今無者或在散亡之中然則詩書所有非周公所釋乃後人依放故言雅記而爲之文故與之同郭氏因即援據以成其義若言胡不承權輿及緇衣之蓆兮此秦康鄭武之。詩在周公之後明矣其義猶今爲文採摭故事以爲辭耳則此篇所載悉周公時所有何足怪也其諸篇所次舊無明解或以爲有親必須宮室宮室既備事資器用今謂不然何則造物之始莫先兩儀而樂器居天地之先豈天地乃樂器所資乎蓋以先作者居前增益者處後作非一時故題次無定例也其篇之名義逐篇具釋此不繁言此書之作以釋六經之言而字別爲義無復章句今而作疏亦不分科段所解經文若其易了及郭氏未詳者則闕而不論其稍難解則援引經據及諸家之說以證之郭氏之注多采經記若其通見可曉者則但指篇目而已而或書名僻異義旨隱奧者則具載彼文以祛未寤者耳

初哉首基肇祖元胎俶落權輿始也 尚書曰三月哉生魄詩曰令終有俶又曰俶載南畝又曰訪予落止又曰胡不承權

輿。胚胎未成亦物之始也其餘皆義之常行者耳此所
以釋古今之異言通方俗之殊語○肇音兆俶昌叔切
【疏】初哉至始也○釋曰
皆初初始之異名也初
者說文云從衣從刀裁衣之始也哉者。古文。作才。說文云才草木之初也以聲
近借爲哉始之哉首者頭也首之始也基者說文云牆始築也肇者說文作肁。
始開也祖者宗廟之始也元者善之長也長即始義胎者人成形之始也俶者
動作之始也落者木葉隕墜之始也權輿者天地之始也天圓而地方因名云
此皆造字之本意也及乎詩書雅記所載之言則不必盡取此理但事之初始
俱得言焉他皆倣此【注】尚書至殊語○釋曰云尚書曰三月哉生魄者康誥文
云詩曰令終有俶者大雅既醉文又曰俶載南畝者周頌載芟文又曰訪予落
止者周頌訪落文又曰胡不承權輿者秦風權輿文云胚胎未成亦物之始也
者說文云胚婦孕一月也胎婦孕三月也然則尚未成形而爲形之始故曰胚
胎未成亦物之始物一則形也云其餘皆義之常者耳者謂初首基肇祖元也通
見詩書故曰義之常行云此所以釋古今之異言通方俗之殊語者。楊雄說方
言云皆古今語也初別國不相往來之言也今或同而舊書雅記故俗語不失
其方而後人不知故爲之作釋也
郭彼注云謂作釋詁釋言是也

林烝天帝皇王后辟公侯君也

詩曰有壬有
林又曰文王
烝哉其餘義皆通見
詩書○辟并亦反
【疏】林烝至君也○釋曰皆天子諸侯南面之君異稱也白
虎通云君羣也羣下之所歸心也林者說文云平地有
叢木曰林烝者左傳云天生烝民樹之以君而司牧之然則人物之衆必立君
長以司牧之故以林烝爲君也天者說卦云乾爲天爲君以其俱尊極故也大君
雅皆謂君爲天是也帝皇者白虎通云德合天地者稱帝帝者諦也象可承也王者
皇美也大也天之總美大稱也時質故總稱之號之爲皇煌煌人莫違也王者
往也天下所歸往說文云后者繼體君也象人之形施令以告四方故后之從
一口發號者君后也辟者法也爲下所法則也公者通也公正無私之意也侯
者候也候逆順也天帝皇王惟謂天子公侯惟謂諸侯餘皆通稱【注】詩曰至詩
書○釋曰云詩曰有壬有林者小雅賓之初筵文又曰文王烝哉者大雅文王

有聲文云其餘義皆通見詩書者謂天帝皇王后辟公侯皆義之常行故不備引

弘廓宏溥介純夏幠厖墳嘏丕弈洪誕戎駿假京碩濯訏宇穹壬路淫甫景廢壯冢簡箌昄晊將業席大也

詩曰我受命溥將又曰亂如此幠爲下國駿厖湯孫奏嘏王公伊濯訏謨定命有壬有林厥聲載路既有淫威廢爲殘賊爾土宇昄章緇衣之席兮廓落宇宙穹隆至極亦爲大也箌義未聞尸子曰此皆大有十餘名而同一實○幠音呼厖亡江切誕音但訏音吁箌音罩昄蒲板切晊之日切

疏弘廓至大也○釋曰此皆廣大之異言也弘者含容之大也周書洛誥云武王弘朕恭廓者方言云張小使大謂之廓宏者書曰若保宏父介者方言云東齊海岱之間謂之介純者魯頌閟宮云天錫公純嘏夏者方言云自關而西秦晉之間凡物之壯大而愛偉之謂之夏厖者深之大也墳嘏者方言云墳地大也青幽之間凡土而高且大者謂之墳秦晉之間凡物壯大謂之嘏丕者書云嘉乃丕績弈者詩大雅韓弈云弈弈梁山洪者書大誥云延洪惟我幼沖人誕者大雅生民云誕彌厥月戎者方言云宋魯陳衛之間謂之嘏或曰戎京碩濯訏者秦晉之間凡人大謂之奘燕之北鄙齊楚之郊或曰京齊宋之間曰碩荊吳揚甌之郊曰濯中齊西楚之間曰訏此皆謂大方俗之殊語也甫者詩齊風云無田甫田景者周頌潛篇云以介景福壯者秦晉之間凡人大謂之奘或謂之壯冢者舍人曰冢封之大也大雅緜篇云乃立冢土簡者周頌執競云降福簡簡箌者郭云義未聞顧氏云都角切說文云草大也韓詩云箌彼圃田將者周頌云日就月將業者版之大也大雅靈臺云虡業維樅餘皆見注注詩曰至一實○釋曰詩云我受命溥將者商頌烈祖文又曰亂如此幠者小雅巧言文云下國駿厖者商頌長發文云湯孫奏嘏者商頌那篇文云王公伊濯者大雅文王有聲文云訏謨定命者大雅抑篇文云有壬有林者小雅賓之初筵文云厥聲載路者大雅生民文云既有淫威者周頌有客文云廢爲殘賊者小雅四月文云爾土宇昄章者大雅卷阿文云緇衣之席兮者鄭風緇衣文云廓落宇宙穹隆至極亦爲大也者廓落大

貌四方上下曰宇說文云宙舟輿所極也穹隆天之形也郭氏讀晊爲至故云至極是廓宇穹晊亦爲大也云尸子曰此皆大有十餘名而同一實者漢書藝文志云尸子二十篇注曰名佼魯人秦相商君師之鞅死佼逃入蜀案尸子廣澤篇云墨子貴兼孔子貴公皇子貴衷田子貴均列子貴虛料子貴別囿其學之相非也數世矣而己弇弇於私也天帝后皇辟公弘廓閎博介純夏幠冢晊昄皆大也十有餘名而實一也若使兼公虛均衷平易別囿一實也則無相非也以其數字皆訓爲大故引之也周公作詁必以始也君也大也居先者始者無先之稱君者至尊之號大則無所不包故先言之一曰此三者天也人也地也易乾卦云萬物資始坤卦云直方大老子云域中有四大王居其一焉故以此三者爲先乾坤相對之物而以地在人後者以人居天地之中且尊尚人君故進之自此。而下隨便卽言無義例也

幠厖有也二者又爲有也詩曰遂幠大東【疏】幠厖有也○釋曰二者又爲有言大有也成十六年左傳云生民敦厖言人生聚豐厚大有也〔注〕詩曰遂幠大東○釋曰魯頌閟宮文也案今詩本作遂荒此言遂幠者所見本異也或當在齊魯韓詩

迄臻極到赴來弔艐格戾懷摧詹至也齊楚之會郊曰懷宋曰。居詩曰先祖。于摧又曰六日不詹詹摧皆楚語方言云○極紀力切弔音的艐音宗摧昨雷切【疏】迄臻至至也○釋曰迄者自古至今也大雅生民云以迄于今臻者詩邶風泉水云遄臻于衛言疾至於衛也極者窮盡之至也樂記云及夫禮樂之極乎天而蟠乎地言禮樂之道上至於天下委於地也到者自遠而至也大雅韓奕云靡國不到赴者趨而至也雜記云凡赴於君來者自彼至我也春秋經曰祭伯來言至魯也弔者小雅天保云神之弔矣艐讀爲居屆屆格戾懷摧詹皆方俗語〔注〕齊楚至言云○釋曰云齊楚之會郊曰懷宋曰居者方言文云詩曰先祖于摧者大雅雲漢文又曰六日不詹者小雅采綠文云詹摧皆楚語方言云者案方言云。假音鵶。洛古格字懷摧詹戾艐古屆字至也邠唐冀兗之閒曰假或曰洛齊楚之會郊或曰懷摧詹戾楚語也艐宋語也皆古雅之別語也今則或同是也

如適之嫁徂逝往也

方言云自家而出謂之嫁猶女出爲嫁【疏】如適至往也○釋曰皆謂造於彼也如者自我而往也春秋公及大夫朝聘皆曰如之者論語云之一邦言又往一國也適嫁徂逝皆方俗語[注]方言至爲嫁○釋曰案方言云嫁逝徂適往也自家而出謂之嫁猶女而出爲嫁也逝秦晉語也徂齊語也適宋魯語也往凡語也

賚貢錫畀予貺賜也 皆賜與也○畀必寐切予羊汝切

【疏】賚貢至賜也○釋曰皆謂賜與也賚者賜有功善人也書湯誓曰予其大賚汝貢者下與上也左傳齊桓責楚云爾貢包茅不入錫者嘉賜也禹貢云禹錫玄圭畀者付與也詩鄘風干旄云何以畀之予者授與也小雅采菽云天子所予貺者惠賜也小雅彤弓云中心貺之

儀若祥淑鮮省臧嘉令類綝彀攻穀介徽善也 詩曰儀刑文王左傳曰禁禦不若詩曰永錫爾類我車既攻介人維藩大姒嗣徽音省綝彀未詳其義餘皆常語○鮮息淺切省先郢切令力政切綝勑金切彀古豆切

【疏】儀若至善也○釋曰皆謂美善也儀者形象之善也若者惠順之善也祥者李巡曰福之善也書泰誓云襲于休祥淑者有德之善也詩曹風鳲鳩云淑人君子鮮者清絜之善邶風新臺云籧篨不鮮省綝彀郭氏未詳臧者功能之善也詩齊風云射則臧兮嘉者美之善也詩大雅抑篇云無不柔嘉令者大雅卷阿云令問令望類者昭二十八年左傳云勤施無私曰類攻者堅緻之善穀者養生之善詩小雅小明云式穀以女介者大善也徽者美善也[注]詩曰至常語○釋曰詩曰儀刑文王者大雅文王篇文云左傳曰禁禦不若者左傳無全文案文十八年說四凶云投諸四裔以禦螭魅宣三年傳言鑄鼎象物故民入山林不逢不若蓋採合傳文故云禁禦不若也云詩曰永錫爾類者大雅既醉文云我車既攻者小雅車攻文云介人維藩者大雅板篇文云大姒嗣徽音者思齊文云餘皆常語者謂祥淑鮮臧嘉令穀書傳多有之故云皆常語

舒業順敘也 皆謂次敘

舒業順敘緒也 四者又爲端緒

【疏】舒業至緒也○釋曰敘謂次敘舒者展舒徐緩有次也業者事有次敘也順者不逆有敘也舒業順敘四者又爲端緒互相訓也

怡懌悅欣

衎喜愉豫愷康妉般樂也皆見詩○妉丁含切般盤樂洛疏怡懌至樂也○釋曰皆謂喜樂怡者和樂也小雅節南山云既夷既懌怡夷音義同懌者悅樂也商頌那篇云亦不夷懌悅者心樂也小雅都人士云我心不說悅說音義同欣者笑喜之樂也大雅鳧鷖云旨酒欣欣毛傳云欣欣然樂也衎者飲食之樂也小雅南有嘉魚云嘉賓式燕以衎喜者說文云不言而悅也小雅彤弓云中心喜之愉者安閑之樂也唐風山有樞云他人是愉毛傳云愉業也豫者逸樂也小雅白駒云逸豫無期愷者康樂也小雅魚藻云豈樂飲酒康者安樂也唐風蟋蟀云無以大康妉者樂之久也小雅鹿鳴云和樂且湛又衛風氓篇云無與士耽鄭箋云耽非禮之樂般者遊樂也周頌篇名也鄭箋云般樂也[注]皆見詩○釋曰按郭以爾雅之作多爲釋詩且詩中備有此文故云皆見詩其實六經之中所訓亦爾但以詩書之作作非一人故有音義雖同而字形蹐駮者詩文作湛耽而此作妉詩文作夷說豈原缺樂而此作怡悅愷般之類直以異人之作故不同爾無義例也他皆放此

悅懌愉釋賓協服也皆謂喜而服從疏悅懌至服也○釋曰皆謂喜而服從也悅懌愉者皆喜樂而服也釋者釋去恨怨而服也賓者懷德而服也旅獒云四夷咸賓協者和合而服也左傳曰謀其不協

遹遵率循由從自也自猶從也

遹遵率循也三者又爲循行○遹音聿疏遹遵至循也○釋曰自亦從也轉互相訓也遹者大雅緜篇云聿來胥宇遹聿音義同遵者周南汝墳云遵彼汝墳率者大雅緜篇云率西水滸循者顧命云率循大卞由者曲禮大夫士出入君門由闑右從者小雅何人斯云伊誰云從遹遵率三者又爲循行

靖惟漠圖詢度咨諏究如慮謨猷肇基訪謀也國語曰詢于八虞咨于二虢度于閎夭謀于南宮諏于蔡原訪于辛尹通謂謀議耳如肇所未詳餘皆見詩○度鐸趣子須疏靖惟至謀也○釋曰皆謂謀議也靖者安謀也小雅小旻云靖共爾位惟者思謀也漠者舍人曰心之謀也小雅小弁云聖人莫之漠莫音義同圖者大雅崧高云我圖爾居詢度咨諏者小雅皇皇者華傳云訪問於

誓爲咨咨事爲諏咨事之難易爲謀咨禮義所宜爲度親戚之謀爲詢究者小雅小弁云不舒究之慮者計謀也謨者大謀也大雅云訏謨定命猷者以道而謀也大雅文王云厥猷翼翼猷猶音義同肇者大雅江漢云肇敏戎公基者君子作事謀始也訪者謀政事也〔注〕國語至見詩○釋曰云國語曰詢。於八虞咨於二號度於閎夭謀於南宮諏於蔡原訪於辛尹者。是晉語胥臣對文公辭說文王之即位也韋氏解云八虞周八士皆在虞官二號文王弟號仲號叔南宮南宮括也蔡蔡公原原公辛辛甲尹尹逸皆周大史。也

典彝法則刑範矩庸恆律戛職秩常也庸戛職秩義見詩書餘皆謂常法耳○彝音夷【疏】典彝至常也○釋曰皆謂常禮法也典刑者詩大雅蕩篇云尚有典刑彝者洪範云彝倫攸敘法則者天官冢宰以八灋治官府以八則治都鄙鄭注云邦國官府謂之禮法常所守以爲法式也則亦法也典法則所用異異其名也範者模法之常也矩者度方有常也庸者書臯陶謨云自我五禮有庸哉恆久之常也湯誥云。若有恆性律者常法也戛者康誥云不率大戛職者主之常也秩者商頌烈祖云有秩斯。祜

柯憲刑範辟律矩則法也詩。曰伐柯伐柯其則不遠論語曰不踰矩【疏】柯憲至法也○釋曰此亦謂常法轉互相訓柯者執以取法也憲者。大雅桑扈云百辟爲憲辟罪法也刑範律矩則皆謂常法也〔注〕詩曰至踰矩○釋曰云詩曰伐柯伐柯其則不遠者豳風伐柯文云論語曰不踰矩者爲政文

辜辟戾辠也皆刑罪○辟婢亦切辜音孤辠音罪【疏】辜辟戾辠也○釋曰皆謂刑罪也辜者書仲虺之誥云辟罔不懼于非辜辟者呂刑云墨辟疑赦戾者大雅抑篇云亦維斯戾辠罪古今字也說文云辠犯法也從辛從自言辠人蹙鼻苦辛之憂秦以辠似皇改爲罪取非人自投於网。自古。文。以爲鼻

黃髮齯。齒鮐背耇老壽也黃髮髮落更生黃者齯齒齒。墮更生細者鮐背背皮如鮐魚者耇猶。耇也皆壽考之通稱○齯音倪鮐音台耇音狗【疏】黃髮至壽也○釋曰皆壽考之通稱也黃髮者舍人曰黃髮老人髮白復黃也郭云黃髮髮落更生黃者齯齒者說文云齯老人兒齒也郭云齒墮更生

細者魯頌閟宮云既多受祉黃髮兒齒鄭箋云兒齒亦壽徵鮐背者舍人曰老人氣衰皮膚消瘠背若鮐魚郭云鮐背背皮如鮐魚劉熙釋名云九十曰鮐背背有鮐文大雅行葦云黃耇台背毛傳云台背大老也鄭箋云台之言鮐也大老則背有鮐文方言云秦晉之郊陳兗之會謂老曰耇鮐耇者郭云耆也方言云燕代北鄙謂耇為梨郭彼注云梨面色似凍梨也舍人曰耇覯也血氣精華覯竭言色赤黑如狗矣孫炎曰耇面如凍梨色似浮垢老人壽徵也老者說文云七十曰老從人毛匕言須髮變白也

允孚亶展諶誠亮詢信也方言曰荊吳淮汭之間曰展燕岱東齊曰諶宋衛曰詢亦皆見詩○亶丁簡切諶市林切【疏】允孚至信也○釋曰皆謂誠實不欺也〔注〕方言至見詩○釋曰案方言云允訦音諶恂音詢展諒音亮穆信也齊魯之間曰訦宋衛汝潁之間曰恂荊吳淮汭之間曰展西甌毒屋黃石野之間曰穆衆信曰諒周南召南衛之語也云亦皆見詩者鄘風定之方中云終然允臧大雅文王曰云萬邦作孚小雅祈父云亶不聰鄘風君子偕老云展如之人兮大雅蕩篇云其命匪諶誠者復言之復也鄘柏舟云不諒人只鄭風溱洧云洵訏且樂訦諶亮諒詢洵音義同

展諶允慎亶誠也轉相訓也詩曰慎爾優遊【疏】展諶至誠也○釋曰皆謂至誠轉相訓也〔注〕詩曰慎爾優遊○釋曰小雅白駒文

謔浪笑敖戲謔也謂調戲也見詩【疏】謔浪至謔也○釋曰詩曰謔浪笑敖者不敬之戲謔也舍人曰謔戲謔也浪意明也笑心樂也敖意舒也戲笑邪戲謔笑之貌郭云謂調戲也見詩者此邶風終風文

粵于爰曰也書曰土爰稼穡詩曰爰對越在天王于出征

粵于也轉相訓○粵音曰【疏】粵于至于也○釋曰皆謂語辭發端轉互相訓也說文云曰從開口象氣出於口也〔注〕書曰至出征○釋曰云書曰土爰稼穡者周書洪範文云詩曰對越在天者周頌清廟文云王于出征者小雅采芑文

爰粵于那都繇於也左傳曰棄甲則那那猶今人云那那也書曰皋陶曰都繇辭於乎皆語之韻絕○繇音由於音烏【疏】爰粵至於也○釋曰皆語之韻絕歎辭也爰粵于三者又為於乎〔注〕左傳至韻

絕○釋曰云左傳曰棄甲則那者宣二年華元荅謳者辭也云書曰臯陶曰都者虞書臯陶謨文也云繇辭者繇卦兆之辭也云於乎者周頌維天之命云於乎不顯是也

欽郃盍翕仇偶妃匹會合也皆謂對合也○欽音閤郃合盍胡臘切妃音配【疏】欽郃至合也○釋曰皆謂對合也欽者說文云合會也郃者和合也盍者眾合也易豫卦九四云勿疑朋盍簪翕者歛合也書臯陶謨云翕受敷施仇者左傳曰怨耦曰仇偶者相對合也左傳曰大都耦國妃者嘉耦曰妃匹者配合也大雅文王有聲云作豐伊匹會者集合也周禮曰時見曰會

仇讐敵妃知儀匹也詩云君子好仇樂子之無知實維我儀國語亦云丹朱馮身以儀之讐猶儔也廣雅云讐輩也【疏】仇讐至匹也○釋曰皆謂匹合也仇者孫炎云相求之匹讐者儔侶輩類之匹也敵者相當之匹也妃合耦之匹也[注]詩云至輩也○釋曰云詩云君子好仇者周南關雎文云樂子之無知者檜風隰有萇楚文云實維我儀者鄘柏舟文也云國語亦云丹朱馮身以儀之者案周語惠王十五年有神降于莘王問於內史過曰今是何神也對曰昔昭王娶於房曰房后實有爽德協于丹朱丹朱馮身以儀之生穆王焉實臨照周之子孫而禍福之夫神一不遠徙遷若由是觀之其丹朱乎韋氏解云馮依也儀匹也言房后之行有似丹朱丹朱馮依其身而匹偶之生穆王焉

妃合會對也皆相當對

妃媲也相偶媲也○媲普計切【疏】妃合至媲也○釋曰此三者又爲當對妃又爲媲謂相偶媲也

紹胤嗣續纂緌績武係繼也詩曰下武維周緌見釋水餘皆常語○纂子管切【疏】紹胤至繼也○釋曰皆聯繼不絕也紹者大雅抑篇云弗念厥紹胤者大雅既醉云永錫祚胤嗣者周頌酌篇云載用有嗣續者小雅斯干云似續妣祖纂者魯頌閟宮云纘禹之緒緌武見注續者陳風東門之枌云不續其麻係者繫屬之繼易曰係小子失丈夫[注]詩曰至常語○釋曰云詩曰下武維周者大雅下武文云緌見釋水者彼云汎汎楊舟紼纚維之紼繂也縭緌也是矣

忥諡溢蟄慎貉謐顗頠密寧靜也忥顗頠未聞其義餘皆見詩傳○忥音戲

謚音侍貉音陌謐音密顗音擬頠魚毀切疏氣謐至靜也○釋曰皆安靜也謚者人死將葬誄列其行而作之也溢者盈溢者宜靜周頌維天之命云假以溢我蟄者藏伏靜處也易曰龍蛇之蟄慎者謹靜也大雅云淑慎爾止貉者靜定也大雅皇矣云貊其德音鄭箋云德政應和曰貊謐者說文云靜語也密者周頌昊天有成命云夙夜基命宥密寧者周頌良耜云婦子寧止

隕、磒、湮、下降、墜、摽、蘦，落也。磒猶隕也方俗語有輕重耳湮沈落也摽蘦見詩○隕于閔切磒于敏切摽婢眇切蘦音零疏隕磒至落也○釋曰皆謂墮落也隕者說文云從高墜也易曰有隕自天磒者石落也郭云磒猶隕也方俗語有輕重耳湮沈落也下者自上而落也降即下也曲禮謂羽鳥死曰降墜者說文曰從高墮也左傳曰弗敢失墜摽者召南云摽有梅蘦者說文云草曰蘦木曰落此對文爾散而言之他物之落亦言蘦鄘風定之方中云靈雨既零蘦零音義同

命、令、禧、畛、祈、請、謁、訊、誥，告也。禧未聞禮記曰畛於鬼神○令力政切畛稹告谷疏命令至告也○釋曰皆謂告諭也命者使告也詩唐風揚之水云我聞有命令發號以告也論語云其身正不令而行畛者致告也祈者求告也書召誥云祈天永命請者言告也婚禮五曰請期謁者告白也月令曰謁於天子訊者告問也詩云歌以訊之誥者布告也書大誥洛誥之類是也〔注〕禮記曰畛於鬼神○釋曰下曲禮文

永、悠、迥、違、遐、逷、闊，遠也。書曰逷矣西土之人○迥戶頂切逷音惕

永、悠、迥、遠，遐也。遐亦遠也轉相訓疏永悠迥違至遐也○釋曰皆謂遼遠也永者長遠也周南漢廣云江之永矣悠者小雅漸漸之石云山川悠遠迥者大雅云泂酌彼行潦迥泂音義同遠者離遠也召南殷其雷云何斯違斯遐者大雅旱麓云遐不作人逷者古文逖也闊者相疏遠也邶風擊鼓云于嗟闊兮永悠迥遠四者又遠遐也遐亦遠也轉相訓爾〔注〕書曰逷矣西土之人○釋曰周書牧誓文也

虧、壞、圮、垝，毀也。書曰方命圮族詩曰乘彼垝垣虧通語耳○壞音怪圮房美切垝音鬼疏虧壞至毀也○釋曰皆謂毀敗也虧者損毀祭義云不虧其體壞者人毀也音怪一

云目毀也乎怪切圮者岸毀也書敘曰祖乙圮于耿垝是毀垣也[注]書曰至語耳○釋曰云書曰方命圮族者堯典文孔安國云圮毀族類也言鯀性狠戾好
比方名命而行事輒毀敗善類云詩曰乘彼垝垣者衞風氓篇文也矢。雉引延順薦劉繹尸旅陳也禮記曰尸陳也雉順劉皆
未詳[疏]矢雉至陳也○釋曰皆謂敷陳也矢者書敘云皐陶矢厥謨引者伸陳也延鋪陳也薦者饌陳也繹者復陳也周頌賚篇云時周之命於繹思尸者
主陳也旅者謂布陳也大雅賓之初筵云殽核維旅[注]禮記曰尸陳也○釋曰郊特牲文尸職主也左傳曰殺老牛莫之敢尸詩曰誰其尸之又曰
職爲亂階[疏]尸職主也○釋曰皆謂爲之主宰也[注]左傳至亂階○釋曰云左傳曰殺老牛莫之敢尸者成十七年傳云晉欒書中行偃遂執公焉召韓厥
韓厥辭曰昔吾畜於趙氏孟姬之讒吾能違兵古人有言曰殺老牛莫之敢尸而況君乎二三子不能事君焉用厥也是其事云詩曰誰其尸之者召南采蘋
文又曰職爲亂階者小雅巧言文尸寀也謂寀也寀寮官也官地爲寀同官爲寮○寀七代反[疏]尸寀至官也○釋曰寀謂寀地
主事者必有寀地寀采也采取賦稅以供己有寀地及言同寮者皆謂居官者也[注]官地至爲寮○釋曰云官地爲寀者禮運云大夫有采以處其子孫是也
云同官爲寮者左傳文七年荀林父告先蔑之辭也績緒采業服宜貫公事也論語曰仍舊貫餘皆見詩書[疏]績緒至事也○
釋曰皆事爲也績者功事也商頌云設都于禹之績緒者事業也魯頌閟宮云纘大王之緒采者皐陶謨云亮采有邦業者學人所有事書周官云業廣惟勤
服者周南關雎云寤寐思服宜者宜其事也大雅鳧鷖云公尸來燕來宜貫者魏風碩鼠云三歲貫女公者周頌酌篇云寶維爾公允師[注]論語曰仍舊貫○
釋曰先進篇云魯人爲長府閔子騫曰仍舊貫如之何何必改作是也永羕引延融駿長也宋衞荊吳之間曰融羕所未詳○羕音樣
[疏]永羕至長也○釋曰說文云長久遠也方言云施於衆長謂之永引者漢書律曆志云十丈爲引引者。信也顏師古曰信讀曰伸言其長延者方言云延

季長也凡施於季者謂之延又宋衛荆吳之間曰融駿者長大也

喬嵩崇高也

皆高大貌左傳曰師叔楚之崇也

崇充也

亦爲充盛

疏 喬嵩至充也〇釋曰皆高大貌喬周頌般篇云墮山喬嶽釋山云山大而高崧嵩崧音義同崇者高貴也亦爲充盛樂記云復綴以崇[注]左傳曰師叔楚之崇也〇釋曰宣十二年傳文也杜注云師叔潘尫爲楚人所崇貴

犯奢果。毅。剋捷功肩堪。勝也

陵犯。誇奢果毅皆得勝也左傳曰殺敵爲。果肩即剋耳書曰西伯堪。黎。〇毅音義

疏 犯奢至勝也〇釋曰皆謂得勝也舍人曰肩強之勝也孫炎曰戡。勝之勝也陵犯誇奢殺敵爲果致果爲毅剋殺捷獲有功肩剋堪任是皆得勝也[注]左傳至堪黎〇釋曰云左傳曰殺敵爲果者宣。二年君子辭也云書曰西伯堪黎者商頌篇名也

勝肩戡劉殺克也

轉相訓耳公羊傳曰克之者何殺之也〇戡音堪

疏 勝肩至克也〇釋曰克亦勝也詩周頌敬之云佛時仔肩克也又爲殺也皆謂得勝而殺之轉互相訓。耳[注]公羊至之也〇釋曰公羊者在隱元年經曰夏五月鄭伯克段于鄢傳曰克之者何殺之也

劉獮斬刺殺也

書曰咸劉厥敵秋獮。曰獮應殺氣也公羊傳曰刺之者何殺之也〇獮尠刺次

疏 劉獮至殺也〇釋曰說文云殺戮也斬者文二年左傳曰狼瞫取戈以斬囚餘皆具注[注]書曰至之也〇釋曰書曰咸劉厥敵者周書君奭文云秋獵爲獮。者釋天文云應殺氣也者言秋氣肅殺故名秋獵爲獮大司馬云中秋教治兵遂以獮田是也云公羊傳曰刺之者何殺之也者僖二十七年傳文。也經云公子買戍衛不卒戍刺之故傳云此也

亹亹蠠沒孟敦勗釗茂劭勔勉也

詩曰亹亹文王蠠沒猶。黽勉書曰茂哉茂哉方言云周鄭之間相勸勉爲勔釗孟未聞〇亹音尾蠠音密釗音招劭音邵勔音泯

疏 亹亹至勉也〇釋曰皆謂勸勉也敦者厚相勉也勗者邶風燕燕云以勗寡人劭者勉力也餘皆見注[注]詩曰至未聞〇釋曰云詩曰亹亹文王者大雅文王文也言勉勉乎不倦文王之勤用明德也云蠠沒猶黽勉者以其聲相近方俗語有輕重耳邶風谷風云黽勉同心云書曰茂哉茂哉者皋陶謨文

也書作懋茂懋懋古今字也云方言云以下者案彼云釗薄勉也秦晉曰釗或曰
薄故其鄙語曰薄努猶勉努也南楚之外曰薄努自關而東周鄭之間曰勔釗
齊魯曰勗茲是也 鶩務昏。暋強也 馳鶩事務皆曰勉強書曰不昏作勞暋不畏死○鶩音務暋音閔強其丈切 [疏]鶩務至強也○釋曰
皆謂自勉強也鶩謂馳鶩務謂。先務二者皆以力勉強孫炎曰昏夙夜之。強也
[注]書曰至畏死○釋曰云書曰不昏作勞者盤庚文云暋不畏死者康誥文

爾雅疏卷第一

爾雅注疏卷一校勘記

阮元撰盧宣旬摘錄

爾雅疏敘 正德本閩本監本毛本改作爾雅註疏序○註字正德本作注閩監毛本作註非此經有元板注疏十一卷爲閩監毛本之所從出元板有闕頁明正德年補刊者今稱正德本是也有補刊而不著正德年者今但稱舊本是也分別稱之以明其與元刻有閒耳疏文以宋槧單疏本爲據經注以明嘉靖十七年東海吳元恭翻刻宋本爲據

翰林侍講學士朝請大夫守國子祭酒上柱國賜紫金魚袋臣邢昺等奉勑校定 此本十卷每卷篇題前著名銜如此上空三格勑字提行下文今既奉勑校定同正德本亦然又正德本閩本監本毛本子誤賜

誠傳注之濫觴 正德本同閩本監本毛本注改註非段玉裁云傳注字必從水卽六書之轉注引伸其義有所歸如引水注於江海也凡記註字則從言明人盡改注爲註張參云註與訓注字同則唐時已昧昧矣

夫混元闢而三才肇位 正德閩監毛四注疏本肇改肈下準此

豹鼠既辨 正德本閩本監本同毛本辨作辯蓋依唐石經爾雅序所改此本下釋郭序亦作豹鼠既辨

臣崔偓佺 注疏本偓誤[illegible]按說文偓偓佺也从人屋聲

爲之疏釋凡一十卷 注疏本刪下四字按宋史藝文志及玉海藝文皆十卷鄭樵通志載爾雅兼義十卷卽此書兼義者以經注本兼合義疏也後人分爲十一卷因刪此四字○按今周易注疏首標周易兼義蓋宋之淺人作此名目

雖上遵睿旨 睿旨提行正德本同閩本監本毛本不提

爾雅疏卷第一 敘後載疏即題此注疏本別置邢敘於前改此為爾雅註疏卷第一

辯章同異 正德本同閩本監本毛本辨改辯與釋文序錄合此與下文辯言小辯有別

日昊不食 注疏本昊改昃

或言叔孫通所補 閩本監本同正德本脫孫字毛本倒作孫叔通

或言沛郡梁文所著 監本或言下衍是字閩本毛本作或言是沛郡梁文考正德本作或言沛郡梁文考廣雅序作或言刺郡梁文所考皆誤按玉海藝文所引與此本同〇按刺系郝之誤

夫爾雅之為書也 注疏本脫之

真九經之檢度 注疏本九誤七

序與緒音義同 浦鏜云敘誤緒

五自英儒贍聞之士至序末惣序己所以作注之意也 注疏本脫至字惣作總下準此惣者唐人俗字此字从牛甚無謂也

辯同實而殊號者也 單疏本雪牕本注疏本同唐石經號作号

珍倣宋版印

夫爾雅至同實而殊號者也○釋曰此明其用也注疏本改釋曰二字作方匡疏字通書皆然又刪夫爾雅至同實而殊號者也十一字因注疏本另載郭序故刪以避複然失邢氏眞面目矣凡釋曰上及標注起止上此本皆空一字元本於釋注上亦然今做他經注疏例加圓圈間之○疏標經注起止及釋曰二字注疏本刪今悉加補後不悉出

故嗟嘆之正德本同閩本監本毛本嘆作歎係依俗本毛詩改

故永歌之正德本同閩本監本毛本永誤詠

亦此意也注疏本亦上衍蓋

凡物雖殊其號正德本脫凡閩本監本毛本改作事物

後進循之漢書同注疏本循誤脩

然後知秉要執本注疏本同與漢書合浦鏜改執爲埶讀秉要埶絕句誤甚浦書此類極多不及盡正

易之嗛嗛正德本閩本同與漢書合監毛本改作謙謙按易釋文謙子夏傳作嗛云嗛謙也言嗛爲謙之假借字也班志所用正韓嬰易此本舊亦描改爲謙今訂正

法家者流十家注疏本衍作十二家按漢書云右法十家

先王以明罰飭法舊本同與漢書合閩本監本毛本飭作勑依今易所改按易釋文云勑法恥力反此俗字也

縱橫家者流舊本同閩本監本毛本縱作從與漢書合按從縱古今字

說文云鈐鏶也注疏本脫云〇按說文無此語不知邢氏何據說文亦無鏶字

必開通之舊本同閩本監本毛本通改導

足以掇其英華舊本足誤兄閩本監本毛本改作凡

又能多識辨於鳥獸草木之名者元本同閩本監本毛本辨改辯

又案公羊傳注疏本又誤也

莫近諸春秋元本閩本同監毛本諸改於

豹鼠既辯唐石經雪牕本注疏本同單疏本辯改辨元板疏中亦作辨

經典通以伏犧爲上古元本同閩監毛本犧改羲

周公亦可言中古元本同閩監毛本言改爲

戰國陵遟元本同閩監毛本遟改遲下準此

故曰隆於漢氏也毛本同閩本監本毛本曰改云

雖註者十餘唐石經單疏本雪牕本注疏本同釋文註之戍反字皆從言或疑當作注非也按五經文字言部註竹句反與訓註之註義同

一切經音義卷六云註記廣雅註疏也識也字林註解也通俗文記物曰註可證郭景純本用言旁字考石臺孝經序劉炫明安國之本陸澄譏康成之注又歟文約暢義則昭然分註錯經理亦條貫注註二字晝然有别開成石經同○按唐人已有將傳注字譌作註者要之注是正字註是俗字也

用袪未寤單疏本閩監本同釋文亦作袪字從衣雪牕本元本毛本作祛非唐石經闕

案禮辯名記德過千人曰英惠棟云辯當作辨辨名記逸禮文按詩汾沮洳正義曰大戴禮辨名記云千人爲英禮記禮運春秋宣十五年正義皆引作辨名記白虎通聖人篇作别名記辨别義同

藻水草也注疏本草誤藻

此言用功深注疏本功改力

云雖註者十餘正德本監本同閩毛本註作注

犍爲文學注二卷注疏本同浦鏜改作三卷按葉鈔釋文作二卷云闕中卷

劉諫注三卷在各本諫皆作歆

謝嶠注疏本嶠改穚此與釋文序錄同

此四家存郭氏之後正德本同閩監毛本存作在

並多紛紜錯繆正德本閩本同此以繆釋上之謬監本上下皆作繆毛本上下皆作謬並非

及俗閒有所記志 補各本閒作聞

蠨蛸注云俗呼爲喜子之類 正德本亦作蠨蛸閩監毛本蠨誤蟰又並脫呼字

剟削也削去其疵瑕瓦礫 注疏本脫也削二字閩監毛本疵誤疪

此自荅也 注疏本自誤亦

爾雅卷上 唐石經單疏本雪牕本監本毛本同正德本閩本署爾雅兼義一卷上分釋詁一篇爲上中下三卷

郭璞注 唐石經單疏本雪牕本正德本同在爾雅卷上後閩本刪此於序疏前署晉郭璞註宋邢昺疏八字監本毛本從之

釋詁第一

釋詁釋言通古今之字 注疏本脫古字按毛詩周南關雎詁訓傳正義曰爾雅序篇云釋詁釋言通古今之字古與今異言也釋訓言形貌也邢疏本此

此秦康鄭武之詩 注疏本詩誤時

胚胎未成 注疏本同釋文亦作胚從丕單疏本雪牕本及元本疏中皆作肧○案肧字是

哉者說文云 補單疏本哉者下有古文作才四字

肈者說文作肁 注疏本下仍作肈非

楊雄說方言云 正德閩監本同毛本楊改揚

故后之 說文作故厂之此誤

弈 唐石經單疏本雪牕本同釋文作奕○按依說文奕大也弈圍棊也然則作弈非是毛詩弈弈梁山亦是譌字耳

箌 釋文唐石經單疏本雪牕本閩本監本毛本同元本作菿盧文弨曰釋文引說文云草大也則字當從艸今說文爾雅皆有誤

晊 唐石經單疏本雪牕本同釋文晊舊音之日反本又作至又作脛按脛當作郅史記司馬相如傳爰周郅隆徐廣曰郅蓋字誤或爲郅北地有郁郅縣郅大也音質索隱曰郅至也樊光云郅可見之大也今本史記脛郅字互誤漢書注文穎曰郅至也○按作郅作脛作晊者皆至之轉寫譌俗漢魏人所爲也而晊字僅見後漢書人名

席 唐石經單疏本陳本同雪牕本注疏本作蓆注及疏準此釋文蓆音席按說文蓆廣多也席藉也廣多有大義當從釋文詩緇衣亦作蓆毛傳曰蓆大也本此

湯孫奏嘏 雪牕本注疏本嘏作假此本作嘏王氏詩考引爾雅注同按詩釋文奏假毛古雅反大也鄭作格升也是毛鄭異讀而字同作假郭引作嘏以證經之嘏而非釋經之假蓋所據魯韓詩

廓落宇宙穹隆至極亦爲大也 單疏本雪牕本同疏云郭氏讀晊爲至故云至極是廓宇穹晊亦爲大也按此經作晊注

作至為經注異文之證釋文音經旺本又作至蓋依注改經也○按郭所據之經本作至而後人亂之未可定耳

弈弈梁山 元本閩本監本同毛本改奕奕非王氏詩考引作弈弈

韓詩云劉彼圃田 注疏本圃改甫玉篇艸部引韓詩劉彼圃田與此合劉亦當從玉篇作劉按毛詩車攻東有甫草李善注文選李賢注後漢書皆引韓詩東有圃草是毛詩甫字韓詩多作圃也

云緇衣之席兮者 注疏本席改蓆

皇子貴衷 監本毛本同正德本閩本衷誤哀

料子貴別囿 監本毛本同正德本閩本囿作原則句下屬惠棟云料疑作科

天帝后皇 正德本閩本監本同毛本倒作皇后

閎博介恎夏幠蒙贖販 監本同正德本毛本作宏溥介純夏幠冡旺販係依爾雅改按閎宏博溥恎純皆同聲幠憮音相近故規模字亦作憮蒙為王女王大也故蒙亦為大贖當作臏元板困學紀聞引作臏與旺皆音賓

自此而下 正德本監本同閩本毛本而改以

艐 唐石經單疏本正德本毛本同雪牕本閩本監本誤艐音宗釋文亦誤

宋曰居 單疏本雪牕本同按釋文艐郭音居孫云古居字此音經艐字也又居音界此音注居字也為經注異文之證五經文字云艐爾雅或作

居此依注改經非也

先祖于摧注疏本同單疏本雪牕本于作於按郭注引詩如先祖於摧尚不媿於屋漏祝祭於祊集於灌木皆作於不作于蓋毛詩古文作于三家詩今字作於也

假音駕佫古格字懷摧詹戾艐古屆字至也注疏本音切改大字

斯逝秦晉語也注疏本脫逝

貢唐石經單疏本雪牕本同釋文貢字或作贛同臧琳經義雜記曰論語子貢字隸釋載石經殘碑作贛說文貢獻功也贛賜也子貢名賜字當作贛爾雅釋詁貢賜也郭注皆賜與也據釋文知爾雅古本作正字然陸德明已不能定其是非矣邪疏引左傳爾貢包茅不入爲證誤解贛賜之贛爲貢獻之貢則無足責也○按經典子貢爲贛之假借字

清絜之善注疏本絜改潔下準此

詩齊風云射則臧兮注疏本同浦鏜云齊風下當脫猗嗟二字按此類係疏文原本如是非由脫誤

令問令望注疏本同浦鏜改作令聞云問字誤按詩釋文令聞音問本亦作問宋板荀子正名篇引詩作問與此合

以禦螭魅注疏本螭作魑因魅字從鬼故改螭亦作鬼也

蓋採合傳文故云禁禦不若也閩本監本毛本採作采云作言文誤之正德本作采作云與此合

我心不說正德本閩本監本說作悅毛本脫此字

無以大康注疏本大改太非浦鏜以改已按後漢書張升傳注引詩無以大康古以已通

但以詩書之作作非一人注疏本不重作字

而字形蹐駮者正德本閩本作蹐駮監本毛本作蹐駁○按蹐字非也

詩文作夷說豈槃□此本槃下空闕一字注疏本改作弁槃

恊雪牕本正德本閩本監本同釋文唐石經單疏本毛本作協按說文協同心之和恊衆之同和也此詁服當用從十字五經文字云心部亦有恊字按古文作叶則從十者義長

漠釋文單疏本雪牕本同瞿中溶云唐石經漠謨二字皆磨改

究如慮謨猷肇唐石經單疏本雪牕本同釋文猷肇在究謨上唐石經謨字先作謀

小雅小旻云浦鏜云明誤旻

小雅小弁云浦鏜云巧言誤小弁

咨禮義所宜為度閩本監本毛本義改之正德本實闕

詢於八虞正德本閩本監本同毛本於改于按晉語六于字並當作於明道本及俗本皆于於錯出

是晉語胥臣對文公辭 正德本同閩本監本毛本是誤皆

皆周大史也 注疏本脫也

若有恆性 注疏本若誤君

有秩斯祜 注疏本祜誤祐

詩曰伐柯伐柯 單疏本雪牕本正德本閩本監本同毛本曰改云

大雅桑扈云 浦鏜云小誤大

自古文以爲鼻 注疏本作古文自爲鼻誤也徐鉉曰自古者以爲鼻字說文自鼻也象形

齯齒 唐石經單疏本雪牕本同釋文兒五兮反一音如字校者云本今作齯按注云黃髮髮落更生黃者兒齒齒墮更生細者訓兒爲細是本不從齒也儀禮士冠禮疏引爾雅云黃髮兒齒與釋文合詩閟宮亦作兒此當從陸本〇按玉篇作齯

齒墮更生細者 雪牕本注疏本同釋文單疏本墮作隋古字通借

耇猶耆也 雪牕本同釋文單疏本注疏本耆作耆下經耆長也準此按五經文字云耆從老省從旨今或作老下目者非

黃耇台背毛傳云台背 注疏本台作鮐依爾雅改按詩作台

燕代北鄙謂耇爲梨 正德本同閩本監本毛本代誤岱

色似浮垢　注疏本似改如按春秋傳廿五年正義引作似

匕言須髮變白也　正德本同閩本監本毛本須改鬚

方言曰荊吳淮汭之閒曰展　雪牕本正德本同閩本監本毛本汭誤泗毛本方言曰曰改云按釋文汭仁銳反單疏本亦作汭

終然允臧　正德本閩本監本同毛本依坊刻詩集傳改作終焉謬甚

愼爾優遊　單疏本雪牕本同注疏本遊改游

謔浪笑敖　唐石經單疏本雪牕本元本閩本同釋文亦作笑五經文字云笑喜也從竹下犬監本毛本作笑係據說文改通書準此

浪意明也　注疏本作意朗也此誤詩終風正義作意萌

小雅采芑文　元本同誤也閩本剜改采芑為六月監本毛本從之

那　雪牕本注疏本同釋文唐石經單疏本作郍

云繇辭者繇卦兆之辭也　注疏本繇作䌛按說文玉篇廣韻無䌛字集韻始收詩氓箋云兆卦之繇無凶咎之辭杕杜箋云合言於繇為近小旻箋云占繇不中葉鈔釋文繇䌛錯出岳本今本皆從卜他宋本仍作䌛此經唐石經單疏本作繇釋文繇除又反注同是陸氏所據經注同作繇從卜之字非古也〇按此經繇同由如孟子由是則生而有不用是也由與於皆語辭於如字不音烏也自郭氏注爾而疏者

更支離矣

仇讎敵妃知儀匹也　元本閩本自此起分一卷中

丹朱憑身以儀之　陳本閩本同釋文單疏本雪牕本正德本監本毛本憑作馮國語同此下加心非

實臨昭周之子孫而禍福之　元本同閩本監本毛本昭作服葢據國語改

若由是觀之　元本監本同與明道本國語合毛本若作焉上屬係依俗本國語改閩本若上剜擠焉字

陳風東門之枌云　注疏本脫風

謚　葉鈔釋文唐石經單疏本雪牕本元本閩本監本同毛本作諡盧文弨曰五經文字謚謚常利反上說文下字林字林以謚爲笑聲音呼益反今用上字據此知爾雅本作謚毛刻諡字剜改葢因今本說文而誤段玉裁云宋以前無諡字元應書引說文云從言益聲是也說文作諡始於徐鉉等經典改謚爲諡始於毛居正岳珂

磒　釋文唐石經單疏本雪牕本元本毛本同閩本監本作殞訛石經考文提要引至善堂亦作磒

摽　唐石經單疏本雪牕本注疏本同此舊作標訛今訂正葉鈔釋文作標

召南殷其靁云　元本閩本監本作隱其雷毛本作殷其雷按詩釋文殷音隱

矢　唐石經單疏本雪牕本同釋文戾戾本作矢同失耳反按廣雅二釋詁戾陳也本此經當從陸本作戾玉篇戾與矢同

引者信也顔師古曰信讀曰伸言其長○注疏本改小注爲大字

果毅　唐石經單疏本雪牕本同釋文惈音果本今作果無毅字音按果當爲惈一切經音義卷九引爾雅惈勝也與釋文合郭注引左傳作果此經注異字之證毅當爲衍文注云陵犯誇奢皆得勝也此釋經之犯字奢字又云左傳曰殺敵爲果此釋經之惈字今注陵犯誇奢下有果毅二字蓋後人竄入邪疏秪云陵犯誇奢經如本有毅字郭引左傳必連致果爲毅矣邪所據本有毅字故釋經云殺敵爲果致果爲毅段玉裁云注當本是陵犯夸奢惈毅以惈毅釋惈猶以陵犯夸奢釋犯釋夸也下引左傳作果以證惈字廣韻引蒼頡篇作惈則惈字甚古特說文不收

剋　唐石經單疏本雪牕本元本同閩本監本毛本改尅注中準此

堪　唐石經單疏本注疏本同皆上作堪下作戡雪牕本上下皆作戡於此云戡音堪注疏本移此音於下按此堪勝也與下戡克也同字同義但轉相訓耳故釋文於此作堪云本又作戡下不別出明無異文也蓋自唐石經始誤加區別而今本因之

陵犯誇奢　單疏本雪牕本同釋文夸口花反或作誇非按說文大部夸奢也作誇者爲言之誇誕在言部

西伯堪黎　單疏本注疏本同雪牕本堪作戡釋文𨞲國名本作黎按說文邑部𨞲殷諸侯國从邑𥎦聲商書西伯戡𨞲許氏所引書爲古文此注正與之合當從釋文今本非史記宋微子世家滅阢索隱謂鄒誕本作𨞲音黎又尚書及伏生大傳皆作戡與說文合此作堪非蓋既區別經文爲上堪下戡因復據經改注耳

戡勝之勝也　書正義作強之勝也此誤

宣二年君子辭也元本閩本監本同毛本宣下衍公字

轉互相訓耳注疏本脫耳

秋獵爲獮單疏本雪牕本同注疏本爲改曰

云秋獵爲獮者注疏本脫者

僖二十七年傳文也元本閩本監本同誤也毛本七改八

蠠沒猶黽勉單疏本雪牕本同釋文僶字又作黽按詩釋文黽本亦作僶五經文字人部僶莫尹反僶勉之僶字書無此字經典或借黽字爲之

昏暋唐石經同釋文暋從昏單疏本正德本作昏暋雪牕本注中作昏暋經及閩本監本毛本作昬暋

務謂先務注疏本先改事

昬夙夜之強也監本同與書正義合正德本強誤勉閩本毛本承之

爾雅疏卷第一卷末篇題閩本書一行每卷準此

爾雅注疏卷一校勘記

爾雅疏卷第二

翰林侍講學士朝請大夫守國子祭酒上柱國賜紫金魚袋臣邢昺等奉

勑校定

釋詁下

卬吾台予朕身甫余言我也卬猶姎也語之轉耳書曰非台小子古者貴賤皆自稱朕禮記曰授政任功曰予一人畛於鬼神曰有某甫言見詩○卬五剛切台音怡下同【疏】卬吾至我也○釋曰我者施身自謂也此皆我之別稱也卬者郭云卬猶姎也語之轉耳說文云女人稱我曰姎由其語轉故曰卬邶風匏有苦葉云人涉卬否吾者孔子曰吾自衛反魯身者我之躬也余者邶谷風云伊余來墍餘皆見注【注】書曰至予見詩○釋曰云書曰非台小子者湯誓文云古者貴賤皆自稱朕者大禹謨云帝曰朕宅帝位禹曰朕德罔克屈原亦云朕皇考曰伯庸是貴賤皆自稱朕史記秦始皇二十六年定為至尊之稱漢因不改以迄於今云禮記云授政任功曰予一人畛於鬼神曰有某甫者皆下曲禮文云言見詩者周南葛覃云言告師氏言告言歸是也

朕余躬身也今人亦自呼為身【疏】朕余躬身也○釋曰身即我也郭云今人亦自呼為身舍人曰余謙卑之身也孫炎曰余舒遲之身也僖九年左傳云齊侯曰小白余杜注云小白齊侯名余身也邶谷風云我躬不閱

台朕賚畀卜陽予也賚卜畀皆賜與也與猶予也因通其名耳魯詩曰陽如之何今巴濮之人自呼阿陽○畀必二切陽音賜予音與【疏】台朕至予也○釋曰予即與也皆謂賜與台者遺與也讀與貽同朕者我與之也賚畀卜皆賜與也說命云夢帝賚予良弼鄘風干旄云何以畀之小雅天保云君曰卜爾萬壽無疆【注】與猶至阿陽○釋曰云與猶予也因通其

名耳者說文云與黨與也予推予前人也象兩手相與之形今經典多以與爲推予故云因通其名耳云魯詩云陽如之何者漢書。蓺文志云魯申公爲詩訓
故是爲魯詩其經云陽如之何申公以陽爲予故引之云今巴濮之人自呼阿陽者以時驗而言也 蕭延誘薦餤晉寅藎進也 禮記
曰主人蕭客詩曰亂是用餤王之藎臣易曰晉進也寅未詳○餤音淡藎音燼 疏 蕭延至進也○釋曰皆謂進道延者引而進之射義云子路出延射誘者
道而進之也召南野有死麕云吉士誘之薦者進獻也月令云先薦寢廟餘皆見注[注]禮記至進也○釋曰云禮記曰主人蕭客者上曲禮文也鄭注云進客
謂道之云詩曰亂是用餤者小雅巧言文云王之藎臣者大雅文王文云易曰晉進也者晉卦象辭也 羞餞迪烝進也 皆見詩禮 疏 羞餞
至進也○釋曰謂進與也羞者曲禮云閩子有客使某羞餞者進飲食之名也迪者以道而進也烝者周頌豐年云烝畀祖妣 詔亮左右相導。
也 皆謂教導之 詔相導左右助勴也 勴謂贊勉 亮介尚右也 紹介勸尚皆相。佑助 左右亮也 反覆相訓以盡
其義○相息亮切勴音慮 疏 詔亮至亮也○釋曰詔者大宗伯云詔相王之大禮亮者大雅大明云涼彼武王左右者周南關雎云左右流之相者鄉飲酒
云相者。二人此皆謂教。導之也教。導即贊勉也故又爲勴說文云勴助也不以力助以心助也郭云紹介勸尚皆相佑助孫炎曰介者相助之義如人之左右
手故以介爲左右也大雅生民云攸介攸止故轉爲右左右即亮也亦皆謂佐助反覆相訓以盡其義亮涼音義同 緝熙烈顯昭晧。熲光
也 詩曰學有緝熙于光明又曰休有烈光○熲古迥切 疏 緝熙至光也○釋曰顯者光明也大雅假樂云顯顯令德說文云昭日明也大雅雲漢云昭回
于天晧者亦日光也熲火光也小雅無將大車云不出于熲[注]詩曰至烈光○釋曰云學有緝熙于光明者周頌敬之文又。曰休有烈光周頌載見文 劼
鞏堅篤掔虔膠固也 劼虔皆見詩書易曰鞏用黃牛之革固志也掔然亦牢固之意○劼苦黠切掔音牽 疏 ○劼鞏至固也釋曰皆牢

固也劼者確固也鞏者說文云以革有所束也堅者剛。彊之固也論語云不曰堅乎磨而不磷篤者厚也物厚者牢固擧者擧亦牢固之意虔者恭之固。也膠者。所以固物小雅隰桑云德音孔膠〔注〕劼虔至志也○釋曰云劼虔皆見詩書者酒誥云劼毖殷獻臣大雅韓奕云虔共爾位。云易曰鞏用黃牛之革固志也者案革卦云初九鞏用黃牛之革遯卦六二象曰執用黃牛固志也文與此異然則郭云固志者所以釋革卦之鞏非謂遯之固志

疇孰誰也易曰疇離祉○疇直留切

疏 疇孰誰也○釋曰皆謂語辭不為義也又猶言誰人也論語云君孰與不足陳風墓門云誰昔然矣注易曰疇離祉○釋曰否卦九四爻辭也

睢睢皇皇藐藐穆穆休嘉珍禕。懿鑠美也。自穆穆已上皆美盛之貌其餘常語○睢音旺藐音邈禕音衣

疏 睢睢至美也○釋曰皆謂美盛也少儀云祭祀之美。齊。齊皇皇鄭玄云皇皇讀如歸往之往彼言皇皇則此睢睢也少儀又云言語之美穆穆皇皇曲禮云天子穆穆諸侯皇皇鄭注皆云行容止之貌然則皇皇穆穆者皆。言。語容止之美盛也大雅崧高云既成藐藐毛傳云藐藐美貌休者大禹謨云戒之用休又曰嘉乃丕績儒行云席上之珍以待聘禕者歎美也懿者周頌時邁云我求懿德鑠者周頌酌篇。於鑠王師是皆謂美之常語爾

諧輯協。和也書曰八音克諧左傳曰百姓輯睦

關關。噰噰。音聲和也皆鳥鳴相和

勰燮和也書曰燮友柔克○輯集噰於恭反勰音協

疏 諧輯至和也○釋曰皆謂和同協者說文云衆之同和也關關噰噰者皆鳥鳴音聲相和也周南關睢云關關睢鳩邶風匏有苦葉云噰噰鳴雁勰即古文協字〔注〕書曰至柔克○釋曰云書曰八音克諧虞書舜典文云左傳曰百姓輯睦者案僖十五年及成十六年皆云羣臣輯睦其是乎云書曰燮友柔克者周書洪範文

從申神加弼崇重也隨從弼輔增崇皆所以為重疊神所未詳○重直龍切

疏 從申至重也○釋曰隨從申重加弼弼輔崇充皆所以為重疊也大雅鳧鷖云福祿來崇

㲄悉卒泯忽滅罄空畢罊殲拔殄盡也㲄今直語耳忽然盡貌今

江東呼厭極爲𡾇。餘皆見詩○𣪠音學𡾇苦計切殲音尖疏𣪠今至見詩○釋曰此皆謂終盡𣪠今直語耳忽然盡貌左傳曰皋陶庭堅不祀忽諸云今江東呼厭極爲𡾇者以時驗而言也說文云器中盡也云餘皆見詩者悉者說文云詳盡也卒者終盡也衞風日月云畜我不卒泯者滅盡也大雅桑柔云靡國不泯滅絶盡也小雅正月云寧或滅之𡾇者說文云器中空也小雅蓼莪云缾之𡾇矣空者小雅大東云杼柚其空畢者小雅無羊云畢來既升殲者舍人曰衆之盡也秦風黃鳥云殲我良人拔者寡除使盡也殄者詩云邦國殄瘁

苞蕪茂豐也苞叢繁蕪皆豐盛疏苞蕪茂豐也○釋曰皆豐盛也苞者草木叢生也禹貢云草木漸苞蕪者繁蕪也洪範云庶草蕃廡蕪廡音義同茂者茂盛也小雅天保云如松柏之茂

揫斂屈收戢蒐裒鳩樓。聚也禮記曰秋之言揫揫斂也春獵爲蒐蒐者以其聚人衆也詩曰屈此羣醜原隰裒矣左傳曰以鳩其民。樓猶今言拘。樓聚也○揫子由切蒐音搜疏揫斂至聚也○釋曰皆會聚也斂者聚也禮記大學曰百乘之家不畜聚斂之臣收者周頌維天之命云我其收之戢者藏聚也周頌時邁云載戢干戈餘皆見注〔注〕禮記至聚也○釋曰云禮記曰秋之言揫揫斂也者鄉飲酒義文云春獵爲蒐蒐者以其聚人衆也春獵爲蒐釋天文也云詩曰屈此羣醜。者魯頌泮水文云原隰裒矣者小雅常棣文云左傳曰以鳩其民者隱八年文云樓猶今言拘樓聚也。者以時驗而言也

肅齊遄速亟屢數迅疾也詩曰仲山甫徂齊○遄音船亟欺冀切數音朔疏肅齊至疾也○釋曰皆謂急疾也肅者召南小星云肅肅宵征毛傳云肅肅疾貌齊者壯疾也遄者邶風泉水云遄臻于衞速者論語云無欲速亟者。欺冀。切論語曰好從事而亟失時一云亟居力切大雅靈臺云匪亟其欲屢者小雅巧言云君子屢盟數者祭義云祭不欲數迅者疾走也論語云迅雷風烈必變〔注〕詩曰仲山甫徂齊○釋曰大雅烝民文

寁駿肅亟遄速也詩曰不寁故也駿猶迅速亦疾也○寁音昝亟居力切疏寁駿至速也○釋曰速亦疾也肅亟遄轉相訓耳駿者猶迅也禮記大傳云逡奔走駿逡音義

同鄭注云疾奔走言勸事也〔注〕詩曰不寋故也○釋曰鄭風遵大路文

㝗阬阬滕徵隍漮虛也㝗谿㝗也阬阬謂阬壍也隍城池無水者方言云漮之言空也皆謂丘墟耳滕徵未詳○阬音坑漮音康〔疏〕㝗阬至虛也○釋曰皆謂空虛也㝗者谿㝗也大雅韓弈云實墉實㝗阬阬者坎陷之虛也但重言耳隍者城池無水者易曰城復于隍漮者注引方言云康之言空也彼注云漮窾空貌亦丘墟之空無小雅賓之初筵云酌彼康爵鄭箋云康虛也漮康音義同

黎庶烝多醜師旅衆也皆見詩〔疏〕黎庶至衆也○釋曰皆謂衆夥也注云皆見詩者大雅雲漢云周餘黎民靈臺云庶民子來烝民云天生烝民周頌載見云思皇多祜大雅緜篇云戎醜攸行棫樸云六師及之小雅采芑云振旅闐闐之類是也

洋觀裒衆那多也詩曰薄言觀者又曰受福不那洋溢亦多貌〔疏〕洋觀至多也○釋曰皆謂重多也洋者洋溢亦多貌魯頌閟宮云萬舞洋洋裒者聚之多也易曰君子以裒多益寡衆者周頌臣工云命我衆人〔注〕詩曰至不那○釋曰詩曰薄言觀者小雅采綠文又曰受福不那者桑扈文

流差柬擇也皆選擇見詩○差音乂柬音簡〔疏〕流差柬擇也○釋曰皆選擇也周南關雎云左右流之小雅吉日云既差我馬邶風云簡兮簡兮皆是也簡柬音義同

戰慄震驚戁竦恐慴懼也詩曰不戁不竦慴即懾也○慄音栗戁女板切恐丘勇切慴之涉切〔疏〕戰慄至懼也○釋曰皆惶怖也論語曰使民戰栗詩秦風黃鳥云惴惴其慄易曰震來虩虩又曰驚遠而懼邇也詩云不戁不竦月令曰國時有恐樂記曰柔氣不懾是皆懼也慴即懾也〔注〕詩曰不戁不竦釋曰商頌長發文也

○痡瘏虺頹玄黃劬勞咎顇瘽瘉鰥戮癙癵瘇痒疷疵閔逐疚痗瘥痱癉瘵瘼癠病也虺頹玄黃皆人病之通名而說者便謂之馬疾失其義也詩曰生我劬勞書曰智藏瘝在相戮辱亦可恥病也今江東呼病曰瘵東齊曰瘼禮記曰親癠色容不盛戮逐未詳餘皆見詩○痡普胡切瘏音徒虺音灰頹音悴瘽音勤瘉音愈癙音鼠癵力專反瘇

音里痒音羊痻音祇痗音妹瘥徂何切痱音肥𤺺音亶瘵音債癠徂細切[疏]痡瘏至病也○釋曰痡疾甚曰病此皆病之通名耳孫炎曰痡人疲不能行之病瘏馬疲不能進之病虺頹馬罷不能升高之病玄黃馬更黃色之病然則虺頹者病之狀玄黃者病之變色郭云皆人病之通名而說者便謂之馬病失其義也蓋指孫炎不能弘通故云失其義也咎者罪病也顇者小雅雨無正云維躬是瘁顇瘁音義同瘽者勞苦之病也瘉者小雅角弓云交相為瘉戮者相戮辱亦可恥病也癙及痒者小雅正月云癙憂以痒舍人云癙癵瘇痒皆心憂憊之病也孫炎云癙癙者畏之病也瘇者小雅正月云悠悠我里瘇里音義同疷者孫炎云滯之病也小雅白華云俾我疷兮疵者瑕釁小病也閔者豳風鴟鴞云鬻子之閔斯逐者衛風考槃云碩人之軸鄭箋云軸病也軸與逐蓋今古字郭氏未詳疚者小雅采薇云憂心孔疚痗者小雅十月云亦孔之痗瘥者節南山云天方薦瘥痱者四月云百卉具腓痱腓音義同𤺺者大雅板篇云下民卒𤺺瘵者大雅瞻卬云士民其瘵瘼者大雅桑柔云瘼此下民餘皆見注[注]詩曰至見詩○釋曰云生我劬勞者小雅蓼莪文云書曰智藏瘝在者周書召誥文云今江東呼病曰瘵者以時驗而言云東齊曰瘼者方言文云禮記曰親癠色容不盛者玉藻文

羕寫悝盱繇慘恤罹憂也

今人云無羕謂無憂也寫有憂者思散寫也詩曰悠悠我悝云何盱矣繇役亦為憂愁也○悝音里盱音吁繇音遙[疏]羕寫至憂也○釋曰皆言憂愁也羕者聘禮云公問君賓對公再拜鄭注云拜其無羕郭云今人云無羕謂無憂也寫者有憂者思散寫也小雅車舝云我心寫兮繇者繇役亦為憂愁慘者心憂也恤者小雅祈父云胡轉予于恤罹者王風兔爰云逢此百罹[注]詩曰至盱矣○釋曰云詩曰悠悠我悝者小雅十月文云何盱矣者卷耳及都人士文也

倫勩邛敕勤愉庸癉勞也

詩曰莫知我勩維王之邛哀我癉人國語曰無功庸者倫理事務以相約敕亦為勞勞苦者多情愉今字或作窳同○勩與世切勞力報切[疏]倫勩至勞也○釋曰皆謂勞苦也倫者理也理治事務者必勞勩者廣雅云苦也孫炎曰習事之勞也敕者相約敕也亦為勞

苦勤者勞力也梓材云既勤垣墉愉者懶也郭云勞苦者多惰愉今字或作窳同庸者民功曰庸癉者說文云勞病也〔注〕詩曰至庸者○釋曰云詩曰莫知我勩者小雅雨無正文云維王之邛者巧言文云哀我憚人者大東文云國語曰無功庸者案晉語韓獻子老使公族穆子受事於朝辭曰厲公之亂無忌備公族不能死臣聞之曰無功庸者不敢居高位今無忌智不能匡君使至於難仁不能救勇不能死敢辱君朝以忝韓宗請退也固辭不立悼公聞之曰難雖不能死。而能讓不可不賞使掌公族大夫是其事也

勞來強事謂翦篲勤也 詩曰職勞不來自勉強者亦勤力者由事事故爲勤也詩曰迨其謂之翦篲未詳○來音賚強其丈切 【疏】勞來至勤也○釋曰皆謂勤勞也勞來者以其有勤勞也自勉強者亦爲勤由能事事有功者亦爲勤〔注〕詩曰至謂之○釋曰云職勞不來者小雅大東文人以不被勞來者爲不見勤故采薇敘曰杕杜以勤勸之卽是勞來也云迨其謂之者召南摽有梅文也

悠傷憂思也 皆感思也○思司嗣切 【疏】悠傷憂思也○釋曰皆感思也悠者秦風渭陽云悠悠我思傷者周南卷耳云維以不永傷憂者愁思也

懷惟慮願念惄思也 詩曰惄如調饑○惄音溺 【疏】懷惟至思也○釋曰皆思念也方言云鬱悠懷惄惟慮願念靖慎思也晉宋衞魯之閒謂之鬱悠惟凡思也慮謀思也願欲思也念常思也東齊海岱之閒曰靖秦晉或曰慎凡思之貌亦曰慎或曰惄舍人曰惄。志而不得之思也〔注〕詩曰惄如調饑○釋曰周南汝墳文

祿祉履戩祓禧禠祜福也 詩曰福履綏之俾爾戩穀。祓祿。康矣禠禧書傳。不見其義未詳○戩子淺切祓音廢禠音斯 【疏】祿祉至福也○釋曰皆福祜也福祿對文則小異散則祿亦福也商頌玄鳥云百祿是何鄭箋謂當擔負天之多福祉者繁多之福也周頌烈文云錫茲祉福祜者小雅信南山云受天之祜〔注〕詩曰至康矣○釋曰云詩曰福履綏之者周南樛木文云俾爾戩穀者小雅天保文云祓祿康矣者大雅卷阿文

禋祀祠蒸嘗禴祭也 書曰禋于六宗餘者皆以爲四時祭名也○禴音藥 【疏】禋祀至祭也○釋曰皆祭之別名祭際也人神

交際說文云從示從又從肉又手也以手持肉示神所以祭也禋者說文云絜祀也祀者說文云祭無已也餘者四時祭名疏具釋天[注]書曰禋于六宗○釋祭虞書舜典文孔安國云精意以享謂之禋宗尊也所尊曰者其祀有六謂四時也寒暑也日也月也星也水旱也

儼恪祗翼禋恭欽寅熯敬也儼然敬貌書曰夙夜惟寅詩曰我孔熯矣禋未詳○恪虛各切禋音因熯而善切

疏儼恪至敬也○釋曰皆謂謹敬也儼者郭云儼然敬貌論語云儼然人望而畏之恪者心敬也周書微子之命云恪慎克孝祗者虞書大禹謨云祗承于帝翼者小心之敬也云恭者敬貌也大雅桑柔云溫溫恭人欽者堯典云欽若昊天[注]書曰至熯矣○釋曰云書曰夙夜惟寅者虞書舜典文云詩曰我孔熯矣者小雅楚茨文

朝旦夙晨晙早也晙亦明也○晙音俊

疏朝旦至早也○釋曰早者說文云晨也從日在甲上十古文甲字今即以不晚為早朝者鄘風蝃蝀云崇朝其雨毛傳云崇終也從旦至食時為終朝旦者說文云明也從日在一上一地也陳風東門之枌云穀旦于差夙者齊風東方未明云不夙則莫晨者說文云晨昧爽也東方未明云不能晨夜晙亦明之早也

顉竢替戾底。止徯待也書曰徯我后今河北人語亦然替戾底者皆止也止亦相待。○顉音須竢音士底音止徯胡禮切

疏顉竢至待也○釋曰皆相待也顉者邶風匏有苦葉云卬。須我友竢者齊風著篇云俟我于著乎而頭須竢俟音義同替戾底者郭云皆止也止亦相待。[注]書曰徯我后○釋曰商書太甲文

噊幾烖殆危也幾猶殆也噊烖未詳○噊音聿烖音哉

疏噊幾至危也○釋曰皆危險也說文云危在高而懼幾者幾猶殆也周書顧命云無以劍冒貢于非幾殆者小雅節南山云無小人殆

譏汽也謂相摩近○譏音祈汽音蓋

疏譏汽也○釋曰說文云剴摩也郭讀譏為剴云謂相摩近孫炎云汽近也大雅民勞云汽可小康鄭箋云汽幾也反覆相訓故汽得為幾也昭。二十年左傳亦引此詩杜預云汽期也然則期字雖別皆是近義言其近當如此史記稱漢高祖欲廢大子周昌曰臣口不能言然臣期期知其不可陛下雖廢大子臣期

不奉詔言期者意亦與此同也

治肆古故也治未詳。肆古見詩書【疏】治肆古故也○釋曰肆之爲故語更端辭也商書湯誥曰肆台小子古之爲故謂舊故也周頌良耜云續古之人

肆故今也肆既爲故又爲今今亦爲故故亦爲今此義相反而兼通者事例在下而皆見詩【疏】肆故今也○釋曰詩大雅緜篇云肆不殄厥愠毛傳云肆故今也即以肆之一字爲故今因上起下之語郭氏字別爲義云肆既爲故又爲今今亦爲故故亦爲今此義相反而兼通者事例在下在下者謂在下文徂在存也注

惇亶祜篤掔仍肶埤竺腹厚也頻仍。埤益。肶輔皆重厚掔然厚貌餘皆見詩書○肶音毗埤音椑竺音篤【疏】惇亶至厚也○釋曰皆重厚也惇者周書武成云惇信明義亶者誠之厚也大雅桑柔云逢天僤怒小雅天保云俾爾單厚周頌昊天有成命云單厥心皆訓厚也亶僤單音義同祜者福厚也篤者周頌維天之命云曾孫篤之掔然厚貌頻仍埤益肶輔皆重厚釋天云仍饑爲荐邶風北門云政事一埤益我小雅節南山云天子是毗又采菽云福祿膍之肶毗膍音義同腹者小雅蓼莪云出入腹我月令云水澤腹堅

載謨食詐僞也載者言而不信謨者謀而不忠書曰朕不食言【疏】載謨至僞也○釋曰皆虛僞也郭云載者言而不信謨者謀而不忠者以載。詁爲言謨爲謀今又爲僞故以爲言而不信謀而不忠則是僞也食者孫炎曰食言之僞也哀二十五年左傳云孟武伯惡郭重曰何肥也公曰是食言多矣能無肥乎然則言而不行如食之消盡後終不行前言爲僞故通謂僞言爲食言故此訓食爲僞也詐者方言云膠譎詐也涼州西南之閒曰膠自關而東西。或曰。譎或曰膠詐通語也【注】書曰朕不食言○釋曰商書湯誥文

話猷載行訛言也詩曰愼爾出話猷者道道亦言也周禮曰作盟詛之載今江東通謂語爲行世以。妖言爲訛【疏】話猷至言也○釋曰皆謂言辭也話者善言也孫炎曰善人之言也猷者道也道亦言也載者載於簡策之。言也郭云今江東通謂語爲行世以妖言爲訛【注】詩曰至之載○釋曰云詩曰愼爾出話者大雅抑篇文云周禮曰作盟詛之載者春官詛祝職文也

遘

逢遇也謂相遭遇遘逢遇遻也轉復爲相觸遻遘逢遇遻見也行而相值即見遘音構遻音悟○疏遘逢至見也○釋曰皆謂相遭遇觸遻而相見也召南草蟲云亦既遘止周書洪範云子孫其逢吉鄭風野有蔓草云邂逅相遇轉復相訓三者又爲相觸遻遻遘逢遇遻四者皆行而相值之名行而相值即見也故又爲見

顯昭覲釗覿見也顯昭明見也逸書曰釗我周王○釗之遙切疏顯昭至見也○釋曰顯昭明見也周頌敬之云天維顯思又時邁云昭明有周覲釗覿者皆下見上也曲禮云天子當依而立諸侯北面而見天子曰覲郊特牲云不敢私覿○注逸書曰釗我周王○釋曰不在今尚書之內故曰逸

監瞻臨涖頫相視也皆謂察視也○監音鑒涖音利頫音跳疏監瞻至視也○釋曰皆謂察視也小雅節南山云何用不監又曰民具爾瞻大雅大明云上帝臨女文王世子云成王幼不能涖阼頫者考工記云瑑圭璋八寸璧琮八寸以頫聘鄭注云頫視也聘問也衆來曰頫特來曰聘相者小雅小弁云相彼投兔

鞠訩溢盈也詩曰降此鞠訩疏鞠訩溢盈也○釋曰皆謂盈多訩訟滿溢皆盈多也○注詩曰降此鞠訩○釋曰小雅節南山文毛傳云鞠盈訩訟也鄭箋云盈猶多也以盈者必多故鄭轉云盈猶多也

孔魄哉延虛無之言間也孔穴延魄虛無皆有間隙餘未詳疏孔魄至間也○釋曰間謂間隙也孔者孔穴小雅角弓云如酌孔取魄者形也謂月之無光之處名魄也康誥云惟三月哉生魄延者今墓道也虛無者空無所有也是皆有間隙也

瘞幽隱匿蔽竄微也微謂逃藏也左傳曰其徒微之是也○瘞於計切匿女力切疏瘞幽至微也○釋曰微謂逃藏也瘞者埋藏之微也幽者深微也隱者潛隱而微也匿者舍人曰藏之微也蔽者覆障使微也竄者行之微也是皆微昧不顯揚也○注左傳至是也○釋曰案哀十六年傳云楚白公勝作亂殺子西子期葉公子高至遇箴尹固帥其屬將與白公子高曰微二子者楚不國矣棄德從賊其可保乎乃從葉公使與國人以攻白公白公奔山而縊其徒微之是也

訖徽妥懷

安按替戾底廢尼定曷遏止也妥者坐也懷者至也按抑按也替廢皆止住也戾底義見詩傳國語曰戾久將底孟子曰行或尼之今以逆相止爲遏徽未詳○妥他果切遏烏曷切

疏訖徽至止也○釋曰皆謂止住也訖者終止也妥者坐止也懷至止也安休止也按抑替廢皆止住也大雅云以按徂旅小雅云勿替引之定者靜止也曷者俗以抑止爲曷今以逆相止爲遏餘皆見注○注戾底至尼之○釋曰云戾底義見詩者小雅采菽云亦是戾矣底者在物之下是亦止也凡注言見詩今毛詩無者蓋在齊魯韓詩也云國語曰戾久將底者案晉語云文公在翟十二年狐偃曰日吾來此也非以翟爲榮可以成事也吾曰奔而易達困而有資休以擇利可以戾也今戾久矣戾久將底底著滯淫誰能興之盍速行乎是其事也云孟子曰行或尼之者案孟子魯平公將見孟子嬖人臧倉止之樂正子見孟子曰克告於君君爲來見也嬖人有臧倉沮君君是以不來也曰行或使之止或尼之行止非人所能也吾之不遇魯侯天也臧氏之子焉能使予不遇哉是其事也此云行或尼之者所見本異或傳寫誤

豫射厭也詩曰服之無斁豫未詳○無射音亦

疏豫射厭也○釋曰謂厭倦也云○注詩曰服之無斁也○釋曰詩曰者周南葛覃文也

烈績業也謂功業也

疏烈績業也○釋曰謂功業也烈者周頌執競云無競維烈績功者大雅文王有聲云維禹之績

績勳功也謂功勞也

疏績勳功也○釋曰謂功勞也績功者虞書大禹謨云嘉乃丕績勳者案周禮司勳職云王功曰勳鄭注云輔成王業若周公

功績質登平明考就成也功績皆有成詩曰質爾民人禮記曰年穀不登穀梁傳曰平者成也事有分明亦成濟也

疏功績至成也○釋曰皆謂成濟也勳功績業皆有成也事有分明亦成濟也舜典云三載考績周頌敬之云日就月將皆言成功也○註詩曰至成也○釋曰云詩曰質爾民人者大雅抑篇文云禮記曰年穀不登者下曲禮文云穀梁傳曰平者成也者宣十五年文也

梏梗較頲庭道直也梏梗較頲皆正直也詩曰既庭且頎頲道無所屈○梏音谷較音角頲他頂切

疏梏梗至直也○

釋曰梏梗較頲皆正直也庭條直也道者頲道無所屆○注詩曰既庭且碩○釋曰小雅大田文

密康靜也皆安靜也

疏密康靜也○釋曰皆安靜也周頌昊天有成命夙夜基命宥密大雅生民云不康禋祀

豫寧綏康柔安也皆見詩書

疏豫寧至安也○釋曰皆安樂也大雅板云不敢戲豫虞書大禹謨云萬邦咸寧商書大甲云撫綏萬邦大雅民勞云汔可小康虞書舜典云柔遠能邇

平均夷弟易也皆謂易直

疏平均至易也○釋曰易者不難也和平均一皆易直也周頌天作云岐有夷之行大雅泂酌云豈弟君子

矢弛也弛放弛易也相延易○矢弛並音尸紙切

疏矢弛至易也○釋曰郭云弛放也以弓釋弦曰弛故云弛放禮記雜記云一張一弛弛又為易為相延易也

希寡鮮罕也罕亦希也鮮寡也謂少○鮮息淺切

疏希寡至寡也○釋曰皆簡少之稱也論語云希不失矣易說卦云巽為寡髮大雅篇云鮮不為則郭云罕亦希也鄭風大叔于田云叔發罕忌鮮又為寡轉互相訓皆謂希少爾

酬酢侑報也此通謂相報荅不主于飲酒○酢音昨

疏酬酢侑報也○釋曰皆相報荅也郭云此通謂相報荅不主于飲酒者以飲酒之禮主人酌酒于賓曰獻賓既卒爵洗而酌主人曰酢主人既卒酢爵又酌自飲卒爵復酌進賓曰酬故說者以酬酢主謂飲酒相報荅郭以易繫辭云可與酬酢謂應對萬物也小雅楚茨云萬壽攸酢是神報主人也故云不主於飲酒侑者案公食大夫禮賓三飯之後云公受宰夫束帛以侑注云束帛十端帛也侑猶勸也主國君以為食賓殷勤之意未至復發幣以勸之欲其深安賓也是侑者主人所以報賓也

毗劉暴樂也謂樹木葉缺落蔭疏暴樂見詩○暴音剝樂音洛

疏毗劉暴樂也○釋曰舍人曰毗劉爆樂之意也木枝葉稀疏不均爲爆樂郭云謂樹葉缺落蔭疏爆樂見詩者大雅桑柔云捋采其劉毛傳云劉爆爍而希也是矣

覭髳茀離也謂草木之叢茸翳薈也茀離即彌離彌離猶蒙蘢耳孫叔然字別爲義失矣○覭音陌髳音蒙

疏覭髳茀離也○釋曰郭云謂草木之叢茸翳薈也茀離即彌離彌離猶蒙蘢耳

孫叔然字別爲義失矣郭以時驗而爲此解孫氏每字各別爲義故云失矣

蠱諂貳疑也蠱惑有貳心者皆疑也左傳曰天命不諂○諂音滔

疏蠱諂貳疑也○釋曰皆謂疑惑也○注蠱惑至不諂○釋曰云蠱惑有貳心者皆疑也者案昭元年左傳晉趙孟問於醫和曰何謂蠱對曰淫溺惑亂之所生也於文皿蟲爲蠱穀之飛亦爲蠱在周易女惑男風落山謂之蠱是蠱惑也貳者心疑不一也大雅大明云無貳爾心毛傳云無敢懷貳心也云左傳曰天命不諂者哀十七年葉公子高辭也

楨翰儀榦也詩曰維周之翰儀表亦體榦也

疏楨翰儀榦也○釋曰舍人曰楨正也築牆所立兩木也翰所以當牆兩邊鄣土者也大雅生民云維周之楨又崧高云維周之翰儀表亦體榦也

弼棐輔比俌也書曰天威棐忱易曰比輔也俌猶輔也○棐音匪比毗志切俌音甫

疏弼棐輔比俌也○釋曰俌猶輔也弼者商書說命云夢帝賚予良弼棐者周書康誥云天威棐忱輔者商書湯誓云爾尚輔予一人比者易比卦象云比輔也

疆界邊衛圉垂也疆場竟界邊旁營衛守圉皆在外垂也左傳曰聊以固吾圉也○圉音語

疏疆界至垂也○釋曰謂四垂也郭云疆場竟界邊旁營衛守圉皆在外垂也舍人曰圉拒邊垂也孫炎曰圉國之四垂也○注左傳曰聊以固吾圉也○釋曰隱十一年鄭伯辭也

昌敵彊應丁當也書曰禹拜昌言彊者好與物相當值

疏昌敵至當也○釋曰皆相當也昌者言當也敵者仇匹相當也文六年左傳曰敵惠敵怨彊者好與物相當值應者對當也大雅下武云應侯順德丁者雲漢云寧丁我躬○注書曰禹拜昌言○釋曰虞書大禹謨文

浡肩搖動蠢迪俶厲作也浡然興作貌蠢動作公羊傳曰俶甚也穀梁傳曰始厲樂矣肩見書迪未詳

疏浡肩至作也○釋曰皆興作也浡然興作貌莊公十一年左傳云禹湯罪己其興也浡然肩者勝任之作也搖者考工記矢人云夾而搖之以視其豐殺之節也動者商書咸有一德云德惟一動罔不吉蠢者鄉飲酒義云春之爲言蠢也俶者始作也厲者方言云厲卬爲也甌越曰卬吳曰厲爲亦作也○注公羊至樂矣○釋曰云公羊

傳曰俶甚也者隱九年云三月庚辰大雨雪何以書記異也何異爾俶甚也云穀梁傳曰始厲樂矣者隱五年云九月考仲子之宮初獻六羽始僭樂矣尸子曰舞夏自天子至諸侯皆用八佾初獻六羽始厲樂矣

茲斯咨呰已此也皆已皆方俗異語○呰音紫【疏】○茲斯至此也○釋曰此此者對彼之稱言近在是也茲者虞書大禹謨云念茲在茲斯者召南殷其雷云何斯違斯咨與茲同呰已與此皆音相近故得為此也郭云呰已皆方俗異語

嗟咨𧩙也今河北人云𧩙歎音兎罝○𧩙音嗟【疏】嗟咨𧩙也○釋曰皆歎也周南卷耳云嗟我懷人堯典云疇咨若時登庸郭云今河北人云𧩙歎

閑狎串貫習也串厭串貫貫忕也今俗語皆然○串五患切貫音慣【疏】閑狎至習也○釋曰皆便習也莊二十二年左傳曰赦其不閑於教訓曲禮曰賢者狎而敬之大雅皇矣云串夷載路齊風猗嗟云射則貫兮皆是習也郭云串厭串貫貫忕也今俗語皆然者當時晉時有此厭串貫忕之語故以為證也

㬥塵佇淹留久也塵垢佇企淹滯皆稽久【疏】㬥塵至久也○釋曰㬥㬥塵垢佇企淹滯留止皆稽久也通見詩書

逮及暨與也公羊傳曰會及暨皆與也逮亦及也【疏】逮及暨與也○釋曰皆相親與也○注公羊至及也○釋曰云公羊傳曰會及暨皆與也者隱元年文也云逮亦及也者方言文

隲假格陟躋登陞也方言曰魯衛之間曰隲梁益曰格禮記曰天王登遐公羊傳曰躋者何陞也○隲音質假音遐【疏】隲假至陞也○釋曰皆謂陞上陟者周南卷耳云陟彼高岡餘見注○注方言至陞也○釋曰方言曰者案彼云躋郅。音質跂。音企佫躋踚。音躍登。也自關而西秦晉之間曰躋東齊海岱之間謂之躋魯衛曰郅梁益之間曰佫或曰跂隲郅格佫音義同云禮記曰天王登遐者下曲禮文云公羊傳曰躋者何陞也者文公二年文也

揮盝歇涸竭也月令曰無漉陂池國語曰水涸而成梁揮振去水亦為竭歇通語○涸音鶴【疏】揮盝至竭也○釋曰皆謂竭盡也揮者郭云揮振去水亦為竭曲禮曰執玉器者弗揮是也盝即漉也郭云歇通語謂歇即竭之通語也涸水竭也○註月令至成

梁○釋曰云月令云無漉陂池者按月令仲春之月是月也無竭川澤無漉陂池無焚山林鄭注云順陽養物也畜水曰陂穿地通水曰池云國語曰水涸而成梁者案周語定王使單襄公聘於宋遂假道於陳以聘楚單子歸告王曰陳侯不有大咎國必亡王曰何故對曰夫辰角見而雨畢天根見而水涸本見而草木節解駟見而隕霜火見而清風戒寒故先王之教曰雨畢而除道水涸而成梁草木節解而備藏隕霜而冬裘具清風至而脩城郭宮室今陳國火朝覿矣而道路若塞野場若棄澤不陂障川無舟梁是廢先王之教也引之者證涸爲水竭

拒拭刷清也。振。訊。拔。拭。掃刷皆所以爲絜清拒音振刷所劣切【疏】拒拭刷清也○釋曰郭云振訊拔拭掃刷皆所以爲絜清禮記喪大記云拒用巾哀十四年公羊傳云反袂拭面周禮凌人職云夏頒冰掌事秋刷後鄭云秋涼冰不用可以清。除其室

鴻昏於顯間代也鴻鴈知運代昏主代明明亦代昏顯卽明也間錯亦相代於義未詳○於音烏間音澗【疏】鴻昏至代也○釋曰皆謂更代也云鴻鴈知運代者鴻鴈之屬九月而南正月而北是知其時運而更代南北也云昏主代明者釋經昏字也日入後二刻半爲昏昏來則明往故云昏主代明云明亦代昏者釋經顯也顯卽明也云間錯亦相代者謂間。廁交錯亦相更代也儀禮鄉飲酒云乃間歌魚麗鄭注云間代也謂一歌則一吹是也又周頌桓篇云皇以間之

饁饟饋也國語曰其妻饁之○饁音叶饟音餉饋音櫃【疏】饁饟饋也○釋曰饁者以食遺與也野食曰饁。舍人曰饟自家之野也○注國語曰其妻饁之○釋曰。晉。語云臼季使舍於冀野冀缺耨其妻饁之敬相待如賓從而問之冀芮之子。與之歸既復命而進之曰臣得賢人。敢以告是也

遷運徙也今江東通言遷徙【疏】遷運徙也○釋曰皆謂移徙也大雅皇矣云帝遷明德易曰日月運行郭云今江東通言遷徙者時驗而言也

秉拱執也兩手持爲拱【疏】秉拱執也○釋曰皆謂持執也周書金縢云植璧秉珪郭云兩手持爲拱老子云雖有拱璧

廞熙興也書曰庶績咸熙廞見周官○廞許金切【疏】廞熙興也○釋曰皆謂興作郭云書曰庶績咸熙者

虞書舜典文云廞見周官者。周。官即周禮也笙師職云大喪廞其樂器鄭注廞興也興謂作之衛蹶假嘉也詩敘曰假樂嘉成王也餘未詳○嘉蹶

居衛切假音暇疏衛蹶假樂嘉也○釋曰謂嘉美也郭云詩敘曰假樂嘉成王也者大雅假樂篇敘也廢稅赦舍也詩曰召伯所稅舍放置○

舍音捨疏廢稅赦舍也○釋曰皆舍置也廢者宣八年公羊傳云廢其無聲者赦者放置也虞書舜典云眚災肆赦郭云詩曰召伯所稅者召南甘棠文

也

棲。遲。憩。休苦𣢶齂呬息也棲遲遊息也苦勞者宜止息憩見詩𣢶齂呬皆氣息貌今東齊呼息為呬也○憩去例切𣢶苦怪切

齂詞戒切呬許四切疏棲遲至息也○釋曰皆止息也舍人曰棲遲行步之息郭云棲遲遊息也陳風衡門云衡門之下可以棲遲憩者召南甘棠云召伯所憩休者止而息也周南漢廣云不可休息苦者郭云苦勞者宜止息𣢶齂呬者郭云皆氣息貌案方言云𩞄。消息喙呬息也周鄭宋沛之間曰𩞄自關而西秦晉之間或曰喙或曰𩞄東齊曰呬故郭云今東齊呼息為呬也

供峙共具也皆謂備具○峙直紀切供音恭疏供峙共具也○釋曰皆謂備具也供者論語云子路共之供共音義同峙者周書費誓云峙乃糗糧周頌臣工云庤乃錢鎛峙庤音義同共者小雅小旻云。靖共爾位

惵憐惠愛也惵韓鄭語今江東通呼為憐○惵音某疏惵憐惠愛也○釋曰愛謂寵惜也方言云憮。亡輔切㤿。音掩憐牟愛也。韓鄭曰憮晉衛曰㤿汝穎之間曰憐宋魯之間曰牟秦或曰憐憐通語也故郭云惵韓鄭語今江東。通呼為憐。惵憮。音義同惠者仁愛也邶北風云惠而好我

娠蠢震戁妯騷感訛蹶動也娠猶震也詩曰愛心且妯無感我帨兮或撼或訛蠢戁騷蹶皆搖動貌○娠音振妯音抽疏娠蠢至動也○釋曰皆謂動作

娠者說文云妊娠動也郭云娠猶震也者以大雅生民云載震載夙昭元年左傳曰邑姜方震。大叔哀元年左傳曰后婚方震。皆謂有身為震故云娠猶震也

蠢者郭云蠢戁騷蹶皆搖動貌小雅采芑云蠢爾蠻荊震者大雅常武云震驚徐方戁者恐動也商頌長發云不戁不竦騷者大雅常武云徐方繹騷蹶者大

雅緜篇云文王蹶厥生○注詩曰至或訛○釋曰云詩曰憂心且妯者小雅鼓鍾文云無感我帨兮者周南野有死麕文云或寢或訛者小雅無羊文

覆察副審也覆。校察視副長皆所爲審諦

疏覆察副審也○釋曰郭云覆校察視副長皆所爲審諦覆者月令季春云命舟牧覆舟五覆五反察者周書呂刑云惟察惟法副者次長之稱

契滅殄絕也今江東呼刻斷物爲契斷○契苦結反

疏契滅殄絕也○釋曰皆謂斷絕契者郭云今江東呼刻斷爲契斷定九年左傳曰盡借邑人之車契其軸。杜。注云契刻也滅者小雅正月云寧或滅之殄者大雅桑柔云不殄心憂

郡臻仍迺侯乃也迺。郎。乃。餘未詳

疏郡臻至乃也○釋曰乃語辭也迺乃音義同大雅緜篇云迺慰迺止是也

迪繇訓道也義皆見詩書○繇音由

疏迪繇訓道也○釋曰虞書大禹謨曰惠迪吉小雅巧言云繇秩秩大猷○猷繇音義同。周書顧命云命汝嗣訓

僉咸胥皆也東齊曰胥見方言○僉七廉切

疏僉咸胥皆也○釋曰謂衆皆也舜典云僉曰伯禹作司空商書云咸有一德郭云東齊曰胥見方言者案方言云僉胥皆也自山而東五國之郊曰曰僉東魯曰胥是也

育孟耆艾正伯長也育養亦爲長正伯皆官長○長丁丈反

疏育孟至長也○釋曰皆謂長上也郭云育養亦爲長邶谷風云既生既育鄭箋云育謂長老也孟庶長也又周書康誥云王若曰孟侯孔安國云孟長也五侯之長耆艾皆老老長也曲禮曰五十曰艾服官政六十曰耆指使正伯皆官長大雅雲漢云以戾庶正盤庚云邦伯師長

艾歷也長者多更歷

疏艾歷也○釋曰艾又爲歷郭云長者多更歷

曆秭算數也曆曆數也今以十億爲秭論語云何足算也○秭音姊算音筭

疏曆秭算數也○釋曰皆。筭數也郭云曆曆數也推律所生之數虞書大禹謨云天之曆數在汝躬秭者周頌豐年云萬億及秭毛傳云數。億至萬曰億數億至。億曰秭郭云今以十億爲秭者以時驗而言也○注論語至算也○釋曰案論語子貢問曰今之從政者何如子曰噫斗筲之人何足算也鄭曰算數也

歷傳也傳近○歷音曆

疏歷傳也○釋曰謂傳

近也隱十一年左傳云庚辰傳於許

艾歷覛。胥相也覛謂相視也公羊傳曰胥盟者何相盟也艾歷未詳○覛音脈【疏】艾歷至相也○釋曰皆謂相視也覛者郭云覛謂相視也說文云覛邪視也郭云公羊傳曰胥盟者何相盟也者桓三年文

乂亂靖神弗淈治也論語曰予有亂臣十人淈書敘作汨音同耳神未詳餘。見詩書○淈音骨【疏】乂亂至治也○注論語至詩書○釋曰皆治理也舍人曰亂義之治也孫炎曰亂治之理也云論語曰予有亂臣十人者泰伯篇文也淈書敘云帝釐下土方設居方別生分類作汨作孔傳云汨治作興也言其治民之功興故爲汨作之篇亡云餘並見詩書者舜典云有能俾乂小雅菀柳云俾予靖之大雅生民云茀厥豐草弗茀音義同

頤艾育養也汝潁梁宋之間曰艾方言云【疏】頤艾育養也○釋曰頤者易曰頤貞吉育者易无妄象曰先王以茂對時育萬物郭云汝潁梁宋之間曰艾方言云者案方言云台胎陶鞠養也晉衞燕趙曰台音頤陳楚韓鄭之間曰鞠秦或曰陶汝潁梁宋之間曰胎或曰艾。是也

汱。渾隕墜也汱渾皆水落貌○汱姑犬切渾故本切【疏】汱渾隕墜也○釋曰皆墜落也郭云汱渾皆水落貌春秋僖公十六年經云星隕如雨

際接翜捷也捷謂相接續也○翜所甲切【疏】際接翜捷也○釋曰郭云捷謂相接續也際者相會之捷也左傳曰爾未際也小雅菀柳云無自瘵焉鄭箋云瘵接也接者曾子問云接祭而已謂捷速而祭也翜者未詳

毖神溢慎也神未詳餘見詩書○毖音秘【疏】毖神溢慎也○釋曰謂謹慎也毖者周官洛誥云夙夜毖祀溢者舍人曰溢行之慎周頌維天之命云假以溢我故注云見詩書

鬱陶繇喜也孟子曰鬱陶思君禮記曰人喜則斯陶陶斯詠詠斯猶猶卽繇也古今字耳○繇音由【疏】鬱陶繇喜也○釋曰皆謂歡悅鬱陶者心初悅而未暢之意也○注孟子至字耳○釋曰。云孟子曰鬱陶思君者案孟子。云。象往入舜宮舜。在牀琴。曰鬱陶思君爾忸怩趙氏注云象見舜。生在牀鼓琴愕然反辭曰我鬱陶思君故來爾辭也忸怩而慚是其情也云禮記曰人喜則斯陶陶斯詠詠

斯猶者下檀弓文鄭注云。陶。鬱陶也咏。嘔也猶當爲搖聲之誤也搖謂身動搖也秦人猶搖聲相近云猶卽繇也古今字耳者言禮記猶卽此經繇也古今字異耳

馘穧獲也今以獲賊耳爲馘。獲禾爲穧並見詩○馘古獲切穧才細切

疏 馘穧獲也○釋曰皆謂克獲也郭云今以獲賊耳爲馘者大雅皇矣云攸馘安安毛傳云不服者殺而獻其左耳曰馘魯頌泮水云在泮獻馘鄭箋云馘所格者之左耳皆謂臨陳格殺之而取其耳也云獲禾爲穧者小雅大田云此有不斂穧。穧者禾之鋪而未束故云獲禾爲穧是並見詩。也

阻艱難也皆險難○難乃旦切

疏 阻艱難也○釋曰皆險難也秦風蒹葭云道阻且長商書說命云非知之艱

剡絜利也詩曰以我剡耜○剡羊冉切絜音略

疏 剡絜利也○釋曰皆耜之利也小雅大田云以我覃耜剡覃音義同周頌載芟云有略其耜絜略音義同

允任壬佞也書曰而難任人允信者佞人似信壬猶任也○任壬林切

疏 允任壬佞也○釋曰皆謂諂佞也允信也佞人似信任者孫炎云似可任之佞也虞書舜典云而難任人壬猶任也皋陶謨云何畏乎巧言令色孔壬也

俾拼抨使也皆謂使令見詩

俾拼抨使從也四者又爲隨從○拼北萌切抨烹

疏 俾拼抨使也至從也○釋曰皆謂使令隨從也郭云見詩者魯頌閟宮云俾爾熾而昌大雅桑柔云荓云不逮拼荓音義同抨義亦同此皆爲使令也俾拼抨使四者又爲隨從

儴仍因也皆謂因緣○儴音穰

疏 儴仍因也○釋曰皆因緣也費誓曰無敢寇攘鄭注云因其亡失曰攘儴攘音義同施博士讀曰襄周書君奭云襄我二人郭無明說義得兩通論語云仍舊貫

董督正也皆謂御正

疏 董督正也○釋曰皆謂御正也虞書大禹謨云董之用威春秋僖公十。二年左傳云謂督不忘

享孝也享祀孝道

疏 享孝也○釋曰享祀孝道也小雅南山云享於祖考

珍享獻也珍物宜獻穀梁傳曰諸侯不享覲

疏 珍享獻也○釋曰致物於尊者曰獻珍者珍物宜獻也享者周禮大行人云廟中將幣三享鄭司農云三享三獻也郭云穀梁傳曰諸侯不享覲者隱五年文

縱縮亂也縱放

摯縮皆亂法也【疏】縱縮亂也○釋曰放縱摯縮皆亂法也大雅民勞云無縱詭隨

探篡俘取也 書曰俘厥寶玉篡者奪取也探者摸取也○探音貪篡初患切俘音孚【疏】探篡俘取也○釋曰郭云探者摸取也篡者奪取也李巡曰囚敵曰俘伐執之曰取○注書曰至取也○曰云書曰俘厥寶玉者商書敘云夏師敗績湯遂從之遂伐三朡俘厥寶玉孔氏云俘取也

徂在存也 以徂為存猶以亂為治以曩為鄉以故為今此皆詁訓義有反覆旁通美惡不嫌同名【疏】徂在存也○釋曰鄭風出其東門匪我思且鄭箋云非我思存也徂且音義同在訓存者常語也上云徂往也往則非存故郭氏引類以曉人也云美惡不嫌同名者案隱七年公羊傳云貴賤不嫌同號美惡不嫌同辭何休云若繼體君亦稱即位繼弒君亦稱即位皆有起文美惡不嫌同辭是也若此篇往也死也亦稱徂是惡也存也亦稱徂是美也各有其義故稱美惡不嫌同名

在存省士察也 書曰在璿璣玉衡士理官亦主聽察存即在【疏】在存至察也○釋曰謂審察也虞書舜典云在璿璣玉衡以齊七政存存即在也省謂視察論語云吾日三省吾身士者理獄之官亦主聽察虞書舜典舜命皋陶云汝作士

烈枅餘也 晉衛之間曰蘖陳鄭之間曰烈○枅五割反【疏】烈枅餘也○釋曰謂遺餘也詩大雅雲漢敘云宣王承厲王之烈李巡曰枅槁木之遺也商書盤庚云若顛木之有由蘖枅蘖音義同郭云晉衛之間曰蘖陳衛之間曰烈者方言文

迓迎也 公羊傳曰跛者迓跛者【疏】迓迎也○釋曰謂相逢迎也○注公羊至跛者○釋曰云公羊傳曰跛者迓跛者此成二年傳文案彼云晉郤克與臧孫許同時而聘于齊蕭同姪子者齊君之母也踊于棓而窺客則客或跛或眇於是使跛者迓跛者眇者迓眇者是也引之以證迓為迎也宣三年左傳曰狂狡輅鄭人杜注云輅迎也周禮秋官有訝士及聘禮云厥明訝賓于館鄭注皆云訝迎也召南鵲巢云百兩御之鄭注云御迎也字形雖別音義實同蓋以作非一人致茲異也當以迓為正字餘皆假借

元良首也 左傳曰狄人歸先軫之元良未聞【疏】元良首也○釋曰謂頭首也郭云左傳曰狄人歸先軫之

元者僖三十三年狄伐晉及箕八月戊午晉侯敗狄于箕郤缺獲白狄子先軫曰匹夫逞志於君而無討敢不自討乎免冑入狄師死焉狄人歸其元面如生是也引證元爲首見未詳

薦摯臻也薦進也摯至也故皆爲臻至也○薦曹練切【疏】薦摯臻也○釋曰臻至也薦進執摯皆所以表至也

賡揚續也書曰乃賡載歌揚未詳○賡古孟切【疏】賡揚續也○釋曰謂相繼續也。郭云書曰乃賡載歌者虞書益稷文

祔祧祖也祔付也付新死者於祖廟祧毀廟主○祧音兆【疏】祔祧祖也○釋曰謂先祖也說文云祔後死者合食於先祖也郭云祔付也付新死者於祖廟士虞記云明日於其班祔毀廟之主。名祧

即尼也即猶今也尼者近也尸子曰悅尼而來遠○尼女乙切【疏】即尼也○釋曰尼近也言即今相近也

尼定也尼者止也止亦定【疏】尼定也○釋曰尼詁爲止止即定舍人曰尼者私之定也

邇幾暱近也暱親近也○幾音機暱女乙切【疏】邇幾暱近也○釋曰皆謂近也邇者鄭風東門之墠云其室則邇幾者聘義曰日幾中而。后禮成暱者郭云親近也小雅菀柳云無自暱焉

妥安坐也禮記曰妥而後傳命○妥他可切【疏】妥安坐也○釋曰妥定之坐也○注禮記至傳命○釋曰云禮記曰妥而後傳命者案士相見禮。云凡言非對也妥而後傳言鄭注云凡言謂已爲君言事也妥安坐也傳言猶出言也此言禮記曰妥而后傳命者傳寫誤也或所見本異

貉縮綸也綸者繩也謂牽縛縮貉之今俗。語。亦然○貉音陌【疏】貉縮綸也○釋曰郭云綸者繩也謂牽縛縮貉之今俗語亦然據時驗而言也大雅緜篇云其繩則直縮板以載

貉嗼安定也皆靜定見詩○嗼音莫【疏】貉嗼安定也○釋曰皆靜定也大雅皇矣云。貊其德音毛傳云貉靜也鄭箋云德應和曰貉嗼者皇矣。又云求民之莫鄭箋云求民之定謂所歸就也貉貊嗼莫音義同安者小雅斯干云乃安斯寢

伊維也發語辭

伊維侯也詩曰侯誰在矣互相訓【疏】伊維也至侯也○釋曰皆發語辭轉互相訓邶谷風云伊余來。塈大雅大明云維此文王小雅六月云侯誰在矣

時寔是也公羊

傳曰寔來者何是來也○寔音石疏時寔是也○釋曰是此也秦風駟驖云奉時辰牡郭云公羊傳曰寔來者何是來也者案春秋桓五年冬州公如曹六年春正月寔來公羊傳曰寔來者何猶曰是人來也引之證寔爲是也

卒猷假輟已也猷假未詳○卒子卹切輟丁劣切疏卒猷至已也○釋曰皆謂終已也卒者終盡之已也輟止已也論語曰耰而不輟

求。酋在卒就。終。也詩曰嗣先公爾。酋矣成就亦終也其餘未詳○酋在由切疏求酋至終也○釋曰皆謂終盡也求者大雅下武云世德作求郭云詩曰嗣先公爾酋矣者大雅卷阿文卒者邶風日月云畜我不卒就者凡事物成就亦終也

崩薨無祿卒徂。落殪死也古者死亡尊卑同稱耳故尚書堯曰。徂落舜曰陟方乃死○薨呼弘切殪於計切疏崩薨至死也○釋曰此皆死之別稱也曲禮曰天子死曰崩諸侯曰薨大夫曰卒士曰不祿庶人曰死鄭注云異稱死名也爲人褻其無知若猶不同然也自上顛壞曰崩薨顛壞之聲卒終也不祿不終其祿死之言澌也精神澌盡也又曰壽考曰卒短折曰不祿鄭注云祿謂有德行任爲大夫士而不爲者老而死從大夫之稱少而死從士之稱此云無祿者即彼之不祿也徂落者李巡曰徂落堯死之稱郭云古者死亡尊卑同稱耳故尚書堯曰徂落舜曰陟方乃死者皆虞書舜典文也謂之徂落者蓋徂爲往也言人命盡而往落者若草木葉落也殪者案隱九年左傳云衷戎師前後擊之盡殪杜注云殪死也

爾雅注疏卷二校勘記

阮元撰盧宣旬摘錄

爾雅疏卷第二 注疏本合卷一

釋詁下 上空四格監本同有此題正德本閩本毛本無之自卬吾台予節以後爲釋詁下此蓋邢氏作疏時所分

禮記云 單疏本雪牕本同注疏本云改曰

史記秦始皇二十六年 注疏本脫記

賚卜畀皆賜與也 雪牕本注疏本同按經作賚畀卜疏云賚畀卜皆賜與也此作賚卜畀蓋誤

夢帝賚予良弼 注疏本予誤以

漢書蓺文志云 注疏本蓺作藝

導也 唐石經單疏本雪牕本同釋文道徒報反本或作導注及下同按經當作道注教導字作導陸所見本已亂

皆相佑助 單疏本雪牕本同此經作右注作佑

相者二人此皆謂教導之也 注疏本二誤一導改道非下同

皓 雪牕本閩本監本毛本同釋文唐石經單疏本正德本作晧從日疏云晧者亦日光也今本從白非

又曰休有烈光 注疏本又曰改云

剛彊之固也　注疏本彊作强非

虔者恭之固也膠者所以固物　注疏本脫也此本膠者字誤著今訂正

云易曰鞏用黃牛之革　注疏本脫云

褘　唐石經單疏本雪牕本注疏本同此本舊作禕從衣譌今訂正按釋文通志堂本作褘葉鈔本誤作禕五經文字示部褘美也音猗玉篇示部褘於宜切美貌又歎辭廣韻五支褘美也珍也文選東京賦漢帝之德侯其褘而薛綜注褘美也字皆從示宋人書依示偏旁往往無別或據誤本謂爾雅褘當從衣其未考之唐石經五經文字玉篇等書也○按說文有从衣之禕無从示之褘凡用褘爲徽美字者取其同音而已傳寫遂多从示唐石經五經文字玉篇不可爲典要也

自穆穆已上　雪牕本同注疏本脫自

齊齊皇皇　注疏本改濟濟皇皇非此與禮記合

皆言語容止之美盛也　正德本同閩本監本毛本言語倒

周頌酌篇云　注疏本脫云

協　唐石經單疏本注疏本同雪牕本作恊按疏云協者說文云衆之同和也字亦從十

關關噰噰音聲和也　唐石經單疏本雪牕本同釋文噰噰於恭反按文選南都賦嚶嚶和鳴注毛詩曰鳥鳴嚶嚶爾雅曰關關嚶嚶聲之

和也又笙賦嚶嚶關關下引爾雅曰關關嚶嚶音和也雝雝喈喈下引爾雅雝雝和也毛傳曰喈喈和聲遠聞也然則李善所據本嗈嗈作嚶嚶與釋文唐石經異郭注此云皆鳥鳴相和於伐木詩亦洽也毛傳曰嚶嚶驚懼也與此異義張平子東京賦歸田賦皆云關關嚶嚶李善注俱引爾雅關關嚶嚶音聲和也證之

今江東呼厭極爲罄 單疏本雪牕本同注疏本罄誤磬

樓 唐石經單疏本雪牕本同釋文摟力侯反從手本或作樓非

樓猶今言拘樓 單疏本注疏本同雪牕本作摟猶今言拘樓按雪牕本樓摟二字互易始得之

云詩曰屈此羣醜者 注疏本脫者

云樓猶今言拘摟聚也者 注疏本脫者

亟者欺冀切 論語曰 注疏本音切作大字

阬阬 釋文唐石經單疏本雪牕本同疏云阬阬者坎陷之虛也但重言耳經義雜記曰廣韻十二庚阬下引爾雅虛也郭注云坑壍也坑上同引經注字皆不重則鄭漁仲謂其一衍者是也疑一郎作坑

漮虛也 唐石經雪牕本同釋文引郭云漮本或作荒荒亦丘墟之空無經義雜記曰詩召旻我居圉卒荒箋云荒虛也正義曰荒虛釋詁文某氏曰野荒民散則削之唯某氏之本有荒字諸家爾雅無之按郭音知荒卽漮之異文蓋孫郭諸家本作漮鄭樊本作荒或誤會詩正義語謂某氏本阬字不重其一

即作荒非也

皆謂丘墟耳雪牕本注疏本同釋文音經虛許居反音注墟去魚反此經注異字之明證

濂窅空貌浦鏜云窘誤窅按濂窅疊韻字浦據誤本方言改窅爲窘非

亦丘墟之空無舊本及釋文引方言注同閩本監本毛本無誤也

康虛也舊本同閩本監本毛本虛誤空

那單疏本雪牕本注疏本同釋文唐石經作𨚍

使民戰栗監本同舊本閩本毛本栗作慄

震來虩虩舊本同閩本監本毛本來誤雷

虺頹葉鈔釋文雪牕本同通志堂釋文唐石經單疏本注疏本作虺穨爲是

癵單疏本雪牕本同唐石經此字磨改釋文癵郭作拘攣文選登徒子好色賦蓬頭攣耳李善引爾雅攣病也一切經音義卷十一爾雅云攣病也亦拘攣也作臠癵二形並非體按玉篇癵體癵曲也廣韻癵病也瘦也詩棘人欒欒兮說文作臠臠此從疒當省肉作癵或作癵今本非郭作拘攣今注無蓋別見音義與文選注元應書所引合

疷注疏本同誤也釋文唐石經單疏本雪牕本皆作疧當據以訂正釋文疧祈支反或丁禮反本作疲按疷與疲同字同音或丁禮反故誤作疷五經文字

疷巨支反病也見爾雅雪牕本疷音祈單疏本引白華俾我疷兮說文毛傳皆云疷病也今詩亦誤疷

虺頹元黄皆人病之通名 單疏本雪牕本同釋文於經後標瘣字云呼回反字林云病也按此蓋注作瘣頹字經作虺頹與毛詩同假借字也淺人援經改注亦作虺校釋文者因云今經注無此字矣詩釋文曰虺呼回反說文作瘣今說文無瘣玉篇廣韻皆云瘣馬病蓋毛詩爾雅作虺韓魯詩作瘣邵晉涵正義曰舊本爾雅必有作瘣㿗者

而說者便爲之馬病 單疏本雪牕本同閩本監本毛本爲作謂正德本注作謂疏作爲按謂爲二字每相亂此作謂是也○今訂正

智藏瘝在 單疏本雪牕本同釋文鰥古頑反注瘝同此經注異字之證尚書作瘝或欲依經改作鰥非也

戮逐未詳 雪牕本注疏本同按戮字當衍注云相戮辱亦可恥病也是戮字注已詳之矣邢疏亦云逐者郭氏未詳翟灝云一本但云逐未詳無戮字

⿸疒里者小雅正月云 浦鏜云十誤正

下民卒⿸疒亶 注疏本同今詩⿸疒亶作癉疏不云⿸疒亶與癉音義同者邢氏所據詩本作⿸疒亶也詩釋文云癉沈本作⿸疒亶

大雅瞻卬云 注疏本卬改仰

云書曰智藏瘝在者 注疏本瘝改鰥

悠悠我悝 單疏本雪牕本同按上⿸疒里病也疏引十月之交悠悠我里云⿸疒里音義同此悝憂也注當引雲漢云如何悝何何也據十月之交毛傳

曰里病也雲漢鄭箋云悝憂也可證此作悠悠我悝誤或云郭氏據魯韓詩

繇役亦爲憂愁也　單疏本雪牕本同注疏本亦誤以云何其盱此誤記

云何盱矣者卷耳及都人士文也　按卷耳作云何吁矣箋云而今云何乎其亦憂矣深閔之辭不作盱何人斯作

邛　葉鈔釋文唐石經單疏本同雪牕本注中亦作邛陸德明音巨凶反今釋文及注疏本作邛誤石經考文提要引至善堂九經本作邛

倫理事務以相約敕亦爲勞　雪牕本注疏本同按事務二字係疏語竄入當衍此訓倫爲理訓敕爲約經無事務也上經務字注云事務下經事字注云事事此因疏云倫者理也理治事務者必勞淺人因增事務於注中矣或當作倫理約敕亦爲勞事務以相四字皆衍文

今字或作窳同　注疏本同單疏本雪牕本窳作窳按詩召旻釋文正義皆引說文窳嬾也一切經音義卷十四引爾雅窳勞也郭氏曰勞苦者多墮窳也承憂云懶人不能自起瓜瓠在地不能自立故字從㼌又懶人恆在室中故從宀今釋文亦誤作窳蓋因說文脫窳字故諸書誤以穴部字當之又元應書引爾雅窳勞也郭氏曰勞苦者多惰窳也凡七見蓋經作窳注云或作愉今本係後人乙改

難雖不能死而能讓　今國語作難雖不能死君浦鏜云此脫君字按國語上云無忌備公族不能死又云勇不能死此正承上語文不能死與能讓相對不當有君字今本國語衍也

愍志而不得之思也　注疏本志誤恚詩汝墳正義亦作志

祓祿康矣單疏本雪牕本注疏本同即本或依詩改作茀祿爾康矣誤甚按卷阿毛傳曰茀小也是讀茀爲蔽芾之芾釋言芾小也是也與此異義

禠禧書傳不見雪牕本同注疏本不作少誤

厎唐石經雪牕本同注疏本作底非單疏本經作厎注作厎釋文厎之視反字宜從一或作底非也底音丁禮反按五經文字唐石經厎底皆作厎與葉鈔釋文合段玉裁云釋文字宜從一一乃厂之訛

止亦相待單疏本雪牕本同注疏本待下衍也

卬須我友元本同閩本剜改須爲頚監本毛本承之

止亦相待元本同閩本監本毛本待下衍也

昭二十年左傳閩本監本毛本脫二元本實闕

頻仍埤益肶輔皆重厚單疏本雪牕本同按經先肶後埤與注異

以載詁爲言元本同閩本監本毛本詁誤話

或曰誦或曰膠注疏本脫上三字

世以妖言爲訛單疏本雪牕本同釋文祅於喬反本又作妖同

載於簡策之言也閩本監本毛本言誤謂元本空闕

謂相遭遇雪牕本同注疏本作遘遇非邪疏云相遭遇

行而相值即見陳本同雪牕本注疏本作行而相值即是見是衍字邪疏云行而相值即見也本注

行而相值即見也注疏本脫也

上帝臨女元本同閩本監本毛本女改汝

頫閩本監本毛本同釋文唐石經單疏本雪牕本元本作覜當據以訂正按說文見部覜視也本此頁部頫低頭也大史卜書頫仰字如此義別

不能涖阼元本涖作莅閩本監本毛本作蒞非

覜者考工記云注疏本覜誤頫下並同

聘問也注疏本也誤曰

鞠訩溢盈也唐石經單疏本雪牕本同按訩當爲衍文詩節南山降此鞠訩毛傳鞠盈訩訟也正義曰訩訟釋言文鞠盈釋詁文可證鞠詁盈訩不詁盈也此殆因郭注引詩降此鞠訩正文遂衍訩字

降此鞠訩雪牕本注疏本同單疏本鞠字剜改蓋本作鞫釋言訩訟也單疏本引詩降此鞫訩可證

空無所有也元本同閩本監本毛本空誤虛

微謂逃藏也雪牕本注疏本同一切經音義卷四卷十四卷十五卷十八四引皆作謂逃竄也

潛隱而微也元本閩本監本同毛本隱作藏非

底通志堂釋文雪牕本注疏本同葉鈔釋文唐石經單疏本作底五經文字底丁米反下也按說文广部底山居也从广氐聲山居有止義即爾雅此字當從氐爲正釋文五經文字開成石經皆作底從氐蓋隸省相承如是與說文不同○按此張參之誤

廢注疏本同誤也葉鈔釋文唐石經作底單疏本引注亦作底當據以訂正單疏本雪牕本經作底非

按抑按也替廢皆止住也雪牕本注疏本同邵晉涵正義云監本按抑下衍按也二字今從宋本刪邢疏云按抑替廢皆止住也與宋本同按注訓按爲抑訓替爲廢因注衍按也二字似替廢皆經所有又未審底底爲二字因改經底作廢矣

戾底義見詩傳國語曰戾久將底雪牕本注疏本同單疏本作戾底義見詩國語曰戾久將底當據以訂正疏云凡注言見詩今毛詩無者蓋在齊魯韓詩也可證今本傳字衍

豫射厭也雪牕本閩本監本毛本同唐石經單疏本元本厭作厭釋文作厭

服之無斁單疏本雪牕本同案禮記緇衣王逸楚辭注引詩皆作服之無射

案周禮司勳職云注疏本脫司

質爾民人單疏本雪牕本注疏本同鍾本依詩改作人民非按詩正義釋經云言汝等當平治汝民人知政事又釋箋云故令質爾民人也是

正義本作民人開成石經毛詩誤倒耳鹽鐵論世務篇引詩詰爾民人說苑脩文篇引詩告爾民人皆不作人民

頲道無所屈 雪牕本注疏本同按頲解已見上不當複出邢疏云道者頲道無所屈此注當作道挺道無所屈左傳周道挺挺杜注挺挺正直也

周頌昊天有成命 浦鏜下增云字按此類皆疏本原本如是不當補

不敢戲豫 浦鏜依今詩改作無敢非也左傳昭三十二年後漢郎顗丁鴻蔡邕等傳引詩皆作不敢

豈弟君子 元本同閩本監本毛本豈改愷

不主于飲酒 單疏本雪牕本同按于當作於

案公食大夫禮賓三飯之後云 元本同閩本監本毛本禮賓倒

殷勤之意未至 元本同閩本監本毛本殷勤改慇懃

謂樹木葉缺落蔭疏暴樂 雪牕本注疏本同釋文廕又作蔭同單疏本作謂樹葉缺落蔭疏爆樂當據以訂正按釋文音經暴樂本又作爆爍郭音落疏引毛詩傳作爆爍引舍人注作爆樂

爆樂之意也 元本同閩本監本毛本爆改暴非下二爆樂同

天命不謟音縚 釋文謟郭音縚與此合雪牕本作音叨非今注疏本別附音切者皆刪去音縚二字以避複下準此

云左傳曰　元本同閩本監本毛本云改注

楨翰儀榦也　單疏本雪牎本同唐石經原刻作幹後磨改作榦釋文翰胡旦反榦本又作幹翰幹字當兩列今本誤幷爲一按詩正義翰幹釋詁文凡三引又一引釋詁楨幹也字皆從干與石經原刻合

維周之翰　單疏本雪牎本注疏本同時本翰字舊誤幹今訂正

翰所以當牆兩邊障土者也　注疏本脫翰○按此翰當作幹詩桑扈疏可證

大雅生民云　正德本同閩本剜改作文王監本毛本從之

天威棐忱　單疏本雪牎本注疏本同此本舊作天畏係據孔本尚書改今訂正臯陶謨天明畏釋文云馬本作威是孔本畏字舊本多作威也

釋文諶市林反本今作忱按風俗通卷五引書天威棐諶與此合今本作忱亦淺人據尚書改

疆　唐石經單疏本雪牎本同釋文壃字又作畺經典作疆候借字惠棟云據此知爾雅不作疆也當改正按說文畺界字作畺或作疆此當經作畺注作疆嘗謂爾雅之文有較經典獨得其正者此類是也一切經音義卷二十五壃界居良反壃境也爾雅壃陲也與陸本合

疆場竟界　單疏本同雪牎本注疏本竟作境按古竟界字祇作竟竟盡也加土旁者俗作

蠢動作　雪牎本同注疏本下衍也

其與也悖焉　元本作浡焉閩本監本毛本改浡然

大雨雪注疏本脫雪

召南殷其雷云注疏本雷作靁

今河北人云䃥歎單疏本同雪牕本作嗟歎注疏本歎改嘆按釋文引字林云䃥古嗟字

音兔罝雪牕本同注疏本作音兎罝之罝係淺人增改

貫唐石經單疏本雪牕本同釋文慣本又作貫又作遺同古患反按玉篇慣習也遺習也本此經後漢書馮異傳注引爾雅忸復也郭氏曰謂慣忕復爲之也亦用慣字今本注不然

貫貫忕也單疏本忕作忕從大是也釋文亦誤從犬雪牕本注疏本作伏更誤

天王登遐單疏本雪牕本注疏本同釋文音經假音遐本注讀也此經注異字之證或疑當從禮記作假以合正文非

躡郅音質跂音企𢓜躋𨇾音躍登也注疏本刪小注登也下增郅音質跂音企𨇾音躍九字

涸竭也唐石經單疏本雪牕本同釋文渴音竭本或作竭按古竭盡字多作渴此當從陸本說文水部涸渴也渴盡也本此經立部竭云負舉也

無漉陂池單疏本雪牕本同釋文毋音無本今作無按月令多言毋此作無非釋文音經盝爲鹿又音注漉爲鹿此經注異字之明證

執玉器者弗揮是也按禮記飲玉爵者弗揮此誤記

振訊扠拭掃刷雪牕本注疏本同釋文單疏本掃作埽按此經作挀注作振鍾本郎本改爲挀振祓拭謬甚

可以清除其室注疏本除誤潔

謂間廁交錯注疏本廁誤則

舍人曰注疏本舍誤食

晉語云臼季使舍於冀野注疏本作臼季使過冀浦鏜曰此左傳文

冀芮之子也注疏本脫也

臣得賢人敢以告今國語作當以告非

周官郎周禮也注疏本脫周官二字

棲釋文單疏本雪牕本同唐石經作捿從手誤釋草瓠棲瓣棲字刮磨蓋本作手旁明道本國語越王句踐捿於會稽之上捿亦從手

憇唐石經單疏本雪牕本同釋文作憩

餲消息喙呬息也注疏本消息二字改大字

庤乃錢鎛正德本同閩本監本毛本庤作痔誤

靖共爾位注疏本靖改靜

憮亡輔切㥄音俺憐牟愛也注疏本刪音切愛也下增憮亡輔切㥄音淹七字

今江東通呼爲憐惵憮音義同 注疏本脫通惵音三字

昭元年左傳曰邑姜方震大叔哀元年左傳曰后緡方震 今左傳哀元年作娠按昭元年釋文云方震本又作娠震娠古今字漢書高帝紀已而有娠應劭注云娠動懷任之意左傳曰邑姜方娠師古曰漢書皆以娠爲任身字邑姜方震自爲震動之字不作娠蓋左氏本作震以義讀之爲娠也

覆校察視副長 單疏本雪牕本元本閩本監本同毛本校作挍釋文校音教按五經文字手部云挍經典及釋文或以爲比校字按字書無文又詩序子衿刺學校廢也注鄭國謂學爲校言可以挍正道藝葉鈔釋文以挍正音教然則此釋文亦當作挍音教也

杜注云 注疏本衍作注杜預云

郡 唐石經雪牕本同段玉裁云郡當爲那之誤按那仍迺乃皆一音之轉經傳未見訓郡爲乃者

迺卽乃 雪牕本注疏本同一切經音義卷十三引作迺卽乃字也卷十八引作迺亦乃字也

周書顧命云 注疏本周上衍又

皆筭數也 注疏本筭改算

毛傳云數億至萬曰億數億至億曰秭 注疏本作數萬至萬曰億毛詩豐年傳同按詩正義云數億至億曰秭定本集注皆云數億至萬曰秭釋文作數億至萬曰秭云一本作數億至億曰秭說文亦云數億至萬曰秭蓋此疏引毛傳本作數萬至萬曰億

數億至萬曰秭淺人誤改遂不可通

覛 唐石經單疏本雪牕本同釋文覛字又作脈亡革反按五經文字脈摸白反見爾雅文選魯靈光殿賦徒脈脈而狋狋李善注爾雅曰脈相視也莫革切○按釋文又作脈乃脈之譌也

論語曰予有亂臣十人 單疏本雪牕本同惠棟云臣字俗人妄加

餘並見詩書 單疏本雪牕本同陳本並誤幷注疏本脫此字

晉衛燕趙曰台 音頤○注疏本音頤改大字

或曰艾是也 注疏本脫是

汱 唐石經雪牕本注疏本同單疏本作汏從大引注同非也按釋文汱姑犬反施胡犬反顧徒蓋反字宜作汏是陸德明施乾皆作汱音犬惟據顧音謂字宜作汏猶未改爲汏也廣韻二十七銑汱爾雅云墜也姑泫切郎此字十四泰汏濤汏說文云淅瀹也徒蓋切非此義邵晉涵正義謂汱當作汏失之

云孟子曰鬱陶思君者案孟子云 閩本監本毛本上云改注脫下云元本上亦作云

曰鬱陶思君爾 注疏本衍作象曰按此蒙上象往入舜宮句無象是

象見舜生在牀鼓琴 注疏本生誤正

陶鬱陶也咏嘔也 元本上句同嘔改謳閩本監本毛本作鬱陶陶也咏謳也按禮記釋文云咏謳本亦作嘔與此合

獲禾爲穧 單疏本雪牕本同釋文穫禾一本作獲禾按穫禾字當從禾此經注異文之證今本依經改犬旁非

此有不斂穧穧者 注疏本脫一穧

是並見詩也 注疏本脫也

春秋僖公十二年左傳云 注疏本二誤三

以曩爲曏 雪牕本注疏本同釋文爲嚮本今作曏按釋言作曏

皆有起文 注疏本有誤可

士理官 雪牕本同邢疏云士者理獄之官閩本監本毛本作士師官誤舊本誤作正思宜此類不足舉正

晉衞之間曰蘗 單疏本雪牕本同釋文音經枿五割反注作蘗並同此經注異字之明證

迓迎也 唐石經單疏本雪牕本同釋文訝五駕反本又作迓按說文訝相迎也从言牙聲周禮曰諸侯有卿訝迓訝或从辵又周禮掌訝注訝迎也鄭司農云訝讀爲跛者訝跛者之訝此經當從陸本作訝爲正字注引公羊傳跛者迓跛者亦當作訝與鄭司農所引同賈公彥邢昺所據公羊皆作迓淺人遂援以改注而并以改經矣○按說文本無迓篆今有者徐鉉所增十九文之一也

蕭同姪子者 閩本同正德本監本毛本依左傳姪改叔

踊于棓而窺客 浦鏜云窺公羊傳作闚按宋槧官本公羊傳作窺與此合公羊釋文云闚本又作窺

鄭注亦云注疏本脫亦

致茲異也監本同正德本閩本毛本致誤到

郭云左傳曰正德本同閩本監本毛本郭改注

郭云書曰正德本同閩本監本毛本郭改注

毀廟之主名祧閩本監本毛本名作曰元本脫此字

日幾中而后禮成元本同與禮記聘義合閩本監本毛本后改後

案士相見禮云元本同閩本監本毛本云改曰

今俗語亦然注疏本同或作猶然雪牕本語作言

貊其德音注疏本依爾雅貊改貉按爾雅作貉邢氏引詩及傳箋作貊故下云貉貊音義同

皇矣又云注疏本又誤文

伊余來塈注疏本塈誤暨

終盡之已也注疏本盡誤壽

求酋在卒就終也唐石經單疏本雪牕本同釋文殧巨牛反又作求就又作殧同殏音終本又作終按玉篇殏終也亦作求殧殏也千六切

⿰歹冬殁也今作終與陸本合

嗣先公爾酋矣 單疏本雪牕本注疏本同按卷阿詩三章俾爾彌爾性百神爾主矣四章俾爾彌爾性純嘏爾常矣每章末句皆用爾字惟二章俾爾彌爾性嗣先公酋矣句無爾字蓋今本脫考正義曰又嗣其先君之功汝主能終之矣訓爾爲汝是孔本有爾字即本鍾本依今詩刪爾字非

徂落 唐石經單疏本雪牕本同注疏本改殂非釋文殂音徂本又作徂⿰歹各音落本又作落

故尚書堯曰殂落 單疏本雪牕本注疏本同此經注異字之明證按尚書作殂落說文殂往死也虞書曰放勛乃殂足證孔氏古文作殂

爾雅注疏卷二校勘記

爾雅疏卷第三。

翰林侍講學士朝請大夫守國子祭酒上柱國賜紫金魚袋臣邢昺等奉

勑校定

釋言第二 疏 釋曰說文曰直言曰言仲尼曰言以足志介之推曰言身之文也然則言者發於志而形於聲所以文章於身者也論語曰詩三百一言以蔽之曰思無邪左傳趙簡子稱子太叔遺我以九言皆以一句爲一言也漢書東方朔云十六學詩書誦二十二萬言則以一字爲一言也雖一句一言字有異要以今古方國殊別學者莫能通是以方言云皆古今語也初別國不相往來之言。也今或同而舊書雅記故俗語不失其方而後人不知故爲。之作釋。也是曰釋言

殷齊中也書曰以殷仲春釋地曰。岠齊州以南 疏 殷齊中也○釋曰殷齊皆謂正中也注書曰以殷仲春者堯典文案彼云日中星鳥以殷仲春孔安國以殷爲正中正義同故也云釋地曰。岠齊州以南者彼注云。岠去也齊中也謂中州爲齊州是齊得爲中也

斯誃離也齊陳曰斯誃見詩○誃音侈 疏 斯誃離也○釋曰斯析誃張皆分離也孫炎曰斯析之離郭云齊陳曰斯者方言文陳風墓門云斧以斯之是也云誃見詩者小雅巷伯云哆兮侈兮成是南箕鄭箋云因箕星之哆而又侈大之是也誃侈音義同

謖興起也禮記曰尸謖○謖所六切 疏 謖興起也○釋曰謖興皆作起也。注禮記曰尸謖者祭統文也

還復返也。○還音旋 疏 還復返也○釋曰皆迴返也春秋書師還又曰至河乃復之類是也

宣徇偏也皆周偏也○徇辭峻切 疏 宣徇偏也○釋曰皆周偏也大雅江漢云來旬來宣毛傳云旬偏鄭箋云宣偏是皆爲周偏也徇旬音義同

馹遽傳也皆。傳車。驛馬之名○馹音日傳張戀切 疏 馹遽傳也○釋曰皆。傳車。驛馬之名文十六年左傳曰楚子乘馹會師于臨品又僖三十

三年云使遽告於鄭又成五年曰晉侯以傳召伯宗是皆謂今驛也

蒙荒奄也奄奄覆也皆見詩

疏蒙荒奄也○釋曰皆謂奄覆唐風云葛生蒙楚孫炎曰荒大之奄周南云葛藟荒之故郭云皆見詩

告謁請也皆求請也○告音谷

疏告謁請也○釋曰皆謂求請也成二年左傳曰郤克對齊侯曰晉與魯衛兄弟也來告曰大國朝夕釋憾於敝邑之地詩敘云無險詖私謁之心

肅雝聲也詩曰肅雝和鳴

疏肅雝聲也○釋曰和樂聲也注詩曰肅雝和鳴者周頌有瞽文也

格懷來也書曰格爾來衆庶懷見詩

疏格懷來也○釋曰謂招來也注書曰格爾衆庶者商書湯誓文也云懷見詩者周頌時邁云懷柔百神

昣底致也皆見詩傳

疏昣底致也○釋曰曲禮曰昣於鬼神昭元年左傳叔向曰底祿以德周頌武篇云耆定爾功毛傳曰耆致也王肅云致定其大功謂誅紂定天下是毛讀耆爲底故注云見詩傳

恀怙恃也今江東呼母爲恀音是

疏恀怙恃也○釋曰皆依恃也郭云今江東呼母爲恀小雅蓼莪云無父何怙無母何恃是也

律遹述也皆敘述也方俗語耳

疏律遹述也○釋曰皆敘述也方俗語異耳律管所以述氣遹者述行之也大雅文王有聲云遹駿有聲之類是也

俞盒然也禮記曰男唯女俞盒者應也亦爲然○盒音荅

疏俞盒然也○釋曰皆然應也禮記曰男唯女俞者內則文也盒古荅字故爲應也

豫臚敘也皆陳敘也

疏豫臚敘也○釋曰皆陳敘也事豫備者亦有敘也漢書云典客秦官大初元年更名大鴻臚韋昭曰鴻大也臚陳敘也以禮大陳敘賓客也又莊子云大儒臚傳是也

庶幾尚也詩曰不尚息焉

疏庶幾尚也○釋曰尚謂心所希望也注詩曰不尚息焉者小雅菀柳篇文也鄭箋云尚庶幾也以心所念尚即是庶幾義相反覆故引之

觀指示也國語曰且觀之兵

疏觀指示也○釋曰示謂呈見於人也注國語曰且觀之兵者案周語穆王將征犬戎祭公謀父諫曰不可先王耀德不觀兵犬戎氏以其職來王天子曰予必以不享征之且觀之兵無乃廢先王之訓而王幾頓乎是也論語曰指其掌謂舉掌以示人也

若

惠順也詩曰惠然肯來疏若惠順也○釋曰順不逆也書曰若稽古謂順考古道也詩邶風終風云惠然肯來言有順心然後可來是也

敖憮。傲也禮記曰無。憮無敖傲慢也○傲五報切憮好吾切疏敖憮傲也○釋曰皆謂傲慢周頌絲衣云不吳不敖注禮記曰無憮無傲慢者投壺文也案彼云魯令弟子辭曰毋憮毋敖毋偝立毋踰言偝立踰言有常爵是也

幼鞠稚。也書曰不念鞠子哀疏幼鞠稚也○釋曰方言云稚年小也曲禮曰幼子常視無誑書曰兄亦不念鞠子哀是皆謂年。小也書曰者周書康誥文也

逸諐過也書曰汝則有逸罰○諐音愆疏逸諐過也○釋曰皆謂咎過也注云書曰汝則有逸罰者案商書盤庚云惟予一人有佚罰費誓云汝則有常刑無云汝則有逸罰者師讀不同故也或者其在今文乎諐者左傳曰禮義不諐之類是也

疑休戾也戾止也疑者亦止疏疑休戾也○釋曰戾止也書曰疑謀勿成月令云百工休是疑休皆爲止也

疾齊壯也壯壯事謂速也齊亦疾疏疾齊壯也○釋曰急。疾齊整皆於事敏速彊壯也

悈褊急也皆急狹○悈紀力切褊必淺切疏悈褊急也○釋曰悈與亟同大雅靈臺云經始勿亟文王有聲云匪棘其欲禮記引此詩作匪革其猶革亦急。也悈亟棘革字雖異音義同魏風葛屨云維是褊心又廣雅云悈謹也褊狹陋也是皆急狹也

貿賈市也詩曰抱布貿絲○賈音古疏貿賈市也○釋曰謂市買賣物也注詩曰抱布貿絲者衛風氓篇文也大雅瞻卬云如賈三倍也

厞陋隱也禮記曰厞用席書曰揚側陋○厞符佛切疏厞陋隱也○釋曰皆幽隱也注禮記曰厞用席者案有司徹云有司官徹饋饌于室中西北隅南面如饋之設右几厞用席是也云禮記者誤也云書。曰揚側陋。者堯典文也

遏遾逮也東齊曰遏北燕曰。遾皆相及逮○遾音誓疏遏遾逮也○釋曰逮謂相及也注東齊曰遏北燕曰遾者方言文也

征邁行也詩曰王于出征邁亦行疏征邁行也○釋曰皆出行也注詩曰王于出征者小雅六月文也云邁亦行者詩云周王于邁是也

圮敗覆也謂毀覆○圮彼美反疏

圮敗覆也○釋曰圮毀敗壞皆傾覆也書曰祖乙圮于耿

洊原再也 易曰水洊至今呼重灥爲灥○洊音賤 疏洊原再也○釋曰皆重再也孫炎云洊草生之再也郭云易曰水洊至者周易坎卦象辭也云今呼重灥爲灥者周禮夏官馬質云禁原灥者是也

憮敉撫也 憮愛撫也敉義見書○憮音武 疏憮敉撫也○釋曰皆憐撫也方言云宋衞邠陶之閒謂愛曰憮故注云憮愛撫也云敉義見書者大誥云予翼以于敉寧武圖功之類是也

臞脙瘠也 齊人謂瘠瘦爲脙○臞音衢脙音求 疏臞脙瘠也○釋曰皆瘦瘠也鄭玄周禮注云瘦臞腐敗郭云齊人謂瘠瘦爲脙

桄頍充也 皆充盛也○頍俱永反 疏桄頍充也○釋曰孫叔然本桄作光書云光被四表說文云頍是火光也是皆充盛也

屢暱亟也 親暱者亦數亟亦數也○亟虛記切 疏屢暱亟也○釋曰亟猶數也詩頌曰屢豐年左傳曰諸夏親暱親暱者恩信必數故注云親暱者亦數

靡罔無也 疏靡罔無也○釋曰無不有也詩云靡神不舉書曰罔有攸赦皆是

爽差也爽忒也 皆謂用心差錯不專一○差初加切 疏爽差也爽忒也○釋曰廣異言也爽謂差錯又爲忒變孫炎曰忒變雜不一郭云皆謂用心差錯不專一詩衞風云女也不爽大雅瞻卬云鞫人忮忒

佴貳也 佴次爲副貳○佴而志切 疏佴貳也○釋曰佴次也次即副貳之義

劑翦齊也 南方人呼翦刀爲劑刀○劑即隨切 疏劑翦齊也○釋曰皆爲齊截也郭云南方人呼翦刀爲劑刀釋器金鏃翦羽謂之鏃

饙餾稔也 今呼餐飯爲饙饙熟爲餾○饙音分餾力又切 疏饙餾稔也○釋曰稔熟也孫炎曰蒸之曰饙均之曰餾郭云今呼餐飯爲饙饙熟爲餾說文云饙一蒸米也餾飯氣流也然則蒸米謂之饙饙必餾而熟之故言饙餾稔也大雅洞酌云可以餴饎饙餴音義同

媵將送也 左傳曰以媵秦穆姬詩曰遠于將之○媵以正切 疏媵將送也○釋曰皆謂送行也孫炎曰將行之送也注云左傳曰以媵秦穆姬者案僖五年晉執虞公及其大夫并伯以媵秦穆姬杜注云秦穆姬晉獻公女送女曰媵以屈辱之云詩曰遠于將之者邶風

燕燕衞莊姜送歸妾之詩也作造爲也疏作造爲也○釋曰謂營爲也皆見鄭風緇衣篇餐餱食也方言云陳楚之間相呼食爲餐

○餐音非疏餐餱食也○釋曰皆飯食也。注方言云陳楚之間相呼食爲餐者案彼云餐飵食也陳楚之內相謁而食麥饘謂之餐楚曰飵凡陳楚之郊南

楚之外相謁而飧或曰飵或曰。餂秦晉之際河陰之間曰𩟄。惡恨切𩞃。五恨切此眞秦語也大雅公劉云。乃裹餱糧鞫究窮也皆窮盡也見詩疏

鞫究窮也○釋曰皆窮盡也大雅雲漢云鞫哉庶正小雅節南山云以究王訩滷矜。鹹苦也滷苦地也可矜。憐者亦辛苦苦即大鹹疏滷矜

鹹苦也○釋曰郭云滷苦地也者謂斥滷可煑鹽者左傳曰表淳。鹵云可。矜憐者亦辛苦者小雅鴻鴈云爰及。矜人鄭箋云可憐之人謂貧窮者是辛苦之人

也云苦即大鹹者釋經之鹹也鹹。味極必苦故以鹹爲苦也干流求也詩曰左右流之疏干流求也○釋曰皆求取也。論語云子張學干祿注

詩曰左右流之周南關雎文也流覃也覃延也皆謂蔓。延相被及疏流覃也覃延也○釋曰轉相解也皆謂蔓延相被及水之流必相延

及詩周南云葛之覃兮佻偷也謂苟且○佻音挑疏佻偷也○釋曰小雅鹿鳴云視民不。恌是也李巡曰佻偷薄之偷郭云謂苟且左傳趙孟

曰吾儕偷食朝不謀夕何其長也杜注云言欲苟免目前不能念長久是謂偷爲苟且也潛深也潛深測也測亦水深之別名疏潛深

也潛深測也○釋曰轉相解也詩曰潛雖伏矣是深矣潛深又爲測郭云測亦水深之別名穀鞠生也詩曰穀則異室疏穀鞠生也○釋曰皆

生活也注詩曰穀則異室者王風大車篇文也小雅蓼莪云母兮鞠我啜茹也啜者拾食○茹如庶切疏啜茹也○釋曰說文云啜嘗也郭云

啜者拾食禮記檀弓云啜菽飲水大雅蒸民云柔則茹之方言云茹食也吳越凡貪飲食者謂之茹茹虞度也皆測度也詩曰不可以茹○度音鐸

疏茹虞度也○釋曰皆謂測度也。注詩曰不可以茹者邶柏舟文也左傳曰備豫不虞試式用也。皆見詩書疏試式用也○釋曰皆任用也。注

皆見詩書者小雅大東云百僚是試雨無正云庶曰式臧商書盤庚云今予將試以汝遷又云式敷民德之類是也 誥誓謹也 皆所以約勤謹戒衆

疏誥誓謹也○釋曰皆謹敕也以大義諭衆謂之誥集將士而戒之曰誓尚書誥誓之篇是也故郭云皆所以約勤謹戒衆也 競逐彊也 皆自勉。彊○彊巨丈反

疏競逐彊也○釋曰皆自勉。彊也大雅抑篇云無競維人馳逐者亦。彊梁也 禦圉禁也 禁制

制小雅棠棣云外禦其侮養馬曰圉亦所以禁制故皆為禁。也 窒薶塞也 謂塞孔穴○窒豬乙切

疏窒薶塞也○釋曰皆謂堙塞孔穴豳七月云穹窒熏鼠大宗伯云以狸沈祭山林川澤是其類也 黼黻彰也 黼文如斧黻文如兩己相背○黼音甫黻音弗

疏黼黻彰也○釋曰彰明也言文采著明也。注黼文如斧黻文如兩己相背者考工記云白與黑謂之黼黑與青謂之黻釋器云斧謂之黼蓋半白半黑似斧刃白而身黑黻謂以青黑線刺繡為兩己字相背黼取能斷黻取善惡相背 膺身親也 謂躬親

疏膺身親也○釋曰服膺身先皆謂躬親也 愷悌發也 發發行也詩曰齊子愷悌

疏愷悌發也○釋曰謂發明而行也。注詩曰齊子愷悌者齊風載驅篇文也毛傳云言文姜於是樂易然鄭箋云此愷悌猶言發夕也豈讀當為闓弟古文尚書以弟為圛圛明也然則郭云發發行也是用鄭箋為說 髦士官也 取俊士令居官

疏髦士官也○釋曰下士髦俊也士者男子之。人。大號言取俊士令居官也大雅棫樸云髦士攸宜是也 畯農夫也 今之嗇夫是也○畯音俊

疏畯農夫也○釋曰田畯一曰農夫孫炎曰農夫田官也皆謂主田大夫也小雅甫田云田畯至喜鄭箋云田畯司嗇今之嗇夫也此注云今之嗇夫是也然則田畯田官在田司主稼穡故謂之司嗇漢及東晉亦有此官謂之嗇夫故鄭郭皆云今之嗇夫也 蓋。割裂也 蓋未詳

疏蓋割裂也○釋曰割謂以刀裂之也 邕支載也 皆方俗語亦未詳

疏邕支載也○釋曰謝氏云邕字又作擁釋云擁者護之載郭云皆方俗語亦未詳 諈諉累也 以事相屬累為諈諉○諈

竹睡切累劣僞切諉女諈切 疏 諈諉累也○釋曰謂相累及也孫炎曰楚人曰諈秦人曰諉郭云以事相屬累爲諈諉

漢察清也皆清明 疏 漢察清也○釋曰樊光云漢然清貌察明也是皆清明也

庇庥廕也今俗語呼樹廕爲庥 疏 庇庥廕也○釋曰舍人曰庇蔽也庥依止也郭云今俗語呼樹廕爲庥文七年左傳云葛藟猶能庇其本根

穀履祿也書曰既富方穀詩曰福履將之 疏 穀履祿也○釋曰皆福祿也孝經援神契云祿者錄也取上所以敬錄接下下所以敬錄事上注書曰既富方穀者洪範文云詩曰福履將之者周南樛木文也

履禮也禮可以履行見易 疏 履禮也○釋曰履又爲禮也注禮可以履行見易者敘卦云物畜然後有禮故受之以履韓康伯云履者禮也

隱占也隱度 疏 隱占也○釋曰占者視兆以知吉凶也必先隱度故曰隱占也

逆迎也 疏 逆迎也○釋曰謂迎迓周書顧命云逆子釗于南門之外

憯曾也發語辭見詩○憯音慘 疏 憯曾也○釋曰憯猶言曾也曾則也皆發語辭郭云見詩者小雅節南山云憯莫懲嗟衛風河廣云曾不崇朝之類是也

增益也今江東通言增 疏 增益也○釋曰謂饒益也郭云今江東通言增

窶貧也謂貧陋○窶求矩切 疏 窶貧也○釋曰窶者無禮也貧者無財也由其無財以爲禮郭云謂貧陋邶風北門云終窶且貧

薆隱也謂隱蔽○薆音愛 疏 薆隱也○釋曰薆郭即隱蔽也

僾唈也嗚唈短氣皆見詩○僾音愛唈烏合切 疏 僾唈也○釋曰孫炎曰心唈也郭云嗚唈短氣皆見詩大雅桑柔云亦孔之僾是也

基經也基業所以自經營 基設也亦爲造設 疏 基經也基設也○釋曰基牆下土也又詁爲始作事謀始必經綸也郭云基業所以自經營又爲造設

祺祥也謂徵祥 祺吉也祥吉之先見 疏 祺祥也祺吉也○釋曰舍人曰祺福之祥謂徵祥也祥即吉之先見者也故又爲吉大雅行葦云壽考維祺

兆域也謂塋界 疏 兆域也○釋曰謂塋墓界域也孝經曰卜其宅兆廣雅云兆葬地也士喪禮云筮宅冢人營之鄭注云宅葬居也然則筮得吉兆經營之

以爲界域也

肈敏也書曰肈牽車牛疏肈敏也○釋曰謂敏疾也書曰肈牽車牛者周書酒誥文也

挾藏也今江東通言挾○挾音叶疏挾藏也○釋曰謂隱藏物也郭云今江東通言挾史記秦有挾書之律

浹徹也謂霑徹○浹音接疏浹徹也○釋曰言潤澤浹洽相霑徹也

替廢也替滅也亦爲滅絕疏替廢也替滅也○釋曰替謂廢已也小雅楚茨云子子孫孫勿替引之是也替又爲絕滅

速徵也徵召也易曰不速之客疏速徵也徵召也○釋曰轉相解也皆謂呼召注易曰不速之客者需卦上六爻辭也

琛寶也詩曰來獻其琛○琛敕金切疏琛寶也○釋曰謂珍寶也舍人曰美寶曰琛注詩曰來獻其琛者魯頌泮水文也

探試也刺探嘗試疏探試也○釋曰試謂嘗之也論語云見不善如探湯郭云刺探嘗試

髦選也俊士之選髦俊也士中之俊如毛中之髦疏髦選也髦俊也○釋曰廣異言也毛中之長毫曰髦士之俊選者借譬爲名焉故郭云士中之俊如毛中之髦

俾職也使供職疏俾職也○釋曰俾詁爲使言任使供職也

紕飾也謂緣飾見詩○紕音備疏紕飾也○釋曰謂緣飾見詩者鄘風干旄云素絲紕之是也

淩慄也淩懅戰慄○淩音淩慄感也戰慄者憂感疏淩慄也慄感也○釋曰轉相解也埤蒼云淩慄也郭云淩懅戰慄則淩懅音義同慄又爲感郭云戰慄者憂感秦風黃鳥云惴惴其慄

蠲明也蠲清明貌茅明也左傳曰前茅慮無明朗也疏蠲明至朗也○釋曰郭云蠲清明貌樊光云蠲除垢穢使令清明茅亦明也舍人曰茅昧之明也左傳云前茅慮無者宣十二年傳文也杜注慮無如今軍行前有斥候蹹伏皆持以絳及白爲幡見騎賊舉絳幡見步賊舉白幡備慮有無也茅明也或曰時楚以茅爲旌識明卽融朗也

猷圖也周官曰以猷鬼神祇謂圖畫猷若也詩曰實命不猷疏猷圖也猷若也○釋曰猷謂圖畫又爲若若如也周禮曰以猷鬼神祇者春官凡以神仕者掌三辰之法以猷鬼神示之居辯其名物是也詩曰實命不猷者召南小星文也

偁舉也

書曰偁爾戈疏偁偁舉也○釋曰謂與舉也。注偁爾戈者周書牧誓文也稱好也物稱人意亦為好疏稱好也○釋曰謂美好郭云物稱人意亦為好

坎律銓也易坎卦主法法律皆所以銓量輕重疏坎律銓也○釋曰謂銓量也樊光曰坎水也水性平律亦平銓亦平郭云易坎卦主法者說卦云坎為水水平故主法云法律皆所以銓量輕重者白虎通云水之為言準也律曆志云繩直生準準正則平衡而鈞權矣又曰權衡者衡平也權重也衡所以任權而鈞物平輕重也本起於黃鍾之重一龠容千二百黍重十二銖兩之為兩兩兩者兩黃鍾律之重是法律皆所以銓量輕重也

矢誓也相約誓疏矢誓也○釋曰相約誓也鄭栢舟云之死矢靡它

舫舟也竝兩船疏舫舟也○釋曰謂竝兩船釋水曰大夫方舟

泳游也潛行水底疏泳游也○釋曰謂潛行游水底也邶谷風云泳之游之

迨及也東齊曰迨疏迨及也○釋曰謂相及也注東齊曰迨者方言文也

冥幼也幼稺者冥昧疏冥幼也○釋曰謂幼少也郭云幼稺者冥昧小雅斯干云噦噦其冥

降下也疏降下也○釋曰召南草蟲云我心則降

傭均也齊等○傭勑容切疏傭均也○釋曰謂齊等也小雅節南山云昊天不傭

強暴也彊梁凌暴疏強暴也○釋曰彊梁者好凌暴於物詩敘云彊暴之男

宨肆也輕宨者好放肆肆力也肆極力疏宨肆也肆力也○釋曰宨輕也肆放也輕宨者好放肆肆又為極力

俅戴也詩曰載弁俅俅疏俅戴也○釋曰謂頭戴也注詩曰載弁俅俅者周頌絲衣文也

瘞幽也幽亦薶也疏瘞幽也○釋曰皆謂薶藏

氂罽也毛氂所以為罽○氂音離罽音計疏氂罽也○釋曰毛氂所以為罽舍人曰氂謂毛罽也胡人續羊毛而作衣然則罽者織毛為之若今之毛氍毹以衣馬之帶鞅也

烘燎也燒燎

煁烓也今之三隅竈見詩○燎音料煁市針切烓烓頃疏烘燎也煁烓也○釋曰舍人曰烘以火燎也煁烓竈也郭云烘謂燒燎煁今之三隅竈也然則烓者無釜之竈其上燃火謂之烘本為此竈上以然火照物若今之火鑪

也注云見詩者小雅白華云樵彼桑薪卬烘于煁是也陪朝也陪位爲朝疏陪朝也○釋曰臣見君曰朝朝之列位必陪重是陪位爲朝也康

苛也謂苛刻○苛音何疏康苛也○釋曰注謂苛刻案苛者毒草名爲政刻急者取譬焉禮記孔子曰苛政猛於虎苛名康者以康安也苛刻者心

安之左傳曰州吁阻兵而安忍其類也樊藩也謂藩籬疏樊藩也○釋曰孫炎曰樊圃之藩也郭曰謂藩籬藩以細木爲之齊風東方未明云

折柳樊圃小雅青蠅云營營青蠅止于榛毛傳云棘榛所以爲藩是也賦量也賦稅所以評量疏賦量也○釋曰謂賦稅也郭云賦稅所以評量

方言云平均賦也燕之北鄙東齊北郊凡相賦斂謂之平均是評量也粻糧也今江東通言粻疏粻糧也○釋曰謂粻食也郭云今江東通言粻

王制云五十異粻庶侈也庶者衆多爲奢侈庶幸也庶幾僥倖疏庶侈也庶幸也○釋曰富庶者多奢侈郭云庶者衆多爲奢侈書曰

祿不期侈庶又爲幸望郭云庶幾僥倖僥者求見親御也幸與倖通用之筑拾也謂拾掇○筑音竹疏筑拾也○釋曰拾謂拾掇金滕云凡大木

所偃盡起而築之馬融云起其木拾其禾奘駔也今江東呼大爲駔駔猶麤也○奘徂朗切駔音祖疏奘駔也○釋曰皆謂大也秦晉謂大爲奘

郭云今江東呼大爲駔駔猶麤也集會也疏集會也○釋曰說文云集若羣鳥在林木之上故曰集指事也故經典通謂聚會爲集舫泭

也水中簰筏○泭音孚疏舫泭也○釋曰孫炎曰舫水中爲泭筏也郭云水中簰筏方言云泭謂之簰簰謂之筏筏秦晉之通語也周南漢廣云不可方

思論語云乘桴浮於海注云桴編竹木大曰栰小曰桴是也舫方泭桴音義同洵均也謂調均洵龕也未詳疏洵均也洵龕也○釋曰李

巡曰洵偏之均也郭云謂調均大雅桑柔云菀彼桑柔其下侯旬毛傳云旬言陰均也然則洵旬音義同洵又爲龕未詳逮遝也今荊楚人皆云遝○

遝音沓疏逮遝也○釋曰亦謂相及方俗語異耳郭云今荊楚人皆云遝是則也是事可法則疏是則也○釋曰是不非則法效也郭云是

事可法則言不非之事乃可為人法則

畫形也 畫者為形。象○畫音畫 【疏】畫形也○釋曰郭云畫者為形象考工記云畫。繢之事土以黃其象方天時變火以圜山以章水以龍鳥獸蛇是畫者為形象也

賑富也 謂隱賑富有○賑之忍反 【疏】賑富也○釋曰皆豐財也郭云謂隱賑富有

局分也 謂分部○分部問切 【疏】局分也○釋曰成十六年左傳云離局姦也杜注云遠其部曲為離局

懠怒也 詩曰天之方懠。音。薺 【疏】懠怒也○釋曰舍人曰懠怒聲也。郭云詩曰天之方懠者大雅。版。篇文也

僁聲也 謂聲音○僁音屑 【疏】僁聲也○釋曰郭云謂聲音言聲音僁僁然也

葵揆也 詩曰天子。葵之 揆度也 商度○度徒各切 【疏】葵揆也揆度也○釋曰轉相解也皆謂商度法詩曰天子葵之者小雅采菽文也鄘風定之方中云揆之以日

逮及也 【疏】逮及也○釋曰亦謂相及也大雅桑柔云荓云不逮

惄飢也 惄然飢意 【疏】惄飢也○釋曰李巡云惄宿不食之飢也郭云惄然飢意周南汝濆云惄如調飢毛傳云惄飢意也鄭箋釋云惄思也然則惄之為訓本為思耳但飢之思食意又惄然故又以為飢惄是飢之意非飢之狀故郭及毛傳皆言飢意鄭箋以為思義相接成也

眕重也 謂厚重見左傳○眕之忍切 【疏】眕重也○釋曰謂厚重見左傳者隱三年衛大夫石碏曰夫寵而不驕驕而能降降而不憾憾而能眕者鮮矣杜注云如此者少也降其身則必恨恨則思亂不能自安自重是也

獮虐也 凌獵暴虐 【疏】獮虐也○釋曰獮謂從禽也必暴害於物故云虐郭云凌獵暴虐

土田也 別二名 【疏】土田也○釋曰別地之二名也白虎通云中央者土土主吐含萬物土之為言吐也釋名云土。已耕者曰田田者填也五稼填滿其中也

戍遏也 戍守所以止寇賊 【疏】戍遏也○釋曰遏止也郭云戍守所以止寇賊春秋公子買戍衛

師人也 謂人衆 【疏】師人也○釋曰師衆也周禮大司馬二千五百人為師故郭云謂人衆

硈。鞏也 硈然堅固○硈苦角切 【疏】硈鞏也○釋曰謂牢固易文言云確乎其不可拔又革卦初九云鞏用黃牛之革若如此說硈。苦學切當

從告說文別有硈苦八切石堅也字雖小異其義則同

棄忘也 疏棄忘也○釋曰心遺忘小雅谷風云棄。我如遺

囂閑也囂然閑暇貌○囂丘力切

謀心也謀慮以心

獻聖也謚法曰聰明叡。智曰獻 疏囂閑至聖也○釋曰郭云謚法曰聰明叡智曰獻謚法者周書篇名也

里邑也謂邑居 疏里邑也○釋曰謂邑居也論語云里仁為美王制云凡居民量地以制邑

襄除也詩曰不可襄。 疏襄除也○釋曰謂除去也注詩曰不可襄者鄘風牆有茨文也

振古也詩曰振古如茲猶云久若此 疏振古也○釋曰言久故也注詩曰振古如茲猶言久若此者案周頌載芟云匪今斯今振古如茲毛傳云振自也鄭箋云振亦古也言脩德行禮莫不獲報乃。古古而如此所由來者久非適今時是也

懟怨也○懟音隊 疏懟怨也○釋曰謂怨恨左傳曰以死誰懟

縭介也縭者繫。介猶閡○縭音離 疏縭介也○釋曰郭云縭者繫介猶閡以釋水郭云縭緌也緌繫。著則介閡也

號謼也今江東皆言。謼○號音毫謼火胡切 疏號謼也○釋曰謂叫謼也小雅賓之初筵云載號載呶郭云今江東皆言謼

凶咎也 疏凶咎也○釋曰謂咎惡也通見詩書

苞稹也今人呼物叢緻者為稹 疏苞稹也○釋曰郭云今人呼物叢緻者為稹孫炎曰物叢生曰苞齊人名曰稹唐風鴇羽云集于苞栩毛傳云苞。稹鄭箋云稹者根相。迫迮梱。緻亦謂叢生也

逜寤也相干寤○逜音寤 疏逜寤也○釋曰逜謂相干也寐而覺。之曰寤郭云相干寤

顁題也題額也詩曰麟之定○顁了淩切 疏顁題也○釋曰皆謂額也注詩曰麟之定者周南麟之趾文也

猷肎可也詩曰。猷來無棄肎今通言 疏猷肎可也○釋曰皆肎可也注詩曰猷來無棄者魏風陟岵文也肎今通言者邶風終風云惠然肎來是也

務侮也詩曰外禦其。侮 疏務侮也○釋曰謂輕侮也注詩曰外禦其侮小雅常棣文也

貽遺也相歸遺○遺唯季切 疏貽遺也○釋曰謂相歸遺詩云貽我握椒

貿買也廣二名 疏貿買也○釋曰貿市也又為買郭云廣二名詩云抱布貿絲

賄財也 疏

賄財也○釋曰財帛總名賄周禮冢宰職云商賈阜通貨賄鄭注云布帛曰賄

甲狎也 謂習狎 【疏】甲狎也○釋曰謂狎習也衛風芄蘭云能不我甲左傳曰水懦。民狎而翫之

菼騅也。菼薍也。也。詩曰毳衣如菼菼草色如騅在青白之間○菼他敢切薍五患切 【疏】菼騅也菼薍也○釋曰廣異言也注詩曰毳衣如菼者王風大車文也毛傳云菼騅也蘆之初生者也鄭箋云菼薍也以傳解菼色未。辨草名故定之也郭云菼草色如騅在青白之間者以釋畜云蒼白雜毛騅故也

粲餐。也 今河北人呼食爲。餐○餐音孫 【疏】粲餐也○釋曰謂餐食也郭云今河北人呼食爲粲鄭風緇衣云還予授子之粲兮鄭箋云自館還在采地之都我則設餐以授之愛之欲飲食之

渝變也 謂變易 【疏】渝變也○釋曰謂變易也詩曰。敕命不渝

宜肴也 詩曰與子宜之 【疏】宜肴也○釋曰謂肴饌也李巡曰飲酒之肴也注詩曰與子宜之者鄭風女曰鷄鳴文也

夷。悅也 詩曰我心則夷 【疏】夷悅也○釋曰謂喜悅也注詩曰我心則夷者召南草蟲文

顛頂也 頭上 【疏】顛頂也○釋曰謂頭上也詩曰有馬白顛

耋老也 八十爲耋○耋音迭 【疏】耋老也○釋曰耋鐵也孫炎曰老人面如鐵色郭云八十爲耋詩秦風車鄰云逝者其耋毛傳云八十曰耋易離卦云大耋之嗟鄭注云年踰七十僖九年左傳曰伯舅耋。老。服。虔。云。七。十。曰。耋此及詩傳言八十曰耋者耋有七十八十無正文也詩以仕者七十致事仕者慮己之耋欲得早致事故以爲八十此用詩傳爲說故與之同

輶輕也 詩曰德輶如毛○輶酉 【疏】輶輕也○釋曰謂輕微也注詩曰德輶如毛者大雅烝民文

俴淺也 詩曰小戎俴收○俴音踐 【疏】俴淺也○釋曰謂淺近注詩曰小戎俴收者秦風小戎文也

綯絞也 糾絞繩索○綯音陶 【疏】綯絞也○釋曰謂糾繩索也李巡曰綯繩之絞也豳七月云宵爾索綯

訛化也 詩曰四國是訛 【疏】訛化也○釋曰匡正之化也注詩曰四國是訛者豳風破斧文

跋躐也 詩曰狼跋其胡

疐跲也 詩曰載疐其尾○躐音獵疐音致跲其葉切 【疏】跋躐也疐跲也○釋曰李巡曰跋前行曰躐跲郤頓曰疐

注詩云狼跋其胡載疐其尾者豳風狼跋文也說文云跋蹎丁千切跲躓竹二切躓卽疐也然則跋與疐皆是顛倒之類以跋爲躐者謂跋其胡而倒躓耳毛
傳云老狼有胡謂領下垂胡進則躐其胡謂躐胡而前倒也退則跲其尾謂卻頓而倒於尾上也烝塵也人衆所以生塵埃疏烝塵也○釋曰
孫炎曰烝物久之塵小雅南有嘉魚云烝然罩罩郭云人衆所以生塵埃戎相也相佐助疏戎相也○釋曰相如字注同一云相助也息亮切故
注云相佐助也飫私也宴飲之私疏飫私也○釋曰孫炎曰飫非公朝私飲酒也郭云宴飲之私小雅常棣云飲酒之飫毛傳云飫私也不脫屨升
堂謂之飫鄭箋云私者圖非常之事若議大疑於堂則有飫禮焉聽朝爲公周語曰王公立飫孺屬也謂親屬疏孺屬也○釋曰李巡云孺骨肉
相親屬也常棣云和樂且孺毛傳云九族會曰和孺屬也鄭箋云屬者昭穆相次序幕暮也幕然暮夜疏幕暮也○釋曰幕然暮夜也煽熾
也熾盛也互相訓煽義見詩疏煽熾也熾盛也○釋曰轉相解也皆嬖寵熾盛也注煽義見詩者小雅十月之交云豔妻煽方處柢本
也謂根本○柢音帝疏柢本也○釋曰謂根本也周禮其瑞云四圭有邸鄭司農云於中央爲璧圭著其四面一玉俱成卽引此文云邸本也圭本著
於璧故四圭有邸圭末四出故也又曰兩圭有邸後鄭云僢而同邸皆謂本也柢邸音義同窕閑也窈窕閑隙○閑音閑疏窕閑也○釋曰窈窕
閒隙也詩周南關雎云窈窕淑女毛傳云窈窕幽閑鄭箋云幽閒深宮皆謂淑女所處之宮形狀窈窕然淪率也相率使疏淪率也○釋曰謂相
牽率郭云相率使小雅雨無正云無淪胥以鋪㦧毒也憂思慘毒疏㦧毒也○釋曰釋詁云㦧憂也郭云憂思慘毒小雅小弁云我獨于㦧檢
同也模範同等疏檢同也○釋曰檢模範也郭云模範同等說文云書署也郵過也道路所經過疏郵過也○釋曰郵謂郵亭過經過也
郭云道路所經過郊特牲云郵表畷遜遯也謂逃去疏遜遯也○釋曰謂逃去也春秋莊元年夫人姜氏孫于齊公羊傳曰孫者何孫猶孫也內

諱奔謂之孫穀梁傳曰孫之。爲。言。猶孫諱奔也

斃。踣也前覆僨僵也。郤偃○斃音弊踣蒲北切僨音糞僵音姜疏斃踣也僨僵也○釋曰前郤顛。倒之名也斃又謂之踣皆前覆也檀弓云。射之斃鄭。注云斃仆也然則又爲仆僨謂之僵皆仰偃也左傳曰鄭伯之車僨於濟

畛殄也謂殄絶疏畛殄也○釋曰謂畛絶也周頌載芟云徂隰徂畛毛傳曰畛場也地官遂人云十夫有溝溝上有畛則畛謂地畔之徑路也至此而易之故以畛爲場易則地絶故得爲殄

曷盍也盍何不疏曷盍也○釋曰郭云盍何不也論語曰盍各言爾志

虹。潰也謂潰敗○潰音會疏虹潰也○釋曰潰敗亂也大雅抑篇云實虹小子召旻。云蟊賊內訌

隌闇也隌然冥貌○隌音唵闇音隌疏隌闇也○釋曰謂冥昧也郭云隌然冥貌

刅膠也膠黏。刅○刅女乙切疏刅膠也○釋曰膠黏刅也方言云。刅。䵒黏也齊魯青徐自關而東或曰刅或曰䵒

孔甚也厥其也戛禮也謂常禮疏孔甚至禮也○釋曰孔甚厥其通見詩書釋訓云戛常也故郭云謂常禮

闍臺也城門臺○闍音都疏闍臺也○釋曰謂城門臺也鄭風云出其闉闍毛傳云闉曲城也闍城臺也

囚拘也謂拘執疏囚拘也○釋曰謂拘執也月令云挺重囚左傳曰南冠而縶者楚囚也縶則拘執也

攸所也展適也得自申展皆適意疏攸所也展適也○釋曰易曰利有攸往郭云得自申展。者皆適意。也

鬱氣也鬱然氣出疏鬱氣也○釋曰鬱然氣出也謂鬱蒸之氣也

宅居也疏宅居也○釋曰謂居處也大雅文王有聲云宅是鎬京

休慶也疏休慶也○釋曰謂嘉慶也商頌曰何天之休

祈叫也祈祭者叫呼而請事疏祈叫也○釋曰祈猶禱也求也春官大祝掌六祝之辭以祈福祥求永貞郭云祈祭者叫呼而請事

濬幽深也濬亦深也哲智也疏濬幽至智也○釋曰舍人曰濬下之深也哲大智也郭云濬亦深也虞書舜典云濬哲文明孔安國云舜有深智言其智之深所知不淺近也

弄玩也疏弄玩也○釋曰謂玩好也小雅斯干云載弄之璋鄭箋云

玩以璋者欲其比德焉

尹正也謂官正也

皇匡正也詩曰四國是皇

疏尹正至匡正也○釋曰正長也郭云謂官正也言爲一官之長也周書君陳曰尹茲東郊皇君成之正匡救諫之正孝經云匡救其惡注詩曰四國是皇皇者豳風破斧文也

服整也服御之令齊整

疏服整也○釋曰謂整治也郭云服御之令齊整周南葛覃云服之無斁

聘問也見穀梁傳

疏聘問也○釋曰問謂存省之對而言之則聘問異周禮大行人云時聘以結諸侯之好間問以諭諸侯之德又曰凡諸侯之邦交歲相問也殷相聘也聘禮云小聘曰問是異也散而言之皆謂相存省故此云聘問也注見穀梁傳者按隱九年春天王使南季來聘穀梁傳曰南氏姓也季字也聘問也是其事

愧慚也

疏愧慚也○釋曰謂慚恥也小爾雅云不直失節謂之慚慚愧也面慚曰懸心慚曰恧體慚曰逡方言云梅慝音匿赧慚也晉曰梅或曰慝秦晉之間凡愧而見上謂之赧梁宋曰慝又云㥦音腆恧女六切慚也荊揚青徐之間曰㥦若梁益秦晉之間言心內慚矣山之東西自愧曰恧趙魏之間謂之聦音密亦音秘

殛誅也書曰鯀則殛死○殛紀力切

疏殛誅也○釋曰謂誅責注書曰鯀則殛死者周書洪範文

克能也翌明也書曰翌日乃瘳

疏克能也翌明也○釋曰克能通見書傳注書曰翌日乃瘳者周書金縢文

訩訟也言訩譊

疏訩訟也○釋曰多爭訟郭云言訩譊譊郎讙譊小雅節南山云降此鞫訩

晦冥也奔走也逡退也外傳曰已復於事而逡○冥亡定切

疏晦冥至退也○釋曰冥謂闇冥見公羊傳奔大走也左傳曰車馳卒奔逡却退也注外傳曰已復於事而逡者齊語管仲對桓公辭也韋昭曰已畢也逡伏退也此國語也而謂之外傳者韋昭曰左丘明采錄前世穆王以來下訖魯悼智伯之誅邦國成敗嘉言善語陰陽律呂天時人事逆順之數以爲國語其文不主於經故號曰外傳也

疐仆也頓躓倒仆○仆音赴

疏疐仆也○釋曰郎前文跲與踣也郭云頓躓倒仆

亞次也諗念也相思念○諗音沈

疏亞次也諗念也○釋曰亞下次也通見書傳諗者相思念也小雅四牡

云將母來諗居極也有所限極疏居極也○釋曰有所限極也大雅瞻。卬云靡有夷居弇。同也詩曰奄有龜蒙弇蓋也謂覆蓋疏弇同也弇蓋也○釋曰廣異言也注詩曰奄有龜蒙魯頌閟宮文言弇覆同爲己有弇又爲蓋謂覆蓋也易曰惡積而不可弇。奄揜音義同恫痛也詩曰神罔時恫疏恫痛也○釋曰謂痛傷注詩曰神罔時恫大雅思齊文王肅云文王之德能上順祖宗安寧百神無失其道無所怨痛握具也謂備具疏握具也○釋曰。主持辦具也郭云謂備具李本作幄釋云居位處之具也秦風權輿云夏屋渠渠鄭箋云屋具也義其同乎振訊也振者奮。迅疏振迅也○釋曰謂振訊去塵也郭云振者奮迅。曲禮曰振書端。書鬩恨。也相怨恨○鬩呼厤切疏鬩恨也○釋曰郭云相怨恨孫炎本作很解云相很戾小雅。常棣云兄弟鬩于牆毛傳云鬩很也很者忿。爭之名曲禮曰很無求勝以字形異濫故釋者致殊於義兩解得之越揚也謂發揚對遂也詩曰對揚王休疏越揚也對遂也○釋曰揚謂稱美郭云謂發揚遂者因事之辭注詩曰對揚王休者大雅江漢文燬火也詩曰王室如燬燬齊人語○燬音毀疏燬火也○釋曰李巡曰燬一名火孫炎曰方言有輕重故謂火爲燬郭云燬齊人語方言云㷄。呼隗切火也楚轉語也猶齊言𤈦。音燬火也注詩曰王室如燬者周南汝墳文懈怠也疏懈怠也○釋曰謂怠慢也大雅烝民云夙夜匪懈宣緩也謂寬緩遇。偶。也偶爾相值。遇疏宣緩也遇偶也○釋曰郭云偶爾相值遇春秋隱八年春宋公衛侯遇于垂穀梁曰不期而會曰遇曩曏也國語曰曩而言戲。也疏曩曏也○釋曰在今而道既往或曰曩或曰曏書大傳云曏之取於囿中勇力之取也。注國語曰曩而言戲也者案晉語驪姬與優施謀飲里克酒乃歌曰暇豫之吾吾不如鳥烏人皆集于苑己獨集於枯里克笑曰何謂苑何謂枯優施曰其母爲夫人其子爲君可不謂苑乎其母既死其子又有謗可不謂枯乎枯且有傷優施出里克辟奠不餐而寢夜半召優施曰曩而言戲乎。如有所聞之乎是也偟暇也詩曰不遑啓處○偟

音皇【疏】偟暇也○釋曰謂閒暇。注詩曰不遑啓處者小雅。駟牡文

宵夜也【疏】宵夜也○釋曰舍人曰宵陽氣消也詩云肅肅宵征書曰宵中星虛

懊忨也謂愛忨 愒貪也謂貪羨○懊烏報切忨五館切愒苦蓋切【疏】懊忨也愒貪也○釋曰皆謂愛忨貪羨也昭元年左傳云主民翫歲而愒日杜注云忨愒皆貪也

榰。柱。也相榰柱○榰音枝柱音注【疏】榰柱也○釋曰郭云相榰柱也說文云榰柱砥古用木今以石字書云柱屋之欸

裁節也並併也詩曰並坐鼓瑟【疏】裁節也並併也○釋曰易泰卦云后以財成天地之道裁財音義同並併古今字注詩曰並坐鼓瑟者秦風車鄰篇文

卒既也既已【疏】卒既也○釋曰皆謂盡已也

慒慮也謂謀慮也○慒音囚【疏】慒慮也○釋曰郭云謂謀慮也字書作悰

將資也謂資裝【疏】將資也○釋曰行所資也郭云謂資裝

黹。紩也今人呼縫紩衣為黹○黹致恥切紩音秩【疏】黹紩也○釋曰謂縫刺也郭云今人呼縫紩衣為黹鄭注司服云黼黻。希。繡。希。讀為黹謂刺繡也

遞迭也更。迭。【疏】遞迭也○釋曰李巡曰遞者更迭間廁相代之義邶柏舟云胡迭而微

矧況也譬。況【疏】矧況也○釋曰說文云矧況辭從矢取辭之。所。之如矢也郭云譬況謝氏云志譬況是也

廩廯也或說云卽倉廩所未詳○廯息淺切【疏】廩廯也○釋曰廣雅云廯倉也則廩廯。皆困倉之別名孫炎云廯藏穀鮮絜也舍人云廩少鮮也郭云或說云卽倉廩所未詳

逭逃也亦見禮記○逭音換【疏】逭逃也○釋曰謂遁逃商書太甲云自作孽不可逭注亦見禮記者案緇衣云子曰小人溺於水君子溺於口大人溺於民皆在其所褻也下云太甲曰天作孽可違也自作孽不可以逭

訊言也相問訊【疏】訊言也○釋曰訊問以言也郭云相問訊詩云執訊獲醜

閒俔也左傳謂之諜今之細作也○閒諫俔胡典切【疏】閒俔也○釋曰反閒一名俔今之細作也注左傳謂之諜者案桓十二年云使伯嘉諜之杜注云諜伺也兵書謂之反閒也案說文云諜軍中反閒也謂詐。為敵國之人入其軍中伺候閒隙以反報其主。又鄭注周禮掌戮云諜謂姦

寇反間者

沄沆也水流漭沆○沄音云沆胡黨切【疏】沄沆也○釋曰說文云沄轉流也曰沆郭云水流漭沆漭沆水大貌

一干扞也相扞衛【疏】干扞也○釋曰郭云相扞衛孫炎曰干盾自蔽扞周南兔罝云公侯干城言公侯以武夫自固爲扞蔽如盾爲防守如城然

趾足也足脚【疏】趾足也○釋曰易云賁其趾趾則足也亦謂之脚

䠊刖也斷足○䠊扶味切【疏】䠊刖也○釋曰呂刑云剕罰五百孔安國云刖足曰䠊一名刖斷足刑也呂刑云剕罰五百孔安國云刖足曰剕鄭注司刑云刖斷足也周改臏作刖䠊剕音義同

襄駕也書曰懷山襄陵【疏】襄駕也○釋曰謂乘駕也鄭風大叔于田云兩服上襄注書曰懷山襄陵堯典文

忝辱也燠煖也今江東通言燠○燠於六切【疏】忝辱也燠煖也○釋曰忝謂恥辱也詩曰無忝爾所生燠溫也洪範云哲時燠若郭云今江東通言燠

塊堛也土塊也外傳曰枕凷以堛○堛孚逼切【疏】塊堛也○釋曰塊者結土也說文云塊俗凷字也凷一名堛郭云土凷也注外傳曰枕凷以堛案吳語吳王夫差既許越成乃大戒師徒將以伐齊申胥進諫曰昔楚靈王不君其臣箴諫不入乃築臺於章華之上闕爲石郭陂漢以象帝舜罷弊楚國以間陳蔡不脩方城之內踰諸夏而圖東國三歲於沮汾以服吳越其民不忍飢勞之殃三軍叛王於乾谿王親獨行屏營仿偟於山林之中三日乃見其涓人疇王呼之曰余不食三日矣疇趨而進王枕其股以寢於地王寐疇枕王以墣而去之王覺而無見乃匍匐將入於棘圍棘圍不納也乃入芋尹申亥氏焉是其事也說文云墣匹角切亦塊也今注云枕凷者字之誤也凷當作王又外傳作墣郭云以堛者蓋亦理同或所見本異也

將齊也謂分齊也詩曰或肆或將○齊才細切【疏】將齊也○釋曰郭云謂分齊也詩曰或肆或將者小雅楚茨文毛傳云肆陳將齊也或陳于牙或齊其肉王肅云分齊其肉所當用也

餬饘也糜也【疏】餬饘也○釋曰郭云糜也下云鬻糜郭云淖糜然則餬饘鬻糜相類之物稠者曰糜淖者曰鬻餬饘是其別名昭七年左傳云饘於是鬻於是以餬余口

啓跪也小跽【疏】啓跪也○釋曰謂跪拜也小雅四牡云不遑啓處郭云小跽說文曰

跽長跪也莊子云擎跽曲拳臣之禮也矈密也謂緻密○矈武延切【疏】矈密也○釋曰郭云謂緻密開闢也書曰闢四門【疏】開闢
也○釋曰書曰闢四門虞書舜典文袍襺也左傳曰重襺衣裘○襺吉典切【疏】袍襺也○釋曰玉藻云纊爲繭縕爲袍鄭玄云衣有著之異名也纊
謂今之新緜縕謂今之纊及舊絮也然則襺是袍之別名謂新緜著袍者也注左傳曰重襺衣裘者襄二十一年傳云楚子使薳子馮爲令尹遂以疾辭方暑
闕地下冰而牀焉重繭衣裘鮮食而寢是也障畛也謂壅障【疏】障畛也○釋曰郭云謂壅障一名畛左傳曰封畛土略覞姡也面姡
然○姡音滑【疏】覞姡也○釋曰郭云面姡然孫炎曰覞人面姡然說文曰覞面見人姡也面覞也然則覞與姡皆面見人之貌詩云有覞面目鬻糜
也淖糜○鬻之六切舒緩也謂遲緩【疏】鬻糜也舒緩也○釋曰郭云謂遲緩詩云舒而脫脫兮翢纛也今之羽葆幢纛翳
也舞者所以自蔽翳○翢徒刀切纛徒到切【疏】翢纛也纛翳也○釋曰李巡曰翢舞者所持纛也孫炎曰纛舞者所持羽也郭云今之羽葆幢鄭司農注
鄉師云翢羽葆幢也蔡邕獨斷云以旄牛尾爲之大如斗在左騑馬頭上所謂黃屋左纛纛又謂之翳郭云舞者所以自蔽翳然則翢一名纛纛所以爲翳故
王風云左執翿毛傳云翿纛也翳也隍壑也城池空者爲壑【疏】隍壑也○釋曰隍城池無水者郭云城池空者爲壑易泰卦上六城復於隍芼
搴也謂拔取菜【疏】芼搴也○釋曰孫炎曰皆釋菜也某氏曰搴猶拔也郭云謂拔取菜以搴是拔之義史記曰斬將搴旗謂拔取敵人之旗也周南關
雎云參差荇菜左右芼之故云謂拔取菜毛傳云芼擇亦謂拔菜而擇之也典經也威則也威儀可法則【疏】典經也威則也○釋曰周
禮大宰之職掌建邦之六典鄭注云典常也經也法也王謂之禮經常所秉以治天下也邦國官府謂之禮法常所以守爲法式也常者其上下通名郭云威
儀可法則詩曰敬慎威儀維民之則苛妎也煩苛者多嫉妎○妎胡計切【疏】苛妎也○釋曰說文云妎妬也郭云煩苛者多嫉妎言煩苛之人多

嫉妬

芾，小也。芾者小貌。○芾音貝。

【疏】芾小也。○釋曰：芾是木幹及葉之小者也。召南云「蔽芾甘棠」，此比於大木爲小也。我行其野云「蔽芾其樗」，鄭箋云：「樗之蔽芾始生，謂樗葉之始生，形亦小也。」郭云「芾者小貌」。

迷，惑也。狃，復也。狃忕復爲。○狃，女九切。復，扶又切。

【疏】迷惑也。狃復也。○釋曰：小雅節南山云「俾民不迷」，謂不惑也。狃，復習也。郭云「狃忕復爲」，孫炎曰：「狃忕前事復爲也。」說文云：「狃，狎也。」「忕，習也。」鄭風云「將叔無狃」，毛傳云：「狃，習也。」桓十三年左傳云「莫敖狃於蒲騷之役」，杜注云：「狃，忕也。」然則狃、忕皆貫習之義，復亦貫習之意也。

逼，迫也。般，還也。○左傳曰「般馬之聲」。般音班。還音旋。

【疏】逼迫也。般還也。○釋曰：逼，逼相急迫也。般，還反也。注「左傳曰般馬之聲」者，襄十八年晉大夫邢伯告中行伯之辭也。

班，賦也。謂布與。

【疏】班賦也。○釋曰：郭云「謂布與」。桓六年左傳云「諸侯之大夫戍齊，齊人饋之餼，使魯爲其班」。聘禮記云「肦肉及廋車」，班、肦音義同。左傳曰「屬役賦丈」。

濟，渡也。濟，成也。濟，益也。所以廣異訓，各隨事爲義。

【疏】濟渡至益也。○釋曰：郭云「所以廣異訓，各隨事爲義」。方言云：「過渡謂之涉濟。」彼注云：「猶今云濟渡。」左傳曰「濟河焚舟」。濟又爲成，左傳曰「以欲從人則可，以人從欲鮮濟」。濟又爲增益，左傳曰「盍請濟師於王」。

緡，綸也。詩曰：「維絲伊緡。」緡，繩也。江東謂之綸。○緡音民。

【疏】緡綸也。○釋曰：孫炎云「皆繩名也」。郭云「緡，繩也。江東謂之綸」。注「詩曰維絲伊緡」者，召南何彼穠矣文。

辟，歷也。未詳。

漦，盝也。漉漉出涎沫。○辟，婢亦切。漦，仕其切。

【疏】辟歷也。漦盝也。○釋曰：李巡云：「吐沫，漦也。」郭云「漉漉出涎沫」。鄭語云：訓語有之曰：「夏之衰也，褒人之神化爲二龍，以同于庭，而言曰：余褒之二君。夏后卜殺之與，去之與，止之，莫吉。卜請其漦而藏之，吉。」韋昭云：「漦，龍所吐沫，龍之精氣也。」

寬，綽也。謂寬裕也。

【疏】寬綽也。○釋曰：孫炎云「性之裕者」。郭云「謂寬裕也」。皋陶謨云「寬而栗」。

袞，黻也。袞衣有黻文。

【疏】袞黻也。○釋曰：郭云「袞衣有黻文」。小雅采菽云「玄袞及黼」，袞必兼有黼黻，詩但言及黼，嫌於無黻，故此釋之。毛傳云：「玄袞，卷龍也。白與黑謂之黼。」鄭箋云：「玄袞，玄衣而畫以卷龍也。黼，黼黻謂絺衣也。諸公之服自袞冕而下華。皇。也釋草曰。蕫華榮○華胡瓜切疏華皇也○釋曰草木之華一名皇樊光引詩云皇皇者華孫炎云皇皇猶煌煌郭云釋草曰皇華榮引之以證皇亦華榮之名昆後也謂先後方俗語疏昆後也○釋曰郭云謂先後方俗語大禹謨云官占惟先蔽志昆命元龜彌終也終竟也疏彌終也○釋曰郭云終竟也大雅生民云誕彌厥月言大矣后稷之在其母終人道十月而生也

爾雅疏卷第三

爾雅注疏卷三校勘記

阮元撰盧宣旬摘錄

爾雅疏卷第三　注疏本卷第二

釋言第二

初別國不相往來之言也　注疏本脫也

故爲之作釋也　閩本監本毛本脫之也元本脫之

岠齊州以南　單疏本雪牎本注疏本同釋文距又作岠同音巨按今釋地作岠釋文同蓋失其舊○按依說文本作歫从止俗改从山

注禮記曰尸䛐者　注疏本删注字○按單疏本所標注字注疏本盡删今悉補正後不悉出

還復返也　元本經下載音切還音旋閩本監本誤爲注毛本遂剜改作皆迴返也似郭氏舊有此注矣考此本雪牎本陳本鍾本郎本葛本皆無也

皆傳車驛馬之名　單疏本雪牎本元本閩本監本同毛本驛作馹依經所改釋文音經傳也張戀反注同此本傳誤轉今訂正單疏本經中傳字亦誤轉

格懷來也　唐石經單疏本雪牎本同釋文徠音來本今作來按釋親來孫陸本亦作徠云音來本亦作來玉篇彳部徠力哀切就也還也今爲來

厎　釋文唐石經雪牎本同注疏本作底非單疏本經誤底疏中作厎五經文字厂部厎音指致也

皆見詩傳　雪牎本注疏本同單疏本無皆字

氐祿以德周頌武篇云注疏本氐誤底下同武上衍下

今江東呼母爲㑋音是雪牕本同注疏本刪下二字因別附音切有㑋音是三字也全書準此

無母何恃是也注疏本脫是也

畣者應也雪牕本注疏本同釋文音經畣古荅字一本作荅○按畣字从田絕無文理舊本誤釋作畣从曰似近是然亦俗字耳

大初元年注疏本大改太

以禮大陳敘賓客也閩本監本毛本大陳敘改陳敘于元本實闕

憮釋文唐石經雪牕本元本同單疏本作撫閩本監本毛本作憮皆誤

無憮無傲單疏本雪牕本同注疏本作無憮無敖非疏引投壺作無撫無敖亦誤

幼鞠稚也唐石經單疏本雪牕本元本同閩本監本毛本稚改穉疏中同釋文穉又作稚按釋親穉婦釋文亦作穉云又作稚

是皆謂年小也注疏本小改少

急疾齊整注疏本疾改速

革亦急也注疏本脫也

云書曰揚側陋者注疏本刪曰者

北燕曰𨔵 單疏本雪牕本同浦鏜云方言作噬

易曰水荐至 單疏本雪牕本同浦鏜云易荐作洊按易釋文於洊下引爾雅云再也又云于作荐則爾雅有作洊周易有作荐者

今呼重蠶爲蠱 單疏本雪牕本注疏本同釋文原舍人本作蠱音同

敉義見書 單疏本雪牕本同注疏本作敉寧因疏引書大誥敉寧字致誤疏中同

皆憐撫也 注疏本憐改愛

宋衞邠陶之間 元本同閩本監本毛本宋衞改東齊

故注云撫愛撫也 注疏本注誤上又上撫作憮元本與此同

齊人謂瘠瘦爲脙 單疏本雪牕本同注疏本脫瘦

瘦臞腐敗 注疏本臞誤瞿周禮臞人釋文臞其俱反又作臞音稍按賈疏本臞作臞

桄 唐石經單疏本雪牕本同釋文桄孫作光古黃反按說文桄充也與橫闌木也連文桄橫字通鄭注禮記樂記孔子閒居皆云橫充也此其證尚書光被四表漢書王莽傳後漢馮異傳皆作橫被四表蓋作桄作橫者爲今文作光者爲古文孔傳堯典云光充也與孫叔然本合賈逵云古文讀應爾雅是爾雅本作光也作桄者蓋李巡本

書云光被四表 注疏本云改曰

親暱者恩信必數注疏本者誤時

次卽副貳之義閩本監本毛本義誤貳元本闕

今呼餐飯爲饡單疏本雪牕本同閩本監本毛本餐誤飧疏中同元本餐誤攸釋文飵字又作餅俗作飯同按玉篇餅飵並俗飯字

饡熟爲餾注疏本同詩正義作饡均熟爲餾因連引孫炎注均之曰餾而誤衍耳郭釋經稔爲熟詩釋文引孫炎均之曰餾引郭注餴熟爲餾可證

注方言云注疏本刪注字

或曰䬯注疏本䬯誤餂

河陰之間曰䭡惡恨切𩞁五恨切○注疏本音切改大字

迺裹餱糧注疏本迺改乃

矜唐石經雪牕本注疏本同單疏本作矜釋文鹶音矜本又作矜按廣雅釋詁一鹶哀也玉篇鹵部鹶苦也皆本此經蓋經作鹶注作矜後人轉寫亂之

可矜憐者亦辛苦單疏本雪牕本同釋文粦力田反本今作憐同按今當作又

表淳鹵元本同閩本監本毛本鹵改滷按左傳襄二十五年作鹵

云可矜憐者亦辛苦者小雅鴻鴈云爰及矜人注疏本矜作矜毛詩唐石經宋本同按釋訓矜憐撫

掩之也疏引詩鴻鴈亦作矜華嚴經音義卷上特垂矜念下引毛詩傳矜憐也又引說文字統矜怜也皆從矛令矜憐聲相近故說文毛傳皆云矜憐也鈕樹玉云漢隸字源矜字注引唐君頌不侮矜寡詩序至于矜寡史記有矜在民間曰虞舜字皆從矛令

鹹味極必苦 注疏本味誤殊

論語云 注疏本脫論

皆謂蔓延相被及 單疏本雪牕本同釋文蔓莚以戰反相連不斷又音延本今作延按蔓莚字古皆從廾作莚華嚴經音義卷上引爾雅覃延也引郭注謂蔓莚相被及也與釋文同此經作延注作莚之明證釋草蔨鹿藿蘦大苦注蔓延生釋文皆作蔓莚毛詩旄丘傳曰如葛之蔓延相連及也釋文蔓莚以戰反又音延芄蘭箋云恆蔓延於地釋文云本或作蔓莚於地

視民不恌是也 元本同監本毛本恌作佻與經合左傳昭十年及說文玉篇皆引詩視民不佻此從心蓋依今詩改

注詩曰不可以茹者 注疏本刪注字

皆見詩書 雪牕本注疏本無皆字

注皆見詩書者 注疏本刪注字

尚書誥誓之篇是也 閩本監本毛本篇改類元本此字實闕

競逐彊也 唐石經單疏本雪牕本同釋文強巨丈反注同本或作彊字又其良反按此蓋經作彊彊字注用勉強字

皆自勉彊 單疏本注疏本同雪牕本作皆自強勉按強勉猶彊勉也漢書董仲舒傳事在彊勉而已矣師古曰彊音其兩反此當從雪牕本古彊強通

皆自勉彊也 元本同閩本監本毛本彊改強下彊梁同

故皆爲禁也 元本閩本監本同毛本脫也

言文采著明也 閩本監本毛本下衍一字元本實闕

注詩曰齊子愷悌者 注疏本刪注字

士者男子之人大號 注疏本同浦鏜云人大二字疑美字之誤

蓋割裂也 唐石經單疏本雪牕本同釋文蓋古害反舍人本作害按書呂刑鰥寡無蓋蓋卽害字之借言堯時鰥寡無害也釋名害割也書堯典洪水方割大誥天降割之類皆害字之借割與蓋亦音相近書君奭割申勸寧王之德鄭注緇衣云割之言蓋是也

今俗語呼樹蔭爲庥 單疏本注疏本同雪牕本蔭作廕按釋文廕字亦作蔭依經當作廕蓋以樹蔭義改從艸耳釋詁注云疏蔭爗樂釋文廕又作蔭同

福履將之 單疏本雪牕本同按此當如釋詁注引詩福履綏之毛傳履祿也本此經樛木詩一章福履綏之二章福履將之

注禮可以履行見易者 注疏本刪注字

薆隱也 唐石經單疏本雪牕本同釋文薆僾皆音愛按亦作愛詩烝民愛莫助之毛傳愛隱也本此經而字作愛可證

基經也基設也○釋曰基牆下止也 注疏本刪上八字止作土按說文基牆始也玉篇址基也廣韻基址也然則此止當爲址合上字土字始得之

祥吉之先見 注疏本同雪牕本作謂吉之先見

禨福之祥 元本同閩本監本毛本福誤祥

兆域也 唐石經雪牕本同釋文兆本又作垗按依說文垗正字也兆假借字也

注書曰肇牽車牛者 注疏本刪注字

浹徹也 唐石經雪牕本同釋文浹子協反郭音接詹事錢大昕云說文無浹字當作挾詩使不挾四方毛傳挾達也漢儒諱徹爲通通達義同按爾雅當本作挾徹也與上挾藏也同字異訓詩釋文挾子燮反與郭音接正合正義曰挾者周匝之義周禮所謂浹日周禮釋文挾日字又作浹凡挾作浹者皆後人所改

小雅楚茨云 注疏本云上衍篇

注易曰不速之客者 注疏本刪注之二字

注詩曰來獻其琛者 注疏本刪注字

士之俊選者借譬爲名焉故郭云士中之俊如毛中之髦 注疏本作士之俊選者是也删

借譬以下一十七字

淩懅戰慄 單疏本雪牕本同釋文淩郭注意當作倰埤蒼云倰慄也按陸謂注意當作倰則字不作倰矣或謂注當作倰非下注云強梁淩暴亦用水旁字

淩慄也慄慼也○釋曰 注疏本删

倰慄也 元本同閩本監本毛本倰誤淩

郭云淩懅戰慄 注疏本云誤言

注左傳云 注疏本删注字

周官曰 雪牕本注疏本同單疏本作周禮曰按郭注多引作周禮凡釋詁釋官釋器釋天旃旂釋丘釋草釋畜共十二見皆作周禮惟此及釋天講武注作周官

俾舉也 唐石經單疏本雪牕本同釋文音下稱好也尺證反此俾字不出蓋本作稱李善注文選陸士衡演連珠引爾雅稱舉也郭注引書俾爾戈今尚書作稱

注稱爾戈者 注疏本删注字

之死矢靡宅 元本閩本監本同毛本宅改他按唐石經毛詩作宅

竝兩舩 雪牕本注疏本同釋文併字又作竝按釋水大夫方舟注亦云併兩舩此作竝非

潛行游水底 單疏本雪牕本同葉鈔釋文底作厎

強 雪牕本同單疏本注疏本作彊彊唐石經先作彊後改強按注云彊梁淩暴疏引詩序彊暴之男則字當從彊上文競逐彊也疏云馳逐者亦彊梁可互證石經原刻是

強梁淩暴 雪牕本同注疏本強作彊疏云彊梁者好淩暴於物淩字從冫非五經文字云淩水名經典或以爲侵陵字

宨 唐石經單疏本雪牕本同注疏本作窕注及疏準此元本經作窕按葉鈔釋文宨肆也吐彫反窕閑也郭徒了反與唐石經皆畫然有別玉篇廣韻脫宨字今本皆作窕誤甚詩大明正義引釋言及郭注作宨集韻二十九篠於宨下引爾雅肆也謂輕宨放肆類篇宀部宨下引爾雅肆也此其證左傳成十六年楚師輕窕釋文㓲彫反依義當作宨

戴弁俅俅 單疏本元本閩本毛本同雪牕本監本戴改載按毛詩絲衣載弁俅俅箋云載猶戴也蓋古文作載今文作戴韓魯詩當有作戴者玉篇頁部引詩戴弁俅俅可證

幽亦薶也 注疏本同雪牕本薶改埋係俗省按釋文邢疏皆作薶

氂謂毛罽也 注疏本氂下衍所

若今之火鑪也元本同閩本監本毛本鑪改爐

平均賦也注疏本平改評按下云凡相賦斂謂之平均本此

盝起而築之注疏本築改筑按書釋文築音竹本亦作筑馬云築拾也單疏本引書不隨經改字故足據

今江東呼大爲評單疏本雪牕本同釋文評火乎反或作呼同按說文評召字在言部呼吸字在口部此當從陸本

駔猶麤也單疏本注疏本同雪牕本麤作麄俗字

水中簰筏注疏本簰作篺單疏本作簰後剜改作篺按葉鈔釋文作篺引方言泭謂之篺篺謂之筏與此合〇按廣韻集韻有篺無簰字

龕注疏本同唐石經雪牕本作龕當據以訂正單疏本此頁係明人補刻不足據按釋文龕苦南反字或作含本今作龕今本多誤九經字樣云龕龍皃也從龍從今聲作龕訛玉篇龕苦含切龍皃也受也聲也盛也字皆從今

苑彼桑柔閩本監本毛本苑改菀按葉鈔釋文詩桑柔作苑單疏本補刻作菀非今據元本訂正

洵又爲龕未詳閩本監本毛本龕作龕單疏本補刻同今據元本訂正

今荆楚人皆云遝音沓反雪牕本同注疏本刪下二字釋文沓與上同亦徒荅

是不非監本毛本下衍也補刻亦剜擠也字茲據元本閩本訂正

畫者爲形象單疏本雪牕本同注疏本象改像

珍倣宋版印

畫續之事元本同閩本監本毛本續改繪

天之方懠音薺雪牕本同注疏本刪下二字

郭云詩曰天之方懠者大雅版篇文也閩本監本毛本郭改注版篇改板之元本作郭云版篇二字實闕按詩上帝板板釋訓作版版後漢書董卓傳注文選辨命論注皆引詩上帝版版

天子葵之單疏本雪牕本元本同閩本監本毛本葵改揆按單疏本及元本疏引詩天子葵之揆之以日二字畫然有別

士已耕者曰田元本已字空闕閩本監本毛本改作田

硈唐石經單疏本雪牕本同釋文硈苦角反邢疏云硈當從告說文別有硈石堅也字異義同按說文硈石聲從石告聲苦角切段玉裁云據說文知爾雅硈必硈之誤非告聲不得苦角切也五經文字硈口八反又苦角反見爾雅蓋張氏所見本始誤從吉矣

硈苦學切當從告注疏本音切改大字下同

棄我如遺注疏本同浦鏜依詩改作棄子云我字誤按文選郭泰機答傅咸一首棄我忽若遺李注引毛詩曰將安將樂棄我如遺又新序雜事五引詩棄我如遺是未可據今詩改也

聰明睿智曰獻單疏本雪牕本同浦鏜云謚法解智作哲

不可襄陳本同雪牕本注疏本作不可襄也

乃古古而如此 注疏本古古改自古

縭者繫 單疏本雪牕本元本同閩本監本毛本下有也

綅繫著則介閡也 注疏本著誤者

今江東皆言謼 單疏本雪牕本同釋文音經謼又作呼

毛傳云苞稹 元本閩本監本同毛本下增也

根相迫迮梱緻 注疏本誤作逼迮梱緻按此與正義本同定本緻作致

寐而覺之曰寤 注疏本覺下衍寤

猷來無棄 單疏本雪牕本同按棄當作止詩陟岵首章猶來無止毛傳猶可也與郭義同二章猶來無棄

外禦其侮 單疏本雪牕本元本同閩本剜改侮爲務監本毛本承之按毛詩外禦其務箋云務侮也本此經言務爲侮之假借也故郭注引詩以證務義之爲侮雖有春秋內外傳引詩外禦其侮而此注必當同毛作務矣

水懦民狎而翫之 注疏本同浦鏜依今左傳作水懦弱云脫弱字按偶少一字亦可不補

菼薍也 唐石經雪牕本同釋文薍五患反按此係釋草文誤入郭氏言菼草色如騅云云本上文菼騅也之注而在此下可證詩大車毳衣如菼毛傳菼騅也箋云菼薍也正義曰菼騅釋言文菼薍釋草文分析最清釋文薍字音亦後人竄入

未辨草名 元本同閩本監本毛本辨改辯

粲餐也 唐石經單疏本雪牕本同釋文飡謝素昆反說文云餔也字林云水澆飯也本又作餐施七丹反字林云吞食按說文飡餔也从夕食餔日加申時食也餐吞也从食奴聲湌餐或从水蓋爾雅作飡爲正字毛詩傳作餐爲假借字此當從陸本

今河北人呼食爲餐 單疏本雪牕本元本同閩本監本毛本餐改粲

敕命不渝 元本監本同誤也閩本毛本改作舍命按箋云舍猶處也

夷悅也 唐石經單疏本雪牕本同釋文悏本又作夷音同按玉篇心部悏悅也本此經作悏注引詩作夷亦異文之證

伯舅耋老服虔云七十曰耋 注疏本云改曰元本閩本脫下八字

跌蹎 丁千切 跲躓 竹二切〇注疏本音切改大字

謂領下垂胡 注疏本領改頷

小雅南有嘉魚云 注疏本脫云

戎相也 如字注同 一云相助也 息亮切〇注疏本音切改大字

飫非公朝私飲酒也 注疏本同詩常棣正義私下衍飫字浦鏜反據以補此誤甚

熾盛也 唐石經單疏本同釋文晟市正反本作盛同按釋詁美也注皆美盛之貌釋文盛或作晟同玉篇晟明也廣韻晟熾也集韻云或作晟

豔妻煽方處閩本監本同毛本豔改艷元本此字闕

圭末四出故也注疏本末誤本

窕釋文唐石經單疏本注疏本同雪牕本及此本作窕訛今訂正

無淪胥以鋪注疏本同浦鏜云無衍字

謂逃去注疏本同雪牕本作謂逃亡

孫猶孫也注疏本下孫改遜

孫之猶言爲孫元本同監本毛本及穀梁傳作孫之爲言猶孫閩本爲言二字剜改段玉裁云此本誤今訂正

斃踣也單疏本雪牕本同斃字唐石經闕釋文獘字亦作弊又作斃○案從大與從廾一也後人訓死者改爲斃

却偃雪牕本同單疏本注疏本却作郤○案郤却正俗字

前郤顛倒之名也注疏本倒改覆元本此字實闕

射之斃鄭注云注疏本射誤躬注誤箋元本注字實闕

虹潰也唐石經雪牕本同釋文虹音洪顧作訌音同李本作降下江反按毛詩抑實虹小子傳虹潰也召旻蟊賊內訌傳訌潰也說文訌讟也从言工聲詩曰蟊賊內訌蓋虹假借字訌正字虹訌皆工聲陸德明作虹與抑合顧野王作訌與召旻合陸顧本皆郭本也李巡本作降古降與虹音同亦是假借字

召旻云　注疏本脱云

膠黏䵒　注疏本同雪牕本作膠黏無䵒字别附音切云䵒女乙反注與音相連今本蓋因此衍䵒字○按黏䵒雙聲字未必䵒爲衍也

䵒𪏂黏也　注疏本𪏂誤𪏂丨或曰𪏂同釋文云䵒字又作𪏂𪏂亦𪏂之誤玉篇𪏂而與切黏也

得自申展者皆適意也　注疏本脱者也字

以諭諸侯之德　注疏本諭作喻

梅𢜩音匿赧慙也　注疏本音匿改大字别附於後監本毛本梅改悔元本閩本亦作梅下音曰梅同○按方言作挴从手是也

㥏音腆恧女六切慙也　注疏本㥏誤倎下同音切改大字○按唐人疏內間出雙行小字邢氏用其法

趙魏之間謂之聡　音密亦音祕○注疏本音切改大字

殛　唐石經單疏本雪牕本同釋文殛紀力反段玉裁云殛經注皆作極按詩菀柳後予極焉箋云極誅也正義曰極誅釋言文閟宮致天之屆箋云屆殛也殛紂於商郊牧野釋文屆極紀力反下同正義曰屆極釋言文釋言又云極誅也此經作極之證書洪範鯀則殛死釋文殛紀力反本或作極音同周禮大宰之職注殛鯀於羽山葉鈔釋文極紀力反此注作極之證爾雅釋文當與毛詩周禮同作極唐石經作殛非書釋文作殛蓋開寶所改陸氏原本當亦作極

注書曰翌日乃瘳者　注疏本脱者

譊卽讙譊　注疏本脱下譊

降此鞫訩　浦鏜改鞫爲鞠云從言誤按說文本從言鞠爲蹋鞠字義別唐石經毛詩鞠皆作鞫惟采芑節南山蓼莪誤作鞠此引節南山作鞫可以補正唐石經之誤不當反據俗本毛詩改

已復於事而逡　單疏本雪牕本同按齊語有司已於事而竣凡六見無復字此蒙上文鄉長復事引之有司即鄉長也說文竣下引國語曰有司已事而竣則今本於字亦當衍一切經音義卷九引爾雅逡退也郭氏曰逡巡卻退也文選東都賦注引郭注曰逡巡卻去也今本無此五字爾雅正義據文選注補

頓躓倒仆　單疏本雪牕本同按此經作疐注作躓爲經注異文之明證釋文疐躓各爲音

大雅瞻卬云　注疏本卬改仰

奄同也　陳本同唐石經單疏本雪牕本注疏本皆作弇此與下文弇蓋也異字蓋據注誤改當訂正

奄有龜蒙　單疏本雪牕本注疏本同按奄當依經作弇說文廾部弇蓋也大部奄覆也爾雅蒙荒奄也即說文大部字爾雅弇同也弇蓋也即說文廾部字閟宮上言泰山巖巖魯邦所至故此言同有龜山蒙山也蓋毛詩假借作奄魯韓詩作弇

弇奄揜音義同　注疏本脫奄

主持辦具也　元本同閩本𠜝改作握持監本毛本承之

振者奮迅　雪牕本注疏本同單疏本迅改訊與經同

郭云振者奮迅 注疏本迅下衍也

振書端書 按此用曲禮文也單疏本不誤注疏本作端冊誤也

鬩恨也 釋文唐石經單疏本雪牕本同釋文恨孫炎作很云相很戾春秋僖二十四年正義曰釋言云鬩很也孫炎云相很戾也李巡本作恨注云相怨恨按詩常棣兄弟鬩于牆毛傳鬩很也本此經是當從孫叔然本李巡本作恨誤也郭氏據李本兼用其義失之○按廣雅很恨也是其義通也

小雅常棣云 元本閩本監本同毛本常改棠

忿爭之名 注疏本爭誤呼

煤呼隗切火也 注疏本音切改大字下煤字音同

遇偶也 唐石經單疏本雪牕本同按文選讓宣城郡公表偶識量己注引爾雅曰偶遇也郭氏曰偶爾值也與山巨源絕交書偶與足下相知注引爾雅曰偶遇也一切經音義卷二偶成下引字林偶合也引爾雅偶遇也郭氏曰偶爾相值者矣卷九偶得下引爾雅偶遇也郭氏曰偶爾相值也據此知唐以前爾雅作偶遇也郭注作偶爾相值值即釋經之遇今本經又誤倒注衍遇字

囊而言戲也 單疏本雪牕本同按國語晉語作囊而言戲乎也與邪古通論語子張問十世可知也也也義作邪說詳顏氏家訓

注國語曰 注疏本刪注字

人皆集於苑下同 元本同閩本監本毛本苑改菀按明道本國語作苑與此合

如有所聞之乎是也 注疏本如有作抑肯據國語改按如當讀而

注詩曰不遑啓處者 注疏本刪注字

小雅駟牡文 元本同閩本監本毛本駟改四按儀禮既夕禮疏引鄭駁異義云小雅駟牡騑騑王氏詩考引之未可據今本輕改

榰柱也 唐石經單疏本雪牕本元本閩本同石經考文提要引至善堂九經本亦作榰柱五經文字木部引爾雅榰柱也監本毛本作搘拄非按釋文作搘拄云說文作榰柱皆從木然則今本從手據釋文改也按郭注云相搘拄義當從手若經字則本從木

黹紩也 唐石經作黹單疏本作黹毛本作黹按說文黹箴縷所紩衣玉篇廣韻皆作黹黹黹黹同今釋文監本閩本作黹雪牕本作黹元本作黹此本舊作黹皆訛今訂正石經考文提要引至善堂九經本亦作黹

黼黻希繡希讀爲黹 注疏本希誤絺又脫希讀二字元本繡誤綉

更迭 雪牕本注疏本同一切經音義卷一卷十六卷十七卷二十二四引皆作謂更易也

譬況 單疏本雪牕本同釋文辟況本亦作譬同按古譬況字多作辟此當從陸本

取辟之所之如矢也 注疏本脫之所之三字

則廩辟皆囷倉之別名 注疏本皆誤百

謂詐爲敵國之人 元本詐作詳閩本監本毛本遂改佯

又鄭注周禮掌戮云 注疏本又誤人

跳一名刖斷足刑也 注疏本足誤人元本一字實闕閩本監本毛本改刑

塊 唐石經單疏本雪牕本同釋文塊本作凷說文云塊俗凷字也凷一名塥形疏引郭云土凷也蓋經作凷注作塊後人轉寫亂之

枕凷以塥 單疏本雪牕本同按疏云凷當作王此蓋因經文塊作凷相涉致誤

屏營仿偟於山林之中 元本同閩本監本作傍偟毛本作傍徨按國語明道本作仿宋公序補音作傍今本蓋據補音改

墣 匹角切 亦塊也 注疏本音切改大字匹誤四

凷當作王 元本王誤上閩本監本毛本誤土

麋也 雪牕本同誤也釋文單疏本注疏本皆作糜當據以訂正釋文注中亦誤作麋鹿字

玉藻云纊爲繭 此與今禮記同注疏本作纊爲襺與釋文引玉藻合

纊謂今之新緜 注疏本緜改綿下同

然則襺是袍之別名 此本舊作繭係剜改今據注疏本訂正此舉經中襺字必當從衣

注左傳曰重襺衣裘者 單疏本此頁自襺字起以下補刻極劣此襺字空闕蓋據今左傳作繭剜改也按注疏本此作襺與下引左傳文作繭不同今訂正釋文標注重襺衣裘

襄二十一年傳云 注疏本衍作魯襄公

重繭衣裘 元本同閩本監本毛本繭改襺

姡面靦也 詩正義同今說文作面醜也係淺人所改浦鏜反據以改此誤甚爾雅靦姡也說文姡面姡也轉相訓

鬻糜也 單疏本無此經及疏因弁釋於上文鐲鐘也下此不重出唐石經雪牕本注疏本並有據以增入

翢 葉鈔釋文唐石經雪牕本元本同通志堂釋文及閩本監本毛本作翿單疏本此頁補刻故作翿按玉篇翢纛也廣韻翢羽葆幢皆本此經

纛也 單疏本雪牕本同唐石經纛作纛下纛翳也同釋文纛字又作翳葉鈔本作字又作纛則正文當作纛詩君子陽陽毛傳翿纛也釋文云纛徒報反俗作纛可證五經文字云纛見詩作纛訛

舞者所以自蔽翳 雪牕本注疏本同詩君子陽陽正義引郭云所持以自蔽翳也按持字當有

然則翢一名爲纛 閩本監本毛本一作又元本闕

煩苛者多嫉妒 單疏本雪牕本閩本監本毛本同元本妒作妬蓋因疏云言煩苛之人多嫉妬致誤

謂樗葉之始生 元本閩本監本同毛本謂誤爲

狃忕復爲 雪牕本忕作忲盧文弨曰忕從大聲從犬者訛注疏本作伏更誤下同後漢書馮異傳注引此作慣忕復爲之也

孫炎云 元本閩本監本同毛本云改曰

忕習也元本同閩本監本毛本忕誤伏浦鏜云說文無忕字按詩蕩釋文及詩四月正義春秋桓十三年正義皆引說文忕習也與此合犬部狃下云犬性忕也尤爲本有忕字之證

般還也唐石經單疏本雪牕本同釋文般郭音班左傳云役將般矣是也按此經當本作班還也與下班賦也爲同字異言之證注引左傳般馬之聲今襄十八年傳作班馬之聲可證一音蒲安反非

注左傳曰般馬之聲者襄十八年注疏本脫注毛本襄下衍公

召南何彼穠矣文注疏本同按五經文字衣部云襛見詩風從禾者訛然則唐本毛詩已有從禾者矣

辟歷也唐石經雪牕本同單疏本此經無疏凡注云未詳及重出者邢氏例不爲疏因不標經通書準此

漉漉出涎沫雪牕本注疏本同此經作盝注作漉釋文涎字當作次又作涎字林云口液按一切經音義卷十四引束晳餅賦曰行人失涎於下風郭注爾雅云涎沫也與陸本正合

以同于庭閩本同元本作以司監本毛本作以伺皆誤此與明道本國語合韋注云共處曰同

華皇也唐石經單疏本雪牕本同注疏本作皇華也非釋草注引此作華皇也段玉裁云今本因注引釋草葟華榮而倒改一例此言華本草木之花引申之則凡煌煌者皆得曰華也禮記玉藻注云華黃色也古皇黃通華與皇雙聲故訓詁如此說文引蘳華也爲釋草文而非釋言文

葟華榮雪牕本注疏本同單疏本作皇華榮釋文皇胡光反釋草釋文葟音皇本亦作皇

爾雅注疏卷三校勘記

爾雅疏卷第四

翰林侍講學士朝請大夫守國子祭酒上柱國賜紫金魚袋臣邢昺等奉

勑校定

釋訓第三

疏 釋曰案釋詁云訓道也周禮地官有土訓誦訓鄭司農注云訓謂以遠方土地所生異物以告道王也後鄭云玄謂能訓說土地善惡之勢誦訓能訓說四方所誦習及人所作為及時事然則此篇以物之事義形貌告道人也故曰釋訓案此所釋多釋詩文故郭氏即以詩義解之

明明斤斤察也 皆聽明鑒察〇斤居覲反 疏 明明斤斤察也〇釋曰舍人曰明明言其明甚孫炎曰明明性理之察也大雅常武云赫赫明明舍人斤斤物。精詳之察也孫炎曰斤斤重慎之察也周頌執競云斤斤其明。聽明鑒察也

條條秩秩智也 皆智思深長〇條由 疏 條條秩秩智也〇釋曰皆智思深長也小雅賓之初筵云左右秩秩言其威儀審知不失禮也

穆穆肅肅敬也 皆容儀謹敬 疏 穆穆肅肅敬也〇釋曰周頌雝篇云有來雝雝至止肅肅相維辟公天子穆穆此皆禘祭之時容儀謹敬也

諸諸便便辯也 皆言辭辯給〇便婢緜反 疏 諸諸便便辯也〇釋曰皆言辭辯給也論語云便便言小雅采菽云平平左右毛傳云平平辯治也便平古今字

肅肅翼翼恭也 皆恭敬 疏 肅肅翼翼恭也〇釋曰皆恭敬也大雅思齊云肅肅在廟大明云維此文王小心翼翼言文王及羣臣恭敬貌也

廱廱優優和也 皆和樂〇廱於容反 疏 雝雝優優和也〇釋曰大雅思齊云雝雝在宮商頌長發云敷政優優此皆人君德政和樂也

兢兢憴憴戒也 皆戒慎 疏 兢兢憴憴戒也〇釋曰小雅小旻云戰戰兢兢大雅抑篇云子孫繩繩此皆小心戒慎也。憴。繩音義同

戰戰蹌蹌動也 皆恐動趨步 疏 戰戰

蹌蹌動也○釋曰小旻云戰戰兢兢楚茨云濟濟蹌蹌此皆恐動趨走威儀謹敬也

晏晏溫溫柔也皆和柔疏晏晏溫溫柔也○釋曰衛風氓篇云言笑晏晏大雅抑篇云溫溫恭人此皆寬緩和柔也

業業翹翹危也皆。縣危疏業業翹翹危也○釋曰大雅召旻云兢兢業業豳風鴟鴞云予室翹翹此皆縣危恐懼也

惴惴僥僥懼也皆危懼○惴之瑞反僥許堯反疏惴惴僥僥懼也○釋曰秦風黃鳥云惴惴其栗豳風鴟鴞云予維音嘵嘵此皆危恐懼戰也

番番矯矯勇也皆壯勇之貌○番波矯居兆反疏番番矯矯勇也○釋曰大雅崧高云申伯番番魯頌泮水云矯矯虎臣此皆武夫壯勇之貌

桓桓烈烈威也皆嚴猛之貌疏桓桓烈烈威也○釋曰皆威武嚴猛之貌周頌桓篇云桓桓武王小雅黍苗云烈烈征師

洸洸赳赳武也皆。果毅之貌疏洸洸赳赳武也○釋曰大雅江漢云武夫洸洸周南兔罝云赳赳武夫此皆武夫果毅之貌左傳殺敵爲果致果爲毅

藹藹濟濟止也皆賢士盛多之容止○藹烏害反濟子禮反疏藹藹濟濟止也○釋曰大雅卷阿云藹藹王多吉士小雅楚茨云濟濟蹌蹌此皆王朝賢士盛多之容止也

悠悠洋洋思也皆憂思○思賜疏悠悠洋洋思也○釋曰鄭風子衿云悠悠我思邶風二子乘舟云中心養養此皆想念憂思也洋養音義同又中庸云齊明盛服以承祭祀洋洋乎如在其上如在其左右鄭玄云洋洋人想思其傍。僾之貌

蹶蹶踖踖敏也皆便速敏捷。○踖夕疏蹶蹶踖踖敏也○釋曰唐風蟋蟀云良士蹶蹶小雅楚茨云執爨踖踖此皆便速敏捷於事也

薨薨增增衆也皆衆夥之貌疏薨薨增增衆也○釋曰周南螽斯云螽斯羽薨薨兮魯頌閟宮云烝徒增增此皆人物衆夥之貌楚人謂多爲夥

烝。烝。遂遂作也皆物盛興作之貌疏烝烝遂遂作也○釋曰皆物盛與作之貌也魯頌泮水云烝烝皇皇

委委佗。佗。美也皆佳麗美豔之貌○佗陀疏委委佗佗美也○釋曰李巡曰。皆。寬容之美也孫炎曰委委行之美佗佗長之美詩鄘風

君子偕老云委委佗佗毛傳云委委者行可委曲從迹也佗佗者德平易也是皆佳麗美豔之貌也

忯忯惕惕愛也詩云心焉惕惕韓詩以爲悅人故言愛也忯忯未詳○忯徒啓反【疏】忯忯惕惕愛也○釋曰李巡曰忯忯和適之愛也注詩云心焉惕惕者陳風防有鵲巢文云韓詩以爲悅人故言愛也者燕人韓嬰爲詩作傳名曰韓詩以此惕惕爲悅人故言愛也

偁偁格格舉也皆舉持物【疏】偁偁格格舉也○釋曰皆謂舉持物也

蓁蓁孽孽戴也皆頭戴物【疏】蓁蓁孽孽戴也○釋曰周南桃夭云其葉蓁蓁衛風碩人云庶姜孽孽此皆頭戴物婦人盛飾貌厭

厭媞媞安也皆好人安詳之容○厭於古反媞題【疏】厭厭媞媞安也○釋曰秦風小戎云厭厭良人毛傳厭厭安靜也孫炎曰媞媞行步之安也魏風葛屨云好人提提毛傳云提提安諦謂行步安舒而審諦也此皆好人安詳之容也

祁祁遲遲徐也皆安徐【疏】祁祁遲遲徐也○釋曰皆安徐也豳風七月云春日遲遲采蘩祁祁

丕丕簡簡大也皆多大【疏】丕丕簡簡大也○釋曰書立政云以並受此丕丕基周頌執競云降降簡簡是皆多大之稱

存存萌萌在也萌萌未見所出【疏】存存萌萌在也○釋曰謂存在也易繫辭云成性存存萌萌字書作懃說文云作懃郭云未見所出

懋懋慔慔勉也皆自勉強○懋茂慔暮【疏】懋懋慔慔勉也○釋曰皆自勉強也書曰懋哉懋哉慔與慕同

庸庸慅慅勞也皆劬勞也○慅蚤【疏】庸庸慅慅勞也○釋曰皆劬勞也有功庸者皆勞也小雅巷伯云勞人草草毛傳云草草勞心也又陳風月出云勞心慅兮慅草音義同

赫赫躍躍迅也皆盛疾之貌○赫音釋【疏】赫赫躍躍迅也○釋曰孫炎云赫赫顯著之迅大雅常武云赫赫業業毛傳云赫赫然盛也巧言詩云躍躍毚兔是皆顯盛迅疾之貌

綽綽爰爰緩也【疏】綽綽爰爰緩也○釋曰皆寬緩也小雅角弓云綽綽有裕毛傳云綽綽寬也王風兔爰云有兔爰爰毛傳云爰爰緩意郭云悠悠偁偁丕丕簡簡存存懋懋庸庸綽綽盡重語者言此數字皁言之其義

亦同但古人有重語者故復出之

坎坎墫墫喜也皆鼓舞懽喜○墫七旬反疏坎坎墫墫喜也○釋曰皆鼓舞讙喜也小雅伐木云坎坎鼓我蹲蹲舞我鄭箋云爲我擊鼓坎坎然爲我興舞蹲蹲然謂以樂己也墫蹲音義同

瞿瞿休休儉也皆良士節儉○瞿居其反疏瞿瞿休休儉也○釋曰李巡曰皆良士顧禮節之儉也唐風蟋蟀云良士瞿瞿毛傳云瞿瞿然顧禮義也又云良士休休毛傳云休休樂道之心皆良士節儉也

旭旭蹻蹻憍也皆小人得志憍蹇之貌○蹻巨虐反憍嬌夭反疏旭旭蹻蹻憍也○釋曰郭氏讀旭旭爲好好小雅巷伯云驕人好好鄭箋云好好者喜讒言之人也大雅板篇云小子蹻蹻毛傳云好好蹻蹻驕貌是皆小人得志憍蹇之貌也

夢夢訰訰亂也皆闇亂○夢亡工反訰之閏反疏夢夢訰訰亂也○釋曰孫炎曰夢夢昏昏之亂也大雅抑篇云視爾夢夢又曰誨爾諄諄皆是闇亂也訰諄音義同

懆懆邈邈悶也皆煩悶○懆霅疏懆懆邈邈悶也○釋曰懆懆煩悶也舍人曰邈邈憂悶也大雅抑篇云聽我藐藐毛傳云藐藐然不入也是皆煩悶之謂也

儚儚洄洄惛也皆迷惛○儚亡崩反疏儚儚洄洄惛也○釋曰皆迷亂惛惑也郭音義云洄本作憪音韋

版版盪盪僻也皆邪僻疏版版盪盪僻也○釋曰李巡曰版版失道之僻也盪盪者弗思之僻也大雅板篇上帝板板毛傳云板板反也上帝以稱王者也鄭箋云王爲政反先王與天之道又蕩篇云蕩蕩上帝鄭箋云蕩蕩法度廢壞之貌版板盪蕩音義同

爞爞炎炎薰也皆旱熱薰炎人○爞音同疏爞爞炎炎薰也○釋曰皆旱熱之氣薰炎人也大雅雲漢云蘊隆蟲蟲毛傳云蘊蘊而暑隆隆而雷蟲蟲而熱又云赫赫炎炎毛傳云赫赫氣也炎炎熱氣也爞蟲音義同

居居究究惡也皆相憎惡疏居居究究惡也○釋曰李巡曰居居不狎習之惡孫炎云究究窮極人之惡唐風羔裘云羔裘豹袪自我人居居又曰自我人究究毛傳曰居居懷惡不相親比之貌究究猶居居也是皆相憎惡也

仇仇敖敖傲也皆傲慢賢者○敖五高反

傲五耗反【疏】仇仇敖敖傲也○釋曰小雅正月云執我仇仇毛傳云仇仇猶謷謷也鄭箋云王既得我執留我其禮待我謷謷然亦不問我在位之功力言其有貪賢之名無用賢之實大雅板篇云我即爾謀聽我囂囂毛傳云囂囂猶謷謷也鄭箋云我就女而謀欲忠告以善道女反聽我言謷謷然不肯受是皆傲慢賢者敖謷囂音義同

佌佌瑣瑣小也皆才器細陋○佌音此【疏】佌佌瑣瑣小也○釋曰皆才器細陋也小雅正月云佌佌彼有屋毛傳云佌佌小也鄭箋云此言小人富也舍人曰瑣瑣計謀褊淺之貌節南山云瑣瑣姻亞鄭箋云瑣瑣婚姻妻黨之小人

悄悄慘慘愠也皆賢人愁恨【疏】悄悄慘慘愠也○釋曰愠恨怒也皆賢人愁恨也邶風柏舟云憂心悄悄愠于羣小毛傳云愠怒也悄悄憂貌李巡曰慘慘憂之愠大雅抑篇云我心慘慘毛傳云慘慘憂不樂也

痯痯瘐瘐病也皆賢人失志懷憂病也○痯管瘐羊主反【疏】痯痯瘐瘐病也○釋曰小雅杕杜云四牡痯痯毛傳云痯痯罷貌又大雅板篇云靡聖管管毛傳云管管無所依也小雅正月云憂心愈愈毛傳云愈愈憂懼也此皆賢人失志懷憂病也

殷殷惸惸忉忉慱慱欽欽京京忡忡惙惙怲怲弈弈憂也此皆作者歌事以詠心憂○惸瓊慱團怲柄【疏】殷殷至也中○釋曰小雅明月云憂心慇慇毛傳云慇慇然痛也又云憂心惸惸毛傳云惸惸憂意也檜風羔裘云勞心忉忉鄭箋云三諫不從待放而去思君如是心忉忉然又素冠云勞心慱慱毛傳云慱慱憂勞也秦風云憂心欽欽毛傳云思望之心中欽欽然小雅正月云憂心京京毛傳云京京憂不去也召南草蟲云未見君子憂心忡忡毛傳云忡忡猶衝衝也鄭箋云未見君子者謂在塗時也在塗而憂憂不當君子無以寧父母故心衝衝然又曰憂心惙惙毛傳云惙惙憂也小雅頍弁云憂心怲怲毛傳云怲怲憂盛滿也又云憂心弈弈毛傳云弈弈然無所薄也此皆作者歌事以詠心憂也

畇畇田也言墾辟也○畇音巡【疏】畇畇田也○釋曰謂耕墾開辟土田畇畇然也小雅信南山云畇畇原隰毛傳云畇畇墾辟貌

畟畟耜也言嚴利○畟楚

力反疏畟畟耜也○釋曰舍人曰畟畟耜入地之貌周頌良耜云畟畟良耜俶載南畝毛傳云畟畟猶測測也鄭箋云良善也農人測測以利善之耜熾菑
是南畝也是言耜之嚴利也郝郝耕也言土解○郝釋疏郝郝耕也○釋曰謂耕地其土解散郝郝然也周頌載芟云其耕澤澤鄭箋云土氣
烝達而和耕之則澤澤然解散郝郝澤澤並音釋其義亦同繹繹生也言種調疏繹繹生也○釋曰舍人云穀皆生之貌載芟云驛驛其達
毛傳云達射也鄭箋云達出地也是言其種調勻皆出地而生也繹與驛音義同穟穟苗也言茂好也○穟音遂疏穟穟苗也○釋曰大雅生
民云禾役穟穟毛傳云役列也穟穟苗好美也是言茂好也緜緜穮也言芸精○穮方遙反疏緜緜穮也○釋曰孫炎云緜緜言詳密也載芟
云緜緜其麃毛傳云麃耘也說文云穮耨鉏田也字林云穮耕禾間也是言芸耨精也穮麃耘芸音義同挃挃穫也刈禾聲○挃丁秩反穫戶郭反
粟粟衆也積聚緻疏挃挃穫也粟粟衆也○釋曰孫炎云挃挃穫聲也李巡曰粟粟積聚之衆也良耜云穫之挃挃積之粟粟毛傳云挃挃穫
聲也粟粟衆多也小爾雅云截穎謂之秷故郭云刈禾聲積聚緻也緻謂密也溞溞淅也洮米聲○溞蘇刀切淅音錫烰烰烝也氣出
盛疏溞溞淅也烰烰烝也○釋曰大雅生民云釋之叟叟烝之浮浮毛傳云釋淅米也叟叟聲也浮浮氣也鄭箋云釋之烝之以爲酒及簠簋之實故郭
云洮米聲氣出盛也溞叟音異義同烰浮音義同俅俅服也謂戴弁服疏俅俅服也○釋曰周頌絲衣云載弁俅俅毛傳云俅俅恭順貌鄭箋
云載猶戴也弁爵弁也爵弁而祭於王士服也故郭云謂戴弁服峨峨祭也謂執圭璋助祭疏峨峨祭也○釋曰大雅棫樸云奉璋峨峨毛傳
云半圭曰璋峨峨盛壯也鄭箋云璋璋瓚也祭祀之禮王祼以圭瓚諸臣助之亞祼以璋瓚奉璋之儀峨峨然故郭云執圭璋助祭也鍠鍠樂也
鐘鼓音○鍠音黃疏鍠鍠樂也○釋曰周頌執競云鐘鼓喤喤毛傳云喤喤和也鄭箋云武王既定天下祭祖考之廟奏樂而八音克諧字書云鍠鍠樂

之聲也故郭云鐘鼓音鍠喤音義同

穰穰福也言饒多疏穰穰福也○釋曰執競云降福穰穰毛傳云穰穰衆也鄭箋云神與之福又衆大謂如蝦辭也是言得福饒多也

子子孫孫引無極也世世昌盛長無窮疏子子孫孫引無極也○釋曰子子孫孫小雅楚茨文也引無極也者作者所以釋之也舍人曰子孫長行美道引無極也郭云世世昌盛長無窮

顒顒卬卬君之德也道人君者之德望疏顒顒卬卬君之德也○釋曰此道人君之德望也顒顒卬卬大雅卷阿文也君之德也者作者釋之也案詩云顒顒卬卬如圭如璋令聞令望毛傳云顒顒溫貌卬卬盛貌鄭箋云令善也王有賢臣與之以禮義相切瑳體貌則顒顒然敬順志氣則卬卬然高朗如玉之圭璋也人聞之則有善聲譽人望之則有善威儀德行相副

丁丁嚶嚶相切直也丁丁砍木聲嚶嚶兩鳥鳴以喻朋友切磋相正○丁音爭疏丁丁嚶嚶相切直也○釋曰直猶正也小雅伐木云伐木丁丁鳥鳴嚶嚶鄭箋云昔日未居位在農之時與友生於山巖伐木爲勤苦之事猶以道德相切正也故郭云丁丁伐木聲嚶嚶兩鳥鳴以喻朋友切磋相正

藹藹萋萋臣盡力也梧桐茂賢士衆地極化臣竭忠

噰噰喈喈民協服也鳳凰應德鳴相和百姓懷附與頌歌○盡苦忍切喈音皆疏藹藹至服也○釋曰大雅卷阿云藹藹王多吉士鄭箋云王之朝多善士藹藹然又云菶菶萋萋雝雝喈喈毛傳云梧桐盛也鳳皇鳴也臣竭其力則地極其化天下和洽則鳳皇樂德鄭箋云菶菶萋萋喻君德盛也雝雝喈喈喻民臣和協是皆臣下盡力民人協服也故郭云梧桐茂賢士衆地極化臣竭忠鳳皇應德鳴相和百姓懷附與頌歌也

佌佌契契愈遐急也賦役不均小國困竭賢人憂歎遠益急切○佌敕料契苦結反疏佌佌契契愈遐急也○釋曰愈益也遐遠也謂賦役不均小國困竭賢人憂歎遠益急切也小雅大東云糾糾葛屨可以履霜佌佌公子行彼周行毛傳云佌佌獨行貌公子譚公子也鄭箋云葛屨夏屨也周行周之列位也言時財貨盡雖公子衣屨不能順時乃夏之葛屨今以履霜送

轉鞞因見使行周之列位者而發幣焉言雖困乏猶不得止又云契契寤歎哀我憚人毛傳云契契憂苦也鄭箋云令譚大夫契契憂苦而寤歎哀其人民之勞苦是也

宴宴粲粲尼居息也盛飾宴安近處優閑○尼女乙切

疏宴宴粲粲尼居息也○釋曰尼近也謂宴安盛飾近處優閑也小雅北山或燕燕居息毛傳云燕燕安息貌又大東云東人之子職勞不來西人之子粲粲衣服毛傳云東人譚人也來勤也西人京師人也粲粲鮮盛也鄭箋云職主也東人勞苦而不見謂京師人衣服鮮絜而逸豫言王政偏甚也

哀哀悽悽懷報德也悲苦征役思所生也

疏哀哀悽悽懷報德也○釋曰懷思也悲苦征役思報父母之德也小雅蓼莪云哀哀父母生我劬勞鄭箋云哀哀者恨不得終養父母報其生長己之苦郭音云悽本或作萋出車云赫赫南仲薄伐西戎春日遲遲卉木萋萋是也言以此征役故思所生也所生謂父母

儵儵嘒嘒罹禍毒也悼王道穢塞羨蟬鳴自得傷己失所遭讒賊○儵徒的嘒呼惠

疏儵儵嘒嘒罹禍毒也○釋曰罹遭也小雅小弁云踧踧周道鞫為茂草毛傳云踧踧平易也周道周室之通道鞫窮也鄭箋云此喻幽王信褒姒之讒亂其德政使不通於四方又曰菀彼柳斯鳴蜩嘒嘒毛傳云蜩蟬也嘒嘒聲也鄭箋云柳木茂盛則多蟬案詩敘云小弁刺幽王也太子之傳作焉毛傳云幽王取申女生太子宜咎又說褒姒生子伯服立以為后而放宜咎將殺之故郭云悼王道穢塞羨蟬鳴自得傷己失所遭讒賊儵踧並音狄

晏晏旦旦悔爽忒也傷見絕棄恨士失也

疏晏晏旦旦悔爽忒也○釋曰悔恨也爽忒差失也皆婦人恨夫棄己而行差失也衛風氓篇云總角之晏言笑晏晏信誓旦旦毛傳云總角結髮也晏晏和柔也信誓旦旦然鄭箋云我為童女未笄結髮宴然之時女與我言笑晏晏然而和柔我其以信相誓旦旦耳言其懇惻款誠案詩敘云氓刺時也宣公之時禮義消亡淫風大行男女無別遂相奔誘華落色衰復相棄背或乃困而自悔喪其妃耦故敘其事以風焉故郭云傷見絕棄恨士失也

皋皋琄琄刺素食也譏無功德尸寵祿也○琄胡犬反刺七賜

反

疏皋皋琄琄刺素食也○釋曰素空也刺無德而空食其祿也舍人曰皋皋不治之貌大雅召旻云皋皋訿訿曾不知其玷毛傳云皋皋頑不知其道也鄭箋云玷缺也王政已大壞小人在位曾不知大道之缺某氏云鞙鞙無德而佩小雅大東云鞙鞙佩璲不以其長毛傳云鞙鞙玉貌璲瑞也鄭箋云佩璲者以瑞玉爲佩佩之鞙鞙然居其官職非其才之所長也徒美其佩而無其德刺其素。飡是也郭云譏無功德尸寵祿也者案鄭注禮記云尸謂不知人事無辭讓也以其尸。者神象居位不言但受祭享小人在位亦無言而受寵祿有似於尸故云尸寵祿也琄鞙音義同

懽。懽。愮愮憂無告也

賢者憂懼無所訴也○懽音貫愮音遙

疏懽懽愮愮憂無告也○釋曰謂賢者憂懼無所告訴也大雅板篇云老夫灌灌毛傳云灌灌猶。款。款。也鄭箋云老夫諫女款款然王風云中心搖搖毛傳云搖搖憂無所愬。懽。灌愮搖音義同

憲憲洩。洩。制法。則也

佐興虐政設教令也

疏憲憲洩洩制法則也○釋曰李巡曰皆惡黨爲制法則也孫炎曰厲王方虐詔臣並爲制作法令大雅板篇云天之方難無能憲憲天之方蹶無能泄泄毛傳云憲憲猶欣欣也蹶動也泄泄猶沓沓也鄭箋云天斥王也王方欲艱難天下之民又方變更先王之道臣乎女無憲憲然無沓沓然爲之制法度達其意以成其惡皆是佐興虐政設教令也

謔謔謞。謞。崇讒慝也

樂禍助虐增譖惡也○謞虛各切

疏謔謔謞謞崇讒慝也○釋曰崇增也讒。譖。也慝惡也。言。樂。禍。助。虐。增。譖。惡。也舍人曰謔謔謞謞皆盛烈貌孫炎曰厲王暴虐大臣謔謔。謞謞然盛以興讒惡也大雅板篇云天之方虐無然謔謔毛傳云謔謔然喜樂鄭箋云王方爲酷虐之政女無謔謔然以讒慝之助之又曰多將熇熇不可救藥毛傳云熇熇然熾盛也鄭箋云多行熇熇慘毒之惡誰能止其禍是也謞熇音義同

翕翕訿訿莫供職也

賢者陵替姦黨熾背公。恤私曠職事○訿子氏切

疏翕翕訿訿莫供職也○釋曰言賢者陵替姦黨熾盛背公恤私曠其職事無肯供職也小雅小旻云潝潝訿訿亦孔之哀毛傳云潝潝然患其上訿訿然思不稱乎上鄭箋云臣不事君亂之階也甚可

哀也又大雅召旻云皐皐訿訿毛傳云訿訿窳不共事也故郭云賢者陵替姦黨熾。盛背公恤私曠職事說文云窳懶也草木皆自竪立惟瓜瓠之屬臥而不起似若懶人常臥室故字從。宀。音。眠

速速蹙蹙惟逑鞫也陋人專祿國侵削賢士。永哀念窮迫疏速速蹙蹙惟逑鞫也○釋曰惟念也逑急迫也鞫窮也言鄙陋小人專據爵祿國土侵削致賢士永哀念其窮迫也小雅正月云蔌蔌陋也鄭箋云穀祿也此言小人富而窶陋將貴也又節南山云蹙蹙靡所騁毛傳云騁極也鄭箋云蹙蹙小之貌我視四方土地日見侵削於夷狄蹙蹙然雖欲馳騁無所之也速蔌音義同

抑抑密也威儀審諦

秩秩清也德音清泠疏抑抑密也秩秩清也○釋曰言威儀審諦德音。清。泠也舍人曰抑抑威儀密靜也大雅假樂云威儀抑抑德音秩秩鄭箋云成王立朝之威儀致密無所失教令又清明天下皆樂仰之

甹夆掣曳也謂牽。拕○甹普經切夆芳逢切掣充泄切疏甹夆掣曳也○釋曰孫炎曰謂相掣曳入於惡也郭云謂牽拕周頌小毖嗣王求助也云莫予荓蜂毛傳云荓蜂摩曳也鄭箋云羣臣小人無敢我摩曳謂為譎詐。誑欺不可信也然則掣曳者從旁牽挽之言是挽離正道使就邪僻甹荓夆蜂掣摩音義同

朔北方也謂幽朔疏朔北方也○釋曰舍人曰朔盡也北方萬物盡故言朔也李巡曰萬物盡於北方小雅出車云城彼朔方毛傳云朔方北方也但北方大名皆言朔方堯典云宅朔方故郭云謂幽朔

不俟。不來也不可待是不復來疏不俟不來也○釋曰俟待也既云不待是不來也。郭云不可待是不復來

不遹。不蹟也。言不循軌跡也○遹聿疏不遹不蹟也○釋曰遹循也軌跡也謂不循道者曰不循軌跡也郭云言不循軌跡也小雅沔。彼云念彼不蹟毛傳云不蹟不循道也是矣

不徹不道也徹亦道也疏不徹不道也○釋曰小雅十月云天命不徹毛傳云徹道也不道者言王不循天之政教是也

勿念勿忘也勿念念也疏勿念勿忘也○釋曰勿念念也念即不忘也若大雅文王篇云無念爾祖是也

萲諼忘也義見伯兮考。槃詩○萲諼音喧疏萲諼

忘也注義見伯兮考槃詩○釋曰衛。風伯兮云焉得諼草毛傳云諼草令人忘憂又考槃云永矢弗諼是也伯兮篇本或作萲草

每有雖也詩曰每有良朋辭之雖也疏每有雖也○釋曰小雅常棣云每有良朋況也永。嘆毛傳云況茲永長也箋云每有雖也良善也當急難之時雖有善同門來茲對之長歎而已郭云辭之雖也者言爲辭語之雖無他義也

饎酒食也猶今云饎饌皆一語而兼通疏饎酒食也○釋曰小雅天保云吉蠲爲饎毛傳云吉善蠲絜也饎酒食也郭云猶今云饎饌皆一語而兼通者言饎之一字。兼通酒食兩名也李巡曰得酒食則喜歡也

舞號雩也雩之祭舞者吁嗟而請雨○雩音于疏舞號雩也○釋曰孫炎云雩之祭有舞有號左傳云龍見而雩服杜。皆云雩之言遠也遠爲百穀祈膏雨月令仲夏云大雩帝鄭注云雩吁嗟求雨之祭也郭云雩之祭舞者吁嗟而請雨是同鄭說也

曁不及也公羊傳曰及我欲之曁不得已曁不得已是不。得及○曁音忌疏曁不及也注公羊至得及○釋曰案春秋隱元年三月公及邾婁儀父盟于。眛公羊傳曰及者何與也會及曁皆與也曷爲或言會或言及或言曁會猶最也及猶汲汲也曁猶曁曁也及我欲之曁不得已也然則曁者非我欲之事不獲已而爲會者也故云不得及也

蠢不遜也蠢動爲惡不謙遜也疏蠢不遜也○釋曰蠢動也遜順也言蠢動爲惡不謙遜也小雅采芑。蠢爾蠻荊大邦爲讎是也

如切如磋道學也骨象須切磋而爲器人須學問以成德

如琢如磨。自脩也玉石之被。琢磨猶人自脩飾

瑟兮僩兮恂慄也恒戰竦

赫兮烜。兮威儀也貌光宣

有斐君子終不可諼兮斐文貌

道盛德至善民之不能忘也常思詠○僩音限烜音喧疏如切至忘也○釋曰此舉衛風淇。澳篇文以釋之也云如切如磋者詩文也云道學也者作者以釋詩也道言也言人之學以成德如切。磋骨象以成器毛傳云治骨曰切象曰磋道其學而成也故郭云骨象須切磋而爲器人須學問以成德云如琢如磨者詩文也云自脩也者釋之也言人自脩飾

如琢磨玉石毛傳云治玉曰琢石曰磨聽其規諫以自脩如玉石之見琢磨郭云玉石之被雕磨猶人自脩飾云瑟兮僩兮者詩文也恂慄也者釋之也謂嚴恂戰栗也故郭云恂戰竦毛傳云瑟矜莊貌僩寬大貌是外貌莊嚴。又。內寬裕也云赫兮。烜兮者詩文也威儀也者釋之也言赫。烜者容儀發揚之。言。故。言威儀也毛傳云赫有明德赫赫然烜威儀容止宣著也故郭云貌光宣云有斐君子終不可諼兮者詩文也云道盛德至善民之不能忘也者釋之也毛傳云斐文章貌諼忘也此道有斐然文章之君子盛德至善如此故民稱之常思詠終不能忘也案詩稱君子謂武公

既微且尰骭瘍為微尰足為尰骭脚脛瘍。瘡也○尰詩勇切骭音莧瘍音羊

【疏】既微至為尰○釋曰云既微且尰者小雅巧言文也云骭瘍為微瘇足為尰者釋之也孫炎曰皆水濕之疾也郭云骭脚脛也瘍瘡也然則膝。脛之下有瘡腫是涉水所為故鄭箋亦云此人居下濕之地故生微尰之疾詩云居河之麋是居下濕也

是刈是濩。濩。煑之也煑葛為絺綌

【疏】是刈是濩濩煑之也○釋曰云是刈是濩者周南葛覃文也云濩煑之也者釋之也舍人曰是刈刈取之是濩煑治之郭云煑葛為絺綌以煑之於濩故曰。濩煑非訓。濩為煑以彼下云為絺為綌故知煑葛為絺綌也毛傳云精曰絺。麤曰綌

履帝武敏武迹也敏拇也拇迹大指處○拇音畝

【疏】履帝武敏武迹也敏拇也○釋曰云履帝武敏者大雅生民文也云武迹也敏拇也者釋之也云拇迹大指處鄭箋詩云祀郊禖之時時則有大神之迹姜嫄履之足不能滿履其拇指之處於是遂有身而生后稷是其事也

張仲孝友周宣王時賢臣善父母為孝善兄弟為友

【疏】張仲至為友○釋曰云張仲孝友者小雅六月文也云善父母為孝善兄弟為友者釋之也李巡云張。姓仲字其人孝故稱孝友毛傳云張仲賢臣也鄭箋云張仲吉甫之友其性孝友以詩敘云六月宣王北伐也故郭云周宣王時賢臣

有客宿宿言再宿也有客信信言四宿也再宿為信重言之故知四宿

【疏】有客至四宿也○釋曰云有客宿宿

有客信信者周頌有客文也云言再宿也言四宿也者釋之也毛傳云一宿曰宿再宿曰信各重言之故知再宿及四宿也

美女爲媛所以結好媛○媛于眷切【疏】美女爲媛○釋曰詩鄘風君子偕老云展如之人兮邦之媛也故此釋之郭云所以結好媛孫炎曰君子之援助然則由有美可以援助君子故云美女爲媛

美士爲彥。人所彥詠【疏】美士爲彥○釋曰鄭風羔裘云彼其之子邦之彥兮故此釋之也毛傳云彥士之美稱郭云人所彥詠舍人曰國有美士爲人所言道

其虛其徐威儀容止也雍容都雅之貌【疏】其虛其徐威儀容止也○釋曰云其虛其徐。者。鄘風北風文也威儀容止也者釋之也郭云雍容都雅之貌孫炎云虛徐威儀謙退也然則虛徐者謙虛閑徐之義故鄭箋云威儀虛徐寬仁者也詩作其邪此作其徐字雖異音讀同故鄭箋云邪讀如徐

猗嗟名兮目上爲名眉眼之間○猗於宜切【疏】猗嗟名兮目上爲名○釋曰云猗嗟名兮者齊風猗嗟文也云目上爲名者釋之也孫炎云。上平博郭云眉眼之間

式微式微者微乎微者也言至微【疏】式微至者也○釋曰云式微式微者邶風式微文也云微乎微。者。也釋之也郭云言至微鄭箋云式微發聲也案詩敘云式微黎侯寓于衛其臣勸以歸也然則以君被逐既微又見卑賤是至微也不取式爲義故鄭云發聲也

之子者是子也斥所詠【疏】之子者是子也○釋曰詩言桃之子者多矣故此釋之李巡云之子者論五方之言是子也然則之爲語助人言之子者猶言是此子也桃夭傳云。嫁。子彼說嫁事爲嫁者之子漢廣之子則貞絜者之子東山之子言其妻白華之子斥幽王各隨其事而名之故郭云斥所詠

徒御不驚輂者也步挽輂車【疏】徒御不驚輂者也○釋曰云徒御不驚者小雅車攻文也云輂也者釋之也此。止解徒字也諸徒皆爲徒行此獨爲輂是以辨之地官鄉師云大軍旅會同治其輂注云輂人輓行所以載任器也止以爲。蕃營司馬法輂有一斧一斤一鑿一梩周輂加二板二築夏后氏二十人而輂殷十八人而輂周十五人而輂是會同田獵人挽輂以徒行也故郭云步挽輂車

襢裼肉袒也脫衣而見體〇襢音旦裼音息暴虎徒搏也空手執也疏襢裼至搏也〇釋曰鄭風大叔于田云襢裼暴虎故此釋之毛傳云襢裼肉袒也李巡曰襢裼脫衣見體曰肉袒孫炎曰袒去裼衣郭云脫衣而見體毛傳又云暴虎空手以搏之舍人曰無兵空手搏之然則徒空也故郭云空手執也馮河徒涉也無舟。楫〇馮音平疏馮河徒涉也〇釋曰小雅小旻云不敢馮河故此釋之也李巡曰無舟而渡水曰徒涉郭云無舟楫毛傳云馮陵也然則空涉水陵波而渡故訓馮爲陵也籧篨口柔也籧篨之疾不能俯口柔之視人顔色常亦不伏因以名云〇籧音渠篨音除戚施面柔也戚施之疾不能仰面柔之人常俯似之亦以名云疏籧篨至面柔也〇釋曰邶風新臺云籧篨不鮮又曰得此戚施故此釋之也毛傳云籧篨不能俯者戚施不能仰者李巡曰籧篨巧言。好辭以口饒人是謂口柔戚施和顔悅色以誘人是謂面柔但籧篨戚施本人疾之名故晉語云籧篨不可使俯戚施不可使仰是也人口柔者必仰面觀人。之顔色而爲辭似籧篨不俯之人因名口柔者爲籧篨面柔者必低首下人媚以容色似戚施之人因名面柔者爲戚施故郭云籧篨之疾不能俯口柔之人視人顔色常亦不伏因以名云。夸毗體柔也屈己卑身以柔順人也〇夸音誇疏夸毗體柔也〇釋曰大雅板篇云無爲夸毗故此釋之也毛傳云夸毗以柔人也李巡曰屈己卑身求得於人。曰。體。柔。然。則。夸。毗。者。便。辟。其。足。前。卻。爲。恭。以。形。體。順。從。于。人故郭云屈己卑身以柔順人也婆娑舞也舞者之容疏婆娑舞也〇釋曰陳風東門之枌云婆娑其下故此釋之李巡曰婆娑盤辟舞也郭云舞者之容孫炎曰舞者之容婆娑然則婆娑舞者之狀貌也擗。拊心也謂椎胸也〇擗婢亦拊撫疏擗拊心也〇釋曰邶風柏舟云寤擗有摽謂拊心也郭云謂椎胸也矜憐撫掩之也撫掩猶撫拍謂慰卹也疏矜憐撫掩之也〇釋曰撫掩猶撫拍謂慰卹也小雅鴻雁云爰及矜人緎羔裘之縫也縫飾羔皮之名〇緎棫縫逢疏緎羔裘之縫也〇釋曰召南羔。裘云羔羊之革

素絲五緎故此解之也孫炎云緎之爲界緎然則縫合羔羊皮爲裘縫郎皮之界緎因名裘縫爲緎故郭云縫飾羔皮之名

殿屎呻也呻吟之聲〇殿丁練切屎音希【疏】殿屎呻也〇釋曰大雅板云民之方殿屎毛傳云殿屎呻吟也是用此爲說郭云呻吟之聲孫炎云人愁苦呻吟之聲也

幬謂之帳今江東亦謂帳爲幬〇幬音紬【疏】幬謂之帳〇釋曰帳一名幬召南小星云抱衾與裯鄭箋云。幬牀帳也郭云今江東亦謂帳爲幬幬與裯音義同

侜張誑也書曰無或侜張爲幻幻惑欺誑人者〇侜張留切【疏】侜張誑也〇釋曰陳風防有鵲巢云誰侜予美毛傳云侜張誑也鄭箋云女衆讒人誰侜張誑欺我所美之人乎。郭云書曰無或侜張爲幻者周書無逸篇文也引之者以證侜張謂幻惑欺誑人者

誰昔昔也誰發語辭【疏】誰昔昔也〇釋曰陳風墓門云誰昔然矣毛傳云昔久也郭云誰發語辭與毛同也

不辰不時也辰亦時也【疏】〇不辰不時也〇釋曰辰亦時也不辰者言不得其時也大雅桑柔云我生不辰逢天僤怒是也

凡曲者爲罶毛。詩傳曰罶曲梁也凡以。薄爲魚笱者名爲罶〇罶力九切【疏】凡曲者爲罶〇釋曰曲薄也凡以薄取魚爲罶。郭云毛詩傳曰罶曲梁也者小雅魚麗篇傳文也云凡以薄爲魚笱者名爲罶者郎舞器云嫠婦之笱謂之罶也

鬼之爲言歸也尸子曰古者謂死人爲歸人【疏】鬼之爲言歸也〇釋曰人死爲鬼小雅何人斯云爲鬼爲蜮周禮曰享大鬼謂之鬼者鬼猶歸也若歸去然故尸子曰古者謂死人爲歸人

釋親第四

【疏】釋曰案禮記大傳云聖人南面。而聽天下所最先者五民不與焉一曰治親蒼頡曰親愛也近也然則親者恩愛狎近不疏遠之稱也書曰克明俊德以親九族喪服小記曰親親以三爲五以五爲九上殺下殺旁殺而親畢矣以九族之親其名謂非一此篇釋之故曰釋親

父爲考

母爲妣禮記曰生曰父母妻死曰考妣嬪今世學者從之案尚書曰大傷厥考心事厥考厥長𢡱聽祖考之彝訓如喪考妣公羊傳曰惠公者何隱之

考也仲子者何桓之母也蒼頡篇曰考妣延年書曰嬪于虞詩曰聿嬪于京周禮有九嬪之官明此非死生之異稱矣其義猶今謂兄爲晜妹爲媦即是此例也○妣音比

父之考爲王父父之妣爲王母如王者尊之王父之考爲曾祖王父王父之妣爲曾祖王母曾猶重也曾祖王父之考爲高祖王父曾祖王父之妣爲高祖王母高者言最在上

父之世父叔父爲從祖祖父父之世母叔母爲從祖祖母從祖而別世統異故父之晜弟先生爲世父後生爲叔父世有爲嫡者嗣世統故也

男子先生爲兄後生爲弟謂女子先生爲姊後生爲妹父之姊妹爲姑父之從父晜弟爲從祖父父之從祖晜弟爲族父族父之子相謂爲族晜弟族晜弟之子相謂爲親同姓同姓之親無服屬兄之子弟之子相謂爲從父晜弟從父而別

子之子爲孫孫猶後也孫之子爲曾孫曾猶重也曾孫之子爲玄孫玄者言親屬微昧也玄孫之子爲來孫言有往來之親來孫之子爲晜。孫晜後也汲冢竹書曰不窋之晜弟晜。孫之子爲仍孫仍亦重也仍孫之子爲雲孫言輕遠如浮雲

王父之姊妹爲王姑曾祖王父之姊妹爲曾祖王姑高祖王父之姊妹爲高祖王姑父之從父姊妹爲從祖姑父之從祖姊妹爲族祖姑父之從父晜弟之母爲從祖王母父之從祖晜弟之母爲族祖王母父之兄妻爲世母父之弟妻爲叔母父之從父晜

弟之妻爲從祖母父之從祖晜弟之妻爲族祖母父之從祖祖父爲族曾王父

父之從祖祖母爲族曾王母父之妾爲庶母祖王父也晜兄也今江東人通言晜○從並才用切晜音昆

宗。族

疏父爲至宗族○釋曰此別同宗親族白虎通曰父矩也以。度教子也又爲考考成也言有成德廣雅云母牧也言育養子也又爲妣妣媲也媲匹於父廣雅又云兄況也況於父又謂之晜弟愾也言順於兄子孜也以孝事父常孜孜也孫順也順於祖男。任。也任家事也女如也白虎通曰言如人也徐鍇曰女子從父之教從夫之命故曰如姑故也言尊如故也又謂之威徐鍇曰土戚於戌土陰之主也故字從戌漢律曰婦告威姑是也姊咨也以其先生言可咨問說文云妹女弟也又謂之娟妾接也鄭注禮記云聞彼有禮走而往焉以得接見於君子也庶母者父之妾也此皆同宗之族也白虎通云宗者何謂也宗。者尊也爲先祖主也宗人之所尊也禮。記曰宗人將有事族人皆。侍侍所以必有宗何也所以長和睦也族者何也族者湊也聚也謂恩愛相流湊生相親愛死相哀痛有會聚之道故謂之族也注禮記至此例也○釋曰云禮記曰生曰父母妻死曰考妣嬪者曲禮下篇文也云今世學者從之者謂從禮記以父母妻爲生之稱以考妣嬪爲死之稱彼乃記者一家之說爾學者膠柱遂爲生死定稱非也故郭氏引諸文以證之云尚書曰大傷厥考心康誥文也云事厥考厥長聽聽祖考之彝訓者皆酒誥文也云如喪考妣者舜典文也此皆生稱考妣也云公羊傳曰惠公者何隱之考也仲子者何桓之母也者隱元年傳文也此即死稱母也云蒼頡篇曰考妣延年者此亦生稱考妣也云書曰嬪于虞者堯典文也云詩曰聿嬪于京大雅大明篇文也云周禮有九嬪之官者屬天官掌婦學之法者也此皆生稱嬪者也云明此非死生之異稱矣者所以破先儒之說也云其義猶今謂兄爲晜妹爲娟即是此例也者舉類以曉人也○注從祖而別世統異故○釋曰解所以稱從之理也從祖而別繼世分宗其統各異故曰從祖。○注世有爲嫡者嗣世統故也○釋曰解所以稱世之義也繼世以嫡長先生於父則繼者也故曰世父說文叔作尗許慎曰從上小言尊行之小也○注同姓之親無服屬者○釋曰禮記大傳云親者屬也鄭注云有親者服名以其屬親疏此經言親同姓者謂五世之外比諸同姓猶親但無服屬爾○注孫猶後也○釋曰言繼後嗣也廣雅云孫順也許慎云從子從系系續也言順續也言順續先祖之後也○注玄者言親屬微昧也○釋曰玄者緜緜之間色色之微昧者也親屬微昧故曰玄孫○注晜後也汲冢竹書曰不窋之晜孫○釋曰晜後也釋言文束晳傳曰太康元年汲郡民盜發魏安釐王塚得竹書漆字科斗之文科斗文者周時古文也其字頭麤尾細似科斗之蟲故俗名之焉不窋后稷之子也晜孫謂毀揄。也○母之考爲外王父母之妣爲外王母母之王考爲外曾王父母之王妣爲外曾王母異姓故言外母之晜弟爲舅母之從父晜弟爲從舅母之姊妹爲從母從母之男子爲從母晜弟其女子子爲從母姊妹○母黨【疏】母之至母黨○釋曰此一節別母之族黨也黨是鄉之細也此外族屬母若黨之屬鄉故云母黨云舅者孫炎云舅之言舊尊長之稱詩秦風云我送舅氏曰至渭陽是也○妻之父爲外舅妻之母爲外姑謂我舅者吾謂之甥然則亦宜呼壻爲甥孟子曰帝館甥于。二室是姑之子爲甥舅之子爲甥妻之晜弟爲甥姊妹之夫爲甥四人體敵故更相爲甥甥猶生也今人相呼皆依此妻之姊妹同出爲姨同出謂俱已嫁詩曰邢侯之姨女子謂姊妹之夫爲私詩曰譚公維私男子謂姊妹之子爲出公羊傳曰蓋舅出女子謂晜弟之子爲姪左傳曰姪其從姑謂出之子爲離孫謂姪之子爲歸孫女子子之子爲外孫女子同出謂先生爲姒後生爲娣

女子謂兄之妻爲嫂，弟之妻爲婦，
同出謂俱嫁事一夫公羊傳曰諸侯娶一國國往媵之以姪娣從娣者何弟也此卽其義也

猶今言新婦是也

長婦謂稚婦爲娣婦，娣婦謂長婦爲姒婦。

○今相呼先後或云妯娌姪徒結反姒音似娣音弟

妻黨

【疏】妻之至妻黨○釋曰此一節別妻之親黨也內則云聘則爲妻白虎通云妻者齊也與夫齊體自天子下至庶人其義一也○注孟子曰帝館甥于二室○釋曰孟子云舜尚見帝帝館甥于貳室亦饗舜迭爲賓主是天子而友匹夫也彼注云尚上也舜在畎畝之時堯友禮之舜上見堯舍之於貳室貳室副宮也堯亦就饗舜之所設更迭爲賓主禮記妻父曰外舅謂我舅者吾謂之甥堯以女妻舜故謂堯甥卒與之天位是天子之友匹夫也注四人至依此○釋曰四人謂姑之子舅之子妻之晜弟姊妹之夫是也此四人尊卑體敵更相爲甥云甥猶生也者取相親之意也注詩曰邢侯之姨譚公維私○釋曰皆衛風碩人篇文也孫炎曰私無正親之言然則謂吾姨者我謂之私邢侯譚公皆莊姜姊妹之夫互言之耳春秋譚子奔莒則譚是子爵言公者蓋依臣子稱便文耳注公羊傳曰蓋舅出○釋曰案春秋襄五年夏叔孫豹鄫世子巫如晉公羊傳曰外相如不書此何以書爲叔孫豹率而與之俱也叔孫豹則曷爲率而與之俱蓋舅出也何休云巫者鄫前夫人襄公母姊夫之子也俱莒外孫故曰舅出是也注左傳曰姪其從姑○釋曰案僖十五年傳云初晉獻公筮嫁伯姬於秦遇歸妹之睽史蘇占之曰不吉其繇曰姪其從姑杜注云震爲木離爲火火從木生離爲震妹於火爲姑謂我姪者我謂之姑謂子圉質秦是也注公羊至弟也○釋曰春秋莊十九年秋公子結媵陳人之婦于鄄遂及齊侯宋公盟公羊傳曰媵者何諸侯娶一國則二國往媵之以姪娣從姪者何兄之子也娣者何弟也諸侯壹聘九女諸侯不再娶何休云必以姪娣從之者欲使一人有子二人喜也所以妨嫉妬令重繼也因以備尊尊親親也九者極陽數也不再娶者所以節人情開媵路注猶今言新婦是也○釋曰儀禮喪服傳云夫之晜弟何以無服也其夫屬乎父道者妻皆母道也其夫屬乎子道

者妻皆婦道也謂弟之妻婦者是嫂亦可謂之母乎故名者人治之大者也可無慎乎鄭注云道猶行也言婦棄姓無常。秩嫁於父行則爲母行嫁於子行則爲婦行謂弟之妻爲婦者卑遠之故謂之。婦嫂者尊嚴之稱是嫂亦可謂之母乎嫂猶叟也叟老人稱也是爲敘男女之別爾若己以母婦之服服兄弟之妻兄弟之妻以舅子之服服己則是亂昭穆之敘也治猶理也父母兄弟夫婦之理人倫之大者可不慎乎大傳曰同姓從宗合族屬異姓主名治際會名著而男女有別是別嫂婦之名也郭云猶今言新婦者以時驗而知也至今猶然注今相呼先後或云妯娌○釋曰廣雅云娣姒妯娌。娣姒先後也。世人多疑娣姒之名皆以爲兄妻呼弟妻爲娣弟妻呼兄妻爲姒因卽惑於斯文不知何以爲說今謂母婦之號隨夫尊卑娣姒之名從身長幼以其俱來夫族其夫班秩旣同尊卑無以相加遂從身之少長喪服小功章曰娣姒婦報傳曰娣姒婦者弟長也以弟長解娣姒言娣是弟姒是長也公羊傳亦云娣者何弟也是其以弟解娣自然以長解姒長謂身之年長非夫之年長也此云長婦謂稚婦爲娣婦娣婦謂長婦爲姒婦者止言婦之長稚不言夫之大小左傳。成十一年穆姜謂聲伯之母爲姒昭。二。十。八年傳叔向之嫂謂叔向之妻爲姒二者皆呼夫弟之妻爲姒豈計夫之長幼乎上云女子同出謂先生爲姒後生爲娣郭云同出謂俱嫁事一夫也事一夫者以己生先後爲娣姒則知娣姒以己之年非夫之年也故賈逵鄭玄及杜預皆云兄弟之妻相謂爲姒言兩人相謂。長者爲姒知娣姒之名不計夫之長幼也

○婦稱夫之父曰舅稱夫之母曰姑姑舅在則曰君舅君姑沒則曰先舅先姑國語曰吾聞之先姑謂夫之庶母爲少姑夫之兄爲兄公。今俗呼兄。鍾語之轉耳夫之弟爲叔夫之姊爲女公夫之女弟爲女妹。今謂之女妹是也子子之妻爲婦長婦爲嫡婦衆婦爲庶婦女子子之夫爲壻壻之父爲姻婦之父爲婚父之黨爲宗族母與

妻之黨爲兄弟，婦之父母、壻之父母相謂爲婚姻，兩壻相謂爲亞。詩曰瑣瑣姻亞今江東人呼同門爲僚壻

婦之黨爲婚兄弟，壻之黨爲姻兄弟。古者皆謂婚姻爲兄弟

嬪，婦也。書曰嬪于虞

謂我舅者，吾謂之甥也。○公音鐘嫡音的嬪音頻

婚姻

疏婦稱至婚姻○釋曰：此別夫婦婚姻之名也。說文云婦服也從女持帚灑掃也白虎通云夫婦者何謂也夫者扶也以道扶接婦者服也以禮屈服謂之舅姑者何舅者舊也姑者故也舊故老人稱也夫之父母謂舅姑何尊如父而非父者舅也親如母而非母者姑也鄭注喪服傳云女子子者子女也別於男子也說文云壻女之夫也從士從胥聞一知十爲士胥者有才知之稱故謂女之夫爲壻廣雅云壻謂之倩方言云東齊之閒壻謂之倩白虎通云婚姻者何謂昏時行禮故曰婚婦人因夫而成故曰姻注國語曰吾聞之先姑○釋曰魯語季康子問於公文伯之母曰主亦有以語肥也對曰吾能老而已何以語子康子曰雖然肥願有聞於主對曰吾聞諸先姑曰君子能勞後世有繼子夏聞之曰善哉商聞之曰古之嫁者不及舅姑謂之不幸夫婦學於舅姑者也是矣注詩曰瑣瑣姻亞○釋曰小雅節南山文也劉熙釋名云兩壻相謂爲亞者言每一人取姊一人取妹相亞次也又並來女氏則姊夫在前妹夫在後亦相亞也注古者皆謂婚姻爲兄弟○釋曰禮記曾子問曰昏禮既納幣有吉日女之父母死則如之何孔子曰壻使人弔如壻之父母死則女之家亦使人弔鄭注云必使人弔者未成兄弟又云父喪稱父母喪稱母父母不在則稱伯父世母壻已葬壻之伯父致命女氏曰某之子有父母之喪不得嗣爲兄弟使某致命女氏許諾而弗敢嫁禮也是古者謂昏姻爲兄弟以夫婦有兄弟之義或據壻於妻之父母有緦服故得謂之兄弟也注書曰嬪于虞○釋曰案堯典羣臣共舉舜於帝帝曰我其試哉女于時觀厥刑于二女釐降二女于嬀汭嬪于虞孔安國注云降下嬪婦也舜爲匹夫能以義理下帝女之心於所居嬀水之汭使行婦道於虞氏是也

爾雅疏卷第四

爾雅注疏卷四校勘記

阮元撰　盧宣旬摘錄

爾雅疏卷第四

名銜後另行標釋訓第三釋親第四上空四格注疏本卷第三

釋訓第三

元謂能訓說土地善惡之勢　元本閩本同與周禮注合監本毛本元謂下增土訓二字此本舊亦剜擠今刪正

物精詳之察也　注疏本精誤情

聰明鑒察也　浦鏜云句上當有郭云皆三字

憴繩音義同也　閩本監本毛本憴繩倒元本誤作憴憴○按繩正字憴俗字

皆恐動趨步　單疏本雪牕本同注疏本趨作趍俗寫

皆縣危　雪牕本注疏本同釋文皆縣音元單疏本作懸按五經文字云縣音元又音眩經典兩音用此字不作懸危之懸據此知懸危之懸經典相承下從心也

皆果毅之貌　雪牕本注疏本同釋文惈音果本亦作果按惈毅字當從心見釋詁

人想思其傍僾之貌　禮記注同注疏本僾改倚非

皆便速敏捷　雪牕本同注疏本下衍也

烝烝唐石經單疏本雪牕本同釋文作蒸蒸校者云本今作烝烝

佗佗單疏本雪牕本注疏本同唐石經先作他他後改佗佗按詩君子偕老委委佗佗佗葉鈔釋文作他他與呂氏讀詩記引釋文合通志堂本作佗佗非

皆寬容之美也元本閩本及詩正義無皆監本毛本脫寬

委委者行可委曲從迹也元本同閩本監本毛本從改蹤按毛詩羔裘傳云委蛇行可從迹也釋文從迹足容反字亦作蹤知正作從字

忯忯釋文唐石經單疏本雪牕本元本閩本監本同毛本改忯忯誤注及疏準此嚴元照云說文忯愛也从心氏聲無忯字玉篇忯忯並列忯訓愛訓敬忯訓悶都替切音義悉異近人有欲據玉篇改爲忯者誤也

孫炎曰注疏本曰改云元本脫此字

好人提提毛傳云提提安諦注疏本提提改媞媞按此本引孫炎爾雅注作媞媞引毛詩及傳作提提

萌萌唐石經單疏本雪牕本同釋文萌萌字或作蕄嚴元照云玉篇艸部蕄下引爾雅存存蕄蕄在也又蕙同上本或作萌廣韻十三耕十七登蕄下皆引爾雅按說文心部云𢡃𢡃存也从心簡省聲讀若簡義本雅訓

易繫辭云注疏本繫改係

皆自勉強也注疏本自誤出

巧言詩云 舊本並誤何人斯據閩本監本毛本改

皆顯盛迅疾之貌 注疏本盛迅誤著然

皆寬緩也悠悠偁偁丕丕簡簡存存懋懋庸庸綽綽盡重語 單疏本雪牕本同有此注注疏本刪釋文重語直用反又直龍反單疏本悠悠作攸攸

洄洄 釋文唐石經單疏本雪牕本同按此溯洄字以上僾僾例之當作佪佪玉篇人部廣韻十五灰佪字注皆云佪佪惛也本此經今本作洄洄非

洄本作㦣音韋 注疏本㦣作䙟釋文㦣音韋按字林㦣重衣貌按㦣當作㦣𢅏即㦣之誤說文衣部䙟重衣貌字不從巾按字林以下云云義乖似非陸語邵晉涵正義云太元疑初一疑恛恛失貞矢㦣恛蓋一字從心不誤也從巾從衣皆非

盪盪 唐石經單疏本雪牕本同釋文蕩蕩本或作盪李云蕩蕩者弗思之僻也按毛詩作蕩蕩按李巡注爾雅亦作蕩蕩

皆邪僻 雪牕本注疏本同釋文皆褻本又作邪

薰也 唐石經單疏本雪牕本同釋文熏本亦作燻或作薰按當從陸本作熏一切經音義卷四華嚴經音義卷上卷下兩引此經及郭注字皆作熏

皆旱熱薰炙人 雪牕本注疏本同釋文炙之石反一切經音義引作謂旱氣熏灼人也華嚴經音義兩引俱作皆旱氣熏灼人也按詩雲漢憂心如熏毛傳熏灼也

毛傳云赫赫氣也 元本閩本監本同毛本作毛傳赫赫旱氣也

囂囂猶警警也　注疏本脫囂囂警三字

欲忠告以善道　浦鏜改作及忠云及誤欲按俗本毛詩誤作及小字本岳本皆作欲與此合

是皆傲慢賢者　元本同閩本監本毛本傲改敖

瘐瘐　唐石經單疏本雪牕本注疏本同釋文庾庾羊主反又羊朱反本今作瘐瘐按所謂本今者據唐石經以下本言之也葉鈔釋文正作庾庾爲是通志堂本庾瘐字互倒

管管無所依也　注疏本同按毛傳作依繫此也字剜改

殷殷　唐石經單疏本雪牕本同釋文作慇慇校者云本今作殷殷

惸惸　釋文唐石經單疏本雪牕本元本閩本監本同毛本作惇惇訛

忡忡猶衝衝也　閩本監本毛本同與毛詩傳合元本作衝衝下引鄭箋同按說文衝从行童聲玉篇正作衝同作衝

在塗而憂　注疏本本而誤時

毛傳云昀昀　元本同閩本監本毛本脫昀昀

謂耕地其土解散　閩本監本毛本地其誤也有元本誤他有

土氣烝達而和耕之則澤澤然解散　注疏本脫土耕二字

驛驛其達　注疏本下衍也

繹與驛音義同　元本同閩本監本毛本繹驛互倒

緜緜穮也　唐石經單疏本雪牕本同釋文麃字書作穮引說文字林皆從禾詩載芟緜緜其麃毛傳麃耘也釋文緜緜如字爾雅云麃也正義曰釋訓緜緜麃也據此知詩經爾雅毛傳皆作麃陸孔所據釋訓字皆不從禾自唐石經據字書增加而今本承之

言芸精　雪牕本同釋文耘字亦作芸注疏本作言芸耨精按耨字是邢疏語竄入毛詩載芟傳云麃耘也正義引郭曰芸不息也皆不言耨

截穎謂之挃　注疏本穎誤顛

烰烰烝也　唐石經單疏本雪牕本同釋文作蒸校者云本今作烝

謂戴弁服　單疏本雪牕本注疏本同釋文載丁代反本今作戴

故郭云謂戴弁服　元本閩本監本同毛本云誤氏

半珪曰璋　注疏本珪改圭

鍠鍠　唐石經單疏本雪牕本同釋文韹韹又作鍠

穰穰福也　唐石經單疏本雪牕本同釋文禳禳而羊反本今作穰按毛詩執競傳穰穰衆也字從禾言苔黍稷之衆多也爾雅禳禳福也字從示言禳除災禍則神降之福也今本蓋據毛詩改

毛傳云穰穰衆也 注疏本脫上五字

引無極也者 注疏本脫也字

此道人君之德望也 元本同閩本監本毛本人君倒

案詩云 閩本監本毛本案作○元本空闕

與之以禮義相切瑳 元本同閩本監本毛本瑳改磋按詩卷阿釋文云磋或作瑳與此合

賢士衆 單疏本雪牕本同注疏本士誤才

鳳凰應德鳴相和 閩本監本毛本同單疏本雪牕本元本凰作皇按正作凰俗作皇

譚公子也 注疏本譚誤謂

宴宴 唐石經單疏本雪牕本同釋文燕燕字又作宴按邢疏於此引北山或燕燕居息於下引氓言笑晏晏晏晏字各有當今本此作宴宴與下作晏晏爲一字非

近處優閑 單疏本雪牕本元本閩本監本同毛本閑改閒按釋文閒音閑本今作閑毛本蓋據釋文改

謂宴安盛飾近處優閑也 注疏本安誤宴毛本閑改閒

小雅北山或燕燕居息 北山下舊刻擠云字按注疏本無今刪正

又大東云注疏本脫又

生大子宜咎元本閩本監本同與毛詩傳合毛本改宜臼非

又說褎姒注疏本說改悅

結髮宴然之時元本同閩本監本毛本宴改晏

垊刺時也注疏本垊誤恨

宣公之時注疏本公誤王

刺其素飧是也元本同閩本監本毛本飧改餐按詩箋作飧

以其尸者神象注疏本者誤皆

琄琄釋文唐石經單疏本雪牕本同釋文又云鞙音與琄同𩎟胡大反校者云本今無鞙𩎟二字按此當如璲瑞也注引詩鞙鞙佩璲蓋經作琄注作鞙𩎟即琄字音今本皆無

懽懽唐石經單疏本雪牕本同釋文灌灌本或作懽同古玩反按詩板老夫灌灌毛傳灌灌猶款款也說文心部悹憂也从心官聲古玩切玉篇悹悹憂無告也悺同上然則此經本從官從心矣作灌者聲近之借作懽又灌形近之譌耳今說文懽下引爾雅懽懽愮愮憂無告也蓋非許氏原文

猶欵欵也注疏本欵作款是正字

懽灌愮搖音義同閩本監本毛本懽灌倒

憲憲泄泄制法則也唐石經單疏本雪牕本元本閩本同釋文泄泄或作呭今本沿唐諱之舊監本毛本法改灋疏中準此

謞謞釋文唐石經雪牕本同釋文又出熇字音許各火沃二反校者云本今無此字盧文弨曰詩板作熇熇郭蓋引此而今注缺耳

讒譖也慝惡也注疏本脫譖浦鏜作讒慝惡也幷以上也字爲衍誤甚

言樂禍助虐增譖惡也舍人曰注疏本脫上九字

大臣謔謔謞謞然盛注疏本同詩板正義引孫炎曰大臣謔謔然喜謞謞然盛此脫然喜二字

背公恤私曠職事單疏本雪牕本元本同閩本監本毛本恤改卹下矜憐撫掩之也注同

故郭云賢者陵替姦黨熾注疏本作姦黨熾盛盧文弨曰熾事爲韻不當有盛字按此本剜擠盛字元本排入今刪正

故字從宀音眠〇詩召旻正義同元本閩本作從密監本毛本作從出皆誤此辨㝠字從宀而非從穴耳注疏本音眠改大字

賢士永哀念窮迫單疏本雪牕本元本同閩本監本毛本永誤求疏中同

德音清泠也注疏本如此此本清泠誤德明涉下文教令又清明致誤今訂正

謂牽抴單疏本雪牕本元本同釋文抴本或作拽同泰何達可二反閩本監本毛本抴改挽因邪疏有從旁牽挽及挽離正道等言而誤改

謂爲譎詐誑欺注疏本脫誑此本舊誤詐今據詩箋訂正

李巡曰 注疏本巡誤超

不俟不來也 唐石經單疏本雪牕本同釋文不竢事已反待也宜從來本今作俟字說文來部竢下引詩不竢不來从來矣聲又俟竢或从彳按說文引詩不竢與爾雅合采薇詩古本當作我行不竢其義爲不來竢與疚亦韻也毛詩作來因聲相近而字脫其半毛傳來至也箋云來猶反也皆如字讀失雅訓矣

故郭云 注疏本脫故

不遹不蹟也 唐石經單疏本雪牕本同釋文遹古述字按此本孫叔然語爾雅述字多作遹釋詁釋言釋訓三篇皆有之此釋邶風日月篇報我不述也蓋古經有作報我不遹者邢疏引沔水念彼不蹟卲晉涵正義因謂以不俟釋不來以不遹釋不蹟誤甚釋訓一篇皆詩經在上雅訓在下未有倒置之者

言不循軌跡也 單疏本雪牕本同按此經作蹟注作跡

小雅沔水云 閩本監本毛本水誤彼元本闕

義見伯兮考盤詩 單疏本同雪牕本注疏本盤作槃釋文考槃本又作盤按邢疏引注作考盤引詩作考槃是陸邢所據本不同

衛風伯兮云 注疏本脫風

況也永嘆 此與唐石經毛詩原刻同注疏本改況也永歎非

兼通酒食兩名也注疏本脫兼又此節疏後元本閩本分三卷下

服杜皆云監本同元本閩本毛本皆作注

暨不得已是不得及雪牕本注疏本同按此說公羊傳以釋經之不及也不當云不得及下得字當衍單疏本標起止云注公羊至得及則邢本已衍

公及邾婁儀父盟于眛閩本監本毛本眛誤昧元本誤時

小雅采芑注疏本同此本下衍云字係剜擠今刪正邢疏引詩不言云者多矣

如琢如磨唐石經雪牕本注疏本同段玉裁云磨當作摩按一切經音義卷十練摩下引易堅柔相摩注云相切摩也爾雅石謂之摩郭曰玉石被摩猶人自修飾也今釋訓釋器皆作磨

玉石之被雕磨單疏本同雪牕本元本雕作彫雕彫一字也閩本監本毛本雕改琢非按釋文琢丁角反治玉也本或作琢非也蓋作本或作雕非也釋器玉謂之雕玉謂之琢本兩文邢氏所據郭注是雕字陸氏所據本是琢字

赫兮烜兮釋文唐石經單疏本雪牕本同注疏本烜作咺據毛詩改也釋文舊校已云今並作咺字矣按單疏本引爾雅經作烜從火引毛詩傳作咺從口

此舉衛風淇奥篇文元本同閩本監本毛本奥改澳

如切磋骨象以成器注疏本磋上衍如

內心寬裕也注疏本內心改又內

云赫兮烜兮者注疏本烜改咺下文言赫烜者同

容儀發揚之言故言威儀也元本脫故言閩本監本毛本之言作之貌又脫故

瘍瘡雪牕本同華嚴經音義卷上引郭注爾雅瘍瘡也單疏本注疏本作瘍創也釋文創初良反按瘡俗創字鄭注周禮瘍醫云瘍創癰也亦作創

然則膝脛之下有瘡腫注疏本脫脛

是刈是穫鑊煑之也唐石經雪牕本同釋文又本亦作刈又作濩同經義雜記曰宋刻單疏本爾雅作是刈是濩鑊煑之也今考元本正如是閩本又剜改鑊爲濩監本毛本承之單疏本亦兩字描改作濩按毛詩作濩舍人孫炎以濩爲煑與毛傳同五經文字水部云濩煑也金部無鑊字詩正義有煑之於濩之言字當從金爾雅釋文作鑊鍾人傑本上下皆作鑊是也唐石經上從禾旁蓋非穫爲收穫與刈複也

以煑之於鑊故曰濩煑非訓濩爲煑閩本監本毛本同元本訓濩之濩亦作鑊

麤曰綌元本麤作麗閩本監本毛本作粗下準此

張姓仲字詩正義同注疏本脫姓

所以結好媛單疏本雪牕本注疏本同邵晉涵正義作好援云從宋本按釋文援音媛舊校云本今作媛是宋本亦從女旁矣

人所彥詠單疏本雪牕本注疏本同釋文喭音彥本今作彥段玉裁云陸氏經本作喭注中彥字乃言字之誤說文彡部云彥美士有文人所言也舍人注云國有賢士爲人所言道皆以言釋彥取同音爲訓也說文繫傳引作人所喭詠正言之誤耳

云其虛其徐注疏本同臧禮堂云下當脫一者字

鄘風北風文也浦鏜云邶誤鄘

上平慱元本同閩本剜擠作目上平慱監本毛本承之

云微乎微者也元本同閩本監本毛本作云微乎微也者

桃夭傳云嫁子注疏本嫁作之浦鏜云之子下脫嫁子二字非也邢疏引毛傳略之子二字耳

此止解徒字也注疏本止誤上

止以爲蕃營監本同元本閩本毛本蕃改藩

無舟楫單疏本雪牕本同釋文檝本又作楫方言曰檝橈也說文云檝舟棹也按今說文作楫舟櫂也非論語述而正義引此注作無舟檝與陸本合

巧言好辭以口饒人注疏本同浦鏜云口衍字按釋文引李云巧言辭以饒人

必仰面觀人之顏色注疏本脫之

故郭云蘧篨之疾不能俯口柔之人視人顏色常亦不伏因以名云 注疏本同

浦鏜云下脫戚施之疾云云一十九字

便僻其足 詩正義同監本毛本僻改辟元本閩本求得於人下脫曰體柔然則夸毗者便僻其足前卻爲恭以形體順從於人二十三字

辟 唐石經雪牕本同單疏本注疏本作擗按釋文辟婢亦反字宜作擗引詩寤擗有摽以證然則爾雅本作辟毛詩作擗毛詩則從手也今本毛詩爾雅正互易其字

爰及矜人 注疏本矜改矝

召南羔裘云 注疏本同浦鏜云羊誤裘

幬牀帳也 注疏本同按幬當依詩箋作裯此順爾雅改

郭云書曰 元本同閩本監本毛本郭改注

凡曲者爲罶 唐石經單疏本雪牕本元本閩本監本同毛本爲誤謂

毛詩傳曰 單疏本雪牕本同注疏本脫詩

凡以簿爲魚笱者 單疏本元本同雪牕本閩本監本毛本簿作薄釋文簿蒲博反本今作薄按說文艸部薄林薄也一曰蠶薄知從竹者非矣凡蠶簿笮簿簿圍字古皆作薄

郭云毛詩傳曰 閩本監本毛本郭作注脫詩字元本作郭云

釋親第四

聖人南面而聽天下 注疏本脫而

來孫之子爲晜孫 唐石經雪牕本注疏本同按史記索隱孟嘗君列傳漢書惠帝紀師古注皆引爾雅來孫之子爲昆孫昆孫之子爲仍孫是唐初本爾雅作昆孫開成石經始誤爲晜弟字猶晜弟字釋文及後漢書注亦誤作昆也郭注晜後也及不窋之晜孫二晜字皆當作昆邢疏云晜後也釋言文今釋言作昆後也可證

宗族 唐石經單疏本此題同在晜兄也後雪牕本注疏本移在釋親第四下非也下母黨妻黨婚姻準此

以度教子也 浦鏜云以下脫法

男任也任家事也 注疏本脫任也

宗者尊也 注疏本者誤有

禮記曰 元本同閩本剜去記字監本毛本承之

族人皆侍侍 元本同監本毛本侍侍上衍待待閩本作族人皆侍聖者聖者二字剜擠

故曰從祖 元本同閩本監本毛本下衍別

科斗之文 注疏本脫之

舅孫謂毀楡注疏本下有也

帝館甥于二室是單疏本雪牕本同元本二作貳閩本是下剜擠也字監本毛本承之按副貳字多作貳然釋文無貳字音邢疏引孟子作貳引爾雅注作二

此卽其義也注疏本同雪牕本無卽字此蓋衍單疏本標起止云注公羊至弟也併無此五字

女子謂兄之妻爲嫂唐石經雪牕本同釋文㛮素早反本今作嫂

禮記妻父曰外舅注疏本同浦鏜改禮記作禮謂云謂誤記按今孟子注作禮謂者誤也孟子疏云注妻父曰外舅此蓋按禮記而云也則作疏時所據趙注本是禮記風俗通引釋樂篇稱禮樂記白虎通引釋親篇稱禮親屬記張揖上廣雅表所云叔孫通撰置禮記是也故漢人多稱爾雅爲禮記

故謂堯甥浦鏜云舜誤堯

是天子之友匹夫也注疏本同浦鏜改作而友云而誤之按今本孟子作而誤也元本孟子注作之與此合

春秋譚子奔莒注疏本奔誤伐

襄公母姊夫之子也注疏本姊作妹按公羊注作姊妹之子與此經合夫當作妹

諸侯壹聘九女元本同閩本監本毛本壹作一

言婦人棄姓無常秩 元本同閩本秩剜改作稱監本毛本遂衍作無常秩稱

故謂之婦 注疏本婦誤娣

娣姒先後也世人多疑娣姒之名 注疏本上句脫娣下句脫世

左傳成十一年 注疏本成下增公考元本始擠入

昭二十八年傳 注疏本昭下增公脫二十

言兩人相謂謂長者爲姒 注疏本脫一謂

夫之兄爲兄公 唐石經雪牕本注疏本同釋文兄妐音鍾本今作公禮記奔喪注兄公於弟之妻正義曰釋親婦人謂夫之兄爲兄公郭景純云今俗呼兄鍾語之轉耳今此記俗本皆女旁置公轉誤也皇氏云婦人稱夫之兄爲公者須公平尊稱也按禮記俗本女旁置公與爾雅釋文合下文夫之娣爲女公昏義注亦作女妐然劉熙釋名作兄公云公君也君者尊稱也合之皇侃云公者須公平然則此經及奔喪注本不作妐字唐石經今本作公是也

今俗呼兄鍾語之轉耳 雪牕本注疏本同或疑鍾當爲妐釋文兄妐本爲注音經則作兄公按釋名夫之兄曰公俗間曰兄忪俗或謂舅曰章又曰忪一切經音義卷十三引釋名云俗謂舅章曰妐言是己所敬見之忪遽自齊肅也漢書景十三王傳背尊章師古曰尊章猶舅姑也今關中俗婦呼舅姑爲鍾鍾者章聲之轉也然則公忪妐鍾章五字聲互相轉婦人於夫之父及兄皆有妐鍾之稱爾雅注與漢書注合可證鍾字之非誤矣

夫之女弟爲女妹 唐石經雪牕本注疏本同袁廷檮云女妹當作女叔按禮記昏義和於室人注室人謂女妐女叔諸婦也正義曰女叔謂壻之姊也夫之弟爲叔故女弟爲女叔以經作女叔故注云今謂之女妹是也若經作女妹郭氏必不如此下注矣段玉裁云嫂妹見曹大家女誡是漢人始有女妹之稱亦名不正之一也

婚姻聲 唐石經雪牕本注疏本婚作婚案說文昏从日从氏省氏者下也一曰民

持帚灑埽也 注疏本埽改掃

聞一知十爲士 此邢疏語耳浦鏜據說文改作推十合一爲士非

何以語子康子曰 元本脫以語子閩本監本毛本脫子康

是古者謂昏姻爲兄弟 元本同閩本監本毛本昏作婚

爾雅疏卷第四 唐石經雪牕本並題爾雅卷上單疏本始刪去此題注疏本同此本下記經四千一百三十二字注五千四百一十六字雙行小字

爾雅注疏卷四校勘記

爾雅疏卷第五

翰林侍講學士朝請大夫守國子祭酒上柱國賜紫金魚袋臣邢昺等奉

敕校定

釋宮第五

疏 釋宮第五○釋曰易繫辭云上古穴居而野處後世聖人易之以宮室上棟下宇以待風雨蓋取諸大壯此其始也白虎通云黃帝作宮室世本曰禹作宮室其臺榭樓閣之異門墉行步之名皆自於宮故以釋宮總之也

宮謂之室室謂之宮 皆所以通古今之異語明同實而兩名

疏 宮謂至之宮○釋曰別二名也郭云皆所以通古今之異語明同實而兩名釋名云宮穹也言屋見於垣上穹崇然也室實也言人物實滿於其中也是所從言之異耳詩云作于楚宮又曰入此室處是也古者貴賤所居皆得稱宮故禮記曰由士命以上父子皆異宮又喪服傳繼父爲其妻前夫之子築宮廟是士庶人皆有宮稱也至秦漢以來乃定爲至尊所居之稱

牖戶之閒謂之扆 窻東戶西也禮云斧扆者以其所在處名之

其內謂之家 今人稱家義出於此扆倚

疏 牖戶至之家○釋曰牖者戶西窻也此牖東戶西爲牖戶之閒其處名扆云其內者其扆內也自此扆內即謂之家說文云家居也禮記云已受命君言不宿於家鄭云今人稱家義出於此言其稱家之義本出於此也注禮云至名之○釋曰云禮云斧扆者案覲禮云天子設斧依於戶牖之閒左右凡鄭注云依如今綈素屏風也有繡斧文所以示威也斧謂之黼是也云以其所在處名之者言本牖戶之閒名扆覲禮天子設屏風之扆於牖戶之閒因名此屏風爲扆扆是以其在扆處即名之曰扆也

東西牆謂之序 所以序別內外

疏 東西牆謂之序○釋曰此謂室前堂上東廂西廂之牆也所以次序分別內外親疏故謂之字也尙書顧命云西序東嚮敷重底席東序西嚮敷重豐席及禮經每云東

序西序者皆謂此也西南隅謂之奧室中隱奧之處西北隅謂之屋漏詩曰尙不媿於屋漏其義未詳東北隅謂
之宧宧見禮亦未詳東南隅謂之窔禮曰埽室聚窔窔亦隱闇宧夷窔要疏西南至之窔○釋曰此別宮中四隅之異名也云奧者孫
炎云室中隱奧之處也古者爲室戶不當中而近東則西南隅最爲深隱故謂之奧而祭祀及尊者常處焉曲禮云凡爲人子者居不主奧是也西北隅名屋
漏東北隅名宧東南隅名窔窔亦隱闇之義也與奧相類故郭云亦也注詩曰至未詳○釋曰云詩曰尙不媿於屋漏者大雅抑篇文也鄭箋云尙無肅敬之
心不慙媿於屋漏有神見人之爲也屋小帳也漏隱也禮祭於奧既畢改設饌於西北隅而厞隱之處此祭之末也孫炎云屋漏者當室之白日光所漏入郭
云其義未詳者以孫鄭之說皆無所據故不取也注宧見禮亦未詳○釋曰李巡云東北者陽始起育養萬物故曰宧宧養也說文亦云郭云亦未詳者以頤
養之字作頤又室中四隅無取陰陽之義與屋漏意同故云亦未詳也注禮曰埽室聚窔○釋曰案旣夕記云朔月童子執帚卻之左手奉之從散者而入北
奠舉席埽室聚諸窔布席如初卒奠埽者執帚垂末內鬣從執燭者而東是其事也柣謂之閾閾門限棖謂之楔門兩旁木楣謂
之梁門戶上橫梁樞謂之椳門戶扉樞樞達北方謂之落時門持樞者或達北檼以爲固也落時謂之戹
道二名也○柣千結切閾棫楔古點切樞昌朱切椳於回切戹音士疏柣謂至之戹○釋曰此別門戶上下及兩旁之木名也柣者孫炎云門限也經傳諸
注皆以閾爲門限謂門下橫木爲內外之限也俗謂之地柣一名閾曲禮云不履閾是也棖者門兩旁長木一名楔李巡曰棖謂梱上兩旁木禮記玉藻云君
入門士介拂棖鄭注云棖門楔也楣卽梁也呂伯雍云門樞之橫梁也郭云門戶上橫梁鄉射記云堂則物當楣是也樞者門扉開闔之所由也一名椳易曰
樞機之發是也其持樞之木或達北檼以爲牢固者名落時檼卽棟也落時又名戹是持樞一木有此二名也垝謂之坫在堂隅坫端也牆謂

之墉書曰既勤垣墉鏝謂之杇泥鏝椹謂之榩斫木櫍也地謂之黝黑飾地也牆謂之堊白飾牆也○垝古委反杇烏椹砧榩虔黝於糾反堊於故反【疏】垝謂至之堊○釋曰此別宮室垣墉及脩飾之名也坫者堂角也一名垝牆者室之防也一名墉李巡曰謂垣牆也郊特牲曰君南鄉於北墉下注云社內北牆是也亦爲城王制注云小城曰附庸大雅皇矣云以伐崇墉義得兩通也鏝者泥鏝也一名杇塗工之作具也論語曰糞土之牆不可杇是也椹者斫木所用以藉者之木名也一名榩孫炎云斲木質也詩商頌云方斲是虔是也又名櫍穀梁傳曰襲纏櫍以爲臯是也以黑飾地謂之黝以白飾牆謂之堊周禮守祧職云其祧則守祧黝堊之是也注在堂隅坫端也○釋曰坫名見於經傳者有三案禮記明堂位云反坫出尊崇坫亢圭及論語邦君爲兩君之好有反坫此三者在兩楹之間以土爲之非此經所謂也案既夕記云設棜于東堂下南順齊于坫士冠禮云爵弁皮弁緇布冠各一匴執以待于西坫南則此經所謂也鄭注云坫在堂角然則堂之東南角爲東坫西南角爲西坫故郭云在堂隅坫端也端則端也言坫是堂角端也〔注〕書曰既勤垣墉○釋曰此周書梓材篇文也案彼云若作室家既勤垣墉惟其塗墍茨孔傳云如人爲室家已勤立垣墉惟其當塗墍茨蓋之此喻教化也

樴謂之杙橜也在牆者謂之楎禮記曰不敢縣於夫之楎箷在地者謂之臬即門橜也大者謂之栱長者謂之閣別杙所在長短之名○樴徒得反杙亦楎暉臯魚列反【疏】樴謂至之閣○釋曰此別一杙所在長短之名也杙即橜也一名樴置杙在牆者名楎在地及門中者名臬玉藻云公事自闑西私事自闑東是也大者名栱長者名閣也〔注〕禮記曰不敢縣於夫之楎箷○釋曰此內則文也鄭注云竿謂之箷楎杙也

闍謂之臺積土四方有木者謂之榭臺上起屋○闍都【疏】闍謂至之榭○釋曰別臺榭之制也積土四方而高者名臺即下云四方而高者也一名闍李巡云積土爲之所以觀望詩云出其闉闍彼以闍爲城臺於此臺上有木起屋者名榭月令仲夏云可以

處臺榭謂此也

雞棲。於弋爲榤鑿垣而棲爲塒今寒鄉穿牆棲雞皆見詩○榤蝎垣袁塒時

疏雞棲至爲塒○釋曰李巡曰別雞所棲之名也弋橜也鑿牆爲雞作棲曰塒〔注〕今寒至見詩○釋曰云今寒鄉穿牆棲雞者謂苦寒之鄉也避寒故穿牆以棲雞云皆見詩者案王風君子于役云雞棲于塒又曰雞棲于桀是也

植謂之傳傳謂之突。戶持。鐻植也見埤蒼

疏植謂至之突○釋曰植謂戶之維持鐻者也植木爲之因名云又名傳又名突也文見埤蒼

宊廇謂之梁屋大梁也其上楹謂之梲。侏儒柱也閞謂之槉柱上欂也亦名枅又曰榙栭謂之楶卽櫨也棟謂之桴屋檼桷謂之榱屋椽桷直而遂謂之閱謂五架屋際椽正相當直不受檐謂之交謂五架屋際椽不直上檐交於檼上檐謂之樀屋梠○宊亡廇力又反梲拙閞下槉疾楶節桴浮榱衰檐簷樀滴

疏宊廇至之樀○釋曰此別梁柱棟榱之名也梁卽屋大梁也一名宊廇楹柱也其梁上短柱名梲禮器云藻梲者謂畫梁上柱爲藻文也一名侏儒柱以其短小故也閞者柱上木名也又謂之槉又名欂亦名枅。字。林云。枅柱上方木是也又曰榙是一物五名也栭一名楶卽櫨也皆謂斗栱也禮器云管仲山節者謂刻柱頭爲斗栱形如山也棟屋檼也一名桴今屋脊也易曰棟隆吉是也桷屋椽也一名榱。呂。沈云齊魯名桷周人名榱易曰鴻漸于木或得其桷左傳子產曰棟折榱崩僑將壓焉是也屋椽長直而遂達五架屋際者名閱郭云謂五架屋際椽正相當若其椽直不上於檐者名交言相交於檼上也郭云謂五架屋際椽不直上檐交於檼上屋檐一名樀一名屋梠又名宇皆屋之四垂也故士喪禮曰爲銘置于宇西階上鄭注云宇屋梠是也

容謂之防形如今牀頭小曲屏風唱射者所以自防隱見周禮

疏容謂之防○釋曰容者射禮唱獲者蔽身之物也一名防言所以容身防矢也一名乏鄉射禮云乏三侯道居侯黨之一西五步鄭注云容謂之乏所以爲獲者御矢也謂之乏者言矢至此力乏也郭云形如今牀頭小曲屏風唱射者所以自防隱見周

禮者案夏官射人職云以射灋治射儀王以六耦射三侯三獲三容鄭司農云容者乏也待獲者所蔽也是矣

連謂之簃堂樓閣邊小屋今呼之簃廚連觀也○簃丈知反 疏 連謂之簃○釋曰簃樓閣邊相連小屋名也郭云堂樓閣邊小屋今呼之簃廚連觀也

屋上薄謂之䈬。屋笮○䈬曜 疏 屋上薄謂之䈬○釋曰屋上薄一名䈬今謂之屋笮也

兩階閒謂之鄉人。君南鄉當階閒 中庭之左右謂之位羣臣之側位也 門屏之閒謂之宁人君視朝所宁立處 屏謂之樹小牆當門中○鄉向屏音併宁佇 疏 兩階至之樹○釋曰此別君臣之位處也人君南面。鄉明而治其位在兩階閒因名云也云中庭之左右謂之位者左右猶東西也位羣臣之列位也案明堂位云三公中階之前北面東上諸侯之位阼階之東西面北上諸伯之國西階之西東面北上諸子之國門東北面東上諸男之國門西北面東上是也云門屏之閒謂之宁者謂路門之外屏樹之內人君視朝宁立之處因名爲宁李巡云正門內兩塾閒曰宁曲禮曰天子當宁而立諸公東面諸侯西面。曰朝是也云屏謂之樹者屏蔽也樹立也立牆當門以自蔽也李巡曰垣當門自蔽名曰樹郭云小牆當門中禮緯云天子外屏諸侯內屏郊特牲云旅樹鄭注云旅道也屏謂之樹樹所以蔽行道以此推之則諸侯內屏在路門之內天子外屏在路門之外而近應門者矣

閍。謂之門。詩曰祝祭于。祊 正門謂之應門朝門 觀謂之闕宮門雙闕 宮中之門謂之闈謂相通小門也 其小者謂之閨小閨謂之閤。大小異名 衖門謂之閎左傳曰盟諸僖閎閎。衖頭門 門側之堂謂之塾夾門堂也 橛謂之闑門閫 闔謂之扉公羊傳曰齒著。于門闔 所以止扉謂之閎。門辟旁長橛也左傳曰高其閈閎閎長杙即門橜也○閍補耕反觀貫衖巷塾熟橛其月反闑魚列反 疏 閍謂至之閎○釋曰此別門闕之異名也李巡曰閍廟門名其路門之外受朝正門一名應門應門之外門曰雉門雉門之旁名觀又名闕宮

中相通小門名闈闈之小者名閨閨之小者名閤一術頭之門名閎門側之堂夾門東西者名塾門中之橛名闑一名閫閫門扇也一名扉於門辟旁樹長橛所以止扉者名閎注詩曰祝祭於祊○釋曰小雅楚茨篇文也案祊本廟門之名設祭於廟門因名其祭亦名祊凡祊有二種一是正祭之時既設於廟又求神於廟門之內郊特牲云索祭祝於祊及詩云祝祭於祊注云祊平生門內之旁待賓客之處與祭同日也二是明日繹祭之時設饌於廟門外西室亦謂之祊卽郊特牲注云祊之禮宜於廟門外之西室及禮器云爲祊乎外是也然則廟門內外皆有祊稱注朝門○釋曰案詩大雅云迺立臯門臯門有伉乃立應門應門將將鄭箋云諸侯之宮外門曰臯門朝門曰應門內有路門天子之宮加以庫雉案鄭玄注。周禮秋官朝士職王五門臯庫雉應路也又曰天子諸侯皆有三朝外朝一內朝二其天子外朝一者在臯門之內庫門之外大詢衆庶之朝也朝士掌之內朝二者正朝在路門外司士掌之燕朝在路門內大僕掌之諸侯之外朝一者在臯門內應門外內朝二者亦在路寢門之外內以正朝在應門內故謂應門爲朝門也注宮門雙闕○釋曰周禮大宰正月之吉縣治象之法于象魏使萬民觀治象鄭衆云象魏闕也劉熙釋名云闕在門兩旁中央闕然爲道也白虎通云闕是闕疑義。亦相兼然則其上縣法象其狀。魏。魏然高大謂之象魏使人觀之謂之觀也是觀與象魏闕一物而三名也以門之兩旁相對爲雙故云雙闕注左傳曰盟諸僖閎○釋曰襄十一年傳文也案彼云季武子將作三軍叔孫穆子曰然則盟諸乃盟諸僖閎杜注云僖宮之門是也注公羊傳曰齒著于門闔○釋曰莊十二年傳文也案彼云宋萬搏閔公絕其脰仇牧聞君弒趨而至遇之于門手劍而。叱之。萬臂。摋仇牧碎其首齒著。乎門闔何休云闔扇也是。矣注左傳曰高其閈閎○釋曰襄三十一年傳云子產相鄭伯以如晉晉侯以我喪故未之見也子產使盡壞其館之垣而納車馬焉士文伯讓之曰敝邑以政刑之不脩寇盜充斥無若諸侯之屬辱在寡君者何是以令吏人完客所館高其閈閎是也案說文云閈門也汝南平輿里門曰閈既爲門故郭氏以閎爲長杙卽門橜也杜。預云閎門也非郭義也

瓴甋謂

之甓甋甎也今江東呼。瓴甓○瓴靈甋的甓滿覓切疏瓴甋謂之甓○釋曰瓴甋一名甓郭云甋甎也今江東呼瓴甓詩陳風云中唐有甓是也

宮中衖謂之壼。巷閤閒道廟中路謂之唐。詩曰中唐有甓堂途謂之陳。堂下至門徑也路旅途也途即道也

路場猷行道也博說道之異名一達謂之道路長道二達謂之歧。旁歧道旁出也三達謂之劇旁今南陽冠軍樂鄉數道交錯俗呼之五劇鄉四達謂之衢交道四出五達謂之康史記所謂康莊之衢六達謂之莊左傳曰得慶氏之木百車於莊七達謂之劇驂三道交復有一歧出者今北海劇縣有此道八達謂之崇期四道交出九達謂之逵四道交出復有旁通○壼苦本切劇極

疏宮中至之逵○釋曰此別衖道之異名也宮中衖閤閒道名。壼孫炎曰巷舍閒道也王肅曰今後宮稱永巷是宮內道名也廟中之路名唐堂下至門徑名陳路旅皆途之別名也途即道也路場猷行四者復是道之異名也一達長道謂之道路歧分二達者謂之歧旁言歧道旁出也歧分三達謂之劇旁孫炎云旁出歧多故曰劇交道四達謂之衢交道四出復有一旁達者謂之康孫炎云康樂也交會樂道也交道六出謂之莊孫炎云莊盛也道煩盛三道交出復有一歧出者謂之劇驂四道交出謂之崇期四道交復有一歧出者謂之逵注詩曰中唐有甓○釋曰此陳風防有鵲巢篇文也注史記所謂康莊之衢○釋曰案史記列傳云騶奭者齊諸騶子亦頗采騶衍之術以紀文於是齊王嘉之自如淳于髡以下皆命曰列大夫為開第康莊之衢是也注左傳得慶氏之木百車於莊○釋曰案襄二十八年齊慶封謀殺子雅子尾陳文子謂桓子曰禍將作矣吾其何得對曰得慶氏之木百車於莊杜注云慶封時有此木積於六軌之道是也注四道交出復有旁通○釋曰詩周南云施于中逵毛傳云逵九達之道是也案左傳隱十一年云及大逵桓十四年焚渠門入及大逵莊二十八年衆車入自純門及逵市宣十二年入自皇門至于逵路杜預皆以為道並九軌案周

禮經涂九軌不名曰逵杜意蓋以鄭之城內不應有九出之道故以爲並九軌於此則不合也室中謂之時堂上謂之行堂下謂之步門外謂之趨中庭謂之走大路謂之奔疏室中至之奔○釋曰此皆人行步趨走之處因以名云。室中名時時然後動堂上曰行謂平行也堂下曰步白虎通云人踐三尺法天地人再舉足曰步備陰陽也門外曰趨鄭玄。云行而張拱曰趨中庭曰走走疾趨也大路曰奔奔大走也書曰駿奔走案此經所釋謂祭祀之禮知者以召誥云王朝步自周則至于豐注云告文王廟告文王則告武王可知出廟入廟不以遠爲文是也若迎賓則樂師云行以肆夏趨以采齊行謂大寢之庭至路門趨謂路門至應門隄謂之梁即橋也或曰石絕水者爲梁見詩傳石杠謂之徛聚石水中以爲步渡。彴也孟子曰歲十。月徒杠成或曰今之石橋○隄低杠江徛寄疏隄謂至之徛○釋曰此別橋彴之名也隄一名梁郭氏兩解一名即橋也以木爲之一云以石絕水石杠一名徛郭氏亦兩解一。云聚石水中以爲步渡彴也廣雅云。彴步橋也一云或曰今之石橋注或曰石絕水爲梁見詩傳○釋曰案衞風云有狐綏綏在彼淇梁傳云石絕水曰梁是也注孟子曰歲十月徒杠成○釋曰案孟子云子產聽鄭國之政以其乘輿濟人於溱洧孟子曰惠而不知爲政歲十一月徒杠成十二月輿梁成民未病涉也趙岐注云以爲子產有惠民之心不知爲政當以時脩橋梁民何由病苦涉水乎是也引之以證石杠爲步橋也此注作十月誤脫或所見本異室有東西廂曰廟夾室前堂無東西廂有室曰寢但有大。室無室曰榭榭即今堂堭四方而高曰臺陝而脩。曲曰樓脩長也○陝狹疏室有至曰樓○釋曰此明寢廟樓臺之制也凡大室有東西廂夾室及前堂有序牆者曰廟但有太室者曰寢寢月令仲春云寢廟畢備鄭注云前曰廟後曰寢以廟是接神之處其處尊故在前寢衣冠所藏之處對廟爲卑故在後。無室者名榭春秋宣十。六年夏成周宣榭火杜預云宣榭講武屋引此文無室曰榭謂屋歇前然則榭有二義一者臺上構木曰榭上云有木曰榭及月令云可以處臺榭是也。二屋歇前無壁者名榭其制如今廳事也春秋云成周宣榭公羊以爲宣宮之榭及鄉射禮云榭則鉤楹內是也郭云榭卽今堂堭者堂堭卽今殿也殿亦無室故云卽今堂堭四方而高者名臺卽上閣也脩長也凡臺上有屋陜長而屈曲者曰樓

釋器第六

疏 釋器第六○釋曰案說文云器皿也從犬犬所以守之以此篇釋諸器之名故曰釋器

木豆謂之豆 豆禮器也

疏 木豆謂之豆注禮器也○釋曰案周禮旊人爲豆實三而成觳崇尺鄭注云崇高也豆實四升又祭統云夫人薦豆執校執醴授之執鐙鄭注云校豆中央直者也鐙豆下跗也又禮圖云口圓徑尺黑漆飾朱中大夫以上畫以雲氣諸侯以象天子以玉皆謂飾其豆口也然則豆者以木爲之高一尺口足徑一尺其足名鐙中央直竪者名校校徑二寸總而言之名豆。豆實四升用薦。菹醢周禮醢人掌四豆之實朝事之豆其實韭菹。醓醢之類是也其飾則三代不同明堂位曰夏后氏以楬豆殷玉豆周獻豆注云楬無異物之飾也獻疏刻之是也以供祭祀燕饗故云禮器也

竹豆謂之籩 籩亦禮器○籩邊

疏 竹豆謂之籩注籩亦禮器○釋曰案鄭注籩人及士虞禮云籩以竹爲之口有縢緣形制如豆亦受四升盛棗栗桃梅蔆芡脯脩膴鮑糗餌之屬是也亦祭祀享。燕所用故云亦禮器

瓦豆謂之登。 卽膏登也

疏 瓦豆謂之登○釋曰對文則木曰豆瓦曰登散則皆名豆故云瓦豆謂之登冬官旊人掌爲瓦器而云豆中縣鄭云縣繩正豆之柄是瓦亦名豆也詩大雅生民云于豆于登毛傳云豆薦菹醢登大羹也公食大夫禮云大羹湆不和實於登湆者肉汁大古之羹也不調以鹽菜以其質故以瓦器盛之郭云卽膏登也

盎謂之缶 盎也○盎烏浪切

疏 盎謂之缶○釋曰孫炎云缶瓦器郭云盎也詩陳風云坎其擊缶則缶是樂器易離卦九三不鼓缶而歌則大耋之嗟注云艮爻也位近丑丑上値弁星似缶詩云坎其擊缶則樂器亦有缶又史記藺相如使秦王擊缶是樂器爲缶也案坎卦六四。樽酒簋貳用缶注云爻辰在丑丑上値斗可以斟之象斗上有建星建星之形似簋貳副也建星上有弁星弁

星之形又如缶天子大臣以王命出會諸侯主國尊於簋副設玄酒以缶則缶又是酒器也比卦初六爻有孚盈缶注云爻辰在未上值東井之水人所汲用缶缶汲器襄九年宋災左傳曰具綆缶備水器則缶是汲水之器也然則缶是瓦器可以節樂若今擊甌又可以盛水盛酒即今之瓦盆也

甌瓿謂之瓵瓿甊小甖長沙謂之瓵○瓿蒲口切瓵移【疏】甌瓿謂之瓵○釋曰甌一名瓿甊一名瓵郭云瓿甊小甖長沙謂之瓵方言云瓬音岡瓭都感切甒音武㽘音由甀音鄭甇仕江切甀度睡切甇瓭甊瓿音部甊落口切甖牛志切甖也靈桂之郊謂之瓬其小者謂之瓭周魏之間謂之甒秦之舊都謂之甀淮汝之間謂之㽘江湖之間謂之甇自關而西晉之舊都河汾之間其大者謂之甀其中者謂之瓿甊自關而東趙魏之郊謂之瓮或謂之甖東齊海岱之間謂之甖甖其通語也罃陳魏宋楚之間曰㼭音臾或曰瓶音殊燕之東北朝鮮洌水之間謂之甈音暢亦腸齊之東北海岱之間謂之儋音擔周洛韓鄭之間謂之甄或謂之罃罃謂之甄鼓鞸甖謂之甀缶謂之瓿甌音偶其小者謂之瓶罃甀謂之盎自關而西或謂之盆或謂之盎其小者謂之升甌甂音邊陳魏宋楚之間謂之題杜啟切自關而西謂之甂其大者謂之甌甌是其方俗之異名也

康瓠謂之甈瓠壺也賈誼曰寶康瓠是也○瓠胡甈契【疏】康瓠謂之甈○釋曰康瓠一名甈瓠即壺也說文云破罌也方言云甈謂之盎皆非郭義也〔注〕賈誼說曰寶康瓠是也○釋曰案漢書云賈誼洛陽人也年十八以誦詩屬文漢文帝召爲博士爲絳灌之屬害之天子疏誼爲長沙王傅以謫去意不自得及渡湘水爲賦以弔屈原其詞曰斡棄周鼎寶康瓠兮是也

斪斸謂之定鋤屬○斪音衢斸丁錄切定多佞切【疏】斪斸謂之定○釋曰斪斸一名定郭云鋤屬李巡曰鋤別名也廣雅云定謂之耨世本云垂作耨呂氏春秋云耨柄尺此其度也其耨六寸所以間稼也高誘注云耨耘苗也六寸所以入苗間詩頌臣工云庤乃錢鎛毛傳云鎛耨也耨及定當是一器但先儒或即云鋤或云鋤屬古器變易未能識之

斫謂之鐯钁也○鐯張略切【疏】斫謂之鐯○釋曰斫一名鐯郭云钁也說文云钁大鉏也

斛

謂之疀。皆古鍬。鍤字○斛鍬疀鍤【疏】斛謂之疀○釋曰郭云皆古鍬鍤字方言云燕之東北朝鮮洌水之間謂之斛宋魏之間謂之鏵或謂之鍏。音韋江淮南楚之間謂之臿趙魏之間謂之梟。音鍫是皆謂今鍬也○鍬音秋

緵罟謂之九罭。九罭，魚罔也。今之百囊罟是亦謂之罭。今江東。呼。為緵

嫠婦之笱謂之罶。毛詩傳曰罶曲梁也謂以。薄為魚笱

罺謂之汕。今之撩罟

篧謂之罩。捕魚籠也

槮謂之涔。今之作。槮者聚積柴木於水中魚得寒入其裏藏隱因以。薄圍捕取之

鳥罟謂之羅。謂羅絡之

兔罟謂之罝。罝猶遮也見詩

麋罟謂之罞。冒其頭也

彘罟謂之羉。羉幕也

魚罟謂之罛。最大罟也今江東云

繴謂之罿。罿，罬也。罬謂之罦。罦，覆車也。今之翻車也有兩轅中施罥以捕鳥展轉相解廣異語○緵子弄罭域嫠離笱狗罺嘲汕所諫切篧主角切槮桑感切罝嗟罞茆彘滯羉鸞罛孤繴壁罿衝罬掇罦浮

【疏】緵罟至覆車也○釋曰此別羅網之異名也罟網也緵罟一名九罭即魚罔也嫠婦之笱取魚器也一名罶罺一名汕罩捕魚籠一名篧積柴水中取魚名槮又名涔鳥罔名羅兔罔一名罝麋罔一名罞罞冒也言冒覆其頭也彘豬也其罔名羅羉幕也言幕絡其身也魚之大罔名罛翻車小罔捕鳥者名繴也罿也罬也罦也皆謂覆車也注今之至為緵○釋曰今之百囊罟是亦謂之罭今江東呼為緵者以時驗而言也孫炎云九罭謂魚之所入有九囊也詩豳風云九罭之魚鱒魴是也注毛詩至魚笱○釋曰云毛詩傳曰罶曲梁也者小雅云魚麗于罶傳云罶曲梁也是矣云謂以薄為魚笱者孫炎云罶曲梁其功易故謂之寡婦之笱然則曲薄也嫠寡也以薄為魚笱其功易號之寡婦之笱耳非寡婦所作也注今之撩罟○釋曰李巡云汕以薄汕魚也案詩小雅云南有嘉魚烝然汕汕傳云樔也箋云樔今之撩罟也皆以薄今曉古注捕魚籠也○釋曰李巡云篧編細竹以為罩捕魚也孫炎云今楚篧也然則罩以竹為之無竹則以荊故謂之楚篧皆謂捕魚。籠也詩小雅云南有嘉魚烝然罩罩是也注今之至取之○釋

曰李巡曰今以木投水中養魚曰涔孫炎云積柴養魚曰槮郭云今之作罧者聚積柴。木於水中魚得寒入其裏藏隱因以簿圍捕取之小爾雅曰魚之所息謂之潛潛槮也積柴水中魚舍也詩周頌云潛有多魚是也槮罧潛涔古今字注謂之羅羅絡之○釋曰李巡云鳥飛張網以羅之然則張網以羅絡飛鳥詩王風云雉離于羅是也注罝猶遮也見詩○釋曰周南云肅肅兔罝是也李巡云兔自作徑路張罝捕之也然則張。罔遮兔因名曰罝注最大罟也今江東云○釋曰李巡曰魚罟捕魚具也然則捕魚之具最大者名罛詩衛風云施罛濊濊是也注今之至異語○釋曰孫炎曰覆車網可以掩兔者也一物五名方言異也郭云今之翻車也有兩轅中施罥以捕鳥展轉相解廣異語廣雅云罥罟也案詩王風云雉離于罦又曰雉離于罿然則捕鳥之具也孫炎云掩兔非也

約謂之救救絲以爲約或曰亦罥名○約其具切

疏 約謂之救○釋曰郭氏兩解一云救絲以爲約約屨頭飾也士冠禮曰玄端黑。屨青約鄭注云約之言拘也以爲行戒狀如刀衣鼻在屨頭是也或曰約屨屬小爾雅曰鳥。而今約也一云亦罥名者言此經約亦罥罟之別名也義疑故兩存焉

律謂之分律管可以分氣○分音粉

疏 律謂之分○釋曰律一名分鄭注月令云律候氣之管也以銅爲之律曆志云黃帝使伶倫氏自大夏之西。崑。崙之陰取竹之解谷斷兩節間而吹之以爲黃鐘之宮制十二箭以聽鳳凰之鳴其雄鳴則爲六律雌鳴則爲六呂陽管爲律律法也言陽氣與陰氣爲法鄭云律述也述氣之管陰管爲呂律曆志云呂助也言助陽宣氣又云呂拒也言與陽相承更迭而至又陰律稱同言與陽同也總而言之陰陽皆稱律故月令十二月皆云律中是也以其分候十二月氣故又名分郭云律管可以分氣是也

大版謂之業築牆版也

繩之謂之縮之縮者約束之詩曰縮版以載

疏 大版至縮之○釋曰此解詩云縮版以載也大版名業以繩束版謂之縮注築牆版也○釋曰孫炎曰業所以飾栒刻版捷業如鋸齒也毛詩傳云業大版也所以飾栒爲縣也捷業如鋸齒或曰畫之然則業者是樂縣之飾郭必以爲築牆版者以此文與縮之相連詩云縮版以載作者以

類相從縮既築牆所用之繩則業是築牆之版明矣散而言之則業亦樂縣之飾故詩大雅云虡業維樅周頌云設業設虡而毛鄭皆以爲大版所以飾栒爲之縣也注縮者至以載○釋曰孫炎云繩束築版謂之縮然則縮者束物之名用。繩束版故謂之縮復言縮之明用繩束之也故云縮者約束之。云詩曰縮版以載者大雅緜篇文也

彝卣罍器也皆盛酒尊彝其。總名小罍謂之坎罍形似壺大者受一斛○卣酉

疏 彝卣至之坎○釋曰別酒尊大小之異名也彝其總名彝者法也與諸尊爲法司尊彝云雞彝鳥彝斝彝黃彝虎彝蜼彝是也卣者下云卣中尊也孫炎云尊彝爲上罍爲下卣居中郭云不大不小者是在罍彝之間卽周禮犧象壺著太山等六尊是也罍者尊之大者也卽周禮司尊彝云皆有罍諸臣之所酢是也案禮圖云六彝爲上受三斗六尊爲中受五斗六罍爲下受一斛。故異議罍制韓詩說金罍大夫器也天子以玉諸侯大夫皆以金士以梓毛詩說金罍酒器也諸臣之所酢人君以黃金飾尊大一碩金飾。龜目蓋刻爲雲雷之象謹案韓詩說天子以玉經無明文謂之罍者取象雲雷博施如人君下及諸臣又司尊彝云皆有罍諸臣之所酢注云罍亦刻而畫之爲山雲之形言刻畫則用木矣故禮圖依制度云刻木爲之韓說言士以梓士無飾言其木體則以上同用梓加飾耳毛詩言大一碩禮圖亦云大一斛則大小之制尊卑同也雖尊卑飾異皆得畫雲雷之形以其云罍取於雲雷故也是彝卣罍三者皆爲盛酒器也其罍之小者別名坎

衣裗謂之裞衣縷也齊人謂之攣或曰袿衣之飾黼領謂之襮繡刺黼文以襮領緣謂之純衣緣飾也袕謂之褮衣開孔也衣眥謂之襟交領衱謂之裾衣後襟也衿謂之袸衣小帶佩衿謂之褑佩玉之帶。上屬執衽謂之袺。持衣上衽扱衽謂之襭扱衣上衽於帶衣蔽前謂之襜。今蔽膝也婦人之禕。謂之縭縭緌也卽今之香纓也。禕。邪交落帶繫於體因名爲禕緌繫也。裳削幅謂之纀。削殺其幅深衣之裳○裗流裞倪襮搏緣餘絹切純之閏切袕

穴襞營皆才細切衱劫袸賤褑院衽稔袺結扱插襘昌占切褘韋縭離緌汝誰切襆卜
疏衣褫至謂之襆○釋曰此別衣服之異名也云衣者目之也褫
一名裞刺繡黼文於衣領名襮衣之緣飾名純禮記深衣云衣純以續衣純以青之類是也袕衣開孔也名褮說文云鬼衣也衣皆名襟謂交領也方言云衿
謂之交是也衱一名裾即衣後裾也衿衣小帶也一名袸士昏禮曰施衿結帨是也佩下之帶名褑衽裳際也手執持其衽名袺扱衽於帶名襭詩周南云薄
言袺之薄言襭之是也衣之蔽前者名襜婦人之香纓名褘又謂之縭縭緌也緌猶繫也取繫屬之義衣下曰裳削殺也裳削殺其幅者名襆謂深衣之裳也
注衣縷至之飾○釋曰此郭氏兩解一云衣縷也本或作褸。音婁方言云縷謂之衽又謂之袥。子狄切彼注云郎衣衿也云齊人謂之攣者以目驗而言也一
云或曰袿衣之飾者釋名曰婦人上服曰袿廣雅云袿長襦也言飾者蓋以繒爲緣飾耳注繡之刺黼文以褗領○釋曰詩唐風云素衣朱襮毛傳云襮領也諸
侯繡黼丹朱中衣毛言繡黼者謂於繒之上繡刺以爲黼非訓繡爲黼郭氏取毛爲說也注今蔽膝也○釋曰方言云蔽厀江淮南楚之間謂之褘或謂之祓
音弗魏宋南楚之間謂之大巾自關東西謂之蔽厀齊魯之郊謂之衻。昌詹切襦又名韠禮記玉藻云韠君朱大夫素士爵韋圜殺直天子直公侯前後方大
夫前方後挫角士前後正韠下廣一尺上廣一尺長三尺其頸五寸肩革帶博二寸是也注郎今至繫也○釋曰孫炎云褘帨巾也郭云郎今之香纓也褘邪
交落帶繫於體因名爲褘緌繫也此女子既嫁之所著示繫屬於人義見禮記曲禮云女子許嫁纓及內則云衿纓是也詩云親結其縭謂母送女重結其所
繫著以申戒之孫炎以褘爲帨巾失之也注削殺其幅深衣之裳○釋曰案深衣目錄云稱深衣者以餘服則上衣下裳不相連此深衣衣裳相連被體深邃
故謂之深衣案深衣篇云制。十。有二幅以應十有二月鄭注云裳六幅幅分之以爲上下之殺故云削殺其幅深衣之裳也其深衣製。度禮記具焉

輿革前謂之鞎以韋鞎車軾後謂之第以韋靶後戶竹前謂之禦以簟衣軾後謂之蔽以簟衣後戶環謂

之捎著車衆環鑣謂之钀馬勒旁鐵載轡謂之轙車軛上環轡所貫也轡首謂之革轡靶勒見詩○捎因絹切鑣表驕切钀魚列切轙儀【疏】輿革至之革○釋曰此辨車馬之飾名也云輿革前謂之鞎者李巡曰輿革前謂輿前以革為車飾曰鞎郭云以韋靶車軾靶謂鞔也軾車上橫木毛詩傳云諸侯之路車有朱革之質而羽飾謂以皮革為本質其上又以翟羽為之飾詩齊風云簟笰朱鞹是也後謂之笰者李巡曰笰車後戶名也郭云以韋靶後戶云竹前謂之禦者李巡曰竹前謂編竹當車前以擁蔽名之曰禦禦止也孫炎曰禦以簟為車飾也郭云以簟衣軾詩傳云簟方文席也云後謂之蔽者郭云以韋衣後戶即詩所謂簟笰也云環謂之捐者謂著車衆環名捐云鑣謂之钀者鑣馬勒旁鐵一名钀云載轡謂之轙者轡者御馬之具也古者乘車駕駟馬凡八轡轅端之木名衡衡即軛軛上著環以貫轡此即載轡之環名轙故郭云車軛上環轡所貫也云轡首謂之革者轡首名革也詩大雅云鞗革金厄是也郭云轡靶勒見詩字林云靶轡革也

餀謂之餯說物臭也食饐謂之餲飯饖臭見論語摶者謂之糷飯相著米者謂之糪飯中有腥肉謂之敗臭壞魚謂之餒肉爛○餀呼蓋切餯許穢切饐意餲隘糷爛糪柏餒奴罪切【疏】餀謂至之餒○釋曰此別物臭惡之異名也李巡云餀餯皆穢臭也食飯也饐飯臭也一名餲飯摶相著者名糷李巡云糷飯淖糜相著也飯中有腥米者名糪李巡曰米飯半腥半熟名糪即論語云失飪不食肉臭壞曰敗魚肉爛曰餒即論語云魚餒而肉敗不食是也注飯饖臭見論語○釋曰說文云饖飯傷熱蒼頡篇云食臭敗也云見論語者鄉黨篇云食饐而餲孔曰饐餲臭味變是也注肉爛○釋曰案春秋僖十九年云梁亡公羊傳曰此未有伐者其言梁亡何自亡也其自亡奈何魚爛而亡也何休云梁君隆刑峻法百姓一旦相率俱去狀若魚爛魚爛從內發故云爾然則魚之敗壞先自內始故云內爛是郭用公羊為說今本內作肉恐誤

肉曰脫之剝其皮也今江東呼麋鹿之屬通為肉魚曰斮之謂削鱗也○斮莊略反【疏】肉曰

至斮之○釋曰此論。治擇魚肉之名也肉剝。去其皮因名脫之李巡云肉去其骨曰脫皇侃云治肉除其筋膜取好者郭氏以與魚曰斮之文連斮。謂斬削其
鱗則脫是脫剝其皮也嫌羊豕有不剝其皮者故又云今江東呼麋鹿之屬通爲肉案禮記內則及李巡爾雅本皆云魚曰作之皇侃云作謂搖動也凡取魚
搖動之視其鮮餒餒者不食李巡云作之魚骨小無所去今本作斮郭云謂削鱗也 冰脂也莊子云肌膚若冰雪冰雪脂膏也 疏 冰脂也○釋曰
脂膏也一名冰。注莊子至膏也○釋曰云莊子云肌膚若冰雪者此內篇逍遙之言也案彼云藐姑射之山有神人居焉肌膚若冰雪綽約若處子引之者證
冰爲脂也云脂膏也者孫炎曰膏凝曰脂則似脂與膏異而云脂膏者以脂有凝有釋對例卽內則注云脂肥凝者釋者曰膏散文則脂膏皆總名也 肉
謂之羹肉臛也廣雅曰湆見左傳 魚謂之鮨鮨鮓屬也見公食大夫禮 肉謂之醢肉醬 有骨者謂之臡雜肉醬見
周禮○鮨祁醓海臡泥 疏 肉謂至之臡○釋曰此別魚肉所作食味之名也肉之所作臛名羹魚所作鮓名鮨以肉作醬名醢有骨相雜者名臡注肉臛
至左傳○釋曰云肉臛也者儀禮所謂膷臐膮是也云廣雅曰湆者則彼云羹謂之湆是也云見左傳者案隱元年鄭伯賓其母姜氏于城潁而誓之曰不及
黃泉無相見也既而悔之潁考叔爲潁谷封人聞之有獻於公公賜之食食舍肉公問之對曰小人有母皆嘗小人之食矣未嘗君之羹請以遺之是謂肉爲
羹也注鮨鮓至夫禮○釋曰案公食大夫禮云牛炙南醢以西牛胾醢牛鮨鄭注云內則謂鮨爲膾然則膾用鮨是也注雜骨醬見周禮○釋曰案醢人職云
掌四豆之實朝事之豆其實韭菹。醓醢昌本麋臡鄭注云作醢及臡者必先膊乾其肉乃後莝之雜以粱麴及鹽漬以美酒塗置甀中百日則成矣是也 康
謂之蠱米皮 澱謂之垽滓。澱也今江東呼垽。○垽魚斬切 疏 康謂至之垽○釋曰康米皮也一名蠱左傳曰穀之飛亦名蠱是也澱滓
泥也一名垽郭云今江東呼垽 鼎絕大謂之鼐最大者 圜弇上謂之鼒鼎斂上而小口 附耳外謂之釴鼎耳

在表

款足者謂之鬲鼎曲脚也○鼐耐圜袁鼒咨鈛亦款苦管反鬲力疏鼎絶至之鬲○釋曰此別鼎名也鼎最大者名鼐體圜斂上而小口者名鼒詩周頌云鼐鼎及鼒附耳在鼎表者名鈛款。闊也謂鼎足相去疏闊者名鬲

䰝謂之鬵詩曰溉之釜鬵鬵鉹也涼州呼鉹○鬵尋鉹移疏䰝謂之鬵鬵鉹也○釋曰䰝一名鬵涼州名鉹方言云甑自關而東或謂之甗或謂之鬵或謂之酢餾是也注詩曰溉之釜鬵○釋曰檜風匪風篇文也

璲瑞也詩曰鞙鞙佩璲者玉瑞玉十謂之區雙玉曰瑴五瑴為區○璲遂區羌于反疏璲瑞也玉十謂之區○釋曰璲者瑞玉名也玉十名區注詩曰至玉瑞○釋曰云詩曰鞙鞙佩璲者小雅大東篇文也毛傳云鞙鞙玉貌璲瑞也。鄭箋云佩璲者以瑞玉為佩佩之鞙鞙然是也注雙玉曰瑴五瑴為區○釋曰襄十八年左傳云晉侯伐齊將濟河獻子以朱絲。係玉二瑴杜注云雙玉曰瑴是先儒之相傳為然也五瑴則十。玉也

羽本謂之翮鳥羽根也一羽謂之箴十羽謂之縛百羽謂之緷別羽數多少之名○翮戶革切縛篆緷衮疏羽本至之緷○釋曰此別羽數多少之名也本根也鳥羽根名翮一羽名箴十羽名縛百羽名緷案周禮地官羽人職云掌以時徵羽翮之材于山澤之農以當邦賦之政令凡受羽十羽為審百羽為摶十摶為縛鄭注云審摶縛羽數束名也爾雅云一羽謂之箴十羽謂之縛百羽謂之緷其名音相近也一羽則有名蓋失之矣鄭意以為箴與審縛與摶緷與縛名數聲音皆相近也一羽不合育名疑一羽當為十羽也郭意以為凡物無不從一為始以爾雅不失周官未為得

木謂之虡縣鍾磬之木植者名虡○虡音巨疏木謂之虡○釋曰郭云縣鍾磬之木植者名虡考工記云梓人為筍虡鄭注云樂器所縣橫曰筍植曰虡然則縣鍾磬者兩端有植木其上有橫木謂直立者為虡謂橫牽者為栒栒上加大。版為之飾名業詩大雅云虡業維樅

旄謂之藣旄牛尾也○藣卑疏旄謂之藣○釋曰郭云旄牛尾一名藣舞者所執也

菜謂之蔌。蔌者菜茹之總名見詩○蔌音速疏菜謂之蔌

○釋曰菉茹名蔌郭云蔌者菉茹之總名見詩者案大雅韓奕云其蔌維何維筍及蒲毛傳云蔌菉殽也是矣白蓋謂之苫白茅苫。也今江東呼
為蓋蓋合○【疏】白蓋謂之苫○釋曰孫炎云白蓋茅苫也郭云白茅苫也今江東呼為蓋然則蓋即苫也以白茅為之故曰白蓋襄十四年左傳晉將執
戎子駒支范宣子親數諸朝曰乃祖吾離被苫蓋杜注云蓋苫之別名。是也黃金謂之璗其美者謂之鏐白金謂之
銀其美者謂之鐐此皆道金錫之別名及精者鏐即紫。磨金鉼金謂之鈑周禮曰祭五帝即供金鈑是也錫謂之釗
白鑞○璗蕩鏐留鐐遼鉼餅鈑版釗引【疏】黃金至之釗○釋曰此別金錫之異名也黃金一名璗其精美者名鏐白金名銀其精美者名鐐郭云此皆道
金銀之別名及精者鏐即紫磨金詩傳云天子玉琫而珧珌諸侯璗琫而鏐珌大夫鐐琫而鏐珌士珕琫而珕珌鉼金名鈑錫。今白鑞也一名釗周禮職方氏
云揚州其利金錫是也[注]周禮至是也○釋曰云周禮曰祭五帝即共金鈑者案秋官司金職云旅于上帝則。共其金鈑此云祭五帝者旅則祭也上帝則五
帝也郭氏以義言之故文異爾彼注云鉼金謂之版此版所施未聞象謂之鵠角謂之觷犀謂之剒。木謂之剫玉
謂之雕左傳曰山有木工則剫之五者皆治。樸之名○鵠斛觷嶽剒錯剫鐸【疏】象謂至之雕○釋曰郭云五者皆治樸之名謂治其樸俱未成器有
此五名也注左傳山有木工則剫之○釋曰隱十一年傳文也金謂之鏤木謂之刻骨謂之切象謂之磋玉謂
之琢石謂之磨六者皆治器之名【疏】金謂至之磨○釋曰郭云六者皆治器之名也則此謂治器加工而成之名也故論語注云切磋琢
磨以成寶器是也璆琳。玉也璆琳美玉名○璆求【疏】璆琳玉也○釋曰郭云璆。琳美玉名禹貢梁州云厥貢璆鐵銀鏤又雍州云球琳琅玕是
也簡謂之畢今簡札也【疏】簡謂之畢○釋曰簡竹簡也古未有紙載文於簡謂之簡札一名畢禮記學記云呻其佔畢謂但吟誦所視簡之文

是謂箾爲畢也

不律謂之筆蜀人呼筆爲不律也語之變轉【疏】不律謂之筆○釋曰筆一名不律許慎云楚謂之聿吳人謂之不律燕謂之弗秦謂之筆郭云蜀人呼筆爲不律也語之變轉

滅謂之點以筆滅字爲點【疏】滅謂之點○釋曰郭云以筆滅字爲點今猶然

絶澤謂之銑銑即美金言最有光澤也國語曰。玦之以金銑。者謂此也○銑蘇典切【疏】絶澤謂之銑○釋曰金之最有光澤者名銑注國語曰玦之以金銑○釋曰使大子申生伐東山佩之金玦狐突嘆曰以。尨衣純而玦之以金。銑。者寒甚矣說國語者以銑。下屬與郭異也

金鏃翦羽謂之鍭今之錍翦是也

骨鏃不翦羽謂之志今之骨骲是也

弓有緣者謂之弓緣者繳纏之即今宛轉也

無緣者謂之弭今之角弓也左傳曰左執鞭弭

以金者謂之銑以蜃者謂之珧以玉者謂之珪用金蚌玉飾弓兩頭因取其類以爲名珧小蚌○鏃作木切緣椽弭尾蜃脣珧姚【疏】金鏃至之珪○釋曰。辨弓箭之名也鏃箭頭也翦齊也以金爲鏃齊羽者名鍭孫炎云金。鏑斷羽使前重也郭云今錍箭是也以。骨爲鏃不齊其羽者名志郭云今之骨骲是也此二者郭氏皆以今曉古案方言云箭自關而東謂之矢江淮之間謂之。鍭關西曰箭鏃胡合嬴者四鐮或曰拘腸三鐮者謂之羊頭其廣長而薄鐮謂之錍或謂之鈀。音葩其小而長中穿二孔者謂之。鉀鑪。嗑盧二音亦謂錍箭也弓者說文云以近窮遠象形古者。揮作弓周禮六弓王弓弧弓以射甲革椹質夾弓庾弓以射犴。侯鳥獸唐弓大弓以授學射者此弓之類有緣者名弓無緣者名弭李巡曰骨飾兩頭曰弓不以骨飾兩頭曰弭孫炎云緣謂繳束而漆之弭謂不以繳束骨飾兩頭者也郭云緣者繳纏之即今宛轉也弭今之角弓也然則郭意與孫同也當時謂繳束爲宛轉若飾弓兩頭以金者名銑以蜃者名珧以玉者名珪也注左傳曰左執鞭弭○釋曰此僖二十。三年傳文也案彼晉公子重耳及楚楚子饗之曰公子若反晉國何以報我對曰其左執鞭弭右屬櫜鞬以與君周旋是也注用金至小蚌○釋曰云用金蚌飾弓兩頭者以與上弭

連文故知然也。蚌即蜃也。月令孟冬雉入大水為蜃是也。銚即金。絕澤者珧即蜃小者珪即玉成器者以此名弓故云因取其類以為名也云珧小蚌者即釋魚云蜃小者珧是也珪大尺二寸謂之玠詩曰錫爾玠珪璋大八寸謂之琡璋半珪也璧大六寸謂之宣。漢書所云瑄玉是也肉倍好謂之璧肉邊。好孔。好倍肉謂之瑗孔大。而邊。小肉好若一謂之環邊孔適等○琡俶好耗瑗院

疏珪大至之環○釋曰此別珪璧之屬也圭者玉器執以為瑞者也大長也珪長尺二寸者名玠璋半珪也大八寸者名琡璧亦玉器子男所執者也大六寸者名宣因說璧之制肉邊也好孔也邊大倍於孔者名璧孔大而邊小者名瑗邊孔適等若一者名環左傳昭十六年宣子有環其一在鄭商是也注詩曰錫爾玠珪○釋曰此大雅崧高篇文也注璋半珪也○釋曰知者以典瑞云四圭有邸以祀天兩圭有邸以祀地圭璧以祀日月璋邸射以祀山川自上而下降殺以半故知璋半珪也注漢書所云瑄玉是也○釋曰郊祀志云公卿言皇帝始郊見泰一雲陽有司奉璋玉嘉牲薦饗是也

繸綬也即佩玉之組所以連繫瑞玉者因通謂之繸也

疏繸綬也○釋曰所佩之玉名璲繫玉之組名綬以其連繫璲玉因名其綬曰繸故郭云即佩玉組所以連繫。瑞玉者因通謂之。繸也

一染謂之縓今之紅也再染謂之赬。淺赤三染謂之纁纁絳也青謂之蔥淺青黑謂之黝黝黑貌周禮曰陰祀用黝牲斧謂之黼黼文畫斧形因名云○縓絲戀切赬敕呈切纁勳黝於糾反

疏一染至之黼○釋曰別衆色之名也一染謂之縓者此述染絳法也一染一入色名縓今之紅也說文云帛。黃。赤色喪服記云公子為其母練冠麻衣縓緣是也再染名赬即淺赤也三染名纁李巡云三染其色已成為絳纁絳一名也考工記云三入為纁鄭玄云染纁者三入而成禹貢云厥篚玄纁是也淺青一名蔥玉藻云三命赤韍蔥衡是也黑色名黝以白黑二色畫之為斧形名黼考工記云白與黑謂之黼書。云黼黻絺繡是也注周禮曰陰祀用黝牲○釋曰此地

官牧人職文也鄭注云陰祀祭地北郊及社稷也

邸謂之柢根柢皆物之邸邸即底通語也○邸邸氏

疏邸謂之柢○釋曰根柢名邸邸本也郭云根柢皆物之邸邸即底通語也言凡物之柢必在底下因名云也即周禮典瑞云四圭有邸以祀天兩圭有邸以祀地皆謂邸爲本柢也

雕謂之琢治玉名也

疏雕謂之琢○釋曰案上文治玉璞名雕治玉器名琢彼對例耳散文則雕琢通謂治玉名不分璞與器也

蕁謂之茲公羊傳曰屬負茲茲者蕁席也○蕁辱

疏蕁謂之茲○釋曰蕁一名茲郭云茲者蕁席也言草蕁之席也宣十二年左傳軍行右轅左追蕁注公羊傳曰屬負茲○釋曰此桓十六年傳文也案彼衛侯朔出奔齊傳云何以名絶曷爲絶之得罪於天子也其得罪於天子奈何見使守衛朔而不能使衛小衆越在岱陰齊屬負茲舍不即罪爾何休云屬託也天子有疾稱不豫諸侯稱負茲大夫稱犬馬士稱負薪舍止也託疾止不就罪是也引之以證茲爲蕁也

竿謂之箷。衣架○箷移

疏竿謂之箷○釋曰凡以竿爲衣架者名。箷曲禮曰男女不同椸枷謂此也

簀謂之笫。牀版○笫側子切

疏簀謂之笫○釋曰簀一名笫檀弓曰華而睆大夫之簀與左傳曰牀笫之言不。踰閾方言云齊魯之間謂之。簀陳楚之間或謂之笫是也

革中絶謂之辨中斷皮也○辨片

革中辨謂之韏復分。半也○韏眷

疏革中至之韏○釋曰皮去毛曰革此別分斷之名也中斷之名辨復中分其辨名韏也

鏤鋟也刻鏤物爲鋟○鋟蘇妻切

疏鏤鋟也○釋曰別二名也郭云刻鏤物爲鋟詩云鉤膺鏤鍚

卣中尊也不大不小者○卣酉

疏卣中尊也釋在上

釋樂第七

疏釋樂第七○釋曰案樂記云樂者樂也君子樂得其道小人樂得其欲也說文云樂五聲八音之總名象鼓鞞之形木虡也白謂也又。象。鐘磬也五聲者商角宮徵羽也律曆志云商之爲言章也物成。孰可章度也角觸也物觸地而出戴芒角也宮中也居中央暢四方唱始施生爲四聲綱也

徵祉也物盛大而繁祉也羽宇也物聚藏宇覆之也又云八音土曰塤匏曰笙皮曰鼓竹曰管絲曰絃石曰磬金曰鐘木曰柷此篇總釋五聲之名及八音之器故名釋樂也

宮謂之重商謂之敏角謂之經徵謂之迭羽謂之柳皆五音之別名其義未詳○徵之矢反

疏宮謂至之柳○釋曰案此文則宮一名重商一名敏角一名經徵一名迭羽一名柳但未見義所出也注皆五至未詳○釋曰云皆五音者案鄭玄注樂記云雜比曰音謂宮商角徵羽清濁相雜和比謂之音單出曰聲謂五聲之內唯單有聲更無餘聲相雜也然則初發口單出者謂之聲衆聲和合成章謂之音金石干戚羽旄謂之樂則聲爲初音爲中樂爲末此云五音者舉中而言也云之別名者謂重敏經迭柳是宮商角徵羽之別名也云其義未詳者以爾雅之作以釋六藝今經典之中無此五名或在亡逸中不可得而知其義故未詳案孫叔然云宮濁而遲故曰重也孫氏雖有此說更無經據故不取也

大瑟謂之灑長八尺一寸廣一尺八寸二十七絃○灑所蟹反

疏大瑟謂之灑注長八至七絃○釋曰瑟者登歌所用之樂器也故先釋之世本曰庖犧作五十絃黃帝使素女鼓瑟哀不自勝乃破爲二十五絃具二均聲禮圖舊云雅瑟長八尺一寸廣一尺八寸二十三絃其常用者十九絃其餘四絃謂之番番羸也頌瑟長七尺二寸廣一尺八寸二十五絃盡用之熊氏云瑟兩頭有孔其在底下者名越鄉飲酒禮云二人皆左何瑟後首挎越注云越瑟底孔也燕禮云小臣左何瑟面鼓執越注云瑟下孔也若用之祭祀則練其絃疏其越樂記云清廟之瑟朱弦而疏越鄭注云朱弦練朱弦練則聲濁越瑟底孔也畫疏之使聲遲也以其不練則體勁而聲清練則絲熟而聲濁也疏通也使兩頭孔相連而通也孔小則聲急孔大則聲遲故也其大者別名灑孫叔然云音多變布如灑出也郭云二十七絃未見所出

大琴謂之離或曰琴大者二十七絃未詳長短廣雅曰琴長三尺六寸六分五絃

疏大琴謂之離注或曰

至五絃○釋曰琴操曰伏。羲作琴世本云神農作琴白虎通曰琴者禁也禁止於邪以正人心也琴之大者別名離也孫叔然云音多變聲流離也云或曰琴大者二十七絃未詳長短者或人言琴有二十七絃是琴之大者也但未詳其長短耳云廣雅曰琴長三尺六寸六分五絃者此常用之琴也象三百六十六日五絃象五行大絃爲君小絃爲臣文王武王加二絃以合君臣之恩也又五絃第一絃爲宮其次商角徵羽文武二絃爲少宮少商又琴操曰廣六寸象六合也又上曰池言其平下曰濱言其服前廣後狹象尊卑上圓下方法天地然琴爲樂器通見詩書故此釋之也

大鼓謂之鼖鼖長八寸○鼖墳

小者謂之應詩曰應。朄縣鼓在大鼓側○應音膺

【疏】大鼓至之應○釋曰別鼓大小之名也鼓之大者名鼖周禮鼓人職曰以鼖鼓鼓軍事是也其小者名應應言聲應於大鼓也李巡云小者聲音相承故曰應也孫炎云和應大鼓也注鼖長八尺○釋曰知者案考工記韗人爲皐鼓長八尺鼓四尺中圍加三之一謂之鼖鼓後鄭注云中圍加三之一者加於面之圍以三分之一也面四尺其圍十二尺加以三分一四尺則中圍十六尺徑五尺三寸三分寸之一也今以合二十版則版。六寸三分寸之二耳大鼓謂之鼖。以。鼖鼓鼓軍事鄭司農云鼓四尺謂革所蒙者廣四尺注詩曰至鼓側○釋曰應朄縣鼓周頌有瞽篇文也鄭箋云朄小鼓在大鼓旁應鞞之屬也案朄引也謂擊小鼓引樂聲

大磬謂之毊毊形似犂錧以玉石爲之○毊虛驕反

【疏】大磬謂之毊○釋曰。磬樂器名也以玉石爲之世本曰無句作磬釋名云磬磬也聲堅磬磬然考工記曰磬氏爲磬倨句一矩有半其博爲一股爲二鼓爲三參分其股博去一以爲鼓博參分其鼓博以其一爲之厚已上則。磨其旁已下則。磨其耑是其制也大者名毊孫炎云毊喬也喬高也謂其聲高也李巡云大磬聲清燥也故曰毊毊操也注毊形至爲之○釋曰字林云錧田器也自江而南呼犂刃爲錧此毊形似犂錧但大爾云以玉石爲之者左傳云玉磬紀甗又八音謂磬爲石故知以玉石爲之也

大笙謂之巢列管瓠中施簧管端大者十九簧

小者謂之和十三簧者鄉射記曰三簧一和

而成聲

疏大笙至之和○釋曰世本云隨作笙禮記曰女媧之笙簧釋名曰笙生也象物貫地而生說文云笙正月之音物生故謂之笙有十三簧象鳳之身其大者名巢巢高也言其聲高小者名和李巡云小者聲少音相和也孫炎云應和於笙注列管至九簧○釋曰瓠匏也以匏爲底故八音謂笙爲匏簧者笙管之中金薄鐷也笙管必有簧故或謂笙爲簧詩王風云左執簧是也大者十九簧以時驗而言也注十三至成聲○釋曰云十三簧者鄭司農注周禮亦云十三簧相傳爲然云鄉射記曰三笙一和而成聲者彼鄭注云三人吹笙一人吹和是也

大篪謂之沂

篪以竹爲之長尺四寸圍三寸一孔上出一寸三分名翹橫吹之小者尺二寸廣雅云八孔○篪池沂銀

疏大篪謂之沂○釋曰李巡曰大篪其聲非一也孫炎曰篪聲悲沂悲也釋名曰篪啼也聲如嬰兒啼郭云篪以竹爲之長尺四寸圍三寸一孔上出寸三分名翹橫吹之小者尺二寸廣雅云八孔鄭司農注周禮云篪七空蓋不數其上出者故七也

大塤謂之嘂

塤燒土爲之大如鵝子銳上平底形如稱錘六孔小者如雞子○塤喧嘂叫

疏大塤謂之嘂○釋曰說文云壎樂器名從土熏聲塤壎古今字釋名云塤喧也聲濁喧喧然大塤名嘂孫炎曰音大如叫呼聲郭云塤燒土爲之大如鵝子銳上平底形如稱錘六孔小者如雞子周禮小師注云塤燒土爲之大如鴈卵鄭司農亦云六孔是相傳爲然也世本云暴辛公作塤蘇成公作篪譙周古史云古有塤篪尚矣周幽王時暴辛公善塤蘇成公善篪記者因以爲作謬矣世本之謬信如周言其云蘇公暴公所善亦未知所出蓋以詩小雅云伯氏吹壎仲氏吹篪蘇公刺暴公也故致斯謬

大鐘謂之鏞

書曰笙鏞以閒亦名鎛○鎛音博

其中謂之剽小者謂之棧

疏大鐘至之棧○釋曰此別鐘大小之名也說文云鐘樂器也世本云垂作鐘考工記鳧氏爲鐘釋名曰鐘空也內空受氣多其大者名鏞李巡曰大鐘音聲大鏞大也孫炎曰鏞深長之聲又名鎛大射禮云樂人宿縣于阼階東笙磬西面其南笙鐘其南鎛鄭云鎛如鐘而大是也其不大不小者名剽孫炎曰剽者聲輕疾也李巡云其中微小故曰剽剽小也

其小者名棧李巡云棧淺也東晉。太興元年會稽剡縣人家井中得一鐘長三寸口徑四寸上有銘古文云棧鐘之小者既長三寸自然淺也注書曰笙鏞以間○釋曰尚書益稷篇文也

大簫謂之言編二十三管長尺四寸小者謂之筊十六管長尺二寸。簫一名籟○筊音交【疏】大簫至之筊○釋曰此別簫大小之名也風俗通云舜作簫其形參差以象鳳翼十管長二尺博雅曰簫大者二十。三管無。底小者十六管有。底其大者名言李巡曰大簫聲大者言言也郭云編二十三管長尺四寸其小者名筊李巡曰小者聲揚而小故言筊筊小也郭云十六管長尺二寸簫一名籟又通卦驗云簫長尺四寸其。言管管數長短雖異要是編小竹管爲之耳

大管謂之簥管長尺圍寸併。漆之有。底賈氏以爲如篪六孔○簥音嬌其中謂之篞。小者謂之箹。篞乃結切箹音眇【疏】大管至之箹○釋曰別管大小之名也大管名簥李巡云聲高大故曰簥簥高也郭云管長尺圍寸併漆之有底賈氏以爲如篪六孔小師注云管如笛形小併兩管而吹之今。大。予樂官有之是也其中不大不小者名箹

大籥謂之產籥如笛三孔而短小其中謂之仲小者謂之箹【疏】大籥至之箹○釋曰籥樂器名其大者名產其中者名仲小者名箹郭云籥如笛三孔而短小廣雅云七孔周禮笙師掌教吹籥鄭注云籥如篴三空詩邶風云左手執籥毛傳云籥六孔所見異也

徒鼓瑟謂之步獨作之徒吹謂之和徒歌謂之謠詩。云我歌且謠○吹昌睡切和去聲徒擊鼓謂之咢詩。云或歌或咢○咢五各切徒鼓鐘謂之修。徒鼓。磬謂之寋。未見義所出○寋紀展切【疏】徒鼓瑟至之寋○釋曰凡八音備作曰樂一音獨作不得樂名故此辨其異名也徒空也鄭注周禮小師云出音曰鼓空作一器以出其音者謂之徒鼓故郭云獨作之也注詩云我歌且謠○釋曰此魏風園有桃篇文也毛傳云曲合樂曰歌徒歌曰謠孫炎。云聲消搖也注或歌或咢○釋曰大雅行葦篇文也毛傳云歌者比於琴瑟也徒擊鼓曰咢孫炎云聲驚咢也所以鼓

柷謂之止柷如漆桶方二尺四寸深一尺八寸中有椎柄連。底。桐之令左右擊止者其椎名○柷昌孰切所以鼓敔謂之籈敔如伏虎背上有二十七鉏鋙刻以木長尺。櫟之籈者其名○籈音真

疏所以鼓敔至之籈○釋曰此別柷敔之名也周禮小師掌教鼓鼗柷敔柷敔皆以木為之故大師注云木柷敔也禮記謂之椌楬所以鼓動其柷以出其音者名止所以鼓動其敔以出其音者名籈郭云柷如漆桶方二尺四寸深一尺八寸中有椎柄連底桐之令左右擊止者其椎名敔如伏虎背上有二十七鉏鋙刻以木長尺。櫟之籈者其名臯陶謨云合止柷敔鄭注云柷狀如漆桶中有椎合之者投椎於其中而。撞之敔狀如伏虎背上刻之所以鼓之以止樂此等形狀蓋依漢之大。予樂而知之

大鼗謂之麻小者謂之料麻者音。概而長也料者聲清而不亂○鼗桃料聊

疏大鼗至之料○釋曰詩頌云鼗磬柷敔鄭注小師職云鼗如鼓而小持其柄搖之旁耳還自擊一名麻其小者名料麻者音概而長也料者聲清而不亂

和樂謂之節

疏和樂謂之節○釋曰八音克諧無相奪倫謂之和樂樂和則應節樂記云治世之音安以樂其政和是也樂記又云大樂與天地同和大禮與天地同節此對文爾總而言之則禮樂相將故此和樂亦謂之節一云節樂器名謂相也樂記云治亂以相鄭注云相即拊也亦以節樂拊者以韋為表裝之以糠糠一名相因以名焉言治理奏樂之時擊拊以輔相於樂而為節也既以柷作樂以敔止樂故以節為和樂義所通也

爾雅注疏卷五校勘記

阮元撰盧宣旬摘錄

爾雅注疏卷第五 名衜後標目釋宮第五釋器第六另行標釋樂第七監本毛本釋宮釋器卷第四釋樂以下卷第五元本閩本釋宮以下爲四卷上斛謂之疀以下爲四卷下

釋宮第五

門墉行步之名 元本同閩本監本毛本墉改牖非經云牆謂之墉

言屋見於垣上穹崇然也 注疏本同浦鏜依釋名改作穹隆非崇亦高也

窻東戶西也 雪牕本元本同單疏本亦作窻閩本監本窻改窻毛本改窗

敷重厎席 注疏本厎誤底按書釋文作厎鄭注厎致也

尙不媿於屋漏 單疏本元本同雪牕本改媿于閩本監本毛本改愧於按釋文作媿

東南隅謂之窔 按說文窔作宧

埽室聚窔 單疏本雪牕本注疏本埽皆作掃當據以訂正此從手旁者俗字

不𢘘媿於屋漏 元本閩本監本同毛本改愧于

當室之白 注疏本衍作當室之所白按當室之白見禮記曾子問

以孫鄭之說注疏本脫以

與屋漏意同注疏本脫意字

及兩旁之木名也元本閩本同監本毛本旁改傍

曲禮云不履閾是也注疏本同浦鏜云踐誤履

士介拂棖鄭注云棖門楔也監本亦作士元本閩本毛本士誤上注誤箋又並脫也

坫端也單疏本閩本同雪牕本舊本端訛瑞監本毛本作端按釋文埽達紺達計二反或作端丁果反本或作端

社內北牆是也閩本同舊本監本毛本社誤杜

方斵是虔是也注疏本脫是也

穀梁傳曰袠纏櫍以爲臬是也注疏本同浦鏜云穀梁傳作葛覆質以爲槷按毛詩車攻傳作袠纏質以爲槸質櫍槸臬皆古今字槷與槸一也邢氏引毛詩傳誤記爲穀梁耳

不敢縣於夫之楎箷雪牕本注疏本同單疏本箷作椸釋文箷字林云竿也本或作椸字林云榻前机也段玉裁云禮記注竿謂之箷則從竹者是今禮記作椸非

臺上起屋雪牕本同注疏本屋誤土

雞棲於弋爲榤唐石經雪牕本同單疏本標起止云雞棲至爲塒釋文栖音西下同又作棲按說文西鳥在巢上日在西方而鳥西故因以爲東西之西棲西或从木妻然則陸本作栖是也

傳謂之突唐石經單疏本雪牕本同釋文突本又作㛥徒忽反按五經文字木部㛥音突見爾雅

戶持鐷植也單疏本亦作鐷雪牕本元本閩本作鎖監本毛本誤鎮釋文鎖本又作瑣按一切經音義卷十三引作瑣瑣鎖古今字

其上楹謂之梲唐石經雪牕本同單疏本亦作脫釋文掇之劣反本或作梲音同

字林云枅柱上方木是也注疏本脫字林云枅四字

一名棖呂沈云齊魯名梋周人名棖注疏本呂誤梠按沈當作忱釋文引字林云周人名椽曰棖齊魯名棖曰梋即此文浦鏜讀一名棖梠當衍誤也

以射灋治射儀注疏本灋改法

待獲者所蔽也是矣注疏本也誤者

今呼之簃廚連觀也單疏本同雪牕本注疏本廚作厨釋文廚本或作蹰按說文广部廚庖屋也从广尌聲五經文字云廚俗作厨非此當從釋文广厂不同部

屋上薄謂之筄單疏本注疏本同唐石經雪牕本薄作簙按廣韻三十五笑筄屋上薄也字亦從艹

屋笮 單疏本雪牕本同釋文筰本或作笮

人君南鄉當階閒 雪牕本同注疏本君誤居

鄉明而治 元本同閩本監本毛本鄉改嚮

諸侯西面曰朝是也 元本同閩本監本毛本曰誤而

閍謂之門 唐石經雪牕本同單疏本標起止云閍謂至之閎按此文疑倒禮記郊特牲祊之於東方正義曰釋宮云門謂之閍孫炎云謂廟門外是孫叔然注本作門謂之閍也郊特牲索祭祝于祊注廟門曰祊正義曰爾雅釋宮文又禮器爲祊乎外正義曰以釋宮云廟門謂之祊皆閍字在下可互證鄭孔俱言廟者以義增加非爾雅本文

祝祭於祊 單疏本雪牕本注疏本同釋文祊音同閍此經注異文之明證郊特牲正義引孫炎注亦引詩祝祭於祊

小閨謂之閣 唐石經注疏本同疏云閨之小者名閣雪牕本閣作閤誤

閎衖頭門 雪牕本元本閩本監本同毛本衖作閧訛

齒著于門闔 單疏本雪牕本注疏本同釋文作著乎按公羊傳作乎邢疏載郭注作于引公羊傳作乎

所以止扉謂之閎 唐石經單疏本雪牕本同釋文所以止扉謂之閎音宏本亦作閣音各郭注本無此字又左傳釋文云爾雅本止扉之名或作閣字讀者因改左傳皆作各音惠棟云說文閣所以止扉也是古本如此段玉裁云郭注上文大者謂之栱小者謂之閣云別杙所在長短之名注此云

長杙郎門檿也前後皆訓爲長杙則前後皆作閣字其所據左傳作閈閣門旣高則門旁杙亦高盟諸僖閎閎訓門高其閈閣閣訓長檿郭氏分引畫然匡謬正俗引左傳高其閈閣引爾雅所以止扉謂之閣及郭注高其閈閣顏氏所據左傳爾雅尙未誤而俗刻匡謬正俗皆改作閎矣廣韻十九鐸閣字注引急就章閣弇訢顏師古注云閣所以止扉今之門杙是也

案鄭玄注周禮 注疏本周誤問

義亦相兼 注疏本亦誤又

其狀魏魏然高大 注疏本魏改巍

手劍而叱之萬臂撥仇牧 閩本監本毛本叱誤撥撥誤刺元本撥字不誤萬作万

齒著乎門闔 元本同閩本監本毛本乎誤于

闔扇也是矣 注疏本矣改也

杜預云 注疏本預改注

今江東呼瓴甓 單疏本雪牕本同詩正義引作今江東呼爲瓴甓按爲字當有

宮中衖謂之壼 注疏本同單疏本雪牕本壼作壸五經文字云壸見爾雅唐石經闕

巷閤閒道 雪牕本注疏本同按此經作衖注作巷聲類以衖爲巷字是也

廟中路謂之唐 雪牕本注疏本同唐石經闕釋文陼音唐本今作唐

堂途謂之陳 唐石經雪牕本同周禮匠人爲溝洫注引爾雅堂涂謂之陳按說文有涂無途塗爾雅釋丘當涂梧丘亦作涂

二達謂之岐旁 唐石經單疏本雪牕本注疏本同釋文作歧旁字從止一切經音義卷二十岐路下引爾雅二達謂之岐旁五經文字云俗以岐爲山名別作歧路字字書無按玉篇止部歧翹移切歧路也廣韻五支岐山名岐岐路是六朝以來歧路字多從止矣

宮中衖閤閑道名壼 注疏本壼改壺

室中名時 元本閩本同監本毛本室誤堂

鄭玄云 注疏本脫云

聚石水中以爲步渡彴也 單疏本注疏本同雪牕本彴作彴釋文彴音斫今江東呼彴音約按說文彴約也無彴字當從雪牕本釋天奔星爲彴約卽此字星之奔流如人之渡彴也釋文前後皆作彴玉篇廣韻分釋宮字從彳釋天字從亻蓋非

歲十月徒杠成 單疏本雪牕本同注疏本作十一月係淺人據今本孟子改按郭注所據孟子作十月邢疏所據孟子作十一月

郭氏亦兩解一云 注疏本云誤名

彴步橋也 元本同閩本監本毛本彴誤徛

但有大室 單疏本雪牕本同注疏本室誤寢

陝而修曲曰樓毛本同唐石經單疏本雪牕本元本閩本監本修作脩疏中準此按古修長修飾多用脩脯字此改修非○今訂正

無室者名榭元本閩本監本同毛本無誤爲

春秋宣十六年注疏本脫六

二屋歇前無壁者元本同閩本監本毛本二改一壁改屋

釋器第六

豆實四升用薦葅醢注疏本豆誤其葅改菹

其實菲葅醢注疏本醢誤醓

亦祭祀享燕所用元本同閩本監本毛本享誤饗

瓦豆謂之登單疏本雪牕本元本閩本監本同唐石經闕毛本登改豋釋文登本又作鐙按公食大夫禮注瓦豆謂之鐙公羊傳桓四年一曰乾豆何注豆祭器名狀如鐙禮記祭統夫人薦豆執校執醴授之執鐙注鐙豆下跗也然則鐙本豆跗之名因通名瓦豆爲鐙矣又說文鐙錠也从金登聲徐鉉曰今俗別作燈非是合之郭注云即膏登知漢以來爾雅字皆作鐙詩生民于豆于登毛傳瓦曰登薦大羹蓋古文作登今文作鐙郭云膏登字必當從金膏鐙即油燈此說非又說文豆部有豋字云禮器也从廾持肉在豆上讀若鐙同說者因謂詩爾雅豆登字皆當從肉作豋此臆說也○按詩于豆于登用叚借字俗改爲豋

樽酒簋元本閩本監本同與周易合毛本樽改尊非

主國尊於簋副浦鏜云椒誤於按詩正義作椒單疏本此頁係補刻多誤

有孚盈缶注云注疏本云誤六

爻辰在木浦鏜云未誤木

若今擊甌注疏本若改如

瓬音岡㼝都感切甒音武㽀音由𤭛音鄭甇仕江切甀度睡切瓮瓿甊瓿音部甊落口切甗牛志切罌也注疏本但有罌也二字改以上爲音切移於是其方俗之異名也之後因瓮字無音無所附麗遂删之都感仕江二切字作反睡作𥅬牛作年皆誤甒字元本同閩本監本毛本作甒下同

陳魏宋楚之閒曰㼽音臾或曰𤭢音殊○注疏本音切改大字移於後下準此

謂之瓺音暢亦腸○注疏本腸誤賜

海岱之閒謂之㽘音儋○元本同閩本監本毛本儋改甔

罃謂之甄鼓鼙音也○注疏本複罃字鼓鼙改大字不移於後者不知爲甄作

缶謂之瓿甌音隅○注疏本隅誤偶

或謂之盆 注疏本脫或字

甂音邊陳魏宋楚之閒謂之題 杜啓切○注疏本切作反

賈誼曰 雪牕本注疏本同單疏本作賈誼說曰元本疏亦引作賈誼說

瓠卽壺也 元本閩本監本同毛本壺改壼

及渡湘水 元本閩本監本同毛本及誤乃

寶康瓠兮是也 元本閩本同監本毛本脫兮

斪斸謂之定 唐石經雪牕本同釋文斪斸本或作拘㩴廣韻四覺㩴下云爾雅拘㩴謂之定本亦作斪斸說文斤部斪斸二字注皆云斫也卽陸本所從出考工記車人之事注引爾雅句㩴謂之定按說文木部欘斫也一曰斤柄性自曲者㩴卽欘之變古從木字往往改作手旁然則此經本作句欘字書始作斪斸矣

耨及定當是一器 注疏本耨上有鎛字按自引廣雅定謂之耨至毛傳鎛耨也皆言耨以釋經之定故云耨及定當是一器詩正義則釋毛傳不釋爾雅故云鎛耨當是一器淺者據此增鎛於耨上誤甚此本舊有鎛字係剜擠今刪正

但先儒或卽云鋤或云鋤屬 注疏本脫或云鋤三字

斫謂之鐯 唐石經單疏本雪牕本同釋文鐯字又作櫡按一切經音義卷十四引爾雅斫謂之櫡嚴元照云說文木部櫡下云斫謂之櫡知舊本從

木爲正

斫謂之鐯此節疏後元本閩本分四卷下

斪謂之䤹唐石經單疏本雪牕本元本同閩本監本毛本斪作䢺訛五經文字云斪見爾雅釋文云從斤按玉篇斤部斪斫也今釋文作䢺從刀字書所無說文斗部斛下引爾疋作斛廣韻三蕭亦引作斛釋文䤹本或作鍵○按釋文作䤹

皆古鍬鍤字單疏本雪牕本元本同閩本監本毛本鍤作插訛

朝鮮洌水之閒謂之斛閩本監本毛本斛作剫元本實闕

或謂之鍏音韋○注疏本音改大字

趙魏之閒謂之喿音鍫○注疏本脫音鍫

今江東呼爲綫單疏本同雪牕本注疏本呼爲作謂之

謂以簿爲魚笱單疏本同雪牕本注疏本簿作薄釋文作步各反

今之作槮者雪牕本注疏本同單疏本作今之作罧者而云槮罧古今字又玉篇木部槮下廣韻五十二沁罧下及初學記卷二十八皆引爾雅作槮引郭注作罧此經注異文之明證今本援經改注非也釋文云字林作罧是晉時用罧字故郭注本之

因以簿圍捕取之單疏本同雪牕本注疏本簿作薄按詩潛正義及廣韻五十二沁引此注皆作簿圍蓋相傳舊本如是今本作薄係

近人改從古字耳

彘豬也注疏本豬作猪

皆謂捕魚籠也注疏本籠改是

聚積柴木於水中注疏本脫木

然則張罔遮兔元本同閩本監本毛本罔改網

玄端黑履青絇注疏本同浦鏜云屨誤履按義疏之文屨履往往相亂無庸盡改下文絇屨屬此本亦作履屬矣

舃而今絇也注疏本同浦鏜云而如也

崐崘之陰閩本監本毛本改崑崙元本作崑崘

然則業者元本者誤之閩本改作乃監本毛本承之

用繩束版元本同閩本監本毛本繩誤縮

云詩曰縮版以載者元本同閩本監本毛本云改注

彝其摠名雪牕本元本同釋文亦作摠單疏本作揔與摠同閩本監本毛本改總

受一斛注疏本斛作斗

金飾龜目注疏本同浦鏜云續通解作口目

繡刺黼文以褗領單疏本注疏本同雪牕本褗作偃釋文褗音偃又作偃按偃領者謂黼文偃伏衣領上也字不當從衣又釋文音經衿本又作領音同按說文毛詩傳皆云襮領也唐石經亦作黼領蓋經作領注中偃領字作衿玉篇衣部衿力井切衣衿也

衣皆謂之襟唐石經雪牕本閩本毛本同元本皆作皆監本作皆皆誤

佩玉之帶上屬雪牕本同注疏本上誤二釋文上屬上持掌反

持衣上衽雪牕本同注疏本持誤掎邪疏云手執持其衽名袺

衣蔽前謂之襜唐石經雪牕本同單疏本亦作襜釋文襜本或作襜方言作衻

婦人之褘謂之縭唐石經單疏本雪牕本同釋文幃本或作褘又作徽同按說文褘蔽厀也幃囊也孫炎注以褘爲帨巾郭注以爲香纓義並當從巾李善注文選思元賦云爾雅曰婦人之幃謂之縭今之香囊在男曰幃在女曰縭與陸本正合知舊本爾雅從巾不從衣也思元賦注又引爾雅婦人之徽謂之縭與陸云又作本合

褘邪交落帶繫於體雪牕本注疏本同單疏本作褘交絡帶繫於體按褘當作衺釋文邪字亦作衺是也今本作褘邪褘蓋衍字下云匠名爲褘則上不當言褘矣繫絡字本從糸旁作落蓋古通詩東山正義引作絡與單疏本合○按說文交部曰䙳衺也郭用䙳邪爲重疊字交落者交絡也帶繫連文郭用同音之字以爲訓也

縷繫也雪牕本注疏本同單疏本標起止云注即今至繫也詩正義引郭注此下有此女子既嫁之所著示繫屬於人義見禮記詩云親結其縭謂母送女重結其所繫著以申戒之說者以禕為帨巾失之也共四十七字審為郭注正義有申難之辭未知何時逸去釋文於著字重字皆無音未詳也按既嫁當為未嫁或作許嫁士昏禮注云婦人十五許嫁笄而禮之因著纓明有繫也郭注上云此女子未嫁之所著示繫屬於人故下云母送女重結其所繫著以申戒之

裳削幅謂之纀唐石經雪牕本注疏本同釋文亦作纀單疏本作纀按玉篇纀布木切裳削幅也亦作襆

裳削殺其幅者名纀注疏本纀作纀

本或作褸音婁○注疏本音婁作大字褸元本閩本同監本毛本誤縷下引方言同釋文縷又作樓樓即褸之訛

又謂之袩子俠切○注疏本作丁狹切

齊魯之郊謂之袡昌詹切○注疏本音切改大字

制十有二幅元本同閩本監毛本十有倒

其深衣製度注疏本製作制此非

此辨車馬之飾名也元本同閩本監本毛本辨作別

轡者御馬之具也注疏本轡誤轙

古者乘車駕駟馬元本閩本同監本毛本作乘馬非

魚謂之餒唐石經雪牕本同單疏本亦作餒釋文本作餧奴罪反引說文魚敗曰餧云字書作餒同按玉篇餒魚敗也是也今釋文委妥偏旁互易論語音義同五經文字云餧奴罪反飢也經典相承別作餒為飢餒字以此字為餧餉之餧字書無文然則張參所見經典已有作餒者矣特其所據釋文尚是餧字

肉爛雪牕本注疏本同誤也單疏本作內爛論語正義引此注同此疏云魚內爤曰餒按說文爤孰也从火蘭聲無爛字今本從闌非爾雅糷爤瀾字皆從蘭

飯摶相著者名爛元本同誤也閩本監本毛本爤作糷當據以訂正

魚內爤曰餒注疏本內誤肉爤字元本同閩本監本毛本改爛非

故云爾然則魚之敗壞先自內始故云內爛注疏本脫爾然以下十三字

謂削鱗也單疏本雪牕本同釋文鰭巨夷反子虛賦云揵鰭掉尾是也或作鰭按上林賦揵鰭掉尾郭注鰭背上鬣也子虛賦無文江賦云揚鰭掉尾經曰鬐注當言鰭作鬐蓋非

此論治擇魚肉之名也元本同蜀本監本毛本論下衍辨

肉剝去其皮注疏本脫去

斮謂斬削其鱗元本閩本監本同毛本謂誤爲

一名冰元本同閩本監本毛本下衍脂

其實韭菹醯醢注疏本誤作韭葅醯醢

滓澱也今江東呼垽雪牕本注疏本同單疏本引下句同按滓澱也當作澱滓也邢疏云澱滓泥也所據郭注蓋未誤一切經音義卷九卷十五兩引此注云澱滓也江東呼爲垽華嚴經音義卷上所引同澱滓皆未誤倒爲字亦當據以補正

款闊也元本同閩本監本毛本闊改濶

鄭箋云注疏本脫鄭

獻子以朱絲係玉二瑴注疏本係改繫今左傳作係

五瑴則十玉也注疏本十下衍雙

栒上加大版爲之飾注疏本版作板

菜謂之蔌單疏本雪牕本元本同閩本監本毛本蔌作蔌非釋文亦作蔌唐石經闕

毛傳云元本閩本同監本毛本傳上衍詩

白茅苫也單疏本雪牕本同注疏本脫也

孫炎云 注疏本云改曰

蓋苦之別名是也 閩本監本毛本脫是正德本此字實闕

鏐即紫磨金 單疏本雪牕本元本閩本監本同毛本磨改磨

錫今白鑞也 正德本閩本監本同毛本今誤金

則共其金版 注疏本作供其金鈑係依郭注改正德本亦作共單疏本引爾雅注作即供金鈑引周禮作共其金版各依本文不彼此互改故足貴

犀謂之剒 唐石經雪牕本同葉鈔釋文剒本或作厝同七各反通志堂本誤斮玉篇刀部剒且落切爾雅曰犀謂之剒亦作錯

五者皆治樸之名 雪牕本注疏本同單疏本樸作撲誤釋文璞字又作樸按一切經音義卷十六引此注云治璞之名也所據本與釋文合與毛詩校相矛盾

璆琳玉也 唐石經單疏本雪牕本同段玉裁云本作璆美玉也藝文類聚所引不誤釋文琳字無音後崐崘虛之璆琳琅玕乃音林詩韓奕釋文曰琳字又作玪音林鄭注尚書云璆美玉也玪美石也鄭與說文合今郭注琳亦衍字按說文玪玪塾石之次玉者从玉今聲又琳美玉也从玉林聲然則尚書之璆玪與爾雅之璆琳異字異訓琳爲美玉爾雅與說文亦合非衍字也釋地注云璆琳美玉名

郭云璆琳美玉名 正德本同閩本監本毛本琳誤即

玦之以金銑者雪牕本注疏本同釋文玦作決單疏本作玦之以金銑無者字按韋氏注此云玦猶決也郭注以決爲玦與韋義同今本仍作玉旁非又國語而玦之以金銑者寒甚矣單疏本引作而玦之以金者銑寒甚矣余謂古本國語當無者字故韋注云銑猶灑也灑灑寒貌讀銑寒甚矣句絕爾雅下文以金者謂之銑郭此注云銑即美金國語曰玦之以金銑是讀而玦之以金銑句絕

以尨衣純而玦之以金者銑寒甚矣元本同閩本剜改尨作厖者銑作銑者監本毛本承之

以銑下屬注疏本下誤玉

辨弓箭之名也閩本監本毛本辨改辯

金鏑斷羽注疏本鏑改鏃

以骨爲鏃注疏本骨誤金

江淮之閒謂之鍭注疏本鍭誤鏃

或謂之鈀音葩○注疏本音葩改大字

謂之鉀鑪嗑盧二音亦謂鍕箭也注疏本鉀誤鍕嗑誤溘亦誤皆音切改大字

古者倕作弓監本同毛本倕作垂閩本作揮正德本實闕○按揮作弓同說文

以射豻侯鳥獸元本同閩本監本毛本侯誤猴

此僖二十三年傳文也注疏本三誤二

蚌卽蜃也月令孟冬注疏本蚌誤珧脫月令

銑卽金絶澤者元本閩本同監本毛本金誤今

璧大六寸謂之宣唐石經單疏本雪牕本同經義雜記曰漢書郊祀志有司奉瑄玉孟康注用爾雅字作瑄藝文類聚引此作瑄說文玉部云珣醫無閭之珣玗琪周書所謂夷玉也从玉旬聲一曰玉器讀若宣知爾雅宣當作珣今作宣是借用同聲字本或宣旁加玉誤甚按注引漢書瑄玉以證經之宣璧是經作宣注作瑄也釋文云宣本或作瑄是有援注以改經者

肉邊好孔雪牕本同注疏本作肉邊也好孔也蓋依疏語增

孔大而邊小也雪牕本同邢疏亦云孔大而邊小名瑗注疏本誤作孔大於邊

所以連繫瑞玉者單疏本注疏本同今本疏中誤作璲玉浦鏜反據以改注誤甚

所佩之玉名璲元本同閩本剜改璲爲繸監本毛本承之

所以連繫瑞玉者元本同閩本監本毛本瑞改璲

因通謂之繸也元本閩本監本同毛本繸誤璲按經注皆作繸此與上文所佩之玉名璲璲繸字正互誤

再染謂之赬唐石經雪牕本同釋文赬恥貞反說文赤部云䞓赤色也引詩魴魚䞓尾又赬䞓或从貞考工記鍾氏注鄭司農引爾雅再染謂之

竀勅貞反本又作經亦作赬按赬經正字竀假借字正與貞巠聲相近左氏哀十七年傳如魚竀尾杜注竀赤色魚勞則尾赤亦用假借字

淺赤 雪牕本同注疏本作染赤誤

帛黃赤色 元本同閩本監本毛本帛誤縓今說文云帛赤黃色

書云黼黻絺繡是也 元本同閩本監本毛本云改曰

衣架 單疏本雪牕本同注疏本誤作木架

凡以竿爲衣架者名箷 元本閩本同監本毛本名誤多

簀謂之笫 注疏本同葉鈔釋文唐石經單疏本雪牕本笫作第

牀笫之言不踰閾 元本同閩本監本毛本踰誤喻

齊魯之閒謂之簀 注疏本簀作賷

復分半也 雪牕本同注疏本半誤平

釋樂第七

白詞也又象鍾磬也 元本象誤家鍾字空闕閩本剜改作又云石磬也監本毛本承之誤甚按此八字亦誤說文釋樂字之言今本無之當據以補正白卽鼻字詞言之气由鼻出故從白取詞義也下從木兩8象鍾磬懸虡之形

物成孰可章度 注疏本孰改熟

此篇總釋五聲之名 注疏本脫之

皆五音之别名 單疏本監本毛本同雪牕本元本皆作謂閩本剜改作皆釋文引郭云皆五音别名

清濁相雜和比謂之音 注疏本脫相雜按禮記注但云雜比曰音

衆聲和合成章 注疏本脫聲

庖犧作五十絃 注疏本犧下有氏

朱弦練朱弦練則聲濁 注疏本弦改絃下練脫按上引樂記朱絃而疏越亦當改弦

畫疏之 監本同元本閩本毛本畫誤蓋

如灑出也 注疏本同釋文引作出如灑也此誤倒

伏羲作琴 元本閩本監本同毛本犧改羲

應𨍏縣鼓 單疏本雪牕本元本閩本監本同毛本𨍏改𢄼○按說文作朄

則版六寸三分寸之二耳 浦鏜云則版下脫脊字

以鼖鼓鼓軍事 注疏本脫以鼖

磬樂器名也元本閩本同監本毛本磬誤罄

已上則磨其旁元本閩本監本同毛本磨改摩下同

有十三簧注疏本脫十

其大者名巢據釋文此下當有孫炎云三字

以匏爲厎注疏本厎作底

鄭司農注周禮亦云十三簧注疏本同此亦字係剜擠

云鄉射記曰元本同閩本監本毛本云改注

大箎謂之沂唐石經單疏本雪牕本同釋文注疏本箎作篪注及疏準此按篪是也从竹虒聲作箎非

大箎其聲非一也按釋文引李孫云篪聲悲沂悲也此非一兩字卽悲之誤分

名翹橫吹之注疏本脫名

大如鵝子單疏本雪牕本同釋文鵝作鵞

形如稱錘單疏本雪牕本同注疏本稱作秤俗字釋文似稱尺證反按李善注文選笙賦引此作形似稱錘似與如一義然郭氏多言似作如者後人所改

銳上平底注疏本底作底

大鐘謂之鏞唐石經單疏本同雪牎本注疏本鐘作鍾釋文鍾說文作鐘云樂器也字林同以此鍾爲酒器今經典通爲樂器據此則唐石經亦當作鍾

笙鏞以閒單疏本雪牎本同按鏞當作庸周禮眡瞭疏儀禮大射疏皆引尚書笙庸以閒詩那庸鼓有斁毛傳大鐘曰庸書正義引李巡注云大鍾音聲大鏞大也當本作庸大也

亦名鏄音博雪牎本同注疏本刪下二字

鐘樂器也注疏本脫樂

東晉興元年注疏本同釋文亦作與元年盧文弨曰據晉書太興元年此脫太字

簫一名籟單疏本雪牎本同案詩有瞽正義引此注無簫字非也

博雅曰簫大者二十三管注疏本同盧文弨曰廣雅二十四管初學記所引同此誤

無底小者十六管有底注疏本底皆作底

其言管數長短注疏本脫言

管長尺圍寸併漆之單疏本雪牎本同釋文漆音七按文選閑居賦管啾啾而並吹李善引此注曰管長尺圍寸併吹之與鄭注周

禮併兩管而吹之義同今作漆蓋誤

有底注疏本同單疏本底作底雪牕本誤底

其中謂之篞單疏本雪牕本注疏本同釋文唐石經篞作篞

小者謂之篎唐石經單疏本雪牕本元本同釋文篎郭音妙石經考文提要引至善堂九經本亦作篎閩本監本毛本篎誤篎

今大予樂官有之是也注疏本大予改太常此本舊訛作大子茲據下文所以鼓柷謂之止疏訂正

詩云我歌且謠單疏本雪牕本同按云當作曰上下文注引詩皆作曰

詩云或歌或咢雪牕本注疏本作詩曰此誤

徒鼓鐘謂之修唐石經同釋文修如字本作脩雪牕本注疏本作徒鼓鐘謂之脩按華嚴經音義卷上云廣雅修長也本作脩者謂乾脯又卷下云玉篇修飾修長字皆從彡今本玉篇廣雅皆不然此爲修長義當從彡釋文唐石經皆作修係正字之僅存者

徒鼓磬謂之寋唐石經雪牕本同初學記卷十六引作徒擊磬謂之寋按磬多言擊鼓字蓋涉上文誤釋文引李巡云罝擊衆聲寋連也蓋李本作擊磬○按寋字下从卩

孫炎曰注疏本曰作云

連底桐之雪牕本注疏本同釋文單疏本底作底底桐書皐陶正義引作桐玉篇桐達孔切呂氏春秋云百宮桐擾桐動也廣韻桐推引也漢

有挏馬官作酒又音同今本從木誤

以木長尺櫟之單疏本注疏本同雪牕本櫟音擽釋文櫟力的反廣雅云櫟繫也漢書音義云櫟捎也按廣雅卷二釋詁擽擊也字從手玉篇手部擽郎的切捎也舒也廣韻十八藥擽字統云擊也三十三錫擽捎也可訂釋文及今本之訛

投椎於其中而橦之注疏本橦作撞俗

蓋依漢之大予樂注疏本予改常

麻者音穊而長也單疏本同釋文穊居器反雪牕本注疏本穊作概訛按說文禾部穊稠也此言聲之稠密也

爾雅注疏卷五校勘記

翰林侍講學士朝請大夫守國子祭酒上柱國賜紫金魚袋臣邢昺等奉
勑校定

釋天第八

【疏】釋天第八○釋曰河圖括地象云易有大極是生兩儀兩儀未分其氣混沌清濁既分伏者爲天偃者爲地釋名云天顯也在上高顯又云天坦也坦然高遠說文云天顛也至高無上從一大也春秋說題辭云天之言。鎮也居高理下爲人經紀故其字一大以鎮之此天之名義也天之爲體中包乎地日月星辰屬焉然天地有高下之形四時有升降之理日月有運行之度星辰有次舍之常既曰釋天不得不略言其趣故其形狀之殊凡有六等一曰蓋天文見周髀如蓋在上二曰渾天形如彈丸地在其中天包其外猶如雞卵白之繞黃楊雄桓譚張衡蔡邕陸績王肅鄭玄之徒並所依用三曰宣夜。舊說。云殷代之制其形體事義無所出以言之四曰昕天昕讀。爲軒言天北高南下若車之軒是吳時姚信所說五曰穹天云穹隆在上虞氏所說不知其名也六曰安天是晉時虞喜所論案鄭注考靈耀云天者純陽清明無形聖人則之制璿璣玉衡以度其象如鄭此言則天是大虛本無形體但指諸星。運轉以爲天耳但諸星之轉從東而西凡三百六十五日四分日之一星復舊處星既左轉日則右行亦三百六十五日四分日之一至舊星之處即。以一日之行而爲一度計二十八宿一周天凡三百六十五度四分度之一是天之一周之數也天如彈丸圍圓三百六十五度四分度之一案考靈耀云一度二千九百三十二里千四百六十一分里之三百四十八周天百十萬一千里者是天圍周之里數也以圍三徑一言之則直徑三十五萬七千里此爲二十八宿所迴直徑之數也然二十八宿之外上下東西各有萬五千里是爲四遊之極謂之四表據四表之內幷星宿內總有三十八萬七千里然則天之中央上下正半

之處則一十九萬三千五百里地在於中是地去天之數也鄭注考靈耀云地
蓋厚三萬里春分之時地正當中自此地漸漸而下至夏至之時地下萬五千
里地之上畔與天中平夏至之後地漸漸向上至秋分地正當天之中央自此
地漸漸而上至冬至上遊萬五千里地之下畔與天中平自冬至後地漸漸而
下此是地之升降於三萬里之中但渾天之體雖繞於地地則中央正平天則
北高南下北極高於地三十六度南極下於地三十六度然則北極之下三十
六度常見不沒南極之上三十六度常沒不見南極去北極一百二十一度餘
若逐曲計之則一百八十一度餘若以南北中半言之謂之赤道去南極九十
一度餘去北極亦九十一度餘此是春秋分之日道赤道之北二十四度為夏
至之日道去北極六十七度也赤道之南二十四度為冬至之日道去南極亦
六十七度地有升降星辰有四遊又鄭注考靈耀云天旁日四表之中冬南夏
北春西秋東皆薄四表而止地亦升降於天之中冬至而下夏至而上二至上
下蓋極地厚也地與星辰俱有四遊升降四遊者自立春地與星辰西遊春分
西遊之極地雖西極升降正中從此漸漸而東至春末復正自立夏之後北遊
夏至北遊之極地則升降極下至夏末復正立秋之後東遊秋分東遊之極地
則升降正中至秋末復正立冬之後南遊冬至南遊之極地則升降極上至冬
末復正此是地及星辰四遊之義也星辰亦隨地升降故鄭注考靈耀云夏日
道上與四表平下去東井十二度為三萬里則是夏至之日上極萬五千里星
辰下極萬五千里故夏至之日下至東井三萬里也日有九道故考靈耀云萬
世不失九道謀鄭注引河圖帝覽嬉云黃道一青道二出黃道東赤道二出黃
道南白道二出黃道西黑道二出黃道北日春東從青道夏南從赤道秋西從
白道冬北從黑道立春星辰西遊日則東遊春分星辰西遊之極日東遊之極
日與星辰相去三萬里立夏星辰北遊日則南遊夏至星辰北遊之極日南遊
之極日與星辰相去三萬里以此推之秋冬放此可知計夏至之日日在井星
當嵩高之上以其南遊之極故在嵩高之南萬五千里所以夏至有尺五寸之
景也於時日又上極星辰下極故日下去東井三萬里也然鄭四遊之說元出

周髀之文但二十八宿從東而左行日從西而右行一度逆泝二十八宿案漢書律曆志云冬至之時日在牽牛初度春分之時日在婁四度夏至之時日在東井三十一度秋分之時日在角十度若日在東井則極長八尺之表尺五寸之景若春分在婁秋分在角晝夜等八尺之表七尺五寸之景冬至日在斗則。晝極短八尺之表一丈三尺之景一丈三尺之中去其一尺五寸則餘有一丈一尺五寸之景是冬夏往來之景也凡於地千里而差一寸則夏至去冬至體漸南漸下相去十一萬五千里又考靈耀云正月假上八萬里假下一十萬四千里所以有假上假下者鄭注考靈耀之意以天去地十九萬三千五百里正月雨水之時日在上假於天八萬里下至地一十一萬三千五百里夏至之時日上極與天表平也後日漸向下故鄭注考靈耀云夏至日與表平冬至之時日下至於地八萬里上至於天十一萬三千五百里也委曲具考靈耀注凡二十八宿及諸星皆循天左行一日一夜一周天一周天之外更行一度計一年三百六十五周天四分度之一日月五星則右行日一日一度月一日一十三度十九分度之七此相通之數也今曆象之說則月一日至於四日行最疾日行十四度餘自五日至八日行次疾日行十三度餘自九日至十九日行則遲日行十二度餘自二十日至二十三日又小疾日行十三度餘自二十四日至於晦行又最疾日行十四度餘此是月行之大率也二十七日月行一周天至二十九日彊半月。又於日與日相會乃爲一月故考靈耀云九百四十一分爲一日二十九日與四百九十九分爲月是一月二十九日之外至第三十日分至四百九十九分月及於日計九百四十分則四百七十爲半今四百九十九分是過半二十九分也。但。月。是陰精日爲陽精故周髀云日猶火月猶水火則外光水則含景故月光生於日所照魄生於日所蔽當日則光盈就日則明盡京房云月與星辰陰者也有形無光日照之乃有光先師以爲日似彈丸月似鏡體或以爲月亦似彈丸日照處則明不照處則闇案律曆志云二十八宿之度角一十二度亢九氐十五房五心五尾十八箕十一東方七十五度斗二十六牛八女十二虛十危十七營室十六。壁九北方九十八度奎十六婁十二胃十四昴十一畢十六觜二參九西方八十度井三十二鬼四柳十五星七張十八翼十八軫十七南方一百一十二度丑爲星紀初斗十二度終婺女七度子爲玄枵初婺女八度終於危十五度亥爲娵觜初危十六度終於奎四度戌爲降婁初奎五度終於胃六度酉爲大梁初胃七度終於畢十一度申爲實沈初畢十二度終於井十五度未爲鶉首初井十六度終於柳八度午爲鶉火初柳九度終於張十七度巳爲鶉尾初張十八度終於軫十一度辰爲壽星初軫十二度終於氐四度卯爲大火初氐五度終於尾九度寅爲析木初尾十度終於斗十一度五星者東方歲星南方熒惑西方太白北方辰星中央鎮星其行之遲速俱在律曆志不更煩說元命包云日之爲言實也月闕也劉熙釋名云日實也光明盛實月闕也滿則闕也說題辭云星陽精之榮也陽精爲日日分爲星故其字日下生也釋名云星散也布散於天又云陰蔭也氣在內奧陰也陽揚也陽氣在外發揚此等是陰陽日月之名也祭法黃帝正名百物其名蓋黃帝而有也或後人更有增足其天高地下日盈月闕觜星度少井斗度多日月右行星辰左轉四遊升降之差二儀運動之法非由人事所作皆是造化自然先儒因自然遂以人事爲義或據理是實或構虛不經既無正文可馮今皆略而不錄

穹蒼蒼天也天形穹隆其色蒼蒼因名云春爲蒼天萬物蒼蒼然生夏爲昊天言氣皓旰秋爲旻天旻猶愍也愍萬物彫落冬爲上天言時無事在上臨下而已四時

疏穹蒼至四時○釋曰此釋四時之天名也云穹蒼蒼天也者詩大雅桑柔云靡有旅力以念穹蒼故此釋之也詩人因天形穹隆其色蒼蒼故云穹蒼其實則與下云春爲蒼天者是一故云穹蒼蒼天也郭云天形穹隆其色蒼蒼因名云也云春爲蒼天者詩王風黍離云悠悠蒼天故此釋之也郭云萬物蒼蒼然生者言春時萬物蒼蒼然生春時天名曰蒼天也云夏爲昊天者詩雨無正云浩浩昊天故此釋之昊者元氣博大之貌郭云言氣皓旰者皓旰日光出之貌也言昊日光明皓旰因名云昊天也云秋爲旻天者詩大雅召旻云旻天疾威之類旻愍也言秋氣肅殺萬物可愍故曰旻天郭云旻猶愍也愍萬物

彫落者旻愍詩序文但彼愍作閔音義同也云冬爲上天者詩小雅信南山云上天同雲之類言冬時無事唯在於上故曰上天郭云言時無事在上臨下而已者言冬氣閉藏無他生殺之事唯在於上監於下而已也案詩傳云蒼天以體言之尊而君之則稱皇天元氣廣大則稱昊天仁覆閔下則稱旻天自上降監則稱上天據遠視之蒼蒼然則稱蒼天毛公此傳當有成文不知出何書李巡云古。詩人質仰視天形穹隆而高其色蒼蒼故曰穹蒼是蒼天以體言之也皇君也故尊而君之則稱皇天昊。大貌故言其混元之氣昊昊廣大則稱昊天旻閔也言其以仁慈之恩覆閔在下則稱旻天從上而下視萬物則稱上天據人遠而視之其色蒼蒼然則稱蒼天又李巡注此云春萬物始生其色蒼蒼故曰蒼天夏萬物盛壯其氣昊昊。大故曰昊天秋萬物成孰皆有文章故曰旻天冬陰氣在上萬物伏藏故曰上天案此以四時異其天名詩傳則各用所宜爲稱似相乖異而鄭玄則和合二說故異義。同號今尚書歐陽說春曰昊天夏曰蒼天秋曰旻天冬曰上天爾雅亦云古尚書與毛詩同謹案尚書堯典羲和以昊天總勅以四時故知昊天不獨春也左傳夏四月孔丘卒稱曰旻天不弔非秋也玄之聞也爾雅者孔子門人所作以釋六藝之言蓋不誤也春氣博施故以廣大言之夏氣高明故以遠大言之秋氣或生或殺故以閔下言之冬氣閉藏而清察故以監下言之皇天者至尊之號也六藝之中諸稱天者以情所求之耳非必於其時稱之浩浩昊天求天之博施。蒼。天蒼天求天之高明旻天不弔求天之生殺當得其宜上天同雲求天之所爲當順其時也此之求天猶人之說事各從其主耳若察於是則堯命羲和欽若昊天孔丘卒旻天不弔無可怪耳是鄭和合二說之事也爾雅春爲蒼天夏爲昊天歐陽說春爲昊天夏爲蒼天鄭既言爾雅不誤當從爾雅而又從歐陽。說以春昊夏蒼者鄭讀爾雅與孫郭本異故許慎既載今尚書說即言爾雅亦云明見爾雅與歐陽說同雖蒼昊育春夏之殊則未知孰是要二說理相符合故鄭和而釋之〇四時〇釋曰此題上事也言上所陳是四時。天之名也題之在下者若周公踐阼及詩篇章句皆篇末題之故此亦爾白虎通云歲時。何謂春秋冬夏也時者期也陰陽消息

之期也鄉飲酒義云春之爲言蠢也產萬物者聖也夏之爲言假也養之長之假之仁也秋之爲言揫也揫之以時察守義者也冬之爲言中也中者藏也

○春爲青陽氣清而溫陽夏爲朱明氣赤而光明秋爲白藏氣白而收藏冬爲玄英氣黑而清英四氣。和謂之玉燭道光照春爲發生夏爲長嬴。秋爲收成冬爲安寧此亦四時之別號尸子皆以爲大平祥風。大平四時。和爲通正通平暢也謂之景。風所以致景風甘雨。時降萬物以嘉莫不善之謂之醴泉所以出醴泉

祥

疏春爲至醴泉○釋曰此釋太平之時四氣和暢以致嘉祥之事也云春爲青陽者言春之氣和則青而溫陽也云夏爲朱明者言夏之氣和則赤而光明也云秋爲白藏者言秋之氣和則色白而收藏也云冬爲玄英者言冬之氣和則黑而清英也云四氣和謂之玉燭注云道光照者道言也言四時和氣溫潤明照故曰玉燭李巡云人君德美如玉而明若燭聘義云君子比德於玉焉是知人君若德輝動於內則和氣應於外統而言之謂之玉燭也云春爲發生夏爲長嬴秋爲收成冬爲安寧者此亦四時之別號也云四時和爲通正者言上四時之功和是爲通暢平正也云謂之景風者言所以致景風景風即和風也云甘雨時降萬物以嘉者嘉善也甘雨即時雨也不爲萬物所苦故曰甘若月令苦雨數來則非甘也甘雨既以時降則萬物莫不嘉善之也云謂之醴泉者言四時平暢亦所以使地出醴泉也醴泉者水泉味甘如醴也。云祥者亦題上事也祥吉也善也言此上皆太平之吉祥也○注此亦至祥風○釋曰云此亦四時之別號者言與上青陽等同爲四時別號故云亦也上據氣而言此據功爲說。云尸子皆以爲太平祥風者案尸子仁意篇述太平之事云燭於玉燭飲於醴泉暢於永風春爲青陽夏爲朱明秋爲白藏冬爲玄英四氣。和。爲正光。此之謂玉燭。甘雨時降萬物以嘉高者不少下者不多此之謂醴泉其風春爲發生夏爲長嬴秋爲方盛冬爲安靜四氣和爲通正此之謂永風是也○注所以出醴泉○釋曰案援神契云德及於天斗極明日月

光甘露降德至深泉則黄龍見醴泉湧是言王者脩德以召和平則致景風醴泉也案此經所釋卽謂發生等爲景風時雨爲醴泉而郭云所以致景風醴泉者所以弘通其義也○穀不熟爲饑。五穀不成 蔬不熟爲饉凡草菜可食者通名爲蔬 果不熟爲荒果木子 仍饑。爲荐連歲不熟左傳曰今又荐饑○荐賤 災

疏 穀不至爲荐○釋曰此釋歲凶災荒之名也穀謂五穀黍稷麻麥豆也熟成也五穀不成曰饑郭云凡草菜可食者通名蔬李巡曰可食之菜皆不熟爲饉周禮天官大宰職云以九職任萬民八曰臣妾聚斂疏材鄭玄云疏材百草根實可食者。小雅云降喪饑饉襄。十四年穀梁傳曰一穀不升謂之嗛。二穀不升謂之饑三穀不升謂之饉四穀不升謂之康。五穀不升謂之大饑又謂之大侵彼以五穀熟之多少立差等之名其實五者皆是饑也三穀不升於民乏困蓋與蔬不熟同故俱名爲饉也果木子也不成熟之歲名荒仍因也。相因而饑謂連歲不熟也僖十三年晉荐饑是也。云災者亦題上事也下皆倣此○注左傳曰今又荐饑○釋曰此晉語文也左丘明既作傳以解春秋又采簡牘以作國語其文不主於經故謂之外傳俱是丘明所作亦得云左傳曰案彼云晉饑乞糴於秦丕豹曰晉君無禮於君莫不知往年有難今又荐饑已失人又失天其殃也多矣君其伐之勿與糴是其事也

○大歲在甲曰閼。逢。在乙曰旃蒙在丙曰柔兆在丁曰強圉在戊曰著。雍。在己曰屠維在庚曰上章在辛曰重光在壬曰玄默。在癸曰昭陽閼烏割切著直略切重直龍切戳音亦 歲陽○大歲在寅曰攝提格在卯曰單閼在辰曰執徐在巳曰大荒落在午曰敦牂在未曰協洽。在申曰涒灘在酉曰作噩在戌曰閹茂在亥曰大淵獻在子曰困敦在丑曰赤奮若牂音臧洽夾涒湯昆切噩五各切閹音俺敦頓

疏 太歲在甲至赤奮若○釋曰此

別太歲在日在辰之名也甲至癸爲十日日爲陽寅至丑爲十二辰辰爲陰案漢書律曆志云洒以前曆上元泰初四千六百二十七歲至於元封七年復得閼逢攝提格之義中冬孟康曰言復得者上元泰初時亦是閼逢之歲歲在甲曰閼逢在寅曰攝提格此謂甲寅之歲也然則乙卯之歲曰旃蒙單閼丙辰之歲曰柔兆執徐丁巳之歲曰彊圉大荒落戊午之歲曰著雍敦牂己未之歲曰屠維協洽庚申之歲曰上章涒灘辛酉之歲曰重光作噩壬戌之歲曰玄黓閹茂癸亥之歲曰昭陽大淵獻甲子之歲曰閼逢困敦乙丑之歲曰旃蒙赤奮若以此推之周而復始可知

載歲也夏曰歲取歲星行一次商曰祀取四時一終周曰年取禾一熟唐虞曰載取物終更始歲名

疏載歲也至曰載○釋曰別年歲之名也載卽歲也白虎通云王者受命而改正朔者明易姓示不相襲也明受之於天不受之於人所以變易民心革其耳目以化也然則歲名變易理亦同此故夏曰歲取歲星行一次夏書曰每歲孟春遒人以木鐸徇于路是也商曰祀取四時一終則以祀者嗣也取其興來繼往之義孫炎曰取四時祭祀一訖商書曰惟元祀十有二月乙丑伊尹祠于先王是也周曰年者取禾一熟也案說文云秊穀熟也從禾千聲春秋曰大有年然則年者禾熟之名每歲一熟故以爲歲名左傳曰卜年七百是也唐虞曰載載始也取物終更始堯典曰朕在位七十載舜典曰五載一巡守是也○注取歲星行一次○釋曰案律曆志分二十八宿爲十二次晉灼注天文志云太歲在四仲則歲行三宿太歲在四孟四季則歲行二宿二八十六三四十二而行二十八宿十二歲而周天是歲星年行一次也○

月在甲曰畢在乙曰橘在丙曰修在丁曰圉在戊曰厲在己曰則在庚曰窒在辛曰塞在壬曰終在癸曰極窒知乙切塞先北切月陽○正月爲陬離騷云攝提貞於孟陬二月爲如三月爲寎四月爲余五月爲皐六月爲且七月爲相八月爲壯九月爲玄國語

云至於玄月是也○寎孚柏切且子余切相息亮切 十月爲陽純陰用事嫌於無陽故以名云 十一月爲辜十二月爲涂。皆月之別名自歲陽至此其事義皆所未詳通者故闕而不論○涂音徒 月名

疏月在甲至月名○釋曰此辨以日配月之名也設若正月得甲則曰畢陬二月得乙則曰橘如三月得丙則曰脩寎四月得丁則曰圉余五月得戊則曰厲皋六月得己則曰則且七月得庚則曰窒相八月得辛則曰塞壯九月得壬則曰終玄十月得癸則曰極陽十一月得甲則曰畢辜十二月得乙則曰橘涂周而復始亦可知也若史記曆書云月名畢聚也○注離騷至孟陬。之○釋曰離騷者屈原。之所作也屈原與楚同姓。仕懷王爲三閭大夫爲大夫靳尚所譖毀見疏乃作離騷經離別也騷愁也言己放逐離別心中愁思猶陳正道以諷諫君也其經曰。帝高陽之苗裔兮朕皇考曰伯庸攝提貞於孟陬兮惟庚寅吾以降彼注云言己生得陰陽之正中。是引之以。證正月爲陬之義○注國語至是也○釋曰此越語文也案彼云越王將伐吳范蠡諫曰王姑待之至於玄月王召范蠡而問焉彼注云魯哀公十六年九月也至十七年三月越伐吳是也引之以證九月爲玄也○注純陰至名云○釋曰純陰用事嫌於無陽故以名云者以易言之五月一陰生十月純。坤用事故云純陰用事也云嫌者君子愛陽而惡陰故以陽名之無陽而得陽名者以分陰分陽迭用柔剛十二月之消息見其用事耳其實陰陽。常。有詩緯曰陽生酉仲陰生戌仲是十月中兼有陰陽也四月。秀葽靡草死豈無陰乎明陰陽常兼有也詩小雅云日月陽止是也○注皆月至不論○釋曰言正月爲陬已下皆月之別名云自歲陽至此者謂自閼逢以下也云其事義皆所未詳通者案李巡孫炎雖各有其說皆構虛不經疑事無質故闕而不論

○南風謂之凱。風詩曰凱風自南 東風謂之谷風詩云習習谷風 北風謂之涼風詩云北風其涼 西風謂之泰風詩。云泰風有隧 焚輪謂之穨。暴風從上下○穨徒回切 扶搖謂之猋暴風從下上○猋必遙切 風與火爲庉庉庉熾盛之貌○庉徒衮切 迴

風為飄旋風也飄音飄○日出而風為暴詩。云終風且暴風而雨土為霾詩云終風且霾○雨音預陰而風為曀詩云終風且曀○曀於計切天氣下地不應曰雺。言蒙昧應音膺○地氣發天不應曰霧。霧。謂之晦言晦冥螮蝀謂之雩螮蝀虹也俗名為美人虹江東呼雩。○螮音帝蝀丁孔切雩于句切蜺。為挈貳蜺雌虹也見離騷挈貳其別名見尸子○挈若結切弇日為蔽雲即暈氣五彩覆日也○弇掩疾雷為霆霓。雷之急。擊者謂霹靂○霆廷霓宜雨霓為霄。雪詩云如彼雨雪先集維。霓。霓。水雪雜下者。謂之。消雪○霓醉見切暴雨謂之涷。今江東。人呼夏月暴雨為。涷雨離騷云令飄風兮先驅使涷雨兮灑塵是也。○涷。音。東。西。之。東小雨謂之霡霂詩云益之以霡霂○霡墨霂木久雨謂之淫左傳曰天作淫雨淫謂之霖。雨自三日已上為霖濟謂之霽。今南陽人呼雨止為霽○濟音薺霽徂計切風雨

疏 南風至風雨○釋曰此釋風雨之名也易曰風以動之雨以潤之又曰潤之以風雨洪範曰月之從星則以風雨然則風雨相將之物故此類聚而釋之也。○南風謂之凱風者李巡曰南風長養萬物。萬。物喜樂故曰凱風凱樂也郭氏無說義或當然詩邶風云凱風自南是也○東風謂之谷風者孫炎曰谷之言穀穀生也谷風者生長之風也詩邶風云習習谷風是也○北風謂之涼風者北風一名涼風言北方寒涼之風也月令孟秋之月涼風至詩邶風云北風其涼是也○西風謂之泰風者孫炎曰西風成物物豐泰也詩大雅桑柔云泰風有隧是也○焚輪謂之頹者李巡曰焚輪暴風從上來降謂之頹頹下也孫炎曰迴風從上下曰頹郭云暴風從上下與李同也詩小雅云習習谷風維風及頹是也○扶搖謂之猋者李巡曰扶搖暴風從下升上故曰猋猋上也孫炎曰迴風從下上曰猋郭云暴風從下上亦。用李說○莊子說鵬云摶扶搖而上者九萬里月令孟春行秋令則猋風暴雨總至是也○風與火為庉者郭云庉庉熾盛之貌言風自火

出火因風熾。而有大風者爲庉○迴風爲飄者郭云旋風也李巡曰一曰飄風別二名也詩蓼莪云飄風發發是也○日出而風爲暴者孫炎云陰雲不興而
大風暴起然則爲風之暴疾故詩邶風云終風且暴毛傳云暴疾也○風而雨土爲霾者孫炎曰大風揚塵土從上下也詩邶風云終風且霾是也○陰而風
爲曀者孫炎曰雲風曀日光詩邶風云終風且曀是也○天氣下地不應曰雺者郭云言蒙昧洪範云曰雺鄭注云雺聲近蒙詩。零雨其。蒙則雺是天氣下降
地氣不應。而蒙闇也○地氣發。天不應曰霧霧謂之晦者郭云言晦冥月令仲冬行夏令氛霧冥冥鄭云霜露之氣散相亂也然則地氣發而上天不應之則
爲氛霧霧又名晦春秋僖十五年己卯晦震夷伯之廟公羊穀梁皆云晦冥也是矣○螮蝀謂之雩螮蝀虹也者郭云俗名美人虹江東呼雩然則螮蝀一名
雩一名虹詩鄘風云蝃蝀在東月令季春之月虹始見音義云虹雙出色鮮盛者爲雄雄曰虹闇者爲雌雌曰蜺虹是陰陽交會之氣純陰純陽則虹不見若
雲薄漏日日照雨滴則虹生螮與蝃音義同○蜺爲挈貳者蜺雌虹也一名挈貳說文云霓屈虹青赤或白色陰氣也郭云見離騷者卽天問云白蜺嬰茀胡
爲此堂及遠遊章云雌蜺㛹嬛以曾撓兮是也挈貳其別名也文見尸子○弇日爲蔽雲者郭云卽暈氣五彩覆日也然則暈氣弇日名蔽雲周禮春官眂祲
掌十煇之法鄭司農云煇謂日光炁是也○疾雷爲霆霓者郭云雷之急擊者謂霹靂案說文云霆雷餘聲也鈴鈴所以挺出萬物也又云震劈歷振物者然
則疾雷一名霆霓又名震春秋震夷伯之廟謂劈歷破之是也霹靂俗字也○雨霓爲霄雪者霓水雪雜下也因名霄雪霄卽消也詩小雅頍弁云如彼雨雪
先集維霰鄭箋云將大雨雪始必微溫雪自上下遇溫氣而摶謂之霰案大戴禮曾子云陽之專氣爲霰陰之專氣。爲雹盛陽之氣在雨水則溫。暖爲陰氣薄
而脅之不相入則摶爲雹也盛陰之氣在雨水則凝滯而爲雪陽氣薄而脅之不相入則消散而下因水而爲。霰是霰由陽氣所薄而爲之故鄭言遇溫氣而
摶也霓與霰音義同○暴雨謂之涷者暴雨謂驟雨也一名涷郭云今江東人呼夏月暴雨爲涷雨離騷云令飄風兮先驅使涷雨兮灑塵是也者此離騷九

歌大司命文案彼云廣開兮天門紛吾乘兮玄雲令飄風兮先驅使涷雨兮灑塵是也○小雨謂之霢霂者小雨一名霢霂小雅信南山云益之以霢霂是也李巡云冰雪俱下案此文上有暴雨下云久雨於中間無雪事而云冰雪俱下妄矣○久雨謂之淫者淫過也久雨過多害於五稼故謂之淫月令季春行秋令則天多沈陰淫雨早降謂久雨也注云左傳曰天作淫雨者莊十一年傳文也○淫謂之霖者淫雨又名霖也郭云雨自三日已上爲霖者隱九年左傳文也○濟謂之霽者濟止也雨止名霽郭云今南陽人呼雨止爲霽書云曰霽。云。風雨者題上事也

○壽星角亢也數起角亢列宿之長故曰壽○亢音剛

天根氐也角亢下繫於氐若木之有根○氐音低

天駟房也龍爲天馬故房四星謂之天駟

大辰房心尾也龍星明者以爲時候故曰大辰

大火謂之大辰大火心也在中最明故時候主焉

析木謂之津即漢津也○析昔

箕斗之間漢津也箕龍尾斗南斗天漢之津梁

星紀斗牽牛也。牽。牛。斗者日月五星之所終始故謂之星紀

玄枵虛也。虛在正北北方。色。黑枵之言耗。耗亦虛意○枵許嬌切

顓頊之虛虛也顓頊水德位在北方○顓專頊旭

北陸虛也虛星之名凡四方○虛墟

營室謂之定定正也作宮室皆以營室。中爲正○定多佞切

娵觜之口營室東壁也。營室東壁星四方似口因名云娵子余切觜咨

○降婁奎婁也奎爲溝瀆故名降○降戶江切

大梁昴也西陸昴也昴西方之宿別名旄頭

濁。謂之畢。掩兔之畢或呼爲濁。因星形以名。

咮謂之柳咮朱鳥之。口○咮猪究切

柳鶉火也鶉鳥名火屬南方

北極謂之北辰北極天之中以正四時

何。鼓謂之牽牛今荊楚人呼牽牛星爲檐鼓。檐者。荷也○何胡可切

明星謂之啓明太白星也晨見東方而啓明昏見西方爲太白○啓啓

彗。星爲欃。槍。亦謂之孛言其形孛孛似埽。彗○欃初銜槍初庚

奔星

珍倣宋版印

爲彴。約流星○彴蒲握切約音藥

星名

疏壽。星。至。星。名。○。釋。曰此別星名也案周禮保章氏以星土辨九州之地所封封域皆有分星以觀妖祥鄭玄注云大界則曰九州諸國。之封域於星亦有分焉其書亡矣堪輿雖有郡國所入度非古數也今其存可言者十二次之分也星紀吳越也玄枵齊也娵訾衞也降婁魯也大梁趙也實沈晉也鶉首秦也鶉火周也鶉尾楚也壽星鄭也大火宋也析木燕也又漢書律曆志東方角亢氐房心尾箕北方斗牛女虛危室壁西方奎婁胃昴畢觜參南方井鬼柳星張翼軫宿凡二十八此經所釋次惟有九宿惟十七者以爾雅之作釋六。藝所載者所不載者則闕焉。○壽星角亢也者言壽星之次值角亢之宿也郭云數起角亢列宿之長故曰壽天文志云東宮蒼龍左角理右角將大角者天王帝坐廷亢主宗廟是也○天根氐也者氐一名天根郭云角亢下繫於氐若木之有根國語曰天根見而水涸是也○天駟房也者房一名天駟也郭云龍爲天馬故房四星謂之天駟天文志曰房爲天府曰天駟國語曰月在天駟是也○大辰房心尾也者大辰房心尾之總名也辰時也郭云龍星明者以爲時候故曰大辰春秋昭十七年冬有星孛於大辰是也○大火謂之大辰者大火大辰之次名也李巡云大火蒼龍宿心以候四時郭云大火心也在中最明故時候主焉左傳曰心爲大火是也○析木謂之津箕斗之間漢津也者析木之津。箕斗之次名也。孫炎曰析別水木以箕斗之間是天漢之津也劉炫謂析是天漢卽天河也天河在箕斗二星之間箕在東方木位斗在北方水位分析水木以箕星爲隔隔河須津梁以度故謂此次爲析木之津也不言析水而言析木者此次自南而盡北故依此次而名析木也郭云箕龍尾斗南斗天漢之津梁以四方皆有七宿各成一形。東方成龍形西方成虎形皆南首而北尾南方成鳥形北方成龜形皆西首而東尾箕在。蒼龍之末故云龍尾斗至南方卽見故云南斗昭八年左傳曰今在析木之津國語曰日在析木之津。者是也案經典但有析木之津無析木謂之津今定本有謂字因注云卽漢津也誤矣○星紀斗牽牛也者星紀斗牛之次也郭云牽牛斗者日月五星之所終始故謂之星紀左傳曰歲在星紀是也○玄枵虛也者玄枵虛之次名也郭云虛在正北北方。色。黑枵之言。秏。秏亦虛意然則以其色黑而枵虛秏故名其次曰玄枵案襄二十八年左傳云春無冰梓慎曰今兹宋鄭其饑乎歲在星紀而淫於玄枵以有時菑陰不堪陽蛇乘龍龍宋鄭之星也宋鄭必饑玄枵虛中也枵秏名也土虛而民秏不饑何爲顓頊之虛也郭云顓頊水德位在北方然則以北方三次以玄枵爲中玄枵次有三宿又虛在其中以以水位在北顓頊居之故謂玄枵虛星爲顓頊之虛也昭十年左傳云鄭裨竈言於子產曰今兹歲在顓頊之虛是也○北陸虛也者虛星又謂之北陸也孫炎曰陸中也北方之宿虛爲中也昭四年左傳云古者日在北陸而藏冰杜注云陸道也陸之爲中爲道皆無正訓各以意。耳要以虛爲北方中星宿是日行之道故謂之北陸郭云虛星之名凡四者。玄枵也虛也顓頊之虛也北陸也○營室謂之定室者營室一名定郭云定正也作宮室皆以營室中爲正詩鄘風云定之方中作于楚宮鄭箋云定星昏中而正於是可以營制宮室故謂之營室娵訾之口營室東壁也者娵訾之次也壁居南則在室東孫炎曰娵訾之。歎則口開方營室東壁四方似口故因名也郭云營室東壁星四方似口因名云由其營室與東壁相成故得正四方襄三十年左傳云歲在娵訾之口是也○降婁奎婁也者降婁奎婁之次名也孫炎曰降下也奎爲溝瀆故稱降也郭云奎爲溝瀆故名降者漢書天文志云奎曰封豨爲溝瀆是也案襄三十年左傳。曰鄭公孫揮與裨竈晨過伯有氏其門上生莠子羽曰其莠猶在乎於是歲在降婁降婁中而旦裨竈指之曰猶可以終歲歲不及此次也已及其亡也歲在娵訾之口其明年乃及降婁是也○大梁昴也西陸昴也者大梁昴之次名也昴西方之宿名也又謂之西陸昭四年左傳云古者日在北陸而藏冰西陸朝覿而出之又十一年傳云歲及大梁蔡復楚凶是昴星之名凡三郭云昴西方之宿別名旄頭者天文志云昴曰旄頭胡星也是矣○濁謂之畢者畢西方之宿名一名濁郭云掩兎之畢或呼爲濁因星形以名詩小雅云有捄天畢毛傳云捄畢貌畢所以掩兎。也特牲饋食禮曰宗人執畢鄭注云畢狀如义蓋爲其似畢星取名焉然則掩兎之畢俱象畢星爲之但掩兎之畢施綢爲異爾○咮謂之柳柳鶉火也者柳南方之宿名南方七宿共爲朱鳥之形柳爲朱鳥之口故名咮咮即朱鳥之口也鶉火柳之次名也鶉即朱鳥也火屬南方行也因名其次爲鶉火襄九年左傳曰晉侯問於士弱曰吾聞之宋災於是乎知有天道何故對曰古之火正或食於心或食於咮以出內火是故咮爲鶉火心爲大火是也○北極謂之北辰者極中也辰時也居天之中人望之在北因名北極斗杓所建以正四時故云北辰論語云爲政以德譬如北辰是也○何鼓謂之牽牛者李巡云何鼓牽牛皆二十八宿名也孫炎曰何鼓之旗十二星在牽牛北也或名爲何鼓亦名牽牛如此文則牽牛何鼓一星也如李巡孫炎之意則二星今不知其同異也案漢書天文志牽牛爲犧牲其北河鼓河鼓大星上將左。右。將。左右將亦以牽牛河鼓爲二星郭云今。荊。楚人呼牽牛星爲檐鼓檐者荷也順經爲說以時驗而言也○明星謂之啓明者孫炎曰明星大白也出東方高三舍。今曰明星昏出西方高三舍。今曰太白郭云太白星也晨見東方爲。啓明昏見西方爲太白然則啓明是太白矣詩小雅云東有。啓明西有長庚。長。庚不知是何星也或以。星。出在東西而異名或二者別星未能審也○彗星爲欃槍者彗星一名欃槍漢書天文志云歲星贏而東南石氏見彗星甘氏不出三月迺生彗星本類星末類彗長二丈贏東北石氏見覺星甘氏不出三月迺生天棓本類星末銳長四尺縮西南石氏見欃雲如牛甘氏不出三月迺生天。槍左右銳長數丈縮西北石氏見槍雲如馬甘氏不出三月迺生天。欃本類星末銳長數丈石氏欃槍棓彗異狀其殃一也郭云亦謂之孛言其形孛孛似掃彗春秋左氏傳昭十七年冬有星孛于大辰西及漢申須曰彗所以除舊布新也公羊傳。孛者何彗星也彗謂帚也言其狀似掃帚光芒孛孛然妖變之星非常所有故言孛又言彗也。○奔星爲彴約者奔星即流星也一名彴約。星名題上事也

○春祭曰祠祠之言食夏祭曰礿新菜可汋秋祭曰嘗嘗新穀冬祭曰蒸。進品物也祭

天曰燔柴既祭積薪燒之○燔音煩祭地曰瘞薶既祭。埋藏之祭山曰庪縣。或庪或縣置之於山山海經曰縣以吉玉

是也○庪居委反縣玄祭川曰浮沈投祭水中或浮或沈祭星曰布布散祭於地祭風曰磔今俗當大道中磔狗云以
止風此其象○磔音責是禷是禡師祭也師出征伐。類於上帝禡於所征之地○禷類禡罵既伯既禱馬祭也伯祭
馬祖也將用馬力必先祭其先禘大祭也五年一大祭○禘大計切繹又祭也祭之明日尋繹復祭周曰繹春秋經曰壬午猶繹
商曰彤。書曰高宗彤日夏曰復胙。未見義所出○胙音祚祭名疏春祭至祭名○釋曰此別四時及三代諸祭名也春祭曰祠夏
祭曰礿秋祭曰嘗冬祭曰蒸者此四時之祭名也郭云祠之言食礿新菜可汋嘗嘗新穀蒸進品物也此皆周禮也。殷以上則礿禘蒸嘗王制文是也至周公
則去夏禘之名以春禴當之更名春曰祠故禘祫志云王制記先王之法度宗廟之祭春曰禴夏曰禘秋曰嘗冬曰蒸祫爲大祭於夏於秋於冬周公制禮乃
改夏爲禴禘又爲大祭祭義注云周以禘爲殷祭更名春曰祠是祠禴嘗蒸之名周公制禮之所改也。若然詩小雅云禴祠蒸嘗于公先王此文王之詩所以
已得有制禮所改之名者然王者因革與世而遷事雖制禮大定要亦所改有漸易曰不如西鄰之禴祭鄭注爲夏祭之名則文王時已改言周公者據制禮
大定言之耳。○祭天曰燔柴者祭天名燔柴祭注云燔柴於泰壇祭天也郭云既祭積薪燒之大宗伯云以禋祀祀昊天上帝以實柴祀日月星辰以槱燎祀
司中司命飌師雨師鄭。云禋之言煙周人尚臭煙氣之臭聞者槱積也詩曰芃芃棫樸薪之槱之三祀皆積柴實牲體焉或有玉帛燔燎而升煙所以報陽也
然則祭天之禮積柴以實牲體玉帛而燔之使煙氣之臭上達於天因名祭天曰燔柴也○祭地曰瘞薶者祭地名瘞薶祭法云瘞埋於泰。折祭地也然則祭
神州地祇於北郊瘞繒埋牲因名祭地曰瘞薶李巡曰祭地以玉埋地中曰瘞薶孫炎曰瘞者翳也既祭翳藏地中○祭山曰庪縣者庪縣祭山之名也庪謂
埋藏之大宗伯云以貍沈祭山林川澤鄭注云祭山林曰埋是也縣謂縣其牲幣於山林中因名祭山曰庪縣郭云或庪或縣置之於山是也又云山海經曰

縣以吉玉是也者案中山經云歷兒冢也其。祠。祀毛大牢之具縣以吉玉彼注云縣祭山之名是也○祭川曰浮沈者浮沈祭川之名也郭云投祭水中或浮或沈大宗伯云以貍沈祭山林川澤鄭注云祭川澤曰沈順其性之。含藏是也○祭星曰布者李巡曰祭星者以祭布露地故曰布孫炎曰既祭布散於地似星布列也郭云布散。祭於地○祭風曰磔者磔謂披磔牲體象風之散物因名云郭云今俗當大道中磔狗云以止風此其象○是。禷是禡師祭也者是。禷是禡詩大雅皇矣篇文也師祭也作者所以解詩也言用師出征之祭名也郭云師出征伐類。於上帝禡。於所征之地者王制云天子將出征類乎上帝禡於所征之地是也言類乎上帝則類祭祭天也祭天而謂之類者尚書夏侯歐陽說以事類祭之在南方就南郊祭之春官肆師注云類禮依郊祀而爲之是用尚書說爲義也禡之所祭其神不明肆師云凡四時之。大田獵祭表貉則爲位注云貉師祭也於立表處爲師祭祭造軍法者禱氣勢之增倍也其神蓋蚩尤或曰黃帝又甸祝掌四時之田表貉之祝號杜子春云貉兵祭也田以講武治兵故有兵祭。習兵之禮故貉祭禱氣勢之十百而多獲由此二注言之則禡祭造兵爲軍法者爲表以祭之禡周禮作貉貉又或爲貊字古今之異也貉之言百祭祀此神求獲百倍。○既伯既禱馬祭也者既伯既禱詩小雅吉日篇文也馬祭也作者所以釋詩也毛傳云伯馬祖也重物愼。微將用馬力必先爲之禱其祖禱禱獲也郭云伯祭馬祖也將用馬力必先祭其先知伯是祭馬祖者爲馬而祭故知馬祖謂之伯伯者長也馬祖始是長也鄭注周禮云馬祖天駟房也彼注云龍爲天馬故房四星謂之天駟馬國之大用王者重之故夏官校人春祭馬祖夏祭先牧秋祭馬社冬祭馬步注云馬祖天駟。上。文。云。天。駟先牧始養馬者馬社始乘馬者馬步神爲災害馬者既四時各有所爲祭之馬祖祭之在春其常也而將用馬力則又用彼禮以禱之。○禘大祭也者經傳之文稱禘非一其義各殊論語云禘自既灌及春秋禘。于。太廟謂宗廟之祭也喪服小記云王者禘其所自出也及大傳云禮不王不禘謂祭感生之帝於南郊也祭法云周人禘嚳而郊稷謂祭昊天於。圜丘也以此比餘處爲大祭總得。稱禘宗廟謂之禘者禘諦也言使昭穆之次審諦而不亂也祭天謂之禘者亦言使典禮審諦也郭云五年一大祭者出禮。緯文知非祭天之禘者以此文下云繹又祭也爲宗廟之祭知此亦宗廟之祭也○繹又祭也者又復也繹復祭之名也郭云祭之明日尋繹復祭公羊傳云繹者何祭之明日也穀梁傳云繹者祭之旦日之享賓也天子諸侯謂之爲繹少牢饋食大夫之禮也謂之賓尸與祭同日若然是亦與賓尸事不同矣而詩頌絲衣序云繹賓尸者繹祭之禮主爲賓事此尸但天子諸侯禮大異日爲之別爲立名謂之爲繹言其尋繹昨日卿大夫禮小同日爲之不別立名直指其事謂之賓尸耳此序言繹者是此祭之名賓尸是其祭之事故特詳其文也然又祭之名三代各異周名繹商名肜夏名復胙郭云春秋經曰壬午猶繹者宣八年經文也又云書曰高宗肜日商書篇也孫炎云肜日相尋不絕之意也曰復胙者郭云未見義所出以夏之典訓無言復胙名者是未見義所出也詩傳及詩箋亦無此一句說者云胙是祭肉也以祭之旦日復陳其祭肉以賓尸也未知然。不。祭。名。者。以。題。上。事。也。

○春獵爲蒐搜索取不任者○蒐音搜 夏獵爲苗爲苗稼除害 秋獵爲獮順殺氣也○獮息淺切 冬獵爲狩得獸取之無所擇○狩羊又反 宵田爲獠。管子曰獠獵。畢弋今江東亦呼獵爲獠。音遼。或。曰即今夜獵載鑪照也 火田爲狩放火燒草獵亦爲狩 乃立冢土戎醜攸行冢土大社戎醜大衆 起大事動大衆必先有事乎社而後出謂之宜有事祭也周。官所謂宜乎社 振旅闐闐振旅整衆闐闐羣行聲○闐音田 出爲治兵尚威武也幼賤在前貴勇力 入爲振旅反尊卑也尊老在前復常儀也 講武

疏春獵至講武○釋曰此說田獵習武之事也云春獵爲蒐夏獵爲苗秋獵爲獮冬獵爲狩者此四時田獵之名也郭云蒐搜索取不任者苗爲苗稼除害獮順殺氣也狩得獸取之無所擇隱五年左傳文。與。此。同。杜注云蒐索擇取不孕者苗爲苗除害也獮殺也以殺爲名順秋氣也狩圍守也冬物畢成獲則取之無所擇也周

禮大司馬職中春教振旅遂以蒐田中夏教茇舍遂以苗田中秋教治兵遂以獮田中冬教大閱遂以狩田其名亦與此同鄭玄解苗田與此小異言擇取不孕任者若治苗去不秀實者孫炎亦然桓四年公羊傳曰春曰苗秋曰蒐冬曰狩三名既與禮異又復夏時不田穀梁傳曰四時之田皆為宗廟之事也春曰田夏曰苗秋曰蒐冬曰狩皆與禮異者夏由微言既絕曲辨妄生左丘明親受聖師爾雅者或云子夏所作故二者與禮合漢代古學不行明帝集諸學士作白虎通義因穀梁之文為之其說曰王者諸侯所以田獵何為苗除害上以共宗廟下以簡集士衆也春謂之田何春歲之本舉本以名而言之也夏謂之苗何擇去懷任者也秋謂之蒐何蒐索肥者也冬謂之狩何守地而取之也四時之田總名為田何為田除害也案苗非懷任之名何云擇去懷任秋獸盡皆不瘦何云蒐索取肥雖名通義義不通也故先儒皆依周禮左傳爾雅之文而為之說其名亦有意焉雖復春獵獲則取之不能擇取不孕夏獵所取無多不能為之苗除害為因時異而變文耳謂之獵者蔡邕月令章句云獵者捷取之名也○宵田為獠者宵夜也夜獵名獠郭云管子曰獠獵畢弋者案管子四稱篇管仲對桓公曰昔者無道之君誅其良臣敖其婦女獠獵畢弋暴遇諸父者是也又云今江東亦呼獵為獠者以時驗而言也或曰即今夜獵載鑪照也者亦得為一義故復引之○火田為狩者郭云放火燒草獵亦為狩言與冬獵同名故云亦也李巡孫炎皆云放火燒草守其下風周禮羅氏蜡則作羅襦鄭云襦細密之羅此時蟄者畢矣可以羅罔圍取禽也今俗放火張羅其遺教禮記王制云昆蟲未蟄不以火田則是已蟄得火田也○乃立冢土戎醜攸行者此詩大雅緜篇文也郭云冢土大社戎醜大衆郊特牲云社所以神地之道也禮運云命降於社之謂殺地是社為土之神也冢詁為大土為社主故知冢土大社也釋詁云戎大也醜衆也故云戎醜大衆也○起大事動大衆必先有事乎社而後出謂之宜者此作者既引詩文於上然後為此辭以釋之也孫炎曰大事兵也有事祭也宜求見使祐也此文本解戎醜攸行之意言國家起發軍旅之大事以興動其大衆必先有祭祀於此社而後出行其祭之名謂之為宜以師行必

須宜祭以告社故言戎醜攸行也成十三年左傳曰國之大事在祀與戎故兵爲大事也春秋昭十五年有事於武宮雜記云有事於上帝皆是祭事故謂祭爲有事以兵凶戰危慮有負敗祭之以求其福宜故謂之宜王制云天子將出宜乎社是也郭云周官所謂宜乎社者春官大祝職云出師宜于社造于祖是也○振旅闐闐者此詩小雅采芑篇文也鄭箋云至戰止將歸又振。旅伐鼓闐闐然振猶止也旅衆也郭云振旅整衆闐闐羣行聲。也出爲治兵尙威武也入爲振旅反尊卑也者此亦作者釋上詩文也古者春教振旅秋教治兵以戎是大事又三年一教隱五年左傳曰三年而治兵入而振旅是也征伐之時出軍至對陳用治兵禮戰止至還歸用振旅法名異而禮同也以此出當用之故以脩治兵事爲名入則休息故以整衆爲名其治兵振旅之名周禮左傳穀梁與此皆同惟公羊以治兵爲祠兵其禮治兵則幼賤在前振旅則尊老在前郭云幼賤在前貴勇力。也尊老在前復常儀也。講武者題上事也言皆所以講習武事也

○素錦綢杠 以白地錦。韜。旗之竿○杠爲江

纁帛縿 纁帛絳也縿衆旒所著○纁音勳縿音衫

素陞龍于縿 畫白龍於縿令上向

練旒九 練絳練。也

飾以組 用纂組飾旒之邊

維以縷 用朱縷維連持之不欲令曳地周禮曰六人維王之。大常是也

緇廣充幅長尋曰旐 帛全幅長八尺廣上曠長直亮

○繼旐曰旆 帛續旐末爲燕尾者義見詩○旐音兆

注旄首曰旌 載旄於竿頭如今之幢亦有旒

有鈴曰旂 縣鈴於竿頭畫。蛟龍於旒

錯革鳥曰旟 此謂合剝鳥皮毛置之竿頭卽禮記云載鴻及鳴鳶旟餘○

因章曰旃 以帛練爲旒因其文章不復畫之周禮云通帛爲旃

旌旂

疏 素錦至旌旂○釋曰此別旌。旂之異名也素錦綢杠者自此至維以縷說旂之制也綢韜也杠竿也先以白地錦韜旂之竿禮記所謂綢練設旐夏也則以纁帛著於素錦名縿縿卽衆旒所著者陞上也又畫白龍於縿令上向又練絳帛爲旒九以著於縿飾旒之邊用綦組。維持其旒使不曳地。以。朱。縷詩鄘風云素絲紕之鄭箋云素絲者以爲縷以縫紕旌。旗之旒縿

或以維持之是也郭云周禮曰六人維王之大常者夏官節服氏職文後鄭注云維之以縷王旌十二旒兩兩以縷綴連旁三人持之禮天子旌曳地鄭司農云維持之是也廣雅云天子杠高九仞諸侯七仞大夫五仞天子十二斿至地諸侯九斿至軫卿大夫七斿至軹士三斿至肩○緇廣充幅長尋曰旐者緇黑色也以黑色之帛廣全幅長八尺屬於杠名旐又以帛繼續旐末爲燕尾者名旆郭云義見詩者小雅六月云白旆央央是也○注旐首曰旐者李巡曰旐牛尾著竿首孫炎曰析五采羽注旄上也其下亦有旒縿郭云載旄於竿頭如今之幢亦有旒如是則竿之首有旄有羽也故周禮序官夏采注云夏采夏翟羽色禹貢徐州貢夏翟之羽有虞氏以爲綏後世或無故染鳥羽象而用之謂之夏采其職注云綏以旄牛尾爲之綴於幢上所謂注旄於竿首者也○有鈴曰旂者郭云縣鈴於竿頭畫交龍於旒司常云交龍爲旂又曰諸侯建旂然則旂者畫二龍於上一升一降相交又縣鈴於竿是諸侯之所建也詩小雅云旂旐央央是也○錯革鳥曰旟者孫炎云錯置也革急也畫急疾之鳥於縿也鄭志荅張逸亦云畫急疾之鳥隼以司常云鳥隼爲旟詩小雅云織文鳥章也郭云此謂合剝鳥皮毛置之竿頭者意與孫鄭少異云即禮記云載鴻及鳴鳶者案曲禮云前有水則載青旌前有塵埃則載鳴鳶前有車騎則載飛鴻前有士師則載虎皮前有摯獸則載貔貅鄭注云載謂舉於旌首以警衆也禮君行師從卿行旅從前驅舉此則士衆知所有所舉各以其類象青青雀水鳥鳶鳴則將風鴻取飛有行列也士師謂兵衆虎取其有威勇也貔貅亦摯獸也○因章曰旃者孫炎曰因其繒色以爲旗章不畫之是也司常云通帛爲旃鄭注云通帛謂大赤從周正色無飾郭云以帛練爲旒因其文章不復畫之周禮云通帛爲旜者以因其文章與周禮通用絳帛隨義立名其實一也故引爲證○旌旂者九旗之名雖異旌旂爲之總稱故以此題之案祭名講武旌旂俱非天類而亦在此者以皆王者大事又祭名則天曰燔柴講武則類於上帝旌旂則日月爲常他篇不可攝故繫之釋天也

爾雅疏卷第六

爾雅注疏卷六校勘記　阮元撰盧宣旬摘錄

爾雅疏卷第六注疏本仍卷第五

釋天第八

天之言鎭也注疏本鎭改顚非按此猶說文云天顚也鎭與顚皆眞聲下言居高理下爲人經紀並鎭守之義

三曰宣夜舊說云注疏本舊誤昔脫云

昕讀爲軒注疏本爲改曰

但指諸星運轉閩本監本毛本星下有之元本星字複

即以一日之行而爲一度注疏本以誤日

地下萬五千里浦鏜云萬上脫遊

地之下畔與天中平注疏本脫平

但渾天之體注疏本渾誤混

南極去北極元本去誤星閩本監本毛本改至

則一百八十一度餘注疏本同按八十一當作八十二

去南極九十一度餘注疏本脫餘

天旁日四表之中注疏本日改行非

地亦升降於天之中注疏本脫之

至春末復正元本同閩本剜改作春季監本毛本承之

冬季復正元本同閩本冬上剜擠至字監本毛本排入

萬世不失九道謀注疏本世改里非

立春星辰西遊日則東遊春分星辰西遊之極日東遊之極日與星辰相去三萬里立夏星辰北遊日則南遊夏至星辰北遊之極日南遊之極日與星辰相去三萬里元本先立春次夏至春分立夏閩本監本毛本先立春次立夏春分夏至下文相去三萬里監本毛本同元本閩本三誤二按此舉春夏以該秋冬言四遊之極以明日與星辰相去之遠也立春春分立夏夏至以四時之敘言之注疏本倒錯不可讀

秋冬放此可知注疏本放改倣

冬至日在斗則晝極短元本斗誤升閩本剜擠作日在牽牛監本毛本作斗牛又注疏本晝作日

又於日與日相會注疏本又作及

但月是陰精 元本但月誤餘此閩本因剜擠為餘做此月陰精監本毛本遂排入

辟九 注疏本辟改壁非

不更煩說 注疏本不更倒

既無正文可馮 元本同閩本監本毛本馮改憑

言氣皓旰 注疏本同單疏本雪牕本作皓旰釋文皓本亦作昊光明也日出也按此經作昊注作皓為經注異文之證注仍作昊非說文皓日出皃从日告聲暤暤旰也从日皋聲皓暤蓋通今本從白訛

在上臨下而已 單疏本雪牕本同注疏本在上下衍而字

古詩人質 元本監本同閩本詩剜改時毛本承之

昊大貌 注疏本大誤天下其氣昊大同

故異義天號 注疏本天改同

蒼天蒼天 元本同閩本監本毛本改作悠悠蒼天

而又從歐陽之說 注疏本脫之

是四時天之名也 注疏本脫天

歲時者何 注疏本脫者

四氣和謂之玉燭 唐石經單疏本雪牎本同注疏本作四時非按邢疏引尸子云四氣和爲正光此之謂玉燭此經無爲正光故直言謂之玉燭

夏爲長嬴 唐石經單疏本雪牎本注疏本同釋文嬴本或作嬴盧文弨刊本作本或作嬴石經考文提要作夏爲長嬴云從釋文

尸子皆以爲太平祥風 單疏本注疏本同雪牎本太作大釋文大平音泰或作太

四時和爲通正謂之景風 唐石經單疏本雪牎本同文選新刻漏銘注引作四氣和爲通正按此猶上文四氣和謂之玉燭也論衡是應篇引爾雅曰四氣和爲景星景風作景星無爲通正三字邢疏引尸子則云四氣和爲通正此之謂永風又尸子論衡文選注白帖卷一皆作四氣與上同唐石經上作四氣此作四時蓋非論衡引爾雅作景星尸子作永風永景聲相近

甘雨時降 唐石經雪牎本同論衡是應篇曰爾雅言甘露時降則今本作甘雨非

水泉味甘如醴也 此本下接云祥者亦題上事也祥吉也善也言此上皆大平之吉祥也二十三字次接〇注此亦至祥風〇釋曰云此亦四時之別號者云云蓋先釋經文都畢然後釋注也注疏本以上二十三字移配題下失其次矣

云尸子皆以爲太平祥風者 元本同閩本監本毛本云改注

四氣和爲正光 元本作四氣和正光照和下脫爲照字係剜擠閩本始排入監本毛本作四時和正光照更非按尸子作正光與上

青陽朱明白藏元英韻元板困學記聞所引與此同

其雨時降元本同閩本監本毛本其作甘此據爾雅改尸子也尸子此云其雨時降萬物以嘉下云其風春爲發生夏爲長嬴是其風其雨對文之證

穀不熟爲饑唐石經單疏本雪牕本元本閩本監本同毛本饑改飢下仍饑爲荐注及疏同釋文饑本或作飢

詩小雅云注疏本脫詩

襄十四年穀梁傳浦鏜云二十四年

一穀不升謂之嗛注疏本嗛作歉此與穀梁傳同

四穀不升謂之康注疏本康改荒此與穀梁傳同

相因而饑謂連歲不熟也元本監本作饑飢也連歲不熟爲荐饑閩本毛本作飢饑也連歲不熟爲荐饑皆係臆改

晉荐饑是也此本下接云災者亦題上事也下皆倣此次接注左傳曰今又荐饑○釋曰此晉語文也云云注疏本移云災者十二字分配題下失其次

太歲在甲曰閼逢單疏本雪牕本注疏本同唐石經太字一點後人增添釋文大歲音泰下放此錢大昕云古法太陰與太歲不同淮南天文太陰在寅歲名曰攝提格云云史記曆書索隱引爾雅云歲在甲曰焉逢寅曰攝提格無太字當是古本東漢術家不求太陰誤仍太陰爲太歲故漢書天

文志有太歲在寅曰攝提格之文太史公書但云攝提格歲陰左行在寅初不云太歲也按天官書索隱引李巡注爾雅歲在寅爲攝提格歲無太字又漢書律曆志上復得閼逢攝提格之歲孟康注云歲在甲曰閼逢在寅曰攝提格然則天文志太歲之太當亦後人增加耳

在戊曰著雍 唐石經雪牕本同單疏本亦作著雍釋文著本或作祝雝字又作雍本或作黎按史記曆書作祝犂

在壬曰元黓 唐石經閩本監本毛本同釋文亦作黓此本及雪牕本元本作黙誤從戈今訂正

在未曰協洽 雪牕本元本閩本監本同釋文協音叶唐石經單疏本毛本作協洽按字當從十

季穀熟也 正德本同閩本監本毛本季作年非

卜年七百 閩本同正德本監本毛本卜誤十

在丙曰修 唐石經雪牕本注疏本同釋文修本亦作脩按單疏本云三月得丙則曰脩寎

正月爲陬 唐石經雪牕本同釋文陬側留子侯二反隅也又子瑜反史記曆書月名畢聚索隱音娵周禮注作娵釋文徐劉沈並子須反按陬娵聚皆取聲

三月爲寎 唐石經雪牕本同單疏本亦作寎元本疏中作窉釋文寎本或作窉字同按廣韻三十八梗窉爾雅云三月爲窉本亦作寎四十三映寎驚病玉篇穴部窉筆永切穴也宀部無寎字是此經舊作窉也

十二月爲涂 唐石經雪牕本同釋文涂音徒周禮哲蔟氏注云月謂從娵至荼按涂荼皆余聲

離騷至孟陬之 之疑當作兮

屈原之所作也 注疏本脫之字

仕懷王 注疏本仕改事

高陽之苗裔兮 舊本同閩本高陽上剜擠帝字監本毛本排入

言己生得陰陽之正中是 舊本同閩本監本毛本是改者

引之以證正月爲陬之義 注疏本證改証

十月純坤用事 閩本監本毛本坤改陰舊本陰誤陽

其實陰陽常有 注疏本常有倒

四月秀葽 注疏本秀改莠

南風謂之凱風 唐石經雪牕本同釋文颽又作凱

詩云泰風有隧 雪牕本注疏本云作曰此非

焚輪謂之穨 唐石經雪牕本同單疏本注疏本穨作頹釋文焚本或作棼頹本或作穨隤同○按頹俗字也

詩云終風且暴 注疏本同雪牕本云作曰

天氣下地不應曰雺唐石經單疏本雪牕本同釋文雺或作霧字同亡公亡侯二反文選甘泉賦霧集而蒙合兮李善注爾雅曰天氣下地不應曰霧霧與蒙同按說文天氣下地不應曰霿霿晦也霚地氣發天不應雺籀文省五經文字云霚雺霧三同並莫侯反上說文中籀文下經典相承隸變並見爾雅義與說文同與爾雅正相反孫同元云蓋今本說文互誤玉篇云霚同雺天氣下地不應也雺從矛聲與蒙聲相近洪範曰蒙史記宋世家作曰霧索隱曰霧音蒙鄭注尚書云雺聲近蒙釋名釋天云霧冒也氣蒙亂覆冒物也郭景純云言蒙昧皆以蒙訓霧指天氣下地不應言之

地氣發天不應曰霧霧謂之晦唐石經單疏本雪牕本同釋文霧亡弄反又亡付反字林作霿音同本亦作霿五經文字霧莫弄反爾雅釋文並作霧惠棟云二霧字皆當作霿按釋文當正作霿云本亦作霧孫同元云字林作霧霧即霿之省文玉篇云霿武付切地氣發天不應也據文選注引上文作霧則此必不作霧可知

江東呼雩音芌雪牕本同注疏本刪下二字按釋文云雩今借爲芌音于付反本注云然也

蜺爲挈貳唐石經單疏本雪牕本同釋文霓五兮反本或作蜺漢書同

疾雷爲霆霓唐石經單疏本雪牕本同經義雜記曰霆與霓二物不當併稱郭注無霓字考初學記一白氏六帖二引作疾雷謂之霆文選注一北堂書鈔一百五十二事類賦三引作疾雷爲霆可證霆下本無霓字蓋因下句雨霓爲霄雪霓與霓形相近遂誤衍矣

雷之急激者雪牕本元本同釋文激古歷反單疏本監本毛本激誤繫閩本激字空闕

雨霓爲霄雪唐石經單疏本雪牕本同說文霄雨霓爲霄从雨肖聲齊語也五經文字霄雨霓爲霄見爾雅按霓爲水雪雜下是不得偏舉雪也

古本爾雅蓋無雪字

先集維霓雪牕本舊本閩本監本同毛本霓作霰蓋據毛詩改釋文霓本或作霰霏同詩釋文云霰字亦作霓五經文字霰霓二同上見詩下見爾雅按說文霰稷雪也从雨散聲霓霰或从見是霓霰同字郭氏所據詩蓋本作霓

霓水雪雜下者單疏本雪牕本同注疏本水作冰非按詩信南山正義引李巡注云水雪俱下禮記月令注云水雪雜下劉熙釋名云水雪相搏

故謂之消雪雪牕本同邢疏云霄即消也注疏本作謂之霄雪一脫一誤按此經作霄注作消釋文霄音消本亦作消蓋援注改經未審經注異文之致自陸氏作釋文時已然矣

暴雨謂之涷唐石經雪牕本注疏本同五經文字水部涷見爾雅廣韻一送涷瀑雨又水名涷冰凍皆又音東按釋文作凍都貢反單疏本惟經中字作涷疏云暴雨一名涷引郭注兩涷雨字及引九歌大司命涷雨字皆從冫文選思元賦注引經暴雨謂之涷雨及注兩涷雨字皆作凍考說文有凍無涷今人呼夏月暴雨爲冷雨涷雨猶冷雨也當從釋文張參隸此字於水部蓋非

今江東呼夏月暴雨爲涷雨雪牕本注疏本同單疏本涷作凍文選思元賦注引作今江東人呼夏月暴雨爲凍雨按人字當有下注云今南陽人呼雨止爲霽可證

使涷雨兮灑塵是也涷音東西之東雪牕本同注疏本刪下六字作細字音切釋文云涷郭音東本此

雨自三日已上爲霖單疏本注疏本同釋文及雪牕本作以上按左傳作以上

濟謂之霽唐石經單疏本雪牕本同釋文濟霽皆有音錢大昕云洪範曰雨曰霽史記宋世家作濟則濟霽本一字說文霋字注云霽謂之霋此經霽當爲霋字之誤

今南陽人呼雨止爲霽音薺雪牕本同注疏本刪下二字文選高唐賦注引作音濟蓋音霽爲濟也

○南風謂之凱風者此本每節首空一字元本同舊本每節加○閩本監本毛本每節增一一字下準此

南風長養萬物萬物喜樂注疏本脫一萬物

亦用李說注疏本用誤同

火而有大風者爲庉注疏本脫火

詩云零雨其濛注疏本脫云濛改蒙非此本鄭氏尚書注書正義引鄭注作濛

地氣不應而蒙闇也注疏本脫而

○地氣發天不應曰霧注疏本發下衍而

陰之專氣爲雹元本閩本監本同毛本爲誤謂

盛陽之氣在雨水則温暖元本閩本監本同毛本暖改㬉

因水而爲霞注疏本霞誤䨮

書云曰霽云風雨者題上事也注疏本删下云字移風雨者七字於題下

析木謂之津唐石經單疏本雪牕本同邢疏云析木之津者箕斗之次名也經典但有析木之津無析木謂之津今定本有謂字因注云卽漢津也誤矣據此知邢疏本無謂字今有者係後人據定本增加按春秋昭八年正義引孫炎注爾雅云析木之津箕斗之閒漢津也無謂字

牽牛斗者單疏本雪牕本同按依經當作斗牽牛者否則作牛斗者邢疏云星紀斗牛之次也

北方色黑枵之言耗單疏本耗作秏雪牕本注疏本色黑作黑色非秏誤耗釋文亦作秏按廣韻秏減也亦稻屬俗作耗

作宮室皆以營室中爲正單疏本雪牕本同注疏本營室下衍之

娵觜之口唐石經雪牕本注疏本同釋文亦作娵觜單疏本及元本疏引經作娵訾之口按左傳襄三十年作娵訾之口十二辰之次字作訾與二十八宿之觜不同釋文及唐石經作觜蓋用假借字

營室東壁也閩本監本毛本同唐石經單疏本壁作璧釋文辟本又作壁雪牕本元本誤璧

濁謂之畢唐石經單疏本雪牕本同詩漸漸之石毛傳畢噣也詩序盧令注畢噣也正義曰釋天云噣謂之畢引李巡孫炎郭氏注皆作噣釋文前後皆云噣本亦作濁則此經舊從口爲正也

或呼爲濁因星形以名單疏本雪牕本同詩盧令正義引作或呼爲噣因星形以名之按之字當有

咮朱鳥之口 單疏本雪牕本同注疏本口誤名

何鼓謂之牽牛 單疏本雪牕本注疏本同石經考文提要引至善堂九經本亦作何惠棟云何石經補字改作河按唐石經元刻作何後刮磨作河釋文何郭胡可反小爾雅云任也說文云檐也注以何爲荷訓作檐是郭本不作河考史記漢書作河鼓詩正義引李巡孫炎注同蓋爾雅本作河郭氏私定爲何唐石經用郭注本改爲河則非

檐者荷也 單疏本雪牕本毛本同釋文云何注作荷字音同此經注異文之明證元本閩本監本荷仍作何非思元賦注引作檐者荷也又單疏本檐字上從木此從手非釋文檐丁甘反字林云負也字從木詩元鳥箋云謂當擔負天之多福葉鈔釋文擔作檐是舊作木旁字今訂正

彗星爲欃槍 雪牕本注疏本同唐石經闕五經文字云欃槍見爾雅單疏本作欃釋文篲本今作彗按說文篲彗或从竹

言其形孛孛似埽彗 單疏本同釋文亦作埽雪牕本注疏本作掃俗字按釋文音經篲恤遂反又似醉似銳二反音注彗似銳反又音遂蓋經用古字作篲注用今字作彗

奔星爲彴約 單疏本雪牕本注疏本同唐石經闕段玉裁云彴釋文誤從彳今依玉篇佩觿正之按廣韻十八藥彴彴約流星開元占經卷七十一引此注曰彴約流星別名也字皆從彳

壽星至星名○釋曰 注疏本刪

九州諸國之封域 浦鏜云諸國下脫中字按今本周禮注有中字者衍也鏜從此所引

釋六藝所載者注疏本藝作藝

○壽星角亢也者此節注疏本誤連上文未分節

析木之津者注疏本脫者

箕斗之次名也孫炎曰閩本監本毛本孫炎曰上增一一字元本空一格皆誤分節

東方成龍形元本同閩本監本毛方誤南

尾箕在蒼龍之末注疏本蒼改倉

日在析木之津皆是也注疏本皆誤者

北方色黑枵之言秏秏亦虛意注疏本色黑倒脫一秏字秏作耗非

各以意耳浦鏜云意下脫言

謂玄枵也虛也注疏本脫謂

娵訾之歎則口開方監本同元本閩本毛本歎誤次詩定之方中正義誤鄭許宗彥云室壁四星相連其方如口故曰娵訾之口娵訾與嗟咨聲相近故娵訾之歎則口開方也

案襄三十年左傳曰注疏本曰作云

畢所以掩兔也注疏本脫也

吾聞之宋災注疏本災改灾

左右左右將元本同閩本剜擠作左左星右右將監本毛本作左左星右右將蓋依漢書改

今荆楚人呼牽牛星爲檐鼓元本同閩本監本毛本荆楚倒

今曰明星注疏本同盧文弨曰天官書索隱引孫炎注作命曰明星命曰太白今字誤下同

東有啓明元本閩本同監本毛本啓改启

西有長庚長庚不知是何星也或以星出在東西而異名注疏本脫一長庚及星出二字

甘氏不出三月迺生天欃元本閩本同監本毛本及漢書作天槍蓋誤

甘氏不出三月迺生天欃監本毛本及漢書同元本閩本作天槍蓋此誤

公羊傳曰注疏本脫曰

○奔星爲彴約者元本同閩本監本毛本誤連上文不分節

一名彴約星名題上事也注疏本移下六字配題下

冬祭曰蒸唐石經單疏本雪牎本同釋文亦作蒸五經文字廾部云蒸爾雅以爲祭名其經典祭烝多去草以此爲薪蒸

既祭埋藏之　雪牕本注疏本同按此經作薶注作埋

祭山曰庪縣　唐石經單疏本注疏本同釋文縣音元注同五經文字云庪縣見爾雅藝文類聚引此經縣字皆作懸案縣懸正俗字

是禷是禡　唐石經單疏本雪牕本同釋文禷音類經典作類五經文字云禷師祭名五經及釋文皆作類唯爾雅從示按說文禷以事類祭天神从示類聲與此經字同

類於上帝　單疏本雪牕本元本同閩本監本毛本於改于按此經作禷注作類爲異文之證

商曰肜　雪牕本注疏本同釋文肜余終反唐石經肜作彤五經文字舟部彤音融按說文舟部彤船行也从舟彡聲丑林切玉篇彤余弓切爾雅云祭也又丑林切舟行也詩書正義引孫炎注云肜者相尋不絕之意相尋不絕與船行義合古人詁訓每取聲相近者肜與尋同在二十一侵彡聲以丑林切爲正余終反乃其轉音古冬韻字與侵韻最相近也或以此祭名字當從肉音融者誤

夏曰復胙　唐石經雪牕本注疏本同釋文昨才各反本又作祚亦作胙同才故反祚福也胙祭肉也於義並同按此說非也復昨者復昨日之祭也上文繹又祭也孫郭注並云祭之明日尋繹復祭可證周曰繹商曰肜皆又祭之義此與肜字從肉之謬說正同當從陸本訂正

自殷以上　注疏本脫自

若然詩小雅云　注疏本同此本若誤者今訂正

○祭天曰燔柴者　注疏本誤連上文不分節此本脫曰字今補

鄭注云貍之言煙注疏本脫注

瘞埋於泰折元本同閩本監本毛本折改圻

因名祭地曰瘞薶注疏本薶改埋

以貍沈祭山林川澤元本同閩本監本毛本貍改薶下及鄭注同

其祠祀毛太牢之具元本同閩本祀改禮監本毛本承之

順其性之含藏是也元本閩本監本同毛本含改舍

郭云布散祭於地注疏本脫祭

是禷是禡師祭也者是禷是禡注疏本禷改類

類於上帝禡於所征之地者元本同毛本於改于閩本監本上于下於

凡四時之大田獵注疏本脫大

故有兵祭浦鏜云下脫鄭曰二字

〇既伯既禱馬祭也者注疏本誤連上節

重物慎微元本脫微閩本剜補監本毛本排入

馬祖天駟上文云天駟 注疏本脫下五字

○禘大祭也者 注疏本誤連上節

及春秋禘于太廟謂宗廟之祭也 元本同毛本于改於宗廟改太廟閩本監本作于

謂祭昊天於圓丘也 元本同閩本監本毛本圓改圜

總得稱禘 元本稱誤稷閩本監本毛本改謂

亦言使典禮審諦也 注疏本脫審

出禮緯文 注疏本緯誤記

未知然不祭名者以題上事也 注疏本脫下八字不字元本同閩本監本毛本改否

管子曰獠獵畢弋今江東亦呼獵為獠音遼或曰即今夜獵載鑪照也 雪牕本同 單疏本注疏本無音遼二字釋文獠郭音遼或作燎畢本又作畢史記司馬相如傳索隱引此注云又音遼也詩伐檀正義引此注云獠猶燎也今之夜獵載鑪照者也江東亦呼獵為獠管子曰獠獵畢弋按當如詩正義所引今本失其次注先以獠為燎故即申言之曰今之夜獵載鑪照者也者字當有釋文云獠或作燎本注為說次引江東所呼及管子證之今本首引管子反以宵田為餘義非

周官所謂宜乎社 單疏本雪牕本注疏本同按官或作禮

文與此同杜注云元本與此誤蒐于閩本剜改與此同杜四字作蒐苗獮狩監本毛本承之

曲辨妄生閩本剜改辨爲辯監本毛本承之元本作曲說妄言當由臆改

漢代古學不行明帝集諸學士監本毛本同元本漢作歷脫明閩本剜補

雖名通義義不通也元本同閩本監本毛本脫一義

敎其婦女注疏本敎改婬按管子作敎

可以羅罔圍取禽也閩本監本毛本罔改網元本寶闕

作者既引詩文於上監本毛本同元本閩本引改列

而後出行元本脫行閩本監本毛本脫後

至戰止將歸又振旅元本閩本監本同毛本旅誤振

羣行聲也注疏本無也按也當作○下分節

貴勇力注疏本下衍也按注本無

復常儀也講武者注疏本以講武者以下十六字分配題下

以白地錦韜旗之竿雪牕本注疏本同邢疏云又以白地錦韜旂之竿下題旌旂釋文云本又作旗是旂旗字兩見按此經作綢注

作韜釋文綢韜字兩列皆音他刀反爲經注異文之明證

練綠練雪牕本注疏本下有也

六人維王之大常是也雪牕本注疏本同單疏本太作大

繼旐曰旆雪牕本注疏本同釋文唐石經單疏本旆作旆五經文字云旆從市市音普末反或從巾者譌

畫蛟龍於旐注疏本同誤也單疏本蛟作交詩載見正義公羊宣十二年疏皆引作交龍當據以訂正雪牕本作如畫交龍於旐如衍字或云當作加

此別旌旂之異名也注疏本旂改旗

維持其旐使不曳地以朱縷注疏本移以朱縷三字於維持其旐上按此倒句法本注

素絲紕之注疏本紕誤組

以縫紕旌旗之旐縿注疏本旗改旂按爾雅言旌旂詩箋言旌旗淺人互易之

十三斿至肩○閩本監本毛本○改云正德本空一字是也

白旆央央是也注疏本同按此當如公羊疏引孫炎注作帛旆英英

夏翟羽色正德本閩本同監本毛本色改名

畫交龍於旒 注疏本交誤蛟

以爲旗章 正德本閩本同監本毛本旗改旂

通帛爲旜 注疏本旜改旃

謂大赤從周正色無飾 注疏本無改而

故引爲證○旌旂者 注疏本移旌旂者一節分配題下

九旗之名雖異 元本同閩本監本毛本九誤凡

旌旂爲之總稱 注疏本同此旂誤旗今訂正

爾雅注疏卷六校勘記

爾雅疏卷第七

翰林侍講學士朝請大夫守國子祭酒上柱國賜紫金魚袋臣邢昺等奉

勑校定

釋地第九

疏 釋地第九○釋曰案說文云元氣初分輕清陽爲天重濁陰爲地萬物所陳列也白虎通云地者易也言養萬物懷任交易變化含吐應節也釋名云地底也其體在底下載萬物也禮統云地施也諦也應變施化審諦不誤也此篇釋地之所載四方中國州府陵藪之異故曰釋地

河閒曰冀州（自東河至西河）河南曰豫州（自南河至漢）河西曰雝州（自西河至黑水○雝於用反）漢南曰荊州（自漢南至衡山之陽）江南曰楊州（自江南至海）濟河閒曰兖州（自河東至濟）濟東曰徐州（自濟東至海○濟子禮切）燕曰幽州（自易水至北狄）齊曰營州（自岱東至海此蓋殷制）九州

疏 兩河至九州○釋曰此釋九州之名及其界域也○兩河閒曰冀州注自東河至西河○釋曰周禮職方氏云河內曰冀州禹貢不說境界孔安國云此州帝都不說境界以餘州所至則可知以其禹貢兖州云濟河自東河以東也豫州云荊河自南河以南也雍州云西河自西河以西也明東河之西西河之東南河之北是冀州之境也言東河西河南河者皆據帝都冀州而言也案禹貢導河自積石龍門南流謂之西河至于華陰折而東經底柱孟津過洛汭皆東流謂之南河至于大伾折而北流過降水至于大陸又北播爲九河同爲逆河入于海謂之東河此惟云兩河者從可知李巡曰兩河閒其氣清厥性相近故曰冀冀近也○河南曰豫州注自南河至漢○釋曰職方與此同禹貢云荊河惟豫州孔安國云西南至荊山北距河水以其荊山在荊州漢水所經故文不同其實一也李巡云河南其氣著密厥性安

舒故曰豫豫舒也○河西曰雝州注自西河至黑水○釋曰周禮正西曰雍州禹貢云黑水西河惟雍州孔安國云西距黑水東據河案酈元水經黑水出張掖雞山南流至燉煌過三危山南流入於南海然則雍州之境東據龍門河西距此黑水也李巡云河西其氣蔽壅厥性急凶故曰雍雍壅也兼得梁州之地西北之位陽所不及陰壅也○漢南曰荆州注自漢南至衡山之陽○釋曰周禮正南曰荆州禹貢荆及衡陽惟荆州孔安國云北據荆山南及衡山之陽言北據荆山則至漢水也李巡曰漢南其氣燥剛稟性彊梁故曰荆荆彊也釋名以篇取荆山之名荆警也南蠻數爲寇逆常警備也○江南曰楊州注自江南至海○釋曰周禮東南曰楊州禹貢淮海惟楊州孔安國云北振淮南距海然則楊州之境跨江北至淮此云江南者舉遠大而言也李巡曰江南其氣燥勁厥性輕揚太康地記云以楊州漸太陽位天氣奮揚履正含文故取名焉○濟河閒曰兖州注自河至濟○釋曰周禮河東曰兖州禹貢濟河惟兖州孔安國云東南據濟西北距河孔傳凡云據者謂跨之也距至也濟河之間相去路近兖州之境跨濟而過東南越濟水西北至東跨河也李巡云濟河間其氣專質厥性信謙故曰兖兖信也釋名以爲取兖水之義○濟東曰徐州注自濟東至海○釋曰禹貢海岱及淮惟徐州孔傳云東至海北至岱南及淮此云自濟東則是西至濟也李巡曰淮海間其氣寬舒稟性安徐故曰徐徐舒也周合其地於青州○燕曰幽州注自易水至北狄○釋曰周禮東北曰幽州李巡曰燕其氣深要厥性剽疾故曰幽幽要也禹貢其地合於冀州地理志云涿郡故安縣閻鄉易水所出東至范陽入濡也從此易水至於北狄幽州之境也○齊曰營州注自岱東至海此蓋殷制○釋曰周禮正東曰青州禹貢海岱惟青州孔傳云東北據海西南距岱然則此營州則青州之地也博物志云營與青同海東有青丘齊有營丘豈是名乎太康地記云東方少陽其色青其氣清歲之首事之始故以青爲名焉云此蓋殷制者以此文上與禹貢不同下與周禮又異禹別九州有青徐梁而無幽幷營是夏制也周禮周公所作有青幽幷而無徐梁營是周制也此有徐幽營而無青梁幷疑是殷制也以無正文故云蓋也此上釋

九州之名故題云九州也

○魯有大野今高平鉅野縣東北大澤是也

疏魯有大野○釋曰此下至周有焦護釋十藪之名也禹貢徐州云大野既豬地理志云大野澤在山陽鉅野縣北鉅野大也由其旁有大澤故縣以鉅野爲名哀十四年左傳云西狩於大野以其澤在曲阜西故云西狩也郭云今高平鉅野縣者東晉時鉅野屬高平郡故與志不同凡注言今者皆謂東晉時也

晉有大陸今鉅鹿北廣河澤是也

疏晉有大陸注今鉅鹿北廣河澤是也○釋曰孫炎曰廣河猶大陸以地名言之近爲是也禹貢冀州云大陸既作是也○案定元年左傳晉魏獻子田於大陸焚焉還卒於甯杜預注嫌鉅鹿絕遠疑此田在汲郡吳澤甯今脩武縣近吳澤計此二澤相去甚遠亦得言大陸者以其廣平曰陸但廣而平者則名大陸故異所而同名也澤雖卑下旁帶廣平之地故統名焉

秦有楊陓今在扶風汧縣西○陓於于反

疏秦有楊陓注今在扶風汧縣西○釋曰周禮冀州云其澤藪曰陽陓鄭注云所在未聞又雍州云其澤藪曰弦蒲鄭注云在汧案地理志汧吳山在西古文以爲汧山北有蒲谷鄉弦中谷雍州藪今注亦云在汧然則周禮弦蒲在即此楊陓也

宋有孟諸今在梁國睢陽縣東北

疏宋有孟諸注今在梁國睢陽縣東北○釋曰周禮青州其澤藪曰望諸鄭注云望諸明都也在睢陽禹貢豫州云導荷澤被孟豬左傳亦作孟諸文不同者聲轉字異正是一地也

楚有雲夢今南郡華容縣東南巴丘湖是也

疏楚有雲夢注今南至湖是也○釋曰周禮荊州云其澤藪曰雲瞢鄭注云雲瞢在華容禹貢云雲土夢作乂昭三年左傳楚子與鄭伯田于江南之夢又定四年楚子涉睢濟江入于雲中杜預云南郡枝江縣西有雲夢城江夏安陸縣東南亦有夢城或曰南郡華容縣東南有巴丘湖江南之夢也雲夢一澤而每處有名者司馬相如子虛賦云雲夢者方九百里則此澤跨江南北亦得單稱雲單稱夢瞢即夢也

吳越之閒有具區今吳縣南太湖即震澤是也

疏吳越之閒注今吳至澤是也○釋曰周禮楊州云其澤藪曰具區鄭注云在吳南地理志云會稽吳縣故周泰伯所封國也具區在西古文以爲震

澤禹貢揚州云三江既入震澤。厎定是也齊有海隅海濱廣斥疏齊有海隅注海濱廣斥○釋曰此營州藪也云海隅海濱廣斥禹貢文也孔傳云濱

涯也言復其斥鹵案說文云鹵鹹地也東方謂之斥西方謂之鹵海畔。迥闊地皆斥鹵故云廣斥也燕有昭余祁今太原鄔陵縣北九澤是也

疏燕有昭余祁注今太至澤是也○釋曰周禮并州其澤藪曰昭。餘祁鄭注云在鄔地理志云鄔九澤在北是爲昭余祁并州藪是也鄭有圃田

今。熒陽中牟縣西圃田澤是也疏鄭有圃田注今熒陽至田澤是也○釋曰周禮豫州云其澤藪曰圃田鄭注云在中牟地理志云中牟圃田澤在西豫州

藪僖三十三年左傳云鄭之有原圃猶秦之有具囿也又詩車攻云東有甫草鄭玄以爲甫田之草皆謂此也周有焦護。今扶風池陽縣瓠中是也

疏周有焦護注今扶風至中是也○釋曰孫炎云周岐周也詩六月云玁狁匪茹整居焦穫是也時人謂之瓠中也十。藪疏十藪○釋曰此題上

事也說文云大澤也風俗通云藪厚也有草木魚鼈所以厚養人也○東陵阠南陵息愼西陵威夷中陵朱滕。北

陵西隃鴈門是也郎鴈門山也○阠音信疏東陵至是也○釋曰此五方之陵名也其義及所在未詳云鴈門是也者此指解北陵也

郎鴈門山是也陵莫大於加陵今所在未聞疏陵莫大於加陵○釋曰莫無也陵大阜也言陵無大於加陵者謂加陵最大也。今所在未

聞梁莫大於溴。梁溴水名梁隄也○溴古壁切疏梁莫大於溴梁注溴水名梁隄也○釋曰釋宮云隄謂之梁詩傳云石絶水曰梁然則

以土石爲隄障絶水者名梁溴雖所在皆有而無大於溴水之旁者杜。預云溴水出河內軹縣東南至温入河春秋襄十六年公會晉侯以下于溴梁是也墳

莫大於河墳疏墳莫大於河墳○釋曰墳大防。亦謂隄雖水所皆有而河墳最大也八陵疏八陵○釋曰此亦題上事也大阜曰陵溴

梁河墳雖非大阜以其絶大若陵故通謂之八陵也○東方之美者有醫無閭之珣玗。琪焉醫無閭山名今在遼東珣

玗琪玉屬珣筍玗于○東南之美者有會稽之竹箭焉會稽山名今在山陰縣南竹箭篠也○會古外反稽古兮反南方之美者有梁山之犀象焉犀牛皮角象牙骨西南之美者有華山之金石焉黃金礝石之屬西方之美者有霍山之多珠玉焉霍山今在平陽永安縣東北珠如今雜珠而精好西北之美者有崐。崘。虛之璆琳。琅玕焉璆琳美玉名琅玕狀。似珠也山海經曰崐崘山有琅玕樹○崘路昆切虛音墟北方之美者有幽都之筋角焉幽都山名謂多野牛筋。角東北之美者有斥。山之文皮焉虎豹之屬皮有縟綵者○斥音尺中有岱岳與其五穀魚鹽生焉言泰山有魚鹽之饒九府

【疏】東方至生焉○釋曰此釋八方中國名山所產之物也○注醫無至玉屬○釋曰案地理志遼東郡無慮縣應劭曰慮音閭顏師古曰即所謂醫巫閭是縣因山為名故為山名今在遼東周禮幽州鎮也云珣玗琪玉屬者說文云珣周書所謂夷玉也玗石之似玉者琪玉也皆玉之類也故云玉屬○注會稽至縣也○釋曰周禮楊州云其山鎮曰會稽鄭注云在山陰地理志會稽郡山陰縣云會稽在南上有禹冢禹井故云山名今在山陰縣南也一云竹箭篠也者禹貢楊州云篠簜既敷釋草云篠竹箭也郭云別二名則竹箭一名篠是竹之小者可以為箭幹者也○南方之美者有梁山之犀象焉○釋曰郭氏不注梁山所在犀象二獸皮角牙骨材之美者也○注黃金礝石之屬○釋曰經惟言金知黃金者以三品之中黃金為上此言美者故知黃金礝石石之次玉者玉藻云士佩礝玟而縕組綬是也其類非一故云之屬○注霍山至精好○釋曰周禮冀州其山鎮曰霍山鄭云在彘案地理志河南郡彘縣云霍大山在東冀州山周厲王所奔應劭曰順帝改曰永安然則東晉時屬平陽郡而縣名永安故云今在平陽永安縣也云珠如今雜珠而精好。者郭氏時驗為然也○注璆琳至玗樹○釋曰璆與球同說文云璆玉磬也琳美玉名書云戛擊鳴

球美玉可以爲磬故皆云美玉也。云山海經曰者案海內西經云帝之下都崐
崙之虛方八百里高萬仞其上有三頭人琅玕樹注云琅玕子似珠。是也○注
幽都至筋角○釋曰山海經云北海之內有山名曰幽都之山是也○東北至
皮焉○釋曰斥山山名也文皮虎豹之屬其皮毛有文采細縟故謂之文皮焉
○中有至生焉○釋曰岱岳泰山也此言中國也五穀黍稷麻麥豆也泰山東
近海禹貢海岱惟青州厥貢鹽絺海物惟錯言其饒多非一種故注云言泰山
有魚鹽之饒也○九府○釋曰此亦題上事也府聚也財物
之所。聚。也言此八方及中皆美物之所聚故題云九府也 ○東方有比目魚
焉不比不行其名謂之鰈 狀似牛脾鱗細紫黑色一眼兩片相合乃得行今
水中所在有之江東。又呼爲王餘。魚○鰈音蝶 南
方有比翼鳥焉不比不飛其名謂之鶼鶼 似鳧青赤色一目
一翼相得乃飛 西方有比肩獸焉
與邛。邛。岠。虛。比爲邛邛岠虛齧甘草即有難邛邛岠虛負而走其名謂之蟨 呂氏
春秋曰北方有獸其名爲蟨鼠前而兔後趨則頓走則顛然則邛邛岠虛亦宜
鼠後而兔前前高不得取甘草故須蟨食之今鴈門廣武縣夏屋山中有獸形
如兔而大相負共行土俗名之爲蟨鼠
音厥○邛巨凶岠巨齧五結難乃旦 北方有比肩民焉迭食而迭望 此即半
體之人
各有。一。目。一。鼻。一。孔。一。臂。一。脚。亦猶魚
鳥之相合更望備。驚急○迭徙結切 中有枳。首蛇焉 岐頭蛇也或曰今江東
呼兩頭蛇爲越王約髮
亦名弩。弦
枳居是切 ○此四方中國之異氣也 五方 疏 東方至氣也○釋曰此釋五方
異氣而產非常之物也云東方
有比目魚焉者言東方水中有魚其形狀似牛脾鱗細紫黑色一眼兩片相合
兩目相比乃得行故曰比目魚云不比不行者比合也言一片不能行須兩片
相合乃行故云不比不行也云其名謂之鰈者言鰈爲。此。魚之名也一名比目
魚一名鰈郭云江東又呼爲王餘魚○注似鳧至乃飛○釋曰案山海經云崇

五山有鳥狀如鳧一翼一目相得乃飛名曰蠻蠻郭云比翼鳥也色青赤不比不能飛爾雅作鶼鶼者正謂此也○西方至之蹶○釋曰云西方有比肩獸焉者此謂蹶也與邛邛岠虛相比蹶則肩痹不能走而能取甘草邛邛岠虛則前高不得取甘草而善走穆天子傳曰邛邛岠虛走百里是也故各以其能而濟所不能蹶常為邛邛岠虛齧甘美之草仰而食之即有急難邛邛岠虛則背負而走者其名謂之蹶也○注呂氏至音厥○釋曰云呂氏春秋二十六篇秦相呂不韋輯智略士作也云曰北方有獸至則顛者。大。慎。覽。順。說篇之文也引之乃以證邛邛岠虛之形也然則以下郭氏注云今鴈門廣武縣云云者目驗知之也○北方至迭望○釋曰此即半體人也兩半相比乃得為人動作及禦非常以肩在上而顯故謂之比肩民焉迭更也謂一體取食則一體擔望所以備驚急也故云迭食而迭望○中有。枳首蛇焉○釋曰枳岐也此即兩頭蛇也。江東呼越王約髮言是越王約髮所變也亦名弩弦即以形相似而名之也○五方○釋曰亦題上事也言是五方風氣殊異而生此怪物也

○邑外謂之郊郊外謂之牧牧外謂之野野外謂之林林外謂之坰邑國都也假令百里之國五十里之界界各十里也○坰古營切下溼。曰隰大野曰平廣平曰原高平曰陸大陸曰阜大阜曰陵大陵曰阿可食者曰原可種穀給食陂者曰阪陂陀不平下者曰隰。公羊傳曰下平曰隰田一歲曰菑今江東呼初耕地反草為菑二歲曰新田詩曰于彼新田三歲曰畬易曰不菑畬○畬音于野

疏邑外至曰畬○釋曰此釋郊野之地遠近高下不同之名也云邑外謂之郊者邑國都也謂國都城之外名郊也云郊外謂之牧者言可放牧也書牧誓云王朝至于商郊牧野乃誓是也云牧外謂之野者言牧外之地名野詩傳云郊外曰野者以細別言之則郊外之地名牧牧外之地名野若大判而言則野者郊外通名故周禮六遂在遠郊之外遂人職云凡治野。田是其郊外之地總稱野也云野外謂之林者

言野外之地名林林以其去都邑遠薪采者少其地可長平林因名云也云林外謂之坰者言林外之地最爲遠野名坰魯頌云駉駉牡馬在坰之野毛傳云坰遠野是也○注邑國至里也○釋曰云邑國都也者案周禮四縣爲都四井爲邑春秋莊二十八年左氏傳曰凡邑有宗廟先君之主曰都無曰邑然則邑與都異此爲一者彼對文之例耳但都者聚居之處故詩小雅云彼都人士說文云都邑國也是天子諸侯所居國城或謂之邑或謂之都故以國都解邑也云假令百里之國五十里之界界各十里也者以其百里之國國都在中去境五十里每十里而異其名則坰爲邊畔去國最遠故毛傳以爲遠野也此假令者據小國言之郊爲遠郊牧野林坰自郊外爲差耳然則郊之遠近計國境之廣狹以爲差也聘禮云賓及郊注云郊遠郊周制天子畿內千里遠郊百里以此差之遠郊上公五十里侯四十里伯三十里子二十里男十里也近郊各半之是鄭之所約也是以司馬法云王國百里爲遠郊又此經從邑之外止有五名明當每皆百里故知遠郊百里也知近郊半之者書序云周公既沒命君陳分正東郊成周於時周都王城而謂成周爲東郊則成周在其郊也於漢王城爲河南成周爲洛陽相去不容百里則所言郊者謂近郊之故鄭注云天子近郊五十里今河南洛陽相去則然是鄭以河南洛陽約近郊之里數也周禮杜子春注云五十里爲近郊白虎通亦云近郊五十里遠郊百里是儒者相傳爲然也○下溼曰隰者謂地形痺下而水溼者李巡曰下溼謂土地窊下常沮洳名爲隰也云大野曰平者大野之澤一名平魯有大野是也云廣平曰原者謂澤之廣平者亦名原漢以平原爲郡名屬青州云高平曰陸大陸曰阜大阜曰陵大陵曰阿者李巡曰高平謂土地豐正名爲陸土地高大名曰阜最大名爲陵陵之大者名阿詩大雅皇矣云無矢我陵我陵我阿是也此上七者或萊沛沮洳或險阽磽确雖不可種穀給食亦得其名也云可食曰原陂者曰阪下者曰隰此三者釋地形雖有高下不平皆可種穀給食高而可食者名原詩大雅云篤公劉于胥斯原是也陂陀不平而可食者名阪詩小雅正月云瞻彼阪田有菀其特是也下平而可食者名隰本作溼誤○注公羊傳曰下平曰隰○釋曰此昭

元年傳文也案彼。云晉荀吳帥師敗狄于太原此大鹵也曷。爲。謂之大原地物從中國邑人名從主人原者何上平曰原下平曰隰何休云分別之者地勢各有所生原宜粟隰宜麥當教民所宜因以制貢賦是也田一歲曰菑二歲曰新田三歲曰畬○釋曰此釋耕田年歲遠近名義不同之事也菑者災也畬和柔之意也孫炎云菑始災殺其草木也新田新成柔田也畬和也田舒緩也郭云今江東呼初耕地反草爲菑○注詩曰于彼新田○釋曰此小雅采芑篇文也案彼云薄言采芑于彼新田于此菑畝毛傳取此文爲說故引。爲證也○注易曰不菑畬○釋曰此无妄六二爻辭也鄭注亦取此文故引以爲證也○野○釋曰此亦題上事也上自邑外謂之郊以下雖遠近高下其名不同野爲總稱故。題云野

○東至於泰遠西至於邠國南至於濮鈆北至於祝栗謂之四極皆四方極遠之國○邠彬濮卜觚竹北戶西王母日下謂之四荒觚竹在北北戶在南西王母在西日下在東皆四方昬荒之國次四極者○觚音孤九夷八狄。七。戎六。蠻。謂之四海。九夷在東八狄在北七戎在西六蠻在南次四荒者岠。齊州以南戴日爲丹穴岠去也齊中也北戴。斗極爲空桐戴值東至日所出爲大平。西至日所入爲大蒙。卽蒙汜也大平之人仁丹穴之人智大蒙之人信空桐之人武地氣使然也四極

疏東至至人武○釋曰此釋九州之外四方極遠之國名。及其人性稟氣不同也泰遠邠國濮鈆祝栗此四方極遠之國名也觚竹者漢書地理志遼西令支有孤竹城是。乎北戶者卽日南郡是也顏師古曰言其在日之南所謂北戶以向日者西王母者山海西荒經云西海之。中流沙之濱赤水之後黑水之前有大山名崐崙之丘有人戴勝虎齒有尾穴處名曰西王母又穆天子傳曰天子賓于西王母乃紀其迹于弇山名曰西王母之山是也日下者謂日所出處其下之國也山海東荒經云大荒之中有山名曰大言日月所出有波谷山者有大人之

國又云大荒之中有山名曰合虛日月所出有中容之國如此之類是也云謂之四荒者言聲教不及無禮義文章是四方昬荒之國也在土四極之內云九夷八狄七戎六蠻謂之四海者孫炎云海之言晦晦闇於禮義也○注九夷至荒者○釋曰知在東西南北者以曲禮云其在東夷北狄西戎南蠻雖大曰子故也案風俗通云東方人好生萬物觝觸地而出夷者觝也其類有九依東夷傳夷有九種曰畎夷于夷方夷黃夷白夷赤夷玄夷風夷陽夷又一曰玄菟二曰樂浪三曰高驪四曰滿飾五曰鳧更六曰索家七曰東屠八曰倭人九曰天鄙蠻者風俗通云君臣同川而浴極爲簡慢蠻者慢也其類有八李巡云一曰天竺二曰咳首三曰僬僥四曰跛踵五曰穿胸六曰儋耳七曰狗軹八曰旁春戎者風俗通云斬伐殺生不得其中戎者兇也其類有六李巡云一曰僥夷二曰戎夬三曰老白四曰耆羌五曰鼻息六曰天剛狄者風俗通云父子嫂叔同穴無別狄者辟也其行邪辟其類有五李巡云一曰月支二曰穢貊三曰匈奴四曰單于五曰白屋案李巡所注爾雅本謂之四海下更三句云八蠻在南方六戎在西方五狄在北方故得此解孫炎郭氏諸本皆無此三句案明堂位稱九夷八蠻六戎五狄周禮職方氏掌四夷八蠻七閩九貉五戎六狄之人鄭注云四八七九五六周之所服國數也徧檢經傳四夷之數參差不同先儒舊解此爾雅上文殷制明堂位及職方幷爾雅下文皆爲周制義或當然此在四荒之內九州之外於王者世一見周禮曰九州之外謂之蕃國世一見是也故云次四荒者○岠齊州以南戴日爲丹穴○釋曰此明四海之中別有下四種之名也岠去也齊中也中州猶言中國也戴值也言去中國以南北戶以北值日之下其處名丹穴天老說鳳云濯羽弱水莫宿丹穴又山海經云禱過山東五百里曰丹穴山是乎云北戴斗極爲空桐者斗北斗也極者中宮天極星其一明者泰一之常居也以其居天之中故謂之極極中也北斗拱極故云斗極值此斗極之下其處名空桐○注郎蒙汜也○釋曰郎者郎淮南子云日出扶桑入於蒙汜是也○注地氣使之然也○釋曰言是土地之氣剛柔不同使之仁智信武耳若考工記云鄭之刀宋之斤魯之削吳越之劍遷乎其地而弗能爲

艮地氣然也

釋丘第十【疏】釋丘第十○釋曰案廣雅云小陵曰丘說文解字曰土之高也非人所爲也從北從一一地也人居在丘南故從北中邦之居在崐崘東南一曰四方高中央下爲丘象形此下云非人爲之丘然則土有自然而高小於陵者名丘也其體雖一其名則多或近道途或因水澤所如則陵畝各異其重則再三不同通見詩書此篇具釋故名釋丘

丘一成爲敦丘成猶重也周禮曰爲壇三成今江東呼地高堆者爲敦○敦都昆【疏】丘一成爲敦丘○釋曰成重也言丘上更有一丘相重累者名敦丘詩衛風氓篇云送子涉淇至于頓丘是也○注成猶至爲敦○釋曰孫炎云形如覆敦敦器似盂今案下文別云如覆敦者敦丘則此自是丘之一重者故郭氏云成猶重也與孫氏意異。云周禮曰爲壇三成者此秋官司儀職文也鄭司農云三成三重也引之證成爲重也

再成爲陶丘今濟陰定陶城中有陶丘【疏】再成爲陶丘○釋曰丘形上有兩丘相重累者名陶丘李巡曰再成其形再重也禹貢曰濟水東出于陶丘北是也○注今濟至陶丘○釋曰濟陰郡名定陶縣名地理志云定陶縣西南有陶丘亭是也

再成銳上爲融丘纖頂者○銳音惠【疏】再成銳上爲融○釋曰丘形再重而頂纖者名融丘也

三成爲崐崘丘崐崘山三重故以名云【疏】三成爲崐崘丘○釋曰丘形三重者名崐崘丘○注崐崘山三重故以名云○釋曰崐崘山記云崐崘山一名崐丘三重高萬一千里是也凡丘之形三重者因取此名云耳

如乘者乘丘形似車乘也或云乘者謂稻田塍埒○乘繩正切【疏】如乘者乘丘○釋曰郭氏兩解一云形似車乘也繩證切二或云乘謂稻田塍埒○乘市陵切許叔重云塍埒稻田畦隄埒畔也案地理志云泰山有乘丘春秋莊十年公敗宋師于乘丘是因丘以爲名乎

如陼者陼丘水中小洲爲陼○陼渚【疏】如陼者陼丘○釋曰陼水中可居之小者丘形似之名爲陼丘也

水潦所止泥丘頂上汙下

者。○潦音老【疏】水潦所止泥丘○釋曰水潦雨水也丘形頂上汙下潦水停止而成泥濘者名泥丘方丘胡丘形四方【疏】方丘胡丘○釋
曰丘形四方者名胡丘絕高爲之京人力所作【疏】絕高爲之京○釋曰言卓絕高大如丘而人力。爲作。之者名京案春秋宣十二年左傳楚
敗晉師於邲潘黨曰君盍築武軍而收晉尸以爲京觀楚子曰云今罪無所而民皆盡忠以死君命又。可以爲京。乎是其類也云非人爲之丘
地自然生【疏】非人爲之丘○釋曰李巡云謂非人力所爲自然生者孫炎曰地性自然也故郭云地自然生水潦所還埒丘謂丘邊有界埒
水環繞。之【疏】水潦所還埒丘○釋曰還環。繞也埒小隄也遺土爲之言此丘邊有其界埒外則爲水潦。環。繞者名埒丘上正章丘頂平【疏】上正
章丘○釋曰丘頂上平正者名章丘章亦平也澤中有丘都丘在池澤中【疏】澤中有丘都丘○釋曰都水所聚也言在池澤中者因名都丘
當。途。梧丘途道【疏】當途梧丘○釋曰途道也梧遇也當道有名梧丘言若相遇於道路然也途出其右而還之畫丘言爲
道所規畫○還音旋【疏】途出其右而還之畫丘○釋曰右謂西也還繞也畫規畫也言道出丘西而復。環繞之者名畫丘若爲道所規畫然也途出
其前戴丘道出丘南【疏】途出其前戴丘○釋曰謂道過丘南若爲道負戴故。爲戴丘途出其後昌丘道出丘北【疏】途出其後
昌丘○釋曰謂道過丘北者名昌丘水出其前渻丘水出其後沮丘水出其右正。丘水出其。左營
丘今齊之營丘淄水過其南及東○渻所景沮辭與【疏】水出至營丘○釋曰此釋丘之前後左右有水過之者名也左右。猶東西也○注今齊至及東
○釋曰地理志云齊郡臨淄城中有丘即營丘也志又云泰山萊蕪縣淄水所出東至博昌入沛然則淄水出萊蕪經臨淄過營丘南折而北至博昌入沛。言
此以證水出其左。者名營。丘如覆敦者敦丘敦盂。也○敦音堆【疏】如覆敦者敦丘○釋曰案周禮九嬪職云凡祭祀贊玉齍注云玉齍

玉敦也受黍稷器又少牢禮曰主婦執。壹金敦黍有蓋凡設四敦皆南首注云敦有首者尊者器飾也飾象龜形孝經緯說敦與簠簋容受雖同上下內外皆圓爲異郭氏言敦盂舉其類而言之也丘形如覆敦者名敦。丘

邐迤。沙丘 旁行連延○邐呂紙切迤余紙切

疏 邐迤沙丘注旁行連延○釋曰說文云邐行也迤斜行也故注云旁行連延也連延謂連接延長丘。形。邪行連接而長者名沙丘地理志云鉅鹿有紂所作沙丘臺在東北七十里

左高咸丘右高臨丘前高旄丘 詩云旄丘之葛兮

後高陵丘

疏 左高至陵丘○釋曰此四者釋丘形左右前後高而名不同也○注詩云旄丘之葛兮○釋曰邶風旄丘篇文也

偏高阿丘 詩云陟彼阿丘

疏 ○偏高阿丘注詩云陟彼阿丘○釋曰謂丘形四隅有一高而不正在左右前後者名阿丘也詩云。陟彼。阿。丘者鄘風載馳篇文也

宛中宛丘 宛謂中央隆高

疏 宛中宛丘注宛謂中央隆高○釋曰案詩陳風云宛丘之上兮毛傳云四方高中央下曰宛丘李巡孫炎亦皆云中央下而郭。氏以爲中央高者以其四方高中央下卽是上文水潦所止泥丘也又下云丘上有丘爲宛丘作者嫌人不曉故重辯之既言丘上有丘非中央隆高而何此郭氏所以不從先儒也

丘背有丘爲負丘 此解宛丘中央隆峻狀如負一丘於背上

疏 丘背有丘爲負丘○釋曰此解宛丘之狀也言中央隆峻若丘背之上更有一丘而負戴之者名宛丘又名負丘也

左澤定丘 定下佞切

疏 左澤定丘○釋曰謂丘之東有。水澤者名定丘

右陵泰丘 宋有。泰丘社亡見史記

疏 右陵泰丘○釋曰謂丘之西有大阜者名。泰丘○注宋有。泰丘社。亡見史記○釋曰案六國年表周顯王三十三年秦惠文王二年宋大丘社亡是也。宋依丘作社在宋國於時亡去故云大丘社亡亦咎徵也

如畝畝丘 丘有。壟界如田畝

疏 如畝畝丘○釋曰李巡曰。謂丘如田畝曰畝丘孫炎。云方百步郭以爲田畞之壟也丘形有界埒似之因名云詩小雅巷伯云楊園之道猗於畝丘是也

如陵陵丘 陵大阜也

疏 如陵陵丘注陵大阜也○釋曰丘形如大阜者名陵

丘云陵大阜者釋地文也丘上有丘爲宛丘嫌人不了故重曉之陳有宛丘今在陳郡陳縣晉有潛丘今在太原晉陽縣淮南有州黎丘今在壽春縣天下有名丘五三在河南其二在河北說者多以州黎宛營爲河南潛敦爲河北者案此方稱天下之名丘恐此諸丘碌碌未足用當之殆自。別更有魁梧。桀大者五但未詳其名號今。者所在耳

丘疏注說者至在耳○釋曰此郭氏破先儒說天下名丘未當也碌小石也碌碌多貌恐此州黎等五丘碌碌然小耳史記毛遂入楚謂平原君諸舍人曰公等碌碌所謂因人成事者也意相類也殆近也近自更有魁梧然桀大者五但名號所在今所未詳知也。此已上釋衆丘之名義故題曰丘也

○望厓洒而高岸厓水邊洒謂深也視厓峻而水深者曰岸○厓牙洒先典切疏望厓洒而高岸○釋曰望視也厓水邊也洒水深也言視水邊之厓其下水深其厓高峻者名岸詩衛風云淇則有岸

夷上洒下不漘厓上平坦而下水深者爲漘不發聲○漘脣疏夷上洒下不漘○釋曰李巡云夷上平○上洒下陗下故名。曰漘孫炎。曰平上陗下故名曰漘不者蓋衍字郭云厓上平坦而下水深者爲漘不發聲也詩王風葛藟云在河之漘是也

隩隈今江東。呼爲。浦。隩淮南子曰漁者不爭隈○隩奧隈烏回切疏隩隈○釋曰隩一名隈也孫炎云隈水曲中也詩衛風云瞻彼淇隩故此釋之也○注淮南子曰漁者不爭隈○釋曰案淮南子原道篇云昔舜耕於歷山朞年而田者爭處墝埆以封畔畔肥饒相讓釣於河濱朞年而漁者爭處湍瀨以曲隈深潭相予是不爭隈之事。也引之以證隈卽厓內深隩之處也

厓內爲隩外爲隈別厓表裹之名疏厓內至爲隈○釋曰別厓表裹之名也孫炎云內曲裏也外曲表也李巡曰厓內近水爲隩其外爲。鞫此句覆釋上文隩隈之處也云外爲隈者隈當作。鞫傳寫誤也詩大雅公劉云芮鞫之卽。毛。傳云水之外曰鞫然則厓在水曲其內名隩又名隈其外名。鞫又作。坑音義同今以隩隈一事分爲外內之名故知誤也

畢堂牆今終南山道名畢其邊若堂。之

牆疏畢堂牆○釋曰李巡云堂牆名厓似堂牆曰畢郭以畢終南山之道名也其邊之厓如堂室之牆言平正也詩秦風云終南何有有紀有堂是也

重厓岸○兩厓累者爲岸重直龍切疏重厓岸○釋曰言兩厓相重累者亦名岸也

岸上滸岸上地滸音虎○疏岸上滸○釋曰岸上平地去水稍遠者名滸詩大雅緜篇云率西水滸之類也

墳大防謂隄疏墳大防○釋曰李巡云墳謂厓岸狀如墳墓名大防也詩周南云遵彼汝墳又釋地云墳莫大於河濆是也

涘爲厓謂水邊○涘音士疏涘爲厓○釋曰李巡曰涘一名厓謂水邊也詩秦風云所謂伊人在水之涘。也。

窮瀆汜水無所通者○汜音似疏窮瀆汜○釋曰謂窮困不通水瀆名汜也亦得名谿郎釋山云山豄無所通谿郭注云所謂窮瀆者雖無所通與水注川同名是也

谷者溦通於谷○溦眉疏谷者溦○釋曰謂窮瀆汜若能通於谷者則別名溦也此。已上釋厓岸之名也故題

厓岸

釋山第十一

疏釋山第十一○釋曰案釋名云山產也言產生萬物說文云山宣也宣氣散生萬物有石而高象形也此篇釋諸山之名故云釋山

河南華華陰山河西嶽吳嶽河東岱岱宗泰山河北恆北岳恆山江南衡衡山南岳疏河南華至江南衡○釋曰篇首載此五山者以爲中國。之名山也案周禮職方氏河南曰豫州其山鎮曰華山正西曰雍州其山鎮曰嶽山。正東曰兖州其山鎮曰岱山正北曰幷州其山鎮曰恆山正南曰荆州其山鎮曰衡山鄭注云鎮名山安地德者也又爲五嶽知者案鄭注大司樂云五嶽岱在兖州衡在荆州華在豫州嶽在雍州恆在幷州是也案下文及經典羣書言五嶽者皆數嵩高不數嶽而鄭云然者蓋鄭有所案據更見異意也其正名五嶽必取嵩高爲定解下文別釋云河南華注華陰山者案禹貢導河積石至于龍門南至于華陰東至于底柱孔安國云河自龍門南流至華山北而東行然則此山在河之南故曰河南華下皆放

此在華陰縣界故曰華陰山也云河西嶽注吳嶽者在西河之西一名吳嶽鄭玄云在汧云河東岱注岱宗泰山者在東河之東一名岱宗一名泰山鄭玄云

在博云河北恆注北嶽恆山者下文恆山爲北嶽是也鄭玄云在上曲陽云江南衡注衡山南嶽者禹貢云岷山導江又曰岷山之陽至于衡山孔注云衡山

江所經然則江水經此山之北東入于海故曰江南衡也鄭注大宗伯云五嶽南曰衡。也是也

山三襲陟襲亦重

【疏】山三襲陟注襲亦重○釋曰山之形若三山重累者名陟重衣謂之襲故以襲爲重也上篇注已云成猶重也。故此云亦也

再成英兩山相重

【疏】山再成英注兩山相重○釋曰成重也山形兩重者名英今南郡英山縣蓋取此名也

一成坯。書曰至于大伾○坯備悲切

【疏】一成坯注書曰至于大伾○釋曰案此文則山上更有一山重累者名伾書曰者禹貢文也孔安國云山再成曰伾。與此不同者蓋所見異也鄭玄云大伾。伾在脩武武德之界張揖云成皋縣山也漢書音義臣瓚以爲皆非今黎陽縣山臨河豈不是大伾。乎瓚意當然

山大而高崧今中嶽。嵩高山蓋依此名○崧嵩

【疏】山大而高崧注今中嶽嵩高山蓋依此名○釋曰詩大雅云崧高維嶽毛傳云崧高貌釋名云崧竦也亦高稱也李巡曰高大曰嵩此則山高大者自名崧本不指中嶽名嵩高或取此文以立名乎無正文故云蓋以疑之

山小而高岑言岑崟

【疏】山小而高岑注言岑崟○釋曰言山形雖小而高嶔崟者名岑也

銳而高嶠言鑯峻○嶠音喬

【疏】銳而高嶠注言鑯峻○釋曰銳則鑯也言山形鑯峻而高者名嶠列子曰渤海之東有壑其中。山曰員嶠蓋同此也

卑而大扈。扈廣貌。

【疏】卑而大扈注扈廣貌○釋曰言山形卑下而廣大者名扈禮記檀弓云南宮縚之妻之姑之喪夫子誨之髽曰爾毋扈扈爾鄭注云扈扈謂大廣蓋取此義也

小而衆巋小山叢羅○巋丘鬼切

【疏】小而衆巋注小山叢羅○釋曰言。山。小而衆叢萃羅列者名巋

小山岌大山峘。岌謂高過○岌魚泣切峘桓

【疏】小山岌大山峘注岌謂高過○釋曰言小山與大山相並而小山高過於大山者名峘非謂小山名

岌大山名峘也屬者嶧言駱驛相連屬○屬燭嶧亦【疏】屬者嶧注言駱驛相連屬○釋曰言山形相連屬駱驛然不絕者名嶧駱驛連屬不絕之
辭禹貢云嶧陽孤桐地理志云東海下邳縣西有葛嶧山取此名也獨者蜀蜀亦孤獨【疏】獨者蜀注蜀亦孤獨○釋曰言山之孤獨者名蜀案說文
云蜀蟲名詩云蜎蜎者蜀釋蟲云蚅烏蠋郭云大蟲如指似蠶此蟲更無羣匹故云蜀亦孤獨既蟲之孤獨者蜀是以山之孤獨者亦名蜀也上正章
山上平【疏】上正章注山上平○釋曰正猶平也言山形上平者名章宛中隆山中央高【疏】宛中隆注山中央高○釋曰言山形中央蘊聚而高
者名隆山脊岡謂山長脊【疏】山脊岡注謂山長脊○釋曰孫炎云長山之脊也言高山之長脊名岡詩云陟彼高岡是也未及上翠
微近上旁陂【疏】未及上翠微注近上旁陂○釋曰謂未及頂上在旁陂陀之處名翠微一說山氣青縹色故曰翠微也山頂冢山顛崒者
厜㕒謂山峯頭巉巖○崒子恤反厜子規切㕒音危【疏】山頂至厜㕒○釋曰此二句釋小雅十月云山冢崒崩之文也毛傳云山頂曰冢鄭箋云崒者
崔嵬雖音字小異義實同也是取此文爲說彼云冢者謂山頂也釋言云顛頂也故此郭云山顛彼云崒者謂山顛之末其峯巉巖厜㕒然者也山如
堂者密形如堂室者尸子曰松柏之鼠不知堂密之有美樅【疏】山如堂者密○釋曰言山形如堂室者名密○注尸子至美樅○釋曰此尸子綽子
篇文引之證山有名密者如防者盛防隄盛音成【疏】如防者盛注防隄○釋曰此盛讀如粢盛之盛隄防之形墮而高峻若黍稷之在器故其
山形如隄防者亦名盛也巒山墮謂山形長狹者荊州謂之巒詩曰墮山喬嶽○墮湯果切【疏】巒山墮○釋曰凡物狹而長者謂之墮則此言山墮
者謂山形狹長者一名巒也○注詩曰墮山喬嶽○釋曰周頌般篇文也重甗隒謂山形如累兩甗甗甑山形狀似之因以名云○重平聲甗言蹇反
隒音儼【疏】重甗隒注謂山至名云○釋曰孫炎云山基有重岸也郭云甗甑者鄭衆注考工記云甗無底甑方言云甑自關而東謂之甗故知甗甑也

左右有岸厒。夾山有岸厒口閤切○【疏】左右有岸厒注夾山有岸○釋曰謂山兩邊有水山與水爲岸此山名厒

大山宮小山霍宮謂圍繞之禮記曰君爲廬宮之是也【疏】大山宮小山霍○釋曰宮猶圍繞也謂小山在中大山在外圍繞之山形若此者名霍非謂大山名宮小山名霍也○注宮謂至是也○釋曰禮記曰者喪大記文也鄭注云宮謂圍障之也引之者證宮爲圍繞之義也

小山別大山鮮。不相連○別彼列切鮮息淺切【疏】小山別大山鮮注不相連○釋曰謂小山與大山分別不相連屬者名鮮李巡云大山少故曰鮮

山絕陘連中斷絕○陘形【疏】山絕陘注連中斷絕○釋曰謂山形連延中忽斷絕者名陘

多小石磝。多礓礫磝音敲○【疏】多小石磝注多礓礫○釋曰礓礫即小石也山多此小石者名磝釋名曰小石曰礫

多大石礐。多盤石礐音殼○【疏】多大石礐注多盤石○釋曰盤大石也山多此盤石者名礐

多草木岵。無草木峐。皆見詩岵戶峐屺○【疏】多草木岵無草木峐注皆見詩○釋曰峐當作屺音起案詩魏風云陟彼岵兮瞻望父兮又曰陟彼屺兮瞻望母兮毛傳云山無草木曰岵山有草木曰屺與此不同者當是傳寫誤也王肅解依爾雅

山上有水埒有停泉埒音劣○【疏】山上有水埒注有停泉○釋曰謂山巔之上有停泉名埒

夏有水冬無水澩有停潦澩音學○【疏】夏有水冬無水澩注有停潦○釋曰潦雨水也言山上汚下夏有停泉至冬竭涸者名澩

山豄無所通谿所謂窮瀆者雖無所通與水注川同名○豄音瀆【疏】山豄無所通谿○釋曰豄即溝瀆也山有豄而無通流者名谿注所謂至同名○釋曰云所謂者所謂釋丘云窮瀆汜者也云與水注川同名者即釋水云水注川曰谿是也

石戴土。謂之崔嵬。石山上有土者○崔徂回切嵬五回切

土戴石。爲砠。土山上有石者○砠七余切【疏】石戴至爲砠○釋曰詩周南卷耳云陟彼崔嵬又云陟彼砠矣毛傳云崔嵬土山之戴石者石山戴土曰砠與此正反者或傳寫誤也

山夾水澗。陵夾

水濆別山陵間有水者之名〇濆音虞【疏】山夾至水濆〇釋曰謂山間有水者名澗詩云考盤在澗是也其陵間有水者名濆山有穴爲岫謂巖穴【疏】山有穴爲岫〇釋曰謂山有巖穴者爲岫也山西曰夕陽暮乃見日【疏】山西曰夕陽注暮乃見日〇釋曰日即陽也夕始得陽故名夕陽詩大雅公劉云度其夕陽豳居允荒是也山東曰朝陽旦即見日【疏】山東曰朝陽注旦即見日〇釋曰謂山頂之東皆早朝見日但是山東之岡脊總曰朝陽詩大雅卷阿曰梧桐生矣于彼朝陽是也泰山爲東嶽華山爲西嶽霍山爲南嶽即天柱山潛水所出恆山爲北嶽常山嵩高爲中嶽大室山也【疏】泰山至中嶽〇釋曰案周禮大宗伯云以血祭祭社稷五祀五嶽故此釋之也白虎通云嶽者何爲嶽之爲言捔捔功德也東方爲岱者言萬物皆相代於東方也南方爲霍霍之爲言護也言太陽用事護養萬物也西方爲華華之爲言獲也言萬物成熟可得獲也北方爲恆恆者常也萬物伏藏於北方有常也中央爲嵩嵩言其高大也風俗通云嶽捔考功德黜陟也然則以四方方有一山天子巡守至其下捔考諸侯功德而黜陟之故謂之嶽也案詩傳言四嶽之名東嶽岱南嶽衡此及諸經傳多云泰山爲東嶽霍山爲南嶽者皆山有二名也風俗通云泰山山之尊一曰岱岱始也宗長也萬物之始陰陽交代故爲五嶽長王者受命恆封禪之衡山一名霍言萬物霍然大也華變也萬物成變由於西方也恆常也萬物伏北方有常也崧高也言高大也是解衡之與霍泰之與岱皆一山而有二名也若此上云江南衡地理志云衡山在長沙湘南縣張揖廣雅云天柱謂之霍山地理志云天柱在廬江潛縣則在江北矣而云衡霍一山二名者本衡山一名霍山漢武帝移嶽神於天柱又名天柱亦爲霍故漢以來衡霍別耳郭云霍山今在廬江潛縣西南別名天柱山漢武帝以衡山遼曠移其神於此今其土俗人皆呼之爲南嶽南嶽本自以兩山爲名非從近也而學者多以霍山不得爲南嶽又言從漢武帝始乃名之如此言爲武帝在爾雅前乎斯不然矣竊以璞言爲然何則孫炎以霍山爲誤當作

衡山案書傳虞夏傳及白虎通風俗通廣雅並云霍山爲南嶽豈諸文皆誤明是衡山一名霍也○注即天柱山潛水所出○釋曰此據作注時霍山爲言此山本名天柱漢武帝移江南霍山之祀於此故又名霍山其經之霍山即江南衡是也故上注云衡山南嶽也○釋曰大室山也案山海經云半石山東五十里曰少室山又東三十里曰泰室山郭注云即中嶽嵩高山也今在陽城縣西戴延之西征記云其山東謂之大室西謂之少室相去十七里嵩其總名也以其下各有室焉故謂之室是也

梁山晉望也

晉國所望祭者今在馮翊夏陽縣西北臨河上

疏梁山晉望也注晉國至河上○釋曰言梁山在晉國境內晉以歲時望祭之故云晉望也云晉國所望祭者案春秋僖三十一年經云夏四月四卜郊不從乃免牲猶三望公羊傳云三望者何望祭也鄭君以爲望者祭山川之名也諸侯之祭山川在其地者非其地則不祭賈逵服虔杜預皆以爲三望分野之星國中山川楚語云天子徧祀羣神品物諸侯二王後祀天地三辰及其土地之山川注國語者皆云諸侯二王後祀天地三辰日月星也非二王後祀分野星辰山川也以此。言。之則分野之星國內山川其義是也今案昭元年左傳云辰爲商星參爲晉星又禮記禮器云晉人將有事於河必先有事於。呼池及此云梁山晉望也然則晉國三望謂參也梁山也河也故云晉國所望祭者云今在馮翊夏陽縣西北者地理志文也知臨河上者成五年公羊傳。曰梁山者何河上之山也故知臨河上

釋水第十二

疏釋水第十二○釋曰說文解字云水準也北方之行象衆水並流中有微陽之氣也白虎通云水之爲言。准也是平均。法則之稱此篇釋諸水之名故曰釋水

泉一見一否爲瀸

瀸纔有貌見現否卑美反瀸纖

疏泉一見一否爲瀸○釋曰說文云泉水。原也言此泉其水有時出見有時不出而竭涸者名瀸謂瀸微也故。注云纔有貌

井一有水一無水爲瀱汋

山海經。曰天井夏有水冬無水即此類也○瀱計汋仁捉切

疏井一有水一無水爲瀱汋○釋曰說文云井鑿地取水也釋名云井清也泉之清絜者也世本云伯益作亦云黃帝始穿此言

井或一時有水。一時無水者名瀱汋也○注山海至類也○釋曰案中山經云帝囷山東南五十里曰視山其上多韭有井焉名天井夏有水冬竭者是也孫子兵灋云地陷曰天井然則非人爲之者曰天井云卽此類也者以此經但言井山海經言天井非正相當故云類也

濫泉正出。正出涌出也公羊傳曰直出直猶正也【疏】濫泉正出正出涌出也○釋曰詩大雅瞻卬云觱沸檻泉故此釋之也詩言檻泉者正直上出之泉也其水涌出故更云正出涌出也李巡。曰水泉從下上出曰涌泉濫檻音義同○注公羊至正也○釋曰案昭五年傳云叔弓帥師敗莒師于濆泉濆泉。者。何直泉也直泉。者涌泉也是其事也郭云直出者蓋以義言之彼言直此言正其意一也故云。直猶正也

沃泉縣。出縣。出下出也從上溜下○縣音玄【疏】沃泉縣出至注從上溜下○釋曰李巡亦云水泉。從上溜下然則相傳爲然也曹風云。洌彼下泉則此沃泉也

氿泉穴出穴出仄出也從旁出也○氿軌仄側【疏】氿泉穴出至注從旁出也○釋曰李巡曰水。泉從旁出名曰氿氿仄出是側出曰氿泉也大東云有洌氿泉是也

湀闢流川通流○湀揆【疏】湀闢流川注通流○釋曰說文解字云川貫穿通流水也虞書曰濬畎澮距川言深。畎澮之水會爲川川也釋名云川穿也穿地而流也然則湀闢者則通流大川之別名也

過辨回川旋流○過古禾切辨片【疏】過辨回川注旋流○釋曰回旋也言川水之中有回旋而流者名過辨。

灉反入卽河水決出。復。還入者河之有灉猶江之有。沱。○灉於用切【疏】灉反入○釋曰反復也謂河水決出而復入河者名灉卽下。云水自河出爲灉是也

潬沙出今。江。東呼水中沙堆爲潬。音。但【疏】潬沙出○釋曰言潬者是沙堆出於水中之名也故曰沙出

汧出不流水泉潛出便自停成。汙池○汧音牽【疏】汧出不流○釋曰謂水泉潛出停成汙池者名汧地理志云扶風汧縣雍州弦蒲藪汧出西北入渭以其初出不流停成弦蒲澤藪故曰汧出不流也其終則入渭也

歸異出同流。肥毛詩傳曰所出同所歸異爲肥【疏】歸異出同流肥○釋曰謂

小水支分歸入大水。則異其泉源初出則同流者名肥卽詩邶風泉水云我思肥泉茲之永歎毛傳云所出同所歸異爲肥泉是也瀵大出尾下今河東汾陰縣有水口如車輪許濆沸涌出其深無限名之。爲瀵馮翊郃陽縣復有瀵亦如之相去數里而夾河河中陼上又有一瀵。瀵源皆潛相通在汾陰者人壅其流以爲陂種稻呼其本。所出處爲瀵魁此是也尾猶底也○瀵音糞疏瀵大出尾下○釋曰尾猶底也言。源深。大出於底下者名瀵瀵猶灑散也○注今河至底也○釋曰河東馮翊者皆郡名也云河中陼上者。陼謂。水中可居之小者云人壅其流以爲陂種稻者澤障曰陂謂人。畜。壅此水以爲陂澤而漑稻田。也云瀵魁者魁帥也首也以其水源故謂之魁也水醮曰厬○謂水醮盡厬音軌疏水醮曰厬○釋曰醮盡也凡水之盡皆。曰厬厬則竭涸之名也水自河出爲灉書曰灉沮會同濟爲濋汶爲瀾洛爲波漢爲潛書曰沱潛既道○濋楚汶問瀾闡沱陀淮爲滸江爲沱書曰岷山。導江東別爲沱過爲洵潁爲沙汝爲濆。詩曰遵彼汝。墳皆大水溢出別爲小水之名○過爲禾反潁餘頃反濆墳疏水自至汝爲濆○釋曰此十者皆大水分出別爲小水之名也○注書曰灉沮會同○釋曰禹貢兗州云雷夏既澤灉沮會同孔安國云雷夏澤。名灉沮二水會同此澤引之證水自河出別名爲灉也○注書曰沱潛既道○釋曰禹貢梁州云岷嶓既藝沱潛既道孔安國云岷山嶓冢皆山名沱潛發源此州入荆州案地理志云蜀郡有湔道岷山在西徼外江水所出也隴西郡西縣嶓冢山西漢水所出是二者皆山名也沱出於江潛出於漢二水發源此州而入荆州。故荆州亦云沱潛既道案郭氏音義云沱水自蜀郡都水縣揃。山與江別而更流又云有水從漢中沔陽南流至梓潼漢壽入大穴中通峒山下西南潛出一名沔水舊俗云卽禹貢。潛也郭氏此言並解梁州沱潛也然則此注言書曰者亦指梁州者也所以荆州亦有沱潛者蓋以水從江漢出者皆曰沱潛所以荆梁二州皆有也○注書曰岷山導江東別爲沱○釋曰亦禹貢文也孔安國云江東南流沱東行引之證江水溢出名沱也

○注詩曰遵彼汝墳○釋曰此周南汝墳篇文也毛傳云汝水名也墳大防也毛意以為伐薪宜於厓岸之上故以大防解之郭意以為汝。濆所分之處有美地因謂之濆且毛傳墳從土此濆從水所以異也

水決之澤為汧水決入澤中者亦名為汧疏水決之澤為汧○釋曰凡水為人所決陂障為澤者亦與上出不流者同名。汧。也。

決復入為汜水出去復還疏決復入為汜○釋曰凡水決之岐流復還本水者名汜詩召南云江有汜是也

河水清且瀾。漪大波為瀾言渙瀾○瀾蘭漪衣

小波為淪言蘊淪

直波為徑。言。徑。涏。疏河水至為徑○釋曰案詩魏風伐檀篇云河水清且漣漪又曰河水清且直漪又曰河水清且淪漪故此釋之毛傳。云風行水。成文曰漣直直波也小風水成文轉如輪也李巡云分別水大小曲直之名郭氏云瀾言渙瀾淪言蘊淪徑言徑涏然則瀾直淪論水波之異漪皆辭也案詩漣淪皆言波名直波不言徑而言直又在淪漪前者取韻故也瀾漣雖異而義同瀾漪先舉詩文然後釋之直淪不舉者省文從可知也

江有沱。河有灉汝有濆。此故上水別出耳所作者重見

滸水厓水邊地疏滸水厓注水邊地○釋曰謂水邊厓岸之地別名滸李巡曰滸水邊地名厓也詩大雅江漢云江漢之滸是也

水草交為湄詩曰居河之湄○湄音眉疏注詩曰居河之湄○釋曰此小雅巧言之篇文也以詩詩有此言故釋之云水草交為湄李巡曰水中有草木交會曰湄今詩作麋音義同

濟有深涉謂濟渡之處○濟子細切

深則厲。淺則揭揭者揭衣也謂褰裳也○揭上二字音憩下丘竭切

以衣涉水為厲衣謂褌

繇膝以下為揭繇膝以上為涉繇帶以上為厲繇自也○繇音由上時掌反疏濟有至為厲○釋曰案詩邶風匏有苦葉濟有深涉深則厲淺則揭故此先引詩文然後釋之云揭者揭衣也謂度處水淺惟褰裳可涉者名揭注云謂褰裳也者對文言之則在上曰衣在下曰裳散而言之則通是以此經言揭衣注言褰裳曲禮云兩手摳衣去齊尺

衣亦謂裳也云以衣涉水為厲者此衣謂褌也言水深至於褌以上者而涉渡者名厲云繇膝以下為揭者此更釋揭涉及厲之名繇與由同繇由也言水淺自膝以下為揭水差深自膝以上者為涉水若深至衣帶以上者為厲注云繇自也釋詁文

潛行為泳 水底行也晏子春秋曰潛行逆流百步順流七里

疏 潛行為泳○釋曰謂人潛隱水底而行者名為泳詩周南漢廣云漢之廣矣不可泳思是矣○注晏子至七里○釋曰晏子者名嬰謚平仲相齊景公孔子稱善與人交者也著書謂之晏子春秋云景公蓄勇士公孫接田開彊古冶子事景公以勇力搏於虎問晏子而趨三子者不起晏子見公請去之公乃使人餽之二桃令三子計功而食公孫接曰接一搏特豜再搏乳虎若接之功可以食桃而毋與人同矣援桃而起田開彊曰吾杖兵卻三軍者再若開彊之功可以食桃而毋與人同矣援桃而起古冶子曰吾嘗從君濟於河黿銜左驂以入砥柱之中流當是時也冶少不能游潛行逆流百步順流九里得黿而殺之左操馬尾右挈黿頭鶴躍而出津人皆曰河伯也冶之視之則大黿之首也若冶之功可以食桃而毋與人同矣二子恥功不逮而自殺古冶子亦自殺是其所引之文也以證潛行為泳之事也但波作九里此作七里蓋傳寫誤或所見本異也

汎汎楊舟紼縭維之紼繂也 繂索○紼弗縭離繂律

縭緌也 緌繫○緌如誰切

疏 汎汎至緌也○釋曰汎汎楊舟紼縭維之此詩小雅采菽篇文也云紼繂也縭緌也此釋詩紼縭之義也李巡云繂竹為索所以維持舟者郭云緌繫孫炎云舟止繫之於樹木戾竹為大索然則紼訓為繂繂是縆縭訓為緌緌又為繫正謂舟之止息以縆繫而維持之也

天子造舟 比舩為橋造七到切

○諸侯維舟 維連四舩

大夫方舟 併兩舩

士特舟 單舩

庶人乘泭 併木以渡泭音桴

疏 天子至乘泭○釋曰此釋尊卑橋舩之異制也云天子造舟者詩大雅大明云造舟為梁是也言造舟者比舩於水加版於上即今之浮橋故杜預云造舟為梁則河橋之謂也維舟以下則水上浮而行但舩有多少為差等耳云庶人乘泭者詩漢廣云江之永矣不可

方思毛傳云方泭也釋言云舫泭郭注云水中簰筏論語曰乘桴浮於海注云桴編竹木大曰栰小曰桴是也桴侹音義同

水注川曰谿注谿曰谷注谷曰溝注溝曰澮注澮曰瀆此皆道水轉相灌注所入之處名○澮古外切

疏水注至曰瀆注此皆道水轉相灌注所入之處名也○釋曰郭云轉相灌注者蓋以川瀆皆水之大者也虞書云濬畎澮距川下云江河淮濟為四瀆是也今若言水注川曰谿謂水之注入川者名谿則注入溝者名澮溝小如澮豈能容乎若言注溝曰澮謂注溝水入之名澮則注川水入之者名谿杜預云谿亦澗也豈能容受川水乎然則水注川曰谿是澗谿之水注入於川也故李巡云水出於山入於川曰谿注谿曰谷謂山谷中水注入澗谿也注谷曰溝此以下與上不類謂山谷中水無澗谿者注入平地之溝溝廣深四尺注云澮廣二尋深二仞注溝曰澮謂注溝水入之者名澮注澮水入之者名瀆故注云轉相灌注也

逆流而上曰泝洄順流而下曰泝游皆見詩○泝音素

疏逆流至泝游注皆見詩○釋曰案詩秦風蒹葭云遡洄從之道阻且長遡游從之宛在水中央是也孫炎曰逆渡者逆流也順渡者順流也然則逆流順流皆謂渡水有逆順也

正絕流曰亂直橫渡也書曰亂于河

疏正絕流曰亂○釋曰正直也謂橫絕其流而直渡名曰亂○注書曰亂于河○釋曰案禹貢梁州云入于渭亂于河孔安國云越沔而北入渭浮東渡河而還帝都曰所治以帝都在河之東故直橫渡河陸行而還帝都也彼孔氏引此文故以為證也

江河淮濟為四瀆四瀆者發源注海者也

疏江河至者也○釋曰案白虎通云瀆者何謂瀆中國恬濁發源而注海其功著大稱瀆也案禹貢云導河積石至于龍門南至于華陰東至于底柱又東至于孟津東過洛汭至于大伾北過降水至于大陸又北播為九河同為逆河入于海岷山導江東別為沱又東至于澧過九江至于東陵東迤北會于匯東為中江入于海導沇水東流為濟入于河溢為滎東出于陶丘北又東至于菏又東北會于汶又東北入于海導淮自桐柏東會于泗沂

東入于海是發源注海者也

水泉【疏】水泉○釋曰題上事也下皆倣此

水中可居者曰洲小洲曰陼小陼曰沚小沚曰坻人所爲爲潏人力所作○陼渚坻池潏述

水中【疏】水中至爲潏○釋曰此一段釋水中之地名也故下題云水中案李巡云四方皆有水中央獨可居但大小異其名耳若人所作者則名潏周南云在河之洲召南云江有渚采蘩云于沼于沚秦風蒹葭云宛在水中坻是其所出之文也

河出崐崘虛色白山海經曰河出崐崘西北隅。虛。山下基也。所渠并千七百一川色黃潛流地中汩漱沙壤所受渠多衆水溷淆宜其濁黃百里一小曲千里一曲一直公羊傳曰河曲流河千里一曲一直

河曲【疏】河出至一直○釋曰此。一。段。釋河源所自及遠近曲直之勢。也故下題云河曲云河出崐崘虛色白者崐崘山名虛山下基也言河源出於崐崘山下之基其初纖微源高激湊故水色白也云所渠并千七百。者謂所受之渠并。計凡有一千七百也云一川色黃者以其所受渠多沙壤溷淆故爲一川而水色黃也云百里一小曲千里一曲一直者此河自然之勢也故謂之河曲○注山海至北隅○釋曰案海內西經云帝之下都崐崘之虛方八百里高萬仞河水出東北隅以行其北西南又入渤海又出海外即西北而北入禹所。導。積石山又北山經云敦薨山敦薨水出焉西注泑澤出乎崐崘東北隅實爲河源郭注云即河出崐崘虛也今注云西北者蓋所見本異或傳寫誤○注潛流至濁黃○釋曰云潛流地中者案漢書西域傳云河有兩源一出葱嶺一出于闐于闐在南山下其河北流與葱嶺河合東注蒲昌海蒲昌海一名鹽澤者去玉門陽關三百餘里廣袤三四百里其水。停居冬夏不增減皆以爲潛行地下南出。于積石爲中國河又山海經云不周山東望泑澤河水之所潛也其源渾渾泡泡郭注云河出崐崘潛行地下至葱嶺山于闐國復分流岐出合而東流注泑澤又復潛行南出于積石而爲中國河泑澤一名蒲昌海潛行渾渾泡泡水濆涌之貌是潛。流地中也說文云汩水流也溷濁也淆雜亂也言水流漱其沙壤所受之渠

又多衆水溷濁雜亂所以宜其水濁且黃也○注公羊至一直○釋曰此文十二年傳文也案彼經云晉人秦人戰于河曲傳云曷爲以水地河曲疏矣河千里而一曲也言其河曲之地疏闊故可戰也引之證河必千里一曲一直之義然此注以疏爲流又加一直字誤也○**徒駭**今在成平縣義所未聞駭諧稽切**太。史**今所在未詳**馬頰。**河勢上廣下狹狀如馬頰**覆鬴**水中可居。往。而有狀如覆釜○覆扶服切鬴父**胡蘇**東。莞縣今有胡蘇亭其義未詳**簡**水道簡易**絜**水多約絜**鉤盤。**水曲如鉤流盤桓也**鬲津**水多阨狹可隔以爲津而橫渡○鬲革**九河**從釋地已下至九河皆禹所名也

疏 徒駭至鬲津○釋曰案禹貢云九河既導故此釋其名下郎題云九河也李巡曰徒駭者禹疏九河以徒衆起故曰徒駭大史禹大使徒衆通其水道故曰大史馬頰河勢上廣下狹狀如馬頰也覆釜水中多渚往往而處形如覆釜胡蘇其水下流故曰胡蘇胡下也蘇流也簡大也河水深而大也絜言河水多山石治之苦絜絜苦也鉤盤言河水曲如鉤屈折如盤也鬲津河水狹小可隔以爲津也孫炎曰徒駭禹疏九河用功雖廣衆懼不成故曰徒駭胡蘇水流多散胡蘇然其餘同李巡郭云徒駭今在成平東光縣今有胡蘇亭馬頰覆鬴鬲津之名同李巡簡云水多約絜鉤盤水曲如鉤流盤桓也餘名皆云其義未詳計禹疏九河云復其故道則名應先有不宜徒駭太史因禹立名名此郭氏所以未詳也或九河雖舊有名至禹治水更別立名即此所云是也漢書溝洫志成帝時河隄都尉許商上書曰古記九河之名有徒駭胡蘇鬲津今見在成平東光鬲縣界中自鬲津以北至徒駭其間相去二百餘里是知九河所在徒駭最北鬲津最南蓋徒駭是河之本道東出分爲八枝也許商上言三河下言三縣則徒駭在成平胡蘇在東光鬲津在鬲縣其餘不復知也此九河之次從北而南既知三河之處則其餘六者太史馬頰覆釜在東光之北成平之南簡絜鉤盤在東光之南鬲縣之北也其河填塞時有故道鄭玄云周時齊桓公塞之同爲一河今河間弓高以東至平原鬲津往往有其遺處春秋緯寶乾圖云移河爲界在齊呂填閼八流以自廣鄭玄蓋據此文爲桓公塞

之也言闕八流拓境則塞其東流八枝幷使歸於徒駭也此九河之名義也案胡蘇在東光定本注作東筦筦當作光字之誤也○從釋地已下至九河皆禹所名也○釋曰謂釋地已下凡四篇其中五嶽四瀆及諸山川丘陵之名皆禹所制也然山川等名其來尚矣治水之後更復改新言此名是禹所制非禹始爲名也

爾雅疏卷第七

爾雅注疏卷七校勘記

阮元撰盧宣旬摘錄

爾雅疏卷第七名銜下標目釋地第九釋丘第十另行標釋山第十一釋水第十二注疏本分釋山以下爲卷第七以上仍卷第六

釋地第九

佼易變化注疏本佼改交白虎通同按古交易字多作佼說文佼交也易大壯喪羊于易釋文易鄭音亦謂佼易也詩天作箋云以岐邦之君有佼易之道公羊傳莊十三年何以不曰易也何休注易猶佼易也相親信無後患之辭

兩河間曰冀州注疏本作冀葉鈔釋文唐石經單疏本雪牕本作㚤按五經文字冀㚤兩列云上說文下隸省知今本作冀係據說文改也

江南曰楊州雪牕本元本閩本同釋文唐石經單疏本監本毛本作揚州五經文字云楊木名揚舉也州名取輕揚之義亦合作此字俗從木訛詩王風揚之水釋文云揚如字激揚也或作楊木之字非唐風揚之水石經魯詩殘碑作楊按廣雅釋言云楊揚也據此知尚書周禮爾雅楊州字詩王風唐風楊之水字本皆從木其義爲輕揚激揚陸德明張參輩以從木爲非故經典定從手旁其實非也唐許嵩建康實錄引春秋元命苞云地多赤楊因取名焉則楊木楊州實一字也

河西曰雝州注疏本雝改雍

兼得梁州之地浦鏜云據釋文此上脫太康地記云雍州七字

漢南曰荊州注疏本荊作荆此本亦荊荆錯出

稟性彊梁 注疏本彊改強下同

荆警也 監本毛本同元本閩本警作驚下同

江南曰揚州 監本毛本同閩本毛本楊州字凡四見皆從木惟輕揚奮揚從手

孔傳凡云據者 注疏本脫凡

禹貢其地合於冀州 注疏本下衍也

東至范入濡也 浦鏜云范下脫陽

云此蓋殷制者 注疏本脫云

禹貢海岱惟青州 注疏本貢下衍云

下與周禮又異 元本同閩本監本毛本又誤文

有青幽幷 注疏本幽幷倒

疑是殷制 注疏本下衍也

故云蓋也此上釋九州之名 注疏本移此上云云一十三字分配題下

秦有楊陓 唐石經雪牕本同釋文陓孫於于反郭烏花反本或作紆字非也經義雜記曰周禮職方氏其澤藪曰楊紆說文云九州之藪冀有陽紆

淮南墬形秦之楊紆風俗通山澤引爾雅秦有楊紆則釋地舊本皆是紆字郭本定爲陓陸反以紆爲非不知孫叔然於于反亦作紆也

周禮冀州云其澤藪曰陽陓元本同閩本監本毛本陽作楊按陓當作紆今周禮作楊紆余仁仲本注中作陽紆

今吳縣南大湖單疏本雪牕本注疏本同釋文大湖音泰舊校云本今作太

震澤厎定是也注疏本厎作底非書釋文葉鈔本作厎

海畔迥瀾閩本作迥瀾舊本作迴闊監本毛本作迴瀾

其澤藪曰昭餘祁舊本同閩本監本毛本餘改余下引地理志同

今滎陽中牟縣西圃田澤是也雪牕本舊本監本同單疏本滎作熒釋文同當據以訂正閩本毛本作榮更誤凡古書熒陽字皆從火有從水者淺人所改

周有焦護唐石經單疏本雪牕本同釋文穫胡故反又作護同按作護非也當從陸本作穫劉昭注續漢書郡國志李善注文選北征賦皆引爾雅周有焦穫郭注曰音護是護乃穫之音不得以護易穫也詩六月整居焦穫釋文焦穫音護爾雅十藪周有焦穫不言詩之穫字有異引爾雅穫字則後人改從言旁矣正義引釋地云周有焦穫尚作禾旁此類皆當訂正

十藪釋文唐石經單疏本雪牕本同周禮澤虞注云爾雅有八藪賈公彥說九州州各一藪周秦同在雍州又除畿內不數故八按今本作十係淺人依

數增加

中陵朱滕雪牕本注疏本同唐石經滕作縢釋文縢又作滕同

謂加陵最大也注疏本也誤者

梁莫大於湨梁單疏本雪牕本注疏本同唐石經湨作溴單疏本引春秋經注亦作湨○按从狊是也

杜預云湨水出河內注疏本預改注脫水

亦謂隄注疏本亦誤也

有醫無閭之珣玗琪焉唐石經雪牕本同釋文單疏本亦作珣玗琪石經考文提要引至善堂九經本同注疏本玗誤玕

有崐崘虛之璆琳琅玕焉唐石經雪牕本正德本同釋文單疏本亦作崐崘閩本監本毛本作崑崙移山於上失其舊釋文瑯音郎

又作琅同

琅玕狀似珠也雪牕本同注疏本作如珠非邢疏引山海經注亦云琅玕子似珠

謂多野牛筋角雪牕本正德本閩本監本同單疏本標起止云注幽都至筋角毛本角誤骨

有斥山之文皮焉雪牕本注疏本同釋文唐石經作厈山邢疏云厈山山名也廣韻四十禡斥丑格切引爾雅又音尺

顏師古曰卽所謂醫巫閭注疏本曰改云脫所

周書所謂夷玉也注疏本夷誤美

云珠如今雜珠而精好者注疏本脫者

云山海經曰者注疏本脫云

琅玕子似珠是也注疏本脫是

財物之所聚也注疏本也誤故聚作藏元本同

江東又呼爲王餘魚雪牕本注疏本同單疏本又字剜改蓋本作人字史記封禪書索隱引此注云江東人呼爲王餘亦曰版魚可證按版片也兩片相合乃行故曰版今本注脫亦曰版三字

與邛邛岠虛比唐石經雪牕本舊本同石經考文提要引至善堂九經本亦作邛邛葉鈔釋文邛邛巨凶反單疏本閩本監本毛本作卭卭誤下同釋文駏本或作岠又作狟驢本或作虛又作𧇊

土俗名之爲蟨鼠音厥雪牕本同注疏本刪下二字釋文云蟨郭音厥單疏本標起止云呂氏至音厥

各有一目一鼻一孔一臂一脚雪牕本注疏本同正德本脚作足此本舊無一目二字今依諸本補李善注文選三月三日曲水詩序引一鼻一孔作一鼻孔其義爲是今本下一字係誤衍

更望備驚急雪牕本正德本閩本同單疏本云所以備驚急也毛本驚改警

中有枳首蛇焉 唐石經單疏本同釋文枳本或作𣓱石經考文提要引至善堂九經本亦作枳雪牕本注疏本作軹○按枳之正字當作岐作枝凡作枳作軹作𣓱並同音假借字也

亦名弩絃 陳本同單疏本雪牕本注疏本絃作弦此從糸旁者俗字當訂正五經文字云琴瑟弦亦用此弦字作絃者非

言鰈爲此魚之名也 注疏本此魚誤比目

崇五山有鳥 正德本同閩本剜改五爲吾監本毛本承之

不比不能飛 注疏本能作得

正謂此也 注疏本謂下衍相此誤比

大慎覽順說篇之文也 盧文弨曰呂氏春秋作慎大覽又順說當作不廣呂氏篇題在後讀者誤以前篇之目當之

所以備驚急也 正德本閩本監本同毛本驚改警

中有枳首蛇焉 注疏本枳改軹

江東呼越王約髮 監本毛本江東上有今字閩本今字剜改正德本實闕

下溼曰隰 唐石經單疏本雪牕本同釋文溼俗作濕隰本或作隰音習五經文字云經典皆以濕爲溼唯爾雅用之

下者曰隰 唐石經雪牕本今注疏本隰作溼單疏本作下者曰隰云本作溼誤按詩車鄰正義引下者曰隰李巡曰隰溼也是李本作隰字據注引

公羊傳作隰知郭本同今本沿唐石經之誤也

遂人職云凡治野田　浦鏜云田字衍

是鄭之所約也　注疏本是下衍也

下溼曰隰者　此本及注疏本以下皆不分節此節首剜改當有云字

案彼云　元本同閩本監本毛本云改曰

曷爲謂之大原　元本同閩本毛本爲謂倒

故引爲證也　注疏本脫爲

故題云野　注疏本作故云二字

九夷八狄七戎六蠻謂之四海　唐石經單疏本雪牕本同書旅獒正義詩蓼蕭正義皆言謂之四海下有八蠻在南方六戎在西方五狄在北方三句詩正義謂此三句唯李巡所注有之孫炎郭氏諸本皆無按周禮職方及布憲注皆引爾雅曰九夷八蠻六戎五狄謂之四海與李本合

岠齊州以南　唐石經單疏本雪牕本同按藝文類聚卷二十一引爾雅岠作距釋言注引此經釋文距又作岠同今本作岠非段玉裁云說文止部岠从止通作距亦作拒其作岠者乃變止爲山也

北戴斗極爲空桐 唐石經單疏本雪牕本同太平御覽七百九十九引戴作載

東至日所出爲大平 雪牕本注疏本同釋文大平音泰下同瞿中溶云唐石經太皆作大獨此太平太蒙字各兩見四小點後人所加

西至日所入爲大蒙 唐石經雪牕本注疏本同釋文濛音蒙本今作蒙按此蓋經作大蒙注云濛汜陸氏爲注作音

四方極遠之國名 注疏本下衍也

遼西令支有孤竹城是乎 正德本亦作乎閩本監本毛本孤作觚乎改也按漢書作觚此邢氏不敢質言之辭作也非

西海之中 正德本同閩本監本毛本中改南

三曰高驪 小學紺珠引此同閩本監本毛本驪改麗按後漢書作高驪

一曰天笁 正德本同閩本監本毛本笁作竺

三曰僬僥 正德本同與小學紺珠所引合閩本監本毛本僬改焦

四曰跛踵 小學紺珠引此同注疏本作跂踵按宋本禮記王制正義作跛踵

七曰狗軹 注疏本軹作軹

二曰戎夫 元本作戎央閩本監本毛本作戎夷此本舊誤戎夾茲據小學紺珠所引訂正

其行邪辟 元本閩本同監本毛本辟作僻

故云次四荒者元本同閩本監本毛本脫者

岠齊州以南戴日爲丹穴○釋曰注疏本刪釋曰閩本監本毛本岠上增云穴下增者脫州字元本與此同

禱過山東五百里曰丹穴山是乎元本乎誤呼閩本監本毛本改也

值此斗極之下注疏本此誤北

釋丘第十

云周禮曰元本同閩本監本毛本云改注

此秋官司儀職文也注疏本職下衍所載二字

定陶縣名注疏本下增也

鑯頂者雪牕本同釋文單疏本皆作鑯注疏本改纖

三成爲崐崘丘唐石經單疏本雪牕本同惠棟云酈元引爾雅曰山三成爲崐丘無崘字按水經注卷四河水篇云水出三累山其山層密三成故俗以三累名山爾雅山三成爲崐丘斯山豈亦崐丘乎又邢疏引崐崘山記云崐崘山一名崐丘三重蓋經文本無崘字後人因郭注增加

如椉者椉丘唐石經單疏本雪牕本同釋文如乘本又作椉繩證反注車乘同按經當作椉注當作乘

椉謂稻田塍埒單疏本雪牕本同注疏本椉下衍者字

形似車槳也繩證切二或云槳謂稻田塍埒槳市陵切許叔重云塍埒稻田畦隄注疏本繩證切移後證誤正槳市陵切槳誤塍音切改大字按此槳字當衍說文土部云塍稻田畦也此衍埒字隄當爲也此行刓擠故有衍文

春秋莊十年公敗宋師于乘丘注疏本十下衍五毛本乘改槳

水潦所止泥丘唐石經單疏本雪牕本同釋文泥依字作尼又作坭按當爲又作屔玉篇引爾雅泥作屔廣韻同經義雜記曰說文丘部屔反頂受水丘从丘泥省聲郭云頂上汚下者當用說文丘部字

頂上污下者雪牕本元本同釋文單疏本皆作汚閩本監本毛本作汙疏中準此

而人力爲作之者正德本亦作爲作閩本監本毛本改所作又並脫之

又可以爲京乎正德本閩本同監本毛本可改何浦鏜依今左傳改作又何以爲京觀乎考唐石經左傳本作可以爲京乎觀字係旁增小字與此合

水繞環之雪牕本閩本監本毛本同正德本繞作遶按疏云還環繞也又云外則爲水潦環繞者名埒丘蓋邢本作水環繞之

還環繞也注疏本繞作遶

外則爲水潦環繞者注疏本環繞倒

當途梧丘　唐石經單疏本雪牕本同石經考文提要引至善堂九經本亦作當注疏本當誤堂釋文涂字又作途

而復環繞之者　注疏本環誤還

故名戴丘　注疏本名誤爲

水出其右正丘　唐石經雪牕本注疏本同釋名曰水出其右曰沚丘沚止也西方義氣有所制止也今爾雅作正蓋止之訛此制止與下營迴義取相反

水出其左營丘　唐石經雪牕本注疏本同史記周本紀集解禮記檀弓正義皆引作水出其前而左曰營丘水經緇水注引作水出其前左爲營丘又云營陵城南無水惟城北有一水世謂之白狼水西出丹山東北流由爾雅出前左之文不得以爲營丘矣今臨淄城中有丘淄水出其前故有營丘之名與爾雅相符邵晉涵正義據此謂舊本爾雅經有前字注云淄水過其南及東東南二字正釋前左二字然考詩齊譜正義引孫炎注爾雅云水出其左營丘無前字經文水出其前後左右四字相對與下左高咸丘右高臨丘前高旄丘後高陵丘文法整對劉熙釋名本爾雅亦言水出其左曰營丘蓋史記水經注等蒙上水出其前渻丘之文引之王宗炎云凡古人祇言左右者皆據前言之猶言東西亦據前言之若對文則並舉如釋畜言馬有前右後右前左後左矣此言水出其左謂水出其前左也引者加前字須人易曉耳

左右猶東西也　注疏本猶下增言

至博昌入泲也　注疏本脫也

言此以證水出其左名營丘也 注疏本左下增者丘下脫也

敦盂也 閩本監本毛本同單疏本作敦盂無也字雪牕本正德本作敦盂丘誤詩氓正義引郭注曰敦盂也音頓又釋文於丘一成爲敦丘下引郭云音頓今本前後注中無音頓字

主婦執壹金敦 閩本監本毛本壹改一元本此字實闕

丘形如覆敦者名敦丘也 注疏本脫也

邐迤沙丘 單疏本雪牕本正德本同閩本監本毛本迤作迆疏中同釋文迆字或作迤唐石經闕

丘形邪行連接而長者 正德本同閩本監本毛本邪改斜又此本及正德本閩本形字係剜擠監本毛本始排入

詩云者 注疏本云下增陟彼阿丘四字

而郭氏以爲中央高者 注疏本脫氏

謂丘之東有水澤者 注疏本脫水

宋有太丘社亡 雪牕本同單疏本太作大注疏本作泰依經所改亡字單疏本誤因此本誤云今據雪牕本注疏本訂正

有大阜者名泰丘 注疏本泰改太

宋依丘作社 注疏本宋作蓋

丘有壟界如田畝 雪牎本注疏本壟作隴疏云郭以爲田畝之壟也則邢本作壟釋文隴界本又作壟文選高唐賦注引作隴

謂丘如田畝曰畝丘孫炎曰 注疏本謂誤諸下曰字正德本同閩本監本毛本作云

殆自別更有魁梧傑大者五 單疏本雪牎本注疏本傑作桀釋文傑渠列反本今作桀此蓋據釋文改又按別更義同當衍其一釋文更字有音邢疏云殆近也近是更有魁梧然桀大者五亦作更字蓋陸邢本作更經注本作別淺人合幷之隨復沓不可讀

今者所在耳 雪牎本同注疏本脫者

今所未詳知也此已上釋衆丘之名義 注疏本移此已上云云十四字分配題下

不發聲 雪牎本注疏本同單疏本聲下有也按詩葛藟釋文正義皆引此注云不發聲也

故名曰漘 注疏本脫曰

今江東呼爲浦隩 雪牎本注疏本同文選謝宣遠王撫軍庾西陽集別詩注引此云今江東人呼浦爲隈此脫人字作呼爲浦隩亦非

是不爭隈之事也 注疏本脫也

外爲隈 唐石經單疏本雪牎本同釋文隈作鞫云如字字林作坑云厓外也九六反邢疏云隈當作鞫傳寫誤也詩公劉芮鞫之即正義曰釋丘隩隈也厓內爲隩外爲鞫李巡曰厓內近水爲隩其外爲鞫是孔穎達所據李巡本作鞫與釋文正合其誤始於開成石經也公劉箋云芮之言內也水之內曰隩水之外曰鞫則鄭讀爾雅與李巡同

其外爲鞫注疏本鞫誤鞠下同

毛傳云水之外曰鞫浦鏜云鄭箋誤毛傳

又作垙注疏本垙誤坑

其邊若堂之牆雪牕本同閩本堂下剜擠室字監本毛本排入按疏云其邊之厓如堂室之牆蓋因疏語誤衍矣詩終南正義引此注云其邊若室之牆

率西水滸之類是也注疏本脫是

涘一名厓厓謂水邊也注疏本脫一厓

在水之涘是也閩本脫是正德本作在水之邊也監本毛本作在水之涘矣

則別名溦也此已上釋厓岸之名也注疏本移此已上云云十三字分配題下

釋山第十一

以爲中國之名山也注疏本脫之

正東曰兗州元本監本毛本同誤也閩本剜改作河東

一名吳嶽元本閩本同監本毛本吳誤無

南曰衡也是也 注疏本脫上也

故此云亦也 注疏本故上衍是

一成坯 唐石經單疏本雪牕本同釋文坯或作伾單疏本注作伾水經注卷五引爾雅作伾

山再成曰伾 注疏本伾作坏依經所改下同

今中嶽嵩高山 雪牕本注疏本同單疏本作今中嶽高山按高當即嵩之誤此經作崧注作嵩爲經注異文之明證經之作崧有釋文唐石經今本爲據詩崧高維嶽毛傳崧高貌山大而高曰崧正義引釋名亦曰山大而高曰崧皆經字作崧之證若嵩高爲中嶽之嵩則絕無作崧者釋文音經云崧又作嵩此依注改經也詩正義引郭氏曰今中岳崧高山此順經改注也

其中山曰員嶠 注疏本脫山

卑而大扈 唐石經單疏本雪牕本同釋文扈音戶或作扈

扈廣貌 單疏本雪牕本同注疏本貌誤也

言山小而衆 注疏本山小倒

小山岌大山峘 唐石經單疏本雪牕本同釋文峘胡官反又音恆經義雜記曰說文䮚馬行相及也从馬从及讀若爾雅小山䮚大山峘郭注謂高過與馬行相及訓亦合岌及也峘恆也以小山而高及大山爲恆長可知釋文胡官反音袁非錢坫云晉書地道記恆山北行四百五十里得恆山岌號

飛狐口可證岠即恆之訛錢大昕云大山宮小山霍即南嶽霍山則小山岌大山岠爲北嶽恆山審矣

取此名也注疏本取上有蓋

是以山之孤獨者亦名蜀也注疏本名下衍曰

謂山峯頭巉巖雪牕本同注疏本無山監本毛本峰作峯釋文五經文字巉作巉下從兔釋文毚本又作巖

顛頂也舊本閩本監本同毛本顛誤巔

謂山顛之末其峯巉巖監本末誤未峯作峯元本閩本毛本顛誤巔

形似堂室者雪牕本舊本同閩本監本毛本似改如按注以似釋經之如

巒山墮雪牕本同釋文唐石經單疏本注疏本墮作嶞

謂山形長狹者雪牕本注疏本同釋文形狹而長也詩般釋文引郭云山狹而長也邢疏云凡物狹而長者謂之隋則此言山墮者謂山形狹長者據此知長狹本作狹長也釋魚注云橢謂狹而長亦可證釋文狹乎夾反當本作陜乎夾反釋魚釋蟲篇此字三見皆作陜乎夾反

嶞山喬嶽單疏本注疏本同雪牕本嶞作墮詩釋文云嶞字又作墮按說文嶞山之墮墮者从山从憜省聲讀若相推落之墮則作墮非

凡物狹而長者謂之嶞注疏本脫者按墮當作隋平準書復小橢之索隱橢作隋引爾雅注隋者狹長也

甗甑雪牕本同注疏本甑下有也按詩公劉正義引此注無也

山狀似之雪牕本注疏本作山形狀似之形字衍詩正義亦引作山狀似之又詩正義此下有上大下小四字下因以名云作因以爲名葛藟釋文引此注云形似累兩重甑上大下小然則今本無上大下小四字者脫也

故知甗甑也監本毛本脫甑舊本閩本作故云甑也

左右有岸𠩺唐石經單疏本雪牕本同釋文𠩺口閤反五經文字缶部𠩺口合反見爾雅段玉裁云𠩺當作厒文選江賦鼓厒窟以漰渤李善注厒苦合切是也玉篇厒口合切山夾有岸廣韻二十七合匼口荅切山左右有岸字皆誤

小山別大山鮮唐石經單疏本雪牕本同釋文鮮或作嶰詩皇矣度其鮮原毛傳小山別大山曰鮮正義引此經及孫炎注曰別不相連也公劉陟則在巘毛傳巘小山別於大山也釋文甗本又作巘毛傳與爾雅異正義本亦作甗引釋山重甗隒郭注及西京賦陵重甗釋之且云與皇矣小山曰鮮義別按釋名小山別大山曰甗甗甑也甑一孔者甗形孤出處似之也蓋公劉詩本作甗故釋文正義皆作甗釋名正本毛詩傳也鮮甗聲相近毛蓋讀甗爲鮮故與皇矣傳無異訓陸孔皆執守此經鮮與甗別故一則曰與爾雅異再則曰與皇矣別

謂小山與大山分別不相連屬者注疏本脫分別

多小石磝唐石經單疏本雪牕本同釋文磝字或作磽同五經文字云磽五交反見爾雅是張參所據本作磽也釋名山多小石曰磽磽堯也每石磽磽獨處而出見也是劉熙所據爾雅亦作磽今釋名作磝依俗本爾雅改也說文磽磐石也無磝字

多盤石單疏本雪牕本同釋文磐步丸反今作盤同

山多此盤石者名礐　注疏本名下衍曰

多草木岵無草木峐　唐石經單疏本雪牎本同釋文云峐三蒼字林聲類並云猶屺字詩陟岵毛傳山無草木曰岵山有草木曰屺正義曰與爾雅正反當是傳寫誤也定本亦然釋文云王肅依爾雅按毛詩傳則此經當作無草木岵多草木峐毛詩傳不誤爾雅誤也王肅解依爾雅蓋以鄭箋本爲誤耳釋名云山有草木曰岵山無草木曰屺蓋所據爾雅本亦誤段玉裁云岵之言瓠落也有陽道故以言父屺之言荄滋也有陰道故以言母

峐當作屺音起　注疏本無音起按二字當作小注

山有草木曰屺　注疏本脫山

有停泉　單疏本雪牎本同釋文渟亦作停同

有停泉者名埒　注疏本脫者

下夏有停潦　注疏本潦作泉

所謂窮瀆者雖無所通　雪牎本同注疏本雖誤續釋文續說文云古文隮字蓋經作續注作瀆依說文瀆隮分部窮瀆字義當作隮今作水旁者隸書通借也

云與水注川同名者　注疏本脫水

石戴土謂之崔嵬土戴石爲岨　唐石經雪牎本同毛詩卷耳傳崔巍土山之戴石者石山戴土曰砠正義曰與爾雅正反者或

傳寫誤按說文山部云岨石戴土也釋名石戴土曰岨岨臚然也土戴石曰崔巍因形名之也皆與毛傳同嵬巍砠岨音義同段玉裁云石戴土者以石戴於土上土戴石者以土戴於石上有辭異而義同者此是也

謂山有巖穴者 注疏本巖作岩

卽天柱山灊水所出 單疏本雪牕本同注疏本下衍也字詩崧高正義引郭氏爾雅注云霍山今在廬江灊縣西南別名天柱山漢武帝以衡山遼曠移其神於此今其土俗人皆呼之爲南岳南岳本自以兩山爲名非從近也而學者多以霍山不得爲南岳又言從漢武帝始乃名之如此言爲武帝在爾雅前乎斯不然矣尚書舜典春秋昭四年正義周禮大司樂疏皆引之審爲郭注未詳何時脫落邢氏作疏時已逸但采諸詩正義耳

大室山也 單疏本雪牕本同春秋正義引此注下有別名外方今在河南陽城縣西北十三字

言萬物皆相代於東方也 舊本同閩本監本毛本皆作更

西方爲華 注疏本方誤嶽

華之爲言獲也 舊本同閩本監本毛本獲誤穫下同

嵩言其峻大也 舊本峻誤多閩本剜改作高監本毛本承之

嶽捔考功德黜陟也 舊本同閩本捔誤觕監本毛本陟下衍埆

天子巡守至其下舊本同閩本監本毛本守改狩

衡山在長沙湘南縣注疏本縣下有南

故漢已來衡霍別耳郭云霍山今在廬江注疏本耳改矣脫今

皆呼之爲南嶽南嶽本自以兩山爲名注疏本脫一南嶽

孫炎以霍山爲誤注疏本炎下衍云

云晉國所望祭者注疏本脫者

鄭君以爲望者元本同閩本監本毛本君改玄

以此言之元本脫此閩本剜擠作以此知三望監本毛本承之

必先有事於呼池注疏本改汙池非按禮記注云惡當爲呼此依注作呼耳

公羊傳曰注疏本曰作云

釋水第十二

水之爲言准也注疏本准改準按白虎通舊本作准後校刊者始改作準說詳孫志祖讀書脞錄

是平均法則之稱元本同閩本監本毛本法改灋下準此

泉水原也 元本同閩本監本毛本原改源

故注云纔有貌 注疏本注誤此

山海經曰 雪牕本同注疏本曰作云

或一時有水一時無水者 注疏本有水下衍者

濫泉正出正出涌出也 唐石經單疏本雪牕本同釋文濫胡覽反按濫一作檻毛傳檻泉正出涌出也正義於采菽曰釋水云檻泉正出正出涌出也於瞻卬曰檻泉正出涌出釋水文是陸孔所據本有作檻者論衡是應篇曰爾雅釋水章檻泉正出正出涌出也尤爲作檻之證段玉裁云濫泉正字也檻泉假借字也文選荅賓戲注引爾雅濫泉正出正出湧出也韋昭曰濫音檻後漢書黄憲傳注引爾雅正出濫泉濫音檻是作濫仍爲檻音也

李巡曰 注疏本曰作云

濆泉者何直泉也 注疏本脫者何

故云直猶正也 注疏本脫直

沃泉縣出縣出下出也 單疏本雪牕本注疏本同釋文縣音元唐石經縣皆作懸論衡引此云沃泉懸出懸出下出也釋名云懸出曰沃泉水從上下有所灌沃也據此知縣字舊本作懸唐石經是也

從上溜下 單疏本雪牎本同釋文霤本又作溜

水泉從上溜下 注疏本脫從

洌彼下泉 元本監本毛本洌改冽今毛詩同誤也按詩釋文作洌正義曰字從水唐石經三章皆作洌彼下泉與此合

水泉從旁出 注疏本脫泉

言深畎澮之水 注疏本深下衍澮

名過辨 注疏本辨下有也

卽河水決出復還入者 雪牎本同注疏本作卽河水決出而復入者釋文復還扶又反此本復還入三字剜改蓋本作決出而復入者疏云謂河水決出而復入河者可證是陸本作復還入邢本作而復入按經云決復入爲氾則今本作而復入是也

河之有灉猶江之有沱 雪牎本元本同閩本監本毛本沱作氾釋文沱徒河反或作氾音似按下經決復入爲氾詩江有氾毛傳曰決復入爲氾江有沱毛傳曰沱江之別者是氾與沱不同此經云反入卽復入注當言江之有氾矣作沱非

卽下云 注疏本云誤之

今江東呼水中沙堆爲潬音但 雪牎本同注疏本江東改河中又刪下二字按一切經音義卷十卷十一卷十九三引此注皆作江東

便自停成汙池單疏本雪牕本元本同閩本監本毛本汙作污疏中同

歸異出同流肥唐石經單疏本雪牕本同惠棟云水經注引作歸異出同曰肥犍爲舍人曰水異出流行合同曰肥又引呂忱字林曰爾雅異出同流爲瀵水

歸入大水注疏本水誤海

名之爲瀵雪牕本同注疏本爲改曰

瀵源皆潛相通雪牕本元本同閩本監本毛本源作原改從古字也

呼其本所出處爲瀵魁雪牕本同注疏本脫所

言源深大注疏本作言其源深

皆謂水中可居之小者注疏本皆作陼水作河此誤

謂人壅畜此水注疏本壅畜倒

而溉稻田也注疏本田誤苗

凡水之盡皆曰㞙元本閩本監本同毛本曰作謂之

岷山導江單疏本雪牕本注疏本同釋文道江徒報反本或作導按引導開導字古皆作道今禹貢作岷山導江非當從此釋文作道

汝爲濆唐石經單疏本雪牕本同釋文濆符云反下同字林作涓工元反衆爾雅本亦作涓按說文涓小流也从水肙聲爾雅曰汝爲涓注云皆大水溢出別爲小水之名則從涓義長郭本作濆注引汝墳詩可證

遵彼汝濆注疏本同單疏本雪牕本濆作墳按詩遵彼汝墳正義引釋水文又云郭氏曰詩云遵彼汝墳則郭意以此汝墳爲濆汝所分之處有美地因謂之濆然則此注本以墳爲濆亦經注異字之證注疏本依經改濆非也

雷夏澤名元本脫名閩本剜擠監本毛本排入

而入荆州注疏本脫州

沱水自蜀郡都水縣揃山元本同閩本揃誤楄監本毛本改湔因上引地理志蜀郡有湔道故也按書禹貢正義引郭氏爾雅音義本作揃山字從手

即禹貢灊也注疏本貢下衍云

郭意以爲汝濆所分之處注疏本濆改墳

亦與上出不流者同名汧也注疏本同名汧也作亦名爲汧

河水清且灡漪雪牕本同注疏本灡作瀾唐石經闕單疏本無經疏中作灡按釋文灡郭力但反又力安反下及注同則下文大波爲瀾注言渙瀾皆作灡今諸本作瀾非經義雜記曰說文瀾大波爲瀾灡潘也潘淅米汁也義別釋文作灡是聲借字

直波爲徑注唐石經雪牕本同單疏本標起止云河水至爲徑釋文徑字或作徑注同按字或作徑當爲逕釋名云水直波曰逕逕徑也言如道徑也經大波爲瀾小波爲淪字皆從水此當作直波爲逕注云言徑侹則作徑爲經注異文之證徑徑同

言徑涏單疏本雪牕本注疏本同釋文侹字又作挺徑侹直也按此當從陸本作徑侹通俗文平直曰侹草書水旁與人旁相近遂誤涏

毛傳云風行水成文曰漣注疏本脫云水下衍上

江有沱河有灉唐石經雪牕本同按上注云河之有灉猶江之有汜然則此經當作江有汜與上文江爲沱不同猶上云汝爲涓此作汝有濆皆上下異文之證

汝有濆唐石經注疏本同上汝爲濆釋文云濆符云反下同雪牕本濆作墳非詩遵彼汝墳正義引釋水汝有濆而曰彼濆從水此墳從土分析最清俗本猶寫亂之

深則厲唐石經單疏本雪牕本同釋文則厲如字本或作濿五經文字濿音厲爾雅或以爲深則厲之厲詩風及論語皆作厲

衣亦謂裳也注疏本謂下衍之

繇與由同繇由也注疏本作繇自也按當作由自也

不可泳思是矣〇注晏子至七里〇釋曰注疏本矣改也下八字作晏子春秋日者

晏子者名嬰謚平仲注疏本脫者謚誤字

田開彊注疏本彊作疆下同元本開誤問按開疆猶辟疆也作彊蓋誤

事景公以勇力搏於虎問注疏本問作鬭係臆改按問當作閧晏子春秋作閧浦鏜云於字衍

晏子而趨注疏本作晏子晨趨浦鏜云晏子下脫過

接一搏特猏注疏本猏作猬

可以食桃而毋與人同矣晏子毋作無古字通

吾杖兵卻三軍者再閩本監本毛本卻作却元本闕此文

冶之視之元本冶誤治監本無上之字

鞾是絙注疏本同絙卽大索此本絙上剜擠大字今刪正詩采菽正義亦衍大字○按絙从亙亙从二从舟

庶人乘泭唐石經單疏本雪牕本同釋文於此無音於釋丘云如乘本又作椉下文並放此則此亦當一作椉石經乘皆作椉獨釋水乘泭釋畜宜乘不作古字

加版於上元本同閩本監本毛本版改板

釋言云舫泭注疏本舫誤船

此皆道水轉相灌注所入之處名雪牕本注疏本同單疏本名下有也

豈能容受川水乎注疏本脫水

注入於川也注疏本脫於

注溝曰澮閩本監本毛本脫注溝二字元本溝字實闕

注澮水入之者名瀆注疏本注上衍一

轉相灌注也注疏本下衍灌貫二字是音切誤入疏中者

遡游從之注疏本游改遊

然則逆流順流元本脫順流閩本剜擠順字監本毛本脫上流

直横渡也雪牕本元本同閩本監本毛本渡誤流詩公劉正義引孫炎注曰直横渡也注本此

曰所治監本毛本曰上衍有浦鏜云白誤曰元本閩本自有曰所治起共脫二十字

陸行而還帝都也監本毛本脫陸行

發源注海者也唐石經雪牕本注疏本同此本源改原非今訂正

瀆中國恬濁發源而注海元本同毛本瀆作濁閩本監本毛本恬作垢而誤東

北過降水元本閩本同監本毛本降改洚

會于匯 元本同毛本于誤爲閩本監本匯誤淮

虛山下基也 雪牕本注疏本同釋文引郭云墟者山下基也發源處高激峻湊故水色白也按虛當作墟下十二字亦郭注釋文引孫炎云墟者山下之地白者西方之色也可證又按釋文音經虛去魚反本亦作墟非此經作虛注作墟孫叔然注已如此釋天顓頊之虛釋文云此一字音墟下如字是經不作墟也釋詁釋文音經虛許居反音注墟去魚反是因經之虛字本爲空虛故經注字不相混

此一段釋河源所自及遠近曲直之勢也 注疏本脫一段也三字

云所渠幷千七百者 注疏本脫者

幷計凡有一千七百也 元本閩本監本同毛本計誤記

入禹所謂石山 元本作入禹所積石山閩本剜擠作入禹所導積石山監本毛本排勻

廣袤三四百里其水停居 元本同閩本監本脫袤毛本脫四停改亭

南出于積石爲中國河 注疏本脫于

是潛流地中也 注疏本流誤行

太史 唐石經單疏本雪牕本同釋文大謝音泰孫如字本今作太

河勢上廣下狹 雪牕本注疏本同釋文狹胡夾反當本作陜胡夾反釋蟲釋魚釋文可證

水中可居往者而有狀如覆釜注疏本無者字雪牕本作水中可居往往而有狀如覆釜按釋文曰李孫郭並云水中多渚往往而有可居之處狀如覆釜之形疏引李巡曰水中多渚往往而可居處形如覆釜則此注當從雪牕本矣此本往者二字剜改蓋原刻本作往往

東莞縣今有胡蘇亭注疏本同雪牕本作東莞縣疏云胡蘇在東光定本注作東莞莞當作光字之誤也

鉤盤唐石經單疏本雪牕本同釋文般步干反本又作盤李本作股云水曲如鉤折如人股孫郭同云水曲如鉤流盤桓不直前也漢書地理志平原郡有般縣莽曰分明是讀般爲班也師古曰爾雅說九河云鉤般郭氏以爲水曲如鉤流般桓也按盤當作般般錢大昕云漢隸從舟之字作月股與股二文相涉李巡在孫郭之前當以股爲正鉤股雙聲與胡蘇疊韻正相類也

覆釜水中多渚往往而處形如覆釜監本毛本同元本作覆釜水中可居多者往往而處形如覆釜閩本者作渚按依釋文當作水中多渚往往而有可居處形如覆釜

可隔以爲津也注疏本隔改鬲

用功雖廣浦鏜云釋文作此河功難此誤按詩正義作用功難

郭云徒駭元本閩本同監本毛本郭誤觔

計禹陳九河注疏本陳改疏

則名應先有注疏本脫則

或九河雖舊有名注疏本脫名

至平原鬲津浦鏜云漢書作鬲般此誤

定本注作東筦注疏本筦誤莞下同

謂釋地已下凡四篇元本同閩本監本毛本已改以

爾雅疏卷第七唐石經雪牕本並題爾雅卷中單疏本注疏本刪此本下記經三千五百六十四字注四千三百二十二字

爾雅注疏卷七校勘記

爾雅疏卷第八

翰林侍講學士朝請大夫守國子祭酒上柱國賜紫金魚袋臣邢昺等奉

敕校定

釋草第十三

疏 釋草第十三○釋曰草說文作艸隸變作卄七老切百卉也又曰象野草莽蒼之形說文別有草字自保切云草斗櫟實也一曰象斗子徐鉉曰今俗以此為卄木之草別作皁字為黑色之皁案櫟實可以染帛為黑色故曰草通用為草棧字然則此篇辨百卉之名見於經傳者當為草木之草故云釋草

萑山韭茖山葱。葝山䪥。蒚山蒜 今山中多有此菜皆如人家所種者茖葱細莖大葉○萑音育韭音九茖音革葱音忩葝巨盈切䪥音薤蒚力 疏 萑山至山蒜○釋曰此辨四種菜生山中與人家所種者異名也韭說文云菜名一種而久者故謂之韭象形在一之上一地也生山中者名萑韓詩云六月食鬱及萑是也葱說文云菜名生山中者名一茖細莖大葉者是也䪥說文云菜也葉似韭生山中者名葝蒜說文云葷菜也一云菜之美者雲夢之葷菜生山中者名蒚

薜山蘄 廣雅曰山蘄當歸當歸今似蘄而麤大○薜音百蘄音芹 疏 薜山蘄○釋曰說文云蘄草也生山中者一名薜一名山蘄色白者名白蘄下文薜白蘄是也生平地即名蘄○注廣雅至麤大○釋曰廣雅張揖撰以廣爾雅之闕漏也曰山蘄當歸者言即今藥草當歸案本草當歸不言名薜及山蘄是即以時驗而言也故郭云今似蘄而麤大言似平地蘄而差麤大耳

椵木槿。櫬木槿 別二名也似李樹華朝生夕隕可食或呼日及亦曰王蒸○椵音段槿謹櫬襯 疏 椵木槿櫬木槿○釋曰此別椵櫬是木槿之二名也某氏云別三名也其樹如李其華朝生暮

落與草同氣故在草中詩鄭風云顏如舜華陸機疏云舜一名木槿一名櫬一名椵齊魯之間謂之王蒸今朝生暮落者是也郭氏云可食亦呼日及五月始華故月令仲夏云木堇榮

朮山薊本草云朮一名山薊今朮似薊而生山中○薊音計

楊枹薊似薊而肥大今呼之馬薊○枹音孚

疏朮山薊楊枹薊○釋曰此辨薊生山中及平地者名也生平地者即名薊生山中者一名朮本草云一名山薊一名山薑一名山連陶注云有兩種白朮葉大有毛甜而少膏赤朮葉細小苦而多膏是也其生平地而肥大於衆者名楊枹薊今呼之馬薊

葥王蔧王帚也似藜其樹可以爲埽蔧江東呼之曰落帚○葥音箭蔧音遂

疏葥王蔧○釋曰此即藜之科大爲樹可以作埽蔧者一名葥一名王蔧一名王帚江東呼落帚

菉王芻菉蓐也今呼鴟腳莎○菉音綠

疏菉王芻○釋曰舍人云菉一名王芻某氏云菉鹿蓐也郭云菉蓐也今呼鴟腳莎詩衛風云瞻彼淇奧綠竹猗猗是也

拜蔏藋蔏藋亦似藜○蔏音商藋徒的切

疏拜蔏藋○釋曰此亦似藜而葉大者名拜一名蔏藋莊子云藜藋柱宇是也

蘩皤蒿白蒿

蒿菣今人呼青蒿香中炙啖者爲菣

蔚牡菣無子者○蔚音尉菣去刃切

疏蘩皤至牡菣○釋曰此辨蒿色及有子無子者之異名也詩召南云于以采蘩于沼于沚毛傳云蘩皤蒿也郭氏云白蒿然則皤猶白也本草云白蒿唐本注云此蒿葉麤於青蒿從初生至枯白於衆蒿欲似艾者所在有之又云葉似艾葉上有白毛麤澀俗呼蓬蒿可以爲菹故詩箋云以豆薦蘩菹陸機云凡艾白色爲皤蒿今白蒿春始生及秋香美可生食又可烝一名游胡北海人謂之旁勃故大戴禮夏小正傳曰蘩游胡游胡旁勃也是蒿一名菣詩小雅鹿鳴云食野之蒿陸機云蒿青蒿也荊豫之間汝南汝陰皆云菣孫炎云荊楚之間謂蒿爲菣郭云今人呼青蒿香中炙啖者爲菣是也蔚即蒿之雄無子者故云牡菣舍人曰蔚一名牡菣詩蓼莪云匪我伊蔚陸機云牡蒿也三月始生七月華華似胡麻華而紫赤八月爲角角似小豆角銳而長一名馬新蒿是也

齧彫蓬薦黍蓬別蓬種類

疏齧彫蓬薦黍蓬○釋曰此別蓬種類也說文云蓬蒿

也草之不理者也種類非一故有翳彫蓬薦黍蓬詩召南騶虞云彼茁者蓬月令云藜莠蓬蒿並興是也

蔨。鼠莞亦莞屬也纖細似龍須可以爲席蜀中出好者○蔨方粽切莞音官【疏】蔨鼠莞○釋曰莞屬也說文云莞草可以爲席此蔨一名鼠莞纖細似龍須亦可以爲席蜀中出好者

葝鼠尾可以染。皁【疏】葝鼠尾○釋曰可以染皁草也一名葝一名鼠尾本草有白華者有赤花者又一名長翹陶注云田野甚多人採作滋染。木。蘭是也

菥蓂大薺。薺葉細俗呼之曰老薺○菥音惜蓂音覓【疏】菥蓂大薺○釋曰菥蓂一名大薺而葉細本草又名蔑菥一名太蕺一名馬辛是也

蒤虎杖似紅草而麤大有細刺可以染赤○蒤音途【疏】蒤虎杖○釋曰蒤一名虎杖。注云似紅草而。麤大、有細刺可以染赤陶注本草云田野甚多狀如大馬蓼莖班而葉圓是也

孟。狼尾似茅今人亦以覆屋【疏】孟狼尾○釋曰草似茅者一名孟一名狼尾今人亦以覆屋

瓠棲瓣瓠中瓣也詩云齒如瓠。棲○瓠戶故切瓣方莧切【疏】瓠棲瓣○釋曰瓣瓠中瓣也一名瓠棲人之齒美者似之故詩衛風碩人美莊姜云齒如瓠棲是也

茹藘茅蒐今之蒨也可以染絳○茹音如藘力居切【疏】茹藘茅蒐○釋曰今染絳蒨也一名茹藘一名茅蒐詩鄭風云茹藘在阪陸機云一名地血齊人謂之牛蔓即今之蒨草是也

果蠃。之實栝。樓。今齊人呼之爲天瓜○蠃方果切【疏】果蠃之實栝樓○釋曰果蠃之草其實名栝樓實即子也故李巡云栝樓子名也郭云今齊人謂之天瓜本草云栝樓葉。如瓜葉形兩兩相值蔓延青黑色六月華七月實如瓜瓣是也

荼苦菜詩曰誰謂荼苦苦菜可食【疏】荼苦菜○釋曰此味苦可食之菜。一名荼一名苦菜本草一名荼草一名選一名游冬案易緯通卦驗玄圖云苦菜生於寒秋經冬歷春。乃成月令孟夏苦菜秀是也葉似苦苣而細斷之有白汁花黃似菊堪食但苦耳○注詩曰誰謂荼苦○釋曰邶風谷風篇文也

萑蓷今茺蔚也葉似荏方莖白華華生節間又名。益母廣雅云○萑音佳蓷他回切【疏】萑蓷○釋曰萑一名蓷李巡曰臭穢草也郭云茺蔚也廣雅名益母葉似荏方莖白華華生節間詩

王風云中谷有蓷陸機云舊說及魏博士濟陰周元明皆云菴蕳是也韓詩及三蒼說悉云益母故曾子見益母而感案本草茺蔚一名益母故劉歆曰蓷臭穢。臭。穢即茺蔚也

虉綬小草有雜色似綬○虉音逆 疏 虉綬○釋曰虉者雜色如綬文之草也詩陳風云邛有旨鷊陸機疏云鷊五色作綬。文故曰綬草是也

粢稷今江東人呼粟為粢 疏 粢稷○釋曰左傳曰粢食不鑿粢者稷也曲禮云稷曰明粢是也郭云今江東人呼粟為粢然則粢也稷也粟也正是一物而本草稷米在下品別有粟米在中品又似二物故先儒。共疑焉

衆秫謂黏粟也○衆音終秫音述 疏 衆秫○釋曰衆一名秫謂黏粟也說文云稷之黏者也與穀相似米黏北人用之釀酒其莖稈似禾而麤大者是也

戎叔。謂之荏菽即胡豆也○菽音叔 疏 戎叔謂之荏菽○釋曰戎叔一名荏菽孫炎云大豆也詩大雅生民。云。蓺之荏菽荏菽旆旆鄭箋亦以為大豆樊光舍人李巡郭氏皆云今以為胡豆郭又云春秋齊侯來獻戎捷穀梁傳曰戎菽也管子亦云北伐山戎出冬葱及戎菽布之天下今之胡豆是也案此戎曰戎菽皆為大豆注穀梁者亦以為大豆也郭氏等以戎胡俱是夷名故以戎菽為胡豆也

卉。草百卉總名 疏 卉草○釋曰別二名也百卉猶百草也詩小雅云百卉具腓是也

蒮。雀弁未詳

蘥雀麥即燕麥也○蒮悅轉切蘥音藥 疏 蘥雀麥○釋曰蘥一名雀麥一名燕麥本草云生故墟野林下苗似小麥而弱實似穬麥而細在處亦有之是也

蘾。烏蘱。萰菟。荄蘻菟蒵皆未詳

黃菟瓜菟瓜似土瓜○蘾戶怪切蘱音孫萰音練菟音免荄音垓蒵音兮黃音演 疏 黃菟瓜○釋曰菟瓜一名黃苗及實似土瓜土瓜者即王瓜也月令王瓜生是也

茢薽豕首本草曰彘。盧一名蟾。蠩蘭今江東呼豨首可以熁蠶蛹○茢音列薽音真豕傷氏切 疏 茢薽豕首○釋曰茢薽藥草名一名豕首一名彘盧一名蟾蠩蘭一名天名精一名麥句薑一名蝦蟇藍一名天門精一名玉門精別錄一名天蔓。精南人名為地菘味甘辛故有薑稱狀如藍故名蝦蟇藍香。似蘭故名蟾。蠩蘭郭云江東呼豨首可以熁蠶蛹者旨蒼云熁熬也

荓

馬帚。似蓍可以爲埽篲○莽音弃疏莽馬帚○釋曰莽草似蓍者今俗謂蓍莽可以爲埽篲故一名馬帚○注似蓍○釋曰蓍蒿屬也年千歲三百莖可以爲卜筮白虎通云此天地之間壽考物也故問之是也

蘾。懷羊未詳

茭牛蘄今馬蘄葉細銳似芹亦可食○蘾胡罪切疏茭牛蘄○釋曰似芹可食菜也而葉細銳一名茭一名牛蘄一名馬蘄子入藥用本草注云生水澤。中苗似鬼鍼。蔠菜等花青白色子黃黑色似防風子是也

葖。蘆萉。萉宜爲菔蘆菔蕪菁屬紫。華大根俗呼雹葖○葖他忽切蘆音羅萉蒲北切疏葖蘆萉○釋曰紫花菘也俗呼溫菘似蕪菁大根一名葖俗呼雹葖一名蘆菔今謂之蘿蔔是也

淔灌未詳

苬芝芝一歲三華瑞草○淔音敕苬音因疏苬芝○釋曰瑞草名也一歲三華一名苬一名芝論衡云芝生於土土氣和故芝草生瑞命禮曰王者仁慈則芝草生是也

筍竹萌初生者疏筍竹萌○釋曰孫炎曰竹初萌生謂之筍凡草木初生謂之萌筍則竹之初生者故曰筍竹萌也可以爲菜殽詩大雅韓奕云其蔌維何維筍及蒲蔌則菜殽也

簜竹竹別名儀禮曰簜在建鼓之間籥管之屬○簜音蕩疏簜竹○釋曰簜則竹之別名李巡曰竹節相去一丈曰簜孫炎曰竹闊節者曰簜禹貢篠簜既敷孔安國云簜大竹郭氏卽云竹別名無大小之異故引禮經爲證也○注儀禮至之屬○釋曰儀禮曰一者大射禮文也案彼云樂人宿縣西階之西頌磬東西其南。鍾。其。南。鑮皆南陳一建鼓在其南東鼓朔鼙在其北一建鼓在西階之東南面簜在建鼓之間鄭注云簜竹也謂笙簫之屬倚於堂以笙簫之屬固非大竹故郭氏引之也鄭又云建猶樹也以木貫而載之樹之跗也故謂之建鼓云謂簫管之屬者郭用鄭玄之說也

莪蘿今莪蒿也亦曰廩蒿疏莪蘿○釋曰舍人云莪一名蘿郭云今莪蒿也亦曰廩蒿詩小雅云菁菁者莪陸機云莪蒿也一名蘿蒿生澤田漸洳之處葉似邪蒿而細科生三月中莖可生食又可烝香美味頗似蔞蒿是也

苨菧。苨薺苨○苨音彌菧音底疏苨菧苨○釋曰苨一名菧苨郭云薺苨也本草薺苨陶注云根莖都似人參而葉小異根味甜又別本注云根似桔梗以無心

爲異者是也

經，履。未詳。

莕，接余，其葉苻。叢生水中，葉圓，在莖端，長短隨水深淺，江東食之，亦呼爲莕。音杏。○莕音荇，經待節切。

【疏】莕接余其葉苻○釋曰：莕菜一名接余，其葉名苻。郭云「叢生水中，葉圓，在莖端，長短隨水深淺，江東食之，亦呼爲莕」。詩周南關雎云「參差荇菜」是也。荇與莕同。陸機疏云：「接余，白莖，葉紫赤色，正圓，徑寸餘，浮在水上，根在水底，與水深淺等，大如釵股，上青下白，鬻其白莖，以苦酒浸之，脆美可案酒。」

白華，野菅。菅，茅屬。詩曰：「白華菅兮。」○菅音姦。

【疏】白華野菅○釋曰：舍人云：「白華一名野菅。」陸機云：「菅似茅而滑澤，無毛，根下五寸中有白粉者，柔忍，宜爲索，漚乃尤善矣。」郭云「菅，茅屬」，此白華亦是茅之類也，漚之柔忍，異其名謂之爲菅，因謂在野未漚者爲野菅耳。詩小雅云「白華菅兮」是也。

薜，白蘄。卽上山蘄。

菲，芴。卽土瓜也。○菲音匪。芴音物。

【疏】菲芴○釋曰：菲一名芴。郭云「卽土瓜也」。孫炎曰：「葍類也。」詩谷風云「采葑采菲」，陸機云：「菲似葍，莖麤，葉厚而長，有毛，三月中蒸鬻爲茹，滑美，可作羹。幽州人謂之芴，爾雅又謂之葸菜，今河內人謂之宿菜。」案今爾雅菲芴與葸菜異，郭注似是別草，如陸之言，又是一物。某氏注爾雅二處皆引谷風詩，則菲也、芴也、葸菜也、土瓜也、宿菜也，五者一物也。其狀似葍而非葍，故云葍類也。

葍，䔰。大葉白華，根如指，正白，可啖。○葍音福。䔰音富。

【疏】葍䔰○釋曰：葍一名䔰。郭云「大葉白華，根如指，正白，可啖」。詩小雅云「我行其野，言采其葍」，陸機云：「幽州人謂之燕葍，其根正白，可著熱灰中温啖之，饑荒之歲，可烝以禦饑也。」

熒，委萎。藥草也。葉似竹，大者如箭竿，有節，葉狹而長，表白裏青，根大如指，長一二尺，可啖。○萎音威。

【疏】熒委萎○釋曰：藥草也，一名熒，一名委萎。本草「女萎，萎蕤，一名熒」是也。葉似竹，大者如箭竿，有節，葉狹而長，表白裏青，根大如指，長一二尺，可啖。

葋，艼熒。未詳。

竹，萹蓄。似小藜，赤莖節，好生道旁，可食，又殺蟲。○葋音劬。艼，他丁切。熒音迥。萹，匹善切。

【疏】竹萹蓄○釋曰：李巡曰：「一物二名也。」孫炎曰：某氏引詩衞風云「綠竹猗猗」。郭云「似小藜，赤莖節，好生道旁，可食，又殺蟲」。案陶隱居本草注云：「處處有，布地而生，節間白，葉華細綠，人謂之萹竹，煑汁與小兒飲，療蚘蟲。」是也。

蘵寒。漿今酸漿草江東呼曰苦蘵音針疏蘵寒漿○釋曰蘵一名寒漿郭云今酸漿草江東呼曰苦蘵案本草酸漿一名醋漿陶注云處處人家多有葉亦可食子作房房中有子如梅李大皆黃赤色

薢茩英茪。英明也葉黃銳赤華實如山茱萸或曰陵也關西謂之薢茩○薢音皆茩音狗英音決茪音光疏薢茩英茪○釋曰藥草英明也一名英茪一名決明郭云葉黃銳赤華實如山茱萸陶注本草云葉如茳豆子形似馬蹄呼爲馬蹄決明廣雅謂之羊躑躅也○注或曰陵也至薢茩○釋曰知者案說文云蔆楚曰芰秦曰薢茩是也

莁荑蔱蘠一名白蕢○莁音巫荑音夷蔱音殺蘠音牆疏莁荑蔱蘠○釋曰莁荑一名蔱蘠郭云一名白蕢此草也案本草蕪荑一名無姑一名蕨蘠唐本注云爾雅蕪荑一名蔱蘠今作蕨蘠字之誤也而在本部疑非是或者與草同氣乎○蕨音殿蘠音唐

瓞瓝其紹瓞俗呼瓝瓜爲瓞紹者瓜蔓緒亦著子但小如瓝○瓞大結切瓝步角切疏瓞瓝其紹瓞○釋曰瓞一名瓝小瓜也紹繼也瓜之蔓紹緒先歲之瓜必小亦名瓞故云其紹瓞詩大雅云緜緜瓜瓞舍人云瓞名瓝小瓜也紹繼謂瓞子漢中小瓜曰瓞孫炎曰瓞小瓜子如瓝其本子小紹先歲之瓜曰瓞然則瓜之族類本有二種大者曰瓜小者曰瓞此則其種別也而瓜蔓近本之瓜必小於先歲之大瓜以其小如瓝故謂之瓞瓞是瓝之別名故郭云俗呼瓝爲瓞紹者瓜蔓緒亦著子但小如瓝

芍鳧茈生下田苗似龍須而細根如指頭黑色可食○芍戶了切疏芍鳧茈○釋曰芍一名鳧茈郭云生下田中苗似龍須而細根如指頭黑色可食今俗瀹而鬻之者是也

蘱薡蕫似蒲而細○蘱音類薡音鼎蕫音董疏蘱薡蕫○釋曰蘱一名薡蕫狀似蒲而細可爲繩亦可綯以爲索

蕛苵蕛似稗布地生穢草○蕛音帝苵大結切疏蕛苵○釋曰蕛一名苵似稗之穢草也布生於地莊子曰道在蕛稗是亦有米細小莊子又曰若蕛米之在太倉是也

鉤芺大如拇指中空莖頭有臺似。薊初生可食疏鉤芺○釋曰薊類也一名鉤一名芺郭云大如拇指中空莖頭有臺似薊初生可食說文云味苦江南食以下氣是也

䪥鴻薈卽䪥

菜也○薈音會【疏】鱕鴻薈○釋曰鱕葉似韭之菜也一名鴻薈本草謂之菜芝是也

蘇桂荏 蘇桂類故名桂荏【疏】蘇桂荏○釋曰蘇荏類之草也以其味辛似荏故一名桂荏陶注本草云葉下紫色而氣甚香其無紫色不香似荏者名野蘇生池澤中者名水蘇一名雞蘇皆荏類也

薔虞蓼 虞蓼澤蓼○蓼音了【疏】薔虞蓼○釋曰薔一名虞蓼即蓼之生水澤者也周頌良耜云以薅荼蓼毛傳云蓼水草是也

蓧蓨 未詳

虋赤苗 今之赤粱粟

芑白苗 今之白粱粟皆好穀

秬黑黍 詩曰維秬維秠

秠一稃二米 此亦黑黍但中米異耳漢和帝時任城生黑黍或三四實實二米得黍三斛八斗是○蓧他凋切蓨音惕虋音門芑音起秠孚鄙切稃音敷【疏】虋赤至二米○釋曰案詩大雅生民云誕降嘉種維秬維秠維穈維芑故此釋之也虋與穈音義同虋即嘉穀赤苗者郭云今之赤粱粟芑即嘉穀白苗者郭云今之白粱粟皆好穀也李巡曰黑黍一名秬黍秬即黑黍之大名也秠是黑黍之中一稃有二米者別名之為秠若然秬皆黑黍矣而春官鬯人注云釀秬為酒秬如黑黍一秠二米言如者以黑黍一秠米者多秬為正稱二米則秬中之異故言如以明秬有二等也秬有二等則一米亦可為酒鬯人之注必言二米者以宗廟之祭唯裸為重二米嘉異之物鬯酒宜當用之故以二米解鬯其實秬是大名故云釀秬為酒此云秠一稃二米鬯人注曰一秠二米文不同者鄭志荅張逸云秠即皮其稃亦皮也爾雅重言以曉人然則秠稃古今語之異故鄭引此文得以稃為秠也漢和帝時任城縣生黑黍或三四實實二米得黍三斛八斗是也

稌稻 今沛國呼稌○稌音杜【疏】稌稻○釋曰別二名也郭云今沛國呼稌詩周頌云豐年多黍多稌禮記內則云牛宜稌豳風七月云十月穫稻是一物也案說文云沛國謂稻為糯秔稻屬也字林云糯黏稻也秔稻不黏者本草以粳米稻米為二物秔與粳古今字然秔糯甚相類黏不黏為異耳依說文稌稻即糯也江東呼稬乃亂切

葍藑茅 葍華有赤者為藑藑葍一種耳亦猶菱苕華黃白異名○藑音瓊【疏】葍藑茅○釋曰葍與藑茅一草也華白者即名葍華赤者別名藑茅故郭云亦猶菱

苕華黄白異名也

臺。夫須。鄭。箋。詩云臺可以爲禦雨笠○夫音扶疏臺夫須○釋曰舍人云臺一名夫須詩小雅云南山有臺陸機云舊說夫須莎草也可以爲。蓑笠都人士云臺笠緇撮是也○注鄭箋至雨笠案箋者傳注之別名也以詩先有毛公作傳鄭玄釋其未備者字林云箋表也識也鄭以毛學審備遵暢厥旨所以表明毛意記識其事故特稱箋也都人士箋云都人之士以臺皮爲笠此引其意非全文也

䕬藅未詳

莤。貝母根如小貝圓而白華葉似韭○䕬音蹇藅音伐莤音萌疏莤貝母○釋曰藥草貝母一名莤郭云根如小貝員而白華葉似韭詩鄘風載馳云陟彼阿丘言采其莤陸機云莤今藥草貝母也其葉如栝樓而細小其子在根下如芋子正白四方連累相著有分解也本草一名空草陶注云出近道形似聚貝子故名貝母是也

荍蚍衃。今荊葵也似葵紫色。謝。氏。云。小。草。多。華。少葉。葉。又。翹。起○荍音翹蚍音毗衃音浮疏荍蚍衃○釋曰舍人云荍一名蚍衃郭云今荊葵也似葵紫色謝氏云小草多華少葉葉又翹起詩陳風云視爾如荍毛傳云荍芣也陸機云荍芣一名荊葵似蕪菁華紫綠色可食微苦是也

艾冰臺今艾蒿疏艾冰臺○釋曰艾一名冰臺卽今艾蒿也詩王風彼采艾兮是也

蕇亭歷實葉皆似芥一名狗薺廣雅云。○蕇音典疏蕇亭歷○釋曰蕇一名亭歷郭云實葉皆似芥廣雅又名狗薺本草一名丁歷一名太室一名大適陶注云今近道亦有母則。公薺子細黄至苦是也

苻鬼目今江東有鬼目草莖似葛葉員而毛子如耳璫也赤色叢生疏苻鬼目○釋曰苻一名鬼目郭云今江東有鬼目草莖。似葛葉。員而毛子如耳璫也赤色叢生

薜庾草未詳

蔜。蕿蔞今蘩蔞也或曰雞腸草○蔜五高切蕿音嫂蔞音縷疏蔜蕿蔞○釋曰蔜一名蕿蔞一名蘩蔞一名雞腸草本草云蘩。蔞味辛陶注此菜人以作羹唐本注云此卽雞腸草也多生下。濕坑渠之側人家園庭亦有此草是也

離。南活莌草生江南高丈許大葉莖中有瓤正白零陵人。祖。日。貫。之。爲樹○莌音奪疏離南活莌○釋曰離南草也一名活莌山海經又名冠脫生江南高丈許大葉。似。荷。葉而肥莖

中有瓢正白者是也注零陵人祖日貫之爲樹○釋曰祖且也貫事也言零陵郡人且日事之使科大若樹然也郭又注山海經云零桂人人且日貫之以爲
樹然所未詳 龍天蘥須 葑蓯 未詳 蒡隱葱 似蘇有毛今江東呼爲隱葱藏以爲菹亦可瀹食○龍音聾葑方孔切蓯音總蒡音旁
疏 蒡隱葱○釋曰蒡蘇類菜也一名隱葱郭云似蘇有毛今江東呼爲隱葱藏以爲菹亦可瀹食者瀹煑也 茜蔓于 草生水中一名軒于江東呼茜
音猶 疏 茜蔓于○釋曰茜水草也一名蔓于郭云一名軒于江東呼茜 蔄蘆 作履苴草○蔄音魯蘆才古切 疏 蔄蘆注作履苴草○釋曰蔄說文云
蔄草也可以束一名蘆卽蒯類也中作履底字苑云鞔苴履底故云作履苴草也 杜夫搖車 蔓生細葉紫華可食今俗呼曰翹搖車○杜音主夫
音扶 疏 杜夫搖車○釋曰杜夫可食之草也一名搖車俗呼翹搖車蔓生紫華華翹起搖動因名云 出隧蘧蔬 蘧蔬似土菌生菰草中今江東
啖之甜滑音氈氍毹○隧音遂蘧巨俱切蔬山俱切 疏 出隧蘧蔬○釋曰菌類也一名出隧一名蘧蔬廣雅云朝生形如鬼蓋郭云似土菌生菰草中今江
東啖之甜滑音氈氍毹者說文云菰蔣也張揖云氍毹毛席取其音同 蘄茝蘪蕪 香草葉小如萎狀淮南子云似蛇牀山海經云臭如蘪蕪○茝
昌改切 疏 蘄茝蘪蕪○釋曰芎藭苗也一名蘄茝一名蘪蕪本草一名薇蕪一名汀離陶注云似蛇牀而香郭云香草葉小如萎狀者言如萎蕤之狀也
○注淮南子至蘪蕪○釋曰淮南子云似蛇牀者案淮南子氾論篇云夫物之相類者世人之所亂惑也嫌疑肖像者衆人所眩燿也故良者類知而非知也
愚者類君子而非君子也贛者類勇而非勇也使人相去也若玉之與石也葵之與莧也則論人易矣夫亂人者若芎藭之與藁本蛇牀之與蘪蕪者許慎云
此四者藥草臭味之相似其治病則不同力是也云山海經曰臭如蘪蕪者案西山經浮山有草曰訓草麻葉而方莖赤華而黑實臭如蘪蕪可以止癘又天
帝山有草其狀如葵其臭如蘪蕪名曰杜衡可以走馬食之已癭是也臭香也言其香氣如蘪蕪也 茨蒺藜 布地蔓生細葉子有三角刺人見詩 疏

茨蒺藜○釋曰茨一名蒺藜郭云布地蔓生細葉子有三角刺人見詩者案詩小雅云楚楚者茨是也蘮蒘。竊衣似芹可食子大如麥兩兩相合有毛著人衣○蘮音計蒘音如疏蘮蒘竊衣○釋曰蘮蒘一名竊衣郭云似芹可食子大如麥兩兩相合有毛著人衣俗名鬼麥者也髦顛蕀細葉有刺蔓生一名商。蕀廣雅云女木也○髦音毛蕀音棘疏髦顛蕀○釋曰髦一名顛蕀一名商蕀廣雅云女木也郭云細葉有刺蔓生雚芄蘭雚芄蔓生斷之有白汁可啖○雚音貫疏雚芄蘭○釋曰雚一名芄。蘭郭云雚芄蔓生斷之有白汁可啖案如此注則。似雚芄一名蘭或傳寫誤。芄。衍字詩衞風云芄蘭之支陸機云一名蘿摩幽州人謂之雀瓢蕁。莐藩生山上葉如韭一曰。提母○蕁徒南切莐音沈疏蕁莐藩○釋曰蕁一名藥草知母也一名蕁一名莐藩郭云生山上葉。如韭一名。提母案本草此名之外更有十餘名文多不載陶注云形似。昌蒲而柔潤葉至難死掘出隨生須。燥乃止也蕍蕮今澤。蕮○蕍音俞蕮音昔疏蕍蕮○釋曰蕍一名蕮即藥草澤蕮也本草作澤瀉一名水舄一名及瀉一名芒芋一名鵲瀉陶注云葉狹長叢生諸淺水中蔨鹿。藿其實莥今鹿豆也葉似大豆根黃而香蔓延生○蔨巨員切藿音霍莥女九切疏蔨鹿藿其實莥○釋曰蔨一名鹿藿其實名莥郭云今鹿豆也葉似大豆根黃而香蔓延生本草云味苦唐本注云此草所在有之苗似豌豆有蔓而長大人取以為菜亦微有豆氣名為鹿豆也薃侯莎其實媞夏小正曰薃也者莎蘛媞者其實○薃音浩媞音堤疏薃侯莎其實媞○釋曰薃即莎別名侯維也猶語辭也其實別名媞○注夏小至其實○釋曰夏小正者大戴禮之篇名本夏后氏。著十二月之候也漢九江太守戴德記之謂之大戴禮記其正月云媞也者莎蘛也媞也者其實也先言媞而後言。薃何也媞先見者也何以謂之小正以著名也案廣雅云地毛莎蘛也是蘛即莎也故云莎蘛莞。苻。蘺其上蒚今西方人呼蒲為莞蒲蒚謂其頭臺。首也今江東謂之苻蘺西方亦名蒲中莖為蒚用之為席。音。羽。翮疏莞苻蘺其上蒚○釋曰某氏曰本草云白蒲一名苻蘺楚謂之莞蒲其上臺別名蒿郭義具注詩小雅斯干云下莞上簟鄭箋云莞小蒲也者以莞蒲一草之名而司几筵有莞筵蒲筵則有大小之異爲席有精有粗故得爲兩種席也

荷芙。渠。別名芙蓉江東呼荷其莖茄。其葉蕸。其本蔤莖下白蒻在泥中。者其華菡萏。見詩其實蓮蓮謂房也其根藕其中的蓮中子也的中薏中心苦

疏荷芙至中薏○釋曰李巡曰皆分別蓮莖。葉。華實之名芙。渠其總名也別名芙蓉江東呼荷菡萏蓮華也的蓮實也薏中心也郭璞云蔤莖下白蒻在泥中者今江東人呼荷華爲芙蓉北方人便以藕爲荷亦以蓮爲荷蜀人以藕爲茄或用其母爲華名或用根子爲母葉號此皆名相錯習俗傳誤失其正體者也陸機疏云蓮青皮裏白子爲的的中有青爲薏味甚苦故里語云苦如薏是也○注見詩○釋曰詩陳風云彼澤之陂有蒲與荷又曰有蒲與蓮又曰有蒲菡萏是也

紅蘢古其大者蘬俗呼紅草爲。蘢鼓語轉耳○蘬丘軌切

疏紅蘢至者蘬○釋曰舍人曰紅一名蘢古其大者名蘬詩鄭風云隰有游龍毛云。龍紅草也陸機云一名馬蓼葉大而赤白色生水澤中高丈餘郭云俗呼紅草爲蘢鼓語轉耳

蒫薺實薺子。名○蒫才何切

疏蒫薺實○釋曰本草云薺味甘人取其葉作菹及羹亦佳詩谷風云誰謂荼苦其甘如薺其子別名蒫

黂。枲。實禮記曰苴麻之有黂○黂扶刃切

疏黂枲實也○釋曰枲麻也黂者卽麻子名也故云黂枲實也○注禮記至有黂○釋曰禮記曰苴麻之有黂者儀禮喪服傳文也傳所以解經故亦謂之禮記也案喪服經云苴經傳曰苴經者麻之有黂者是也

枲麻別二名

疏枲麻○釋曰麻一名枲故注云別二名禹貢青州云厥貢岱畎絲枲是也

須薞蕪薞蕪似羊蹄葉細味酢可食

疏須薞蕪○釋曰案詩谷風云采葑采菲毛傳云葑須也先儒卽以葑須蓯當之孫炎云須一名葑蓯今郭注上葑蓯云未詳注此云薞蕪似羊蹄葉細味酢可食則郭意以毛云葑須者謂此薞蕪也坊記注云葑蔓菁也陳宋之閒謂之葑陸機云葑蕪菁幽州人或謂之芥方言云蘴蕘蕪菁也陳楚謂之蘴齊魯謂之蕘關西謂之蕪菁趙

魏之部謂之大芥蘴與葑字雖異音實同則葑也須也蕪菁也蔓菁也蕵蕪也蕘也芥也七者一物也

菲蒠菜菲草生下溼地似蕪菁華紫赤色可食○菲音匪蒠音息疏菲蒠菜○釋曰菲一名蒠菜案詩谷風云采葑采菲毛傳云菲芴也郭上注菲芴云土瓜也注此云菲草生下溼地似蕪菁華紫赤色可食則是芴與蒠菜別草而某氏及陸機以爲一物非郭義也

蕢赤莧今之莧赤莖者○蕢巨貴切疏蕢赤莧○釋曰赤莧一名蕢今莧菜之赤莖者也

蘠蘼虋冬虋冬一名滿冬本草云○蘼音美疏蘠蘼虋冬○釋曰藥草也一名蘠蘼一名虋冬○注虋冬至草云○釋曰案山海經云條谷山其草多芍藥虋冬郭注亦云本草一名滿冬今檢本草有天門冬一名顛勒麥門冬秦名羊韭齊名愛韭楚名馬韭越名羊蓍一名禹葭一名禹餘糧無名滿冬者蓋所見本異也虋門字異音同耳

萹苻止未詳

濼貫衆葉圓銳莖毛黑布地冬不死一名貫渠廣雅云貫節○萹音偏濼音爍衆音終疏濼貫衆○釋曰藥草名也一名濼一名貫衆本草云一名貫節一名貫渠一名百頭一名虎卷一名萹苻一名伯萍一名藥藻此謂鴟頭陶注云葉如太蕨形色毛芒全似老鴟頭因名之郭氏云葉圓銳莖毛黑布地冬不死一名貫渠廣雅云貫節

莙牛藻似藻葉大江東呼爲馬藻○莙其隕切藻音早疏莙牛藻○釋曰莙一名牛藻藻之葉大者也詩召南云于以采藻左傳云蘋蘩蘊藻之菜以此草好聚生故言蘊藻蘊訓聚也毛傳云藻聚藻也陸機云藻水草也生水底有二種其一種葉如雞蘇莖大如箸長四五尺其一種莖大如釵股葉如蓬蒿謂之聚藻又云扶風人謂之藻聚爲發聲也此二藻皆可食煑熟挼去腥氣米麪糝蒸爲茹嘉美楊州人饑荒可以當穀食

蓫薚馬尾廣雅曰尾尾蔏陸本草云別名薚今關西亦呼爲薚江東呼爲當陸○蓫他六反薚他羊反疏蓫薚馬尾○釋曰藥草蔏陸也一名蓫薚一名馬尾郭云廣雅曰馬尾蔏陸本草云別名薚今關西呼爲薚江東爲當陸案本草蔏陸一名薚根一名夜呼不同者所見本異也今注云一名白昌一名當陸是也

萍蓱水中浮蓱江東謂之薸○苹音平蓱音瓶薸音瓢

其大者蘋詩曰于以采蘋疏萍蓱其大者蘋○釋曰舍人曰苹一名蓱大者名蘋郭曰水中浮蓱江東謂之薸陸機毛氏義疏云今水上浮蓱是
也其麤大者謂之蘋小者曰蓱季春始生可糝蒸爲茹又可苦酒淹以就酒○注詩曰于以采蘋○釋曰召南采蘋篇文也
莃菟葵頗似葵而小葉狀如藜有毛汋啖之滑○莃音希疏莃菟葵○釋曰莃一名菟葵郭云頗似葵而小葉狀如藜有毛汋啖之滑者汋煑也案本草唐本注云苗如石龍芮
葉光澤花白似梅莖紫色煑汁極滑堪噉爾雅釋草一名莃所在平澤皆有田間人多識之是也
芹楚葵今水中芹菜疏芹楚葵○釋曰郭云
今水中芹菜案本草云水芹一名水英陶注云其二月三月作英時可作葅及瀹食之又有渣音樝芹可爲生菜亦可生噉別本注云芹有兩種荻芹取根白
色赤芹取莖葉並堪作葅及生菜是也
藬牛蘈今江東呼草爲牛蘈者高尺餘許方莖葉長而銳有穗穗間有華華紫縹色可淋以爲飲○藬吐回
切蘈音頹疏藬牛蘈○釋曰藬一名牛蘈詩小雅云言采其蓫鄭箋云蓫牛蘈郭云今江東呼草爲牛蘈者高尺餘許方莖葉長而銳有穗穗間有華華紫
縹色可淋以爲飲者字林云縹青白色淋以水沃也
藚牛脣毛詩傳曰水蕮也如藚斷寸寸有節拔之可復○藚音續疏藚牛脣○釋曰李巡云別
二名郭云如續斷寸寸有節陸機以爲今澤蕮也郭氏所不取○注毛詩至蕮也○釋曰詩魏風汾沮洳云彼汾一曲言采其藚毛傳云藚水蕮也是
苹藾蕭今藾蒿也初生亦可食○藾音賴疏苹藾蕭○釋曰苹一名藾蕭郭云今藾蒿也初生亦可食詩小雅云呦呦鹿鳴食野之苹陸機云葉青白
色莖似箸而輕脆始生香可生食又可烝食是也
連異翹一名連苕又名連草本草云疏連異翹○釋曰連一名異翹郭云一名連苕又名連
草本草云者案今本連翹一名異翹一名蘭華一名折根一名軹一名三廉不同者所見本異也唐本注云此物有兩種大翹小翹大翹葉狹長如水蘇花黃
可愛生下濕地著子似椿實之未開者作房翹生出衆草其小翹生崗原之上葉花實皆似大翹而小細耳是也
澤烏蕵即上蘹也疏澤烏蕵○

釋曰即上蘘生於水澤者然形所未詳 傳。橫目。一名結。縷。俗謂之鼓箏草 疏 傳橫目○釋曰傳一名橫目草蔓延生郭云一名結縷俗謂之鼓箏

草是也 釐蔓華。一名蒙華 疏 釐蔓華○釋曰釐一名蔓華郭云一名蒙華 蔆。蕨攈。蔆蕨水中芰○蔆音淩攈音眉 疏 蔆蕨攈○釋曰

蔆一名蕨攈郭云蔆今水中芰者字林云楚人名蔆曰芰可食國語曰屈到嗜芰俗云蔆角是也 大菊蘧麥 一名麥句薑即瞿麥 疏 大菊蘧麥

○釋曰大菊一名蘧麥草藥也郭云一名麥句薑即瞿麥廣雅云茈萎麥句薑瞿麥案本草云瞿麥一名巨句麥一名大菊一名大蘭陶注云今出近道一莖

生細葉花紅紫赤可愛子頗似麥故名瞿麥 薜牡贊 未詳 葥。山莓。今之木莓也實似藨莓而大亦可食○薜音百贊音贊葥音箭莓音每

疏 葥山莓○釋曰山莓一名葥郭云今之木莓也實似藨莓而大亦可食藨莓說在下 齧苦堇。今堇葵也葉似柳子如米汋食之滑 疏 齧苦堇○

釋曰齧一名苦堇可食之菜也郭云今堇葵也葉似柳子如米汋食之滑者本草唐本注云此菜野生非人所種俗謂之莖菜葉似蕺花紫色者內則云堇。荁

枌榆是也本草云味甘此云苦者古人語倒猶甘草謂之大苦也 藫石衣 水。苔也一名石髮江東食之或曰藫葉似䪥而大生水。底亦可食○藫音

潭 疏 藫石衣○釋曰藫一名石衣郭云水苔也一名石髮江東食之者案本草有陟釐別本注云此即古石髮也色類。似苔而。麤。澀為異郭又云或曰藫

葉似䪥而大生水底亦可食者即本草海藻一名藫陳藏器本草云大葉藻也生深海中及新羅葉如水藻而大海人取之正在深海底以繩繫。腰。咽沒水下

刈得旋繫繩上五月已後當有大魚傷人不可取也 蘜治蘠 今之秋華。菊○蘜音菊 疏 蘜治蘠○釋曰蘜一名治蘠郭云今之秋華菊案月令季

秋云菊有黃。華本草云菊華一名節華陶注云菊有兩種一種莖紫氣香而味甘葉可作羹而食者為真一種莖青而。大作蒿艾氣味苦不堪食者名苦薏非

真也 唐。蒙女蘿女蘿菟絲 別四名詩云爰采唐矣 疏 唐蒙至菟絲○釋曰孫炎曰別三名郭云別四名則唐與蒙或幷或別故三四

異也詩經直言唐而傳云唐蒙也是以蒙解唐也則四名爲得下云蒙王女郭云即唐也是又名王女然則唐也蒙也女蘿也菟絲也王女也凡五名詩頍弁云蔦與女蘿毛傳云女蘿菟絲陸機云今菟絲蔓連草上生黄赤如金今合藥菟絲子是也○注詩云爰采唐矣○釋曰鄘風桑中篇文也

苗蓨 未詳

茥蒛葐 覆盆也實似莓而小亦可食○蓨他凋切茥音奎蒛音缺葐音盆

疏 茥蒛葐○釋曰茥一名蒛葐郭云覆葐也實似莓而小亦可食案本草蓬虆一名覆盆一名陵虆一名陰虆其實名覆盆子今注云蓬虆是覆盆之苗也覆盆乃蓬虆之子也唐本注云然生處不同沃地則子大而甘瘠地則子細而酸是也

芨堇草 即烏頭也江東呼爲堇○芨音急堇音斬

疏 芨堇草○釋曰芨一名堇草郭云即烏頭也江東呼爲堇音斬案詩大雅云堇荼如飴又晉語孋姬將譖申生寘鴆於酒寘堇於肉賈逵曰堇烏頭也然則堇者其烏頭乎嫌讀爲堇萱之堇故音之

虃百足 未詳

菺戎葵 今蜀葵也似葵華如木槿華○虃音纖菺音肩

疏 菺戎葵○釋曰菺一名戎葵郭云今蜀葵也似葵華如木槿華戎蜀蓋其所自也因以名之

蘻狗毒 樊光云俗語苦如蘻○蘻音計

疏 蘻狗毒○釋曰蘻一名狗毒樊光云俗語苦如蘻樊光者京兆人後漢中散大夫注爾雅六卷故郭氏取以爲說

垂比葉 未詳

蕧盜庚 旋蕧似菊○蕧音服

疏 蕧盜庚○釋曰蕧一名盜庚郭云旋蕧似菊本草旋蕧一名戴椹一名金沸草一名盛椹陶注云出近道下濕地似菊花而大是也

苧麻母 苴麻盛子者

疏 苧麻母○釋曰苴麻之盛子者也一名苧一名麻母

瓝九葉 今江東有草五葉共叢生一莖俗因名爲五葉即此類也

疏 瓝九葉○釋曰此草九葉叢生一莖然郭亦未詳其狀但舉其類云今江東有草五葉共叢生一莖俗因名爲五葉即此類也

藐茈草 可以染紫一名茈莀廣雅云○藐亡角切茈子爾切

疏 藐茈草○釋曰藐一名茈草根可以染紫之草廣雅一名茈莀本草一名紫丹唐本注云苗似蘭香莖赤節青花紫白色而實白也

倚商活脫 即離南也

蘵黄蒢 蘵草葉似酸漿華小而白中心黄江東以作菹

食○脫音奪蘵音職○蒢音除疏蘵黃蒢○釋曰蘵草一名黃蒢郭云蘵草葉似酸漿華小而白中心黃江東以作葅食藒車芞輿藒車香草
見離騷○藒音挈芞音乞疏藒車芞輿○釋曰香草也一名藒車一名芞輿郭云藒車香草見離騷者離騷經云畦留夷與揭車今雜杜衡與芷是也權
黃華今謂牛芸草爲黃華華黃葉似荍蓿疏權黃華○釋曰權一名黃華郭云今謂牛芸草爲黃華華黃葉似荍蓿說文亦云芸草也似苜蓿淮南子
說芸草可以死復生月令注云芸香草也雜禮圖曰芸蒿也葉似邪蒿香美可食然則牛芸者亦芸類也郭以時驗而言之故云今謂牛芸草爲黃華也葞
春草一名芒草本草云○葞音尾疏葞春草注一名至草云○釋曰藥草也郭云一名芒草本草云者案本草莽草一名葞一名春草陶注云今是草
處皆有葉青辛烈者良今俗呼爲莔草也郭云芒草者所見本異也蔠葵蘩露承露也大莖小葉。葉紫黃色○蔠音終疏蔠葵蘩露○釋曰葵
類一名蔠葵一名蘩露郭云承露也大莖小葉華紫黃色菋荎藸五味也蔓生子叢在莖頭○菋音未荎直其切藸音除疏菋荎藸○釋曰藥草
也一名菋一名荎藸郭云五味也蔓生子叢在莖頭案本草五味子一名會及一名玄及唐本注云五味皮肉甘酸核中辛苦都有鹹味此則五味具也其葉
似杏而大蔓生木上子作房如落葵大如蘡子蒤委葉詩云以茠蒤蓼○蒤音徒疏蒤委葉○釋曰穢草也舍人曰蒤一名委葉王肅說詩云荼陸
穢草然則蒤者原田蕪穢之草非苦葉也○注詩云以茠蒤蓼○釋曰此周頌良耜篇文茠耘除也今詩本茠作薅音義同皇守田似燕麥子如彫
胡米可食生廢田中一名守氣疏皇守田○釋曰皇一名守田郭云似燕麥子如彫胡米可食生廢田中一名守田一名守氣彫胡即茭也鉤藈姑鉤甊也一
名王瓜實如瓝瓜正赤味苦○藈音圭疏鉤藈姑○釋曰鉤一名藈姑郭云鉤甊也一名王瓜實如瓝瓜正赤味苦本草云王瓜一名土瓜陶注云即今
土瓜生籬院亦有子熟時赤如彈丸根大唐本注云此物蔓生葉似栝樓圓無乂缺子如梔子生青熟赤但無稜爾根似葛細而多糝是也望椉車

可以爲索長丈餘○椉音繩〔疏〕望椉車○釋曰望一名椉車郭云可以爲索長丈餘

困衱𥿬。未詳

攫烏階。卽烏杷也子連相著狀如杷齒可以染皁○衱音刼𥿬音絳攫音钁〔疏〕攫烏階○釋曰攫一名烏階郭云卽烏杷也子連相著狀如杷齒可以染皁今俗謂之狼杷是也

杜土鹵。杜衡也似葵而香〔疏〕杜土鹵○釋曰香草也一名杜一名土鹵郭云杜衡也似葵而香本草唐本注云杜衡葉似葵形如馬蹄故俗云馬蹄香生山之陰水澤下濕地根似細辛白前等山海經云天帝山有草其狀如葵其臭如蘼蕪名曰杜衡可以走馬食之已癭是也

盱虺牀蛇牀也一名馬牀廣雅云○盱音吁〔疏〕盱虺牀○釋曰盱一名虺牀郭云蛇牀也一名馬牀廣雅云案本草蛇牀一名蛇米一名虺牀一名思益一名繩毒一名棗棘一名牆蘼陶注云近道田野墟落間甚多花葉正似蘼蕪

蔝蔜未聞

赤枹薊卽上枹薊

菟奚顆涷款。涷也紫赤。華生水中○蔝音米蔜五刀切涷音東〔疏〕菟奚顆涷○釋曰藥草也一名菟奚一名顆涷郭云款涷也紫赤。華生水中案本草款。涷一名橐吾一名顆。東一名虎鬚一名菟奚陶注云形如宿蓴未舒者其腹裏有絲其花乃似大菊花唐本注云葉似葵而大叢生花出根下是也

中馗菌。地蕈也似蓋今江東名爲土菌亦曰馗廚可啖之○馗音逵菌巨隕切

小者菌大小異名〔疏〕中馗菌小者菌○釋曰此辨菌大小之異名也大者名中馗小者卽名菌郭云地蕈也似蓋今江東人名爲土菌亦曰馗廚可啖之者說文云蕈桑。葜也謂菌生木上也今云地蕈卽俗呼地菌者是也

蔽。小葉未聞

苕陵苕一名陵時本草云

黃華蔈白華茇苕華色異名亦不同。○蔽音翲苕音調蔈音標茇音沛〔疏〕苕陵至華茇○釋曰苕一名陵苕本草一名陵時舍人曰苕陵苕也黃華名蔈白華名茇別。華色之名也陸機疏云一名鼠尾生下濕水中七八月中華紫似今紫草可染皁煑以沐髮卽黑詩小雅云苕之華芸其黃矣鄭箋云陵苕之華紫赤而繁陸機亦言其華紫色而此云黃白者蓋就紫色之中有黃紫白紫。爾及其將落則全變爲黃故詩云芸其黃矣毛傳云將落則黃是也

蘪

從水生。生於水中○蘽音眉疏蘽從水生○釋曰草從水生者曰蘽故注云生於水中薇垂水生於水邊疏薇垂水○釋曰草生於水
濱而枝葉垂於水者曰薇故注云生於水邊也薜山麻似人家麻生山中疏薜山麻○釋曰麻生山中者名薜故注云似人家麻生山中也莽
數節竹類也節間促桃枝四寸有節今桃枝節間相去多四寸○數音朔粼。堅中竹類也其中實簢筡中言其中空竹類
仲無笐。亦竹類未詳䈽箭。萌萌筍屬也周禮曰䈽。菹。鴈醢篠箭別二名○粼音吝簢音閔筡音徒笐音杭䈽音待疏莽數至篠
箭○釋曰此辨竹節希數及中空實萌篠之異名也凡竹節間促數者名莽相去四寸有節者名桃枝竹其中堅實者名粼其中空者名簢筡空。也仲無笐注
未詳○䈽一名箭萌即筍也篠一名箭書曰篠簜既敷釋地云會稽之竹箭是也○注今桃枝節間相去多四寸○釋曰郭以時驗而言也尚書顧命云敷重篾
席孔安國云篾桃枝竹周禮春官司几筵云加次席黼純鄭注云次席桃枝席有次列成文是也○注周禮曰䈽菹鴈醢○釋曰天官醢人職文也彼文作箈
鄭玄注云箈箭萌字雖異音義同枹霍首。素華軌鬷皆未詳芏夫王芏草生海邊似莞藺今南。越人采以爲席○枹音包芏音
杜疏芏夫王○釋曰芏草一名夫王郭云芏草生海邊似。莞藺今南方越人采以爲席蘻。月爾即紫蘻也似蕨可食○蘻音其疏蘻月爾○
釋曰蘻一名月爾可食之菜也郭云即紫蘻也似蕨可食葴馬藍今大葉冬藍也○葴音針疏葴馬藍○釋曰葴一名馬藍郭氏今大葉冬藍也今
爲蝦者是也姚莖涂。薺未詳苄地黃。一名地髓江東呼苄。○苄音戶疏苄地黃○釋曰藥草也郭云一名地髓江東人呼苄案本草地
黃一名地髓一名苄一名芑。陶注云生渭城者乃有子實實如小麥蒙王。女蒙即唐也女蘿別名拔蘢葛似葛蔓生有節江東呼爲龍尾亦謂
之虎葛細葉赤莖疏拔蘢葛○釋曰拔一名蘢葛葛類也郭云似葛蔓生有節江東呼爲龍尾亦謂之虎葛細葉赤莖藗牡茅白茅屬○藗音

速疏藗牡茅〇釋曰茅之不實者也一名藗一名牡茅郭云白茅屬卷耳苓耳廣雅云枲耳也亦云胡枲江東呼爲常枲或曰苓耳形似鼠耳
叢生如盤〇菤音捲疏菤耳苓耳〇釋曰菤耳一名苓耳郭云廣雅云枲耳也亦云胡枲江東呼爲常枲或曰苓耳形似鼠耳叢生如盤詩周南云采采卷
耳陸機疏云葉青白色似胡荽白華細莖蔓生可煑爲茹滑而少味四月中生子如婦人耳璫幽州謂之爵耳是也蕨虌廣雅云紫藄非也初生無葉可
食江西謂之虌〇虌音鼈疏蕨虌〇釋曰可食之菜也舍人曰蕨一名虌郭云廣雅云紫藄非也初生無葉可食江西謂之虌詩召南云言采其蕨陸機疏
云蕨山菜也初生似蒜莖紫黑色可食如葵是也蕎邛鉅今藥草大戟也本草云疏蕎邛鉅〇釋曰蕎一名邛鉅郭云今藥草大戟也本草云
者案本草大戟一名邛鉅苗名澤漆陶注云今近道處處有生時摘葉有白汁故名澤漆也繁由胡未詳莣杜榮今莣草似茅皮可以爲繩
索履屩也〇莣音忘疏莣杜榮〇釋曰莣草一名杜榮郭云今莣草似茅皮可以爲繩索履屩也者屩草履也稂童粱稂莠類也疏稂童粱〇
釋曰舍人曰稂一名童粱郭云稂莠類也詩曹風云浸彼苞稂陸機疏云禾秀爲穗而不成崱嶷然謂之童粱今人謂之宿田翁或謂之守田也甫田云不稂
不莠外傳曰馬不過稂莠皆是也藨麃麃即莓也今江東呼爲藨莓子似覆葢而大赤酢甜可啖〇藨蒲苗切麃平表切疏藨麃〇釋曰藨一名
麃郭云麃即莓也今江東人呼爲藨莓子似覆葢而大酢甜可啖的薂即蓮實〇薂音亦疏的薂〇釋曰的又一名薂即上荷云其實蓮其中
的也故郭云即蓮實購蔏蔞蔏蔞蔞蒿也生下田初出可啖江東用羹魚〇購古豆切蔞力朱切疏購蔏蔞〇釋曰舍人曰購一名蔏蔞郭云蔏蔞
蔞蒿也生下田初出可啖江東用羹魚詩周南漢廣云翹翹錯薪言刈其蔞陸機疏云其葉似艾白色長數寸高丈餘好生水邊及澤中正月根芽生旁莖正
白生食之香而脆美其葉又可蒸爲茹是也葝勃葝一名石芸本草云〇葝音列疏葝勃葝〇釋曰葝一名勃葝郭云一名石芸本草云者案

本草石芸味甘一名螫烈一名顧喙是也蔓繞蕀蒬今遠志也似麻黃赤華葉銳而黃其上謂之小草廣雅云○蔓烏了切蒬音宛疏蔓繞蕀蒬
○釋曰藥草也蔓繞一名蕀蒬郭云今遠志也似麻黃赤華葉銳而黃其上謂之小草廣雅云者案本草遠志一名細草其葉名小草陶注云小草狀似麻黃
而青今注云遠志莖葉似大青而小廣雅云蕀蒬遠志也其上謂之小草是也茦刺草刺針也關西謂之刺燕北朝鮮之間曰茦見方言○茦音冊疏
茦刺○釋曰謂草針刺人也一名茦又名刺郭云草刺針也關西謂之刺燕北朝鮮之間曰茦見方言者案方言云凡草木刺人北燕朝鮮之間謂之茦或謂之
壯自關而東或謂之梗或謂之劌自關而西謂之刺江湘之間謂之棘是也蕭萩即蒿○萩音秋疏蕭萩○釋曰李巡云萩一名蕭陸機云今人所
謂萩蒿者是也或云牛尾蒿似白蒿白葉莖麤科生多者數十莖可作燭有香氣故祭祀以脂爇之為香許慎以為艾蒿非也郊特牲云既奠然後爇蕭合馨
香是也蕁海藻藥草也一名海羅如亂髮生海中本草云疏蕁海藻○釋曰蕁又名海藻郭云藥草也一名海羅如亂髮生海中本草云者案本
草一名落首一名蕁陶注云生海島上黑色如亂髮而大少許葉大都似藻葉長楚銚芅今羊桃也或曰鬼桃葉似桃華白子如小麥亦似桃○銚
音姚芅音亦疏長楚銚芅○釋曰舍人曰長楚一名銚芅本草云銚芅名羊桃郭云今羊桃也或曰鬼桃葉似桃華白子如小麥亦似桃詩檜風隰有長
楚陸機疏云今羊桃是也葉長而狹華紫赤色其枝莖弱過一尺引蔓于草上今人以為汲灌重而善沒不如楊柳也近下根刀切其皮著熱灰中脫之可韜
筆管蘦大苦今甘草也蔓延生葉似荷青黃莖赤有節節有枝相當或云蘦似地黃疏蘦大苦○釋曰藥草也蘦一名大苦郭云今甘藥也蔓延
生葉似荷青黃莖赤有節節有枝相當或云蘦似地黃詩唐風云采苓采苓首陽之巔是也蘦與苓字雖異音義同芣苢馬舄馬舄車前
今車前草大葉長穗好生道邊江東呼為蝦蟇衣○芣音浮苢音以疏芣苢至車前○釋曰藥草也別三名郭云今車前草大葉長穗好生道邊江東呼為

蝦蟇衣詩周南云采采芣苢陸機疏云馬舃一名車前一名當道喜在牛跡中生故曰車前當道也今藥中車前子是也幽州人謂之牛舌草可鬻作茹大滑
其子治婦人難。產。王肅引周書王會云芣苢如李出於西戎王基。駁云王會所記雜物奇獸皆四夷遠國各齎土地異物以為貢贄非周南婦人所得采是芣
苢為馬舃之草非西戎之木也綸似綸組似組東海有之綸今有秩嗇夫所帶糾青絲。綸組綬也海中草生。彩理有象之者因以名
云帛似帛布似布華山有之草葉有象布帛者因以名云生華山中疏綸似綸至山有之○釋曰此辨草似綸組布帛者以
其所似因名其草也綸是糾青絲繩也組綬也東海有草。采理似之即名綸草組草草山有草葉似帛布者因名帛草布草也○注綸今至絲綸○釋曰案漢
書百官公卿大夫表云十里一亭十亭一鄉鄉有三老有秩嗇夫有游徼三老業教化嗇夫掌獄訟游徼掌禁盜賊故漢書云張敞以鄉有秩補太守卒史又
云朱邑為桐鄉嗇夫又續漢書百官表云鄉置有秩三老游徼有秩郡所置秩百戶其鄉小者縣所置嗇夫案此則有秩嗇夫職同但隨鄉大小故名異耳名
雖異皆糾青絲為綸以帶佩之則同至東晉尚然故郭云今也張華云綸如宛轉繩荒東蠹未詳縣馬羊齒草細葉葉羅生而毛有似羊齒
今江東。呼為鴈齒纅者以取繭緒疏縣馬羊齒○釋曰縣馬一名羊齒郭云草細葉葉羅生而毛有似羊齒今江東人呼為鴈齒纅者以取繭緒。說文
云纅。繹繭為絲也緒絲。耑也以此草似羊齒而毛故纅者用之以取繭緒也落藘舌今藘舌草春生葉有似於舌○落古活反疏落藘舌○釋曰
落草春生葉似藘舌故一名藘舌郭云今藘舌草春生葉有似於舌搴柜朐未聞蘩之醜秋為蒿醜類也春時各有種名至秋老
成通皆呼為蒿○搴居展切柜音巨朐音劬疏蘩之至為蒿○釋曰醜類也此言蘩蕭。蔚莪之類春始生氣味既異故其名不同至秋老成則皆蒿也郭
云醜類也春時各有種名至秋老成皆通呼為蒿也芺薊其實蓇芺與薊莖頭皆有蓊臺名蓇蓇即其實。音。俘○芺音襖疏芺薊其實蓇○釋曰

鉤芺枹薊之類其實名蒡郭云芺與薊莖頭皆有蓊臺名蒡蒡即其實也蔈荂荼即芀猋藨芀。皆芀荼之別名方俗異語所未聞○蔈方腰切猋必遙切藨方驕切芀音調

疏蔈荂荼猋藨芀○釋曰此辨苕荼之別名也案鄭注周禮掌荼及詩有女如荼皆云荼茅秀也蔈也荂也其別名荼即苕也苕又一名猋又名藨皆雀矛之屬華秀名也故注云皆芀荼之別名方俗異語所未聞言未聞者謂未聞其所出也葦醜芀其類皆有芀秀

疏葦醜芀○釋曰葦即蘆之成者其類皆有芀秀也葭華。即今蘆也蒹薕似萑而細高數尺江東呼爲蒹藡○薕音廉葭蘆葦也菼薍似葦而小實中江東呼爲烏蓲○菼他敢切薍五患切蓲音丘其萌蘿今江東呼蘆筍爲蘿然則萑葦之類其初生者皆名蘿蘿音繾綣

疏葭華至萌蘿○釋曰此辨蒹葭等生成之異名也葭一名葦即今蘆也葦之未成者蒹一名薕郭云似萑而細高數尺江東呼爲薕藡詩秦風云蒹葭蒼蒼陸機云蒹水草也堅實牛食令牛肥彊青徐人謂之蒹兗州遼東通語也葭一名蘆菼一名薍李巡曰分別葦類之異名郭云蘆葦也菼似葦而小實中江東呼爲烏蓲如李巡云蘆薍共爲一草如郭云則蘆薍別草案詩大車傳云菼薍也蘆之初生則毛意亦以葭菼爲一草也案詩衛風碩人云葭菼揭揭陸機云薍或謂之荻至秋堅成則謂之萑其初生三月中其心挺出其下本大如箸上銳而細揚州人謂之馬尾以今語驗之則蘆薍別草也其萌名蘿郭云今江東人呼蘆筍爲蘿然則萑葦之類其初生者皆名蘿○注音繾綣○釋曰大雅民勞云以謹繾綣昭二十五年左傳云繾綣從公無通外內此取蘿與綣字音同不爲義也

蕍芛葟華榮釋言云華皇也今俗呼草木華初生者爲芛音猜豬猶敷蕍亦華之貌所未聞○蕍音俞芛羊捶切葟音皇

疏蕍芛葟華榮○釋曰此別草木榮華之異名也蕍言華之敷貌芛華初生之名也葟亦華也郭云釋言云華皇也今俗呼草木華初生者爲芛蕍猶敷蕍亦華之貌所未聞云未聞者亦未聞所出也○注音猜豬○釋曰釋獸云猜獖郭云俗呼小獖豬爲猜子此亦取芛與猜音同其義則異也

卷施草拔心不

死宿莽也離騷云疏卷施至不死○釋曰卷施草一名宿莽拔其心亦不死也○注宿莽也離騷云○釋曰案離騷經云朝搴阰之木蘭兮夕擥洲之宿莽王逸云草冬生不死者楚人名之曰宿莽

葋茭今江東呼藕紹緒如指空中可啖者爲茭茭即此類○葋于閔切茭胡巧切疏葋茭○釋曰葋一名茭謂草根可食者也亦箏類也非一種故郭氏舉類以曉人云今江東呼藕紹緒如指空中可食者爲茭茭即此類是也

荄根別二名俗呼韭根爲荄疏荄根○釋曰凡草根一名荄郭云別二名俗呼韭根爲荄此舉一隅也

欋橐含未詳

華荂也今江東呼華爲荂○荂音敷

華荂榮也轉相解

木謂之華草謂之榮不榮而實者謂之秀榮而不實者謂之英○疏華荂至之英○釋曰李巡云分別異名以曉人也華一名荂郭云今江東呼華爲荂華與荂又一名榮郭云轉相解木則名華月令季春桐始華草則名榮月令仲夏木槿榮此對文爾散文則草亦名華鄭風云隰有荷華是也不見其榮但見其實者曰秀詩大雅云實發實秀徒有其榮而不實者曰英此亦對文爾故以英爲不實其實黍稷皆先榮後實詩小雅出車云黍稷方華是嘉穀之秀必有榮也

爾雅疏卷第八

爾雅注疏卷八校勘記　阮元撰盧宣旬摘錄

爾雅疏卷第八注疏本同唐石經吳本雪牕本題爾雅卷下單疏本元本閩本監本刪

釋草第十三

隸變作廾七老切○閩本七作倉說文別有草字自保切○注疏本音切改大字徐鉉曰今俗以此爲廾木之草元本同閩本監本毛本作徐鍇誤按草當作廾說文作艸木之艸

茖山葱釋文五經文字唐石經單疏本雪牕本元本同作葱閩本監本毛本作蔥依說文改說文蔥菜也从艸悤聲

葝山䪥唐石經雪牕本同釋文䪥本又作薤五經文字䪥薤並列云上說文下經典相承隸省今爾雅作䪥餘並用下字按說文䪥从非韱聲無薤字此爾雅之字較經典獨得其正者

廣雅云陳本同單疏本雪牕本注疏本云皆作曰

今似蘄而麤大單疏本同雪牕本元本麤作麄釋文作麤舊校云本今作麤閩本監本毛本改粗下準此

椵木槿唐石經單疏本同雪牕本注疏本此本椵訛椴今訂正釋文堇本或作槿音謹下同按說文堇艸也从艸堇聲今隸省作堇是也木部無槿字此因木槿連文遂加木旁矣當從釋文月令木堇榮

或呼日及單疏本雪牕本同釋文爲日人逸反按文選歎逝賦譬日及之在條李善引郭注曰或呼爲日及又月令正義引某氏曰或呼爲日

及亦云王蒸此注正本之今本曰上脫爲字當補

亦曰王蒸雪牕本注疏本同釋文作烝舊校云本今作蒸按文選注亦作蒸

別三名也注疏本誤別二名按宋本月令正義引作別三名陸元恪所云一名木槿一名櫬一名椵是也

陸機疏云元本閩本監本同毛本機改璣非葉鈔釋文陸機字作木旁隋書經籍志烏程令吳郡陸機字從木浦鏜以監本作機爲非此蹈唐李濟翁資暇集宋晁公武讀書志之誤耳下準此

其樹可以爲埽蔧釋文埽素報反下同單疏本亦作埽蔧雪牕本注疏本作埽俗字按蔧當作彗

此則藜之科大爲樹可以作埽蔧者注疏本則作即埽蔧元本同閩本作埽彗監本毛本作掃彗

菉王芻唐石經單疏本雪牕本同釋文彔力辱反按五經文字菉力辱反見爾雅此作彔蓋誤

今呼鵖脚莎單疏本雪牕本注疏本同釋文鵖尺之反詩綠竹釋文引作今呼白脚莎郎本作今呼爲脚莎蓋互脫一字白當作曰

郭云菉蓐也注疏本脫菉

瞻彼淇奧綠竹猗猗是也元本奧字綠字與此同閩本監本毛本改澳改菉猗猗監本毛本同元本閩本誤作漪漪

今人呼青蒿香中炙啖者爲菣單疏本雪牕本同釋文啗本亦作啖又作噉按詩鹿鳴正義引郭云今人呼爲青蒿按爲字當有詩正義引下句亦作啖

上有白毛麤澁元本作麄澁閩本監本毛本作粗澀

可以爲菹注疏本菹改葅下同

又可烝注疏本改蒸

北海人謂之旁勃元本作滂勃閩本剜改作旁監本毛本承之

蘩游胡游胡旁勃也元本同閩本監本毛本蘩改繁毛本游改由按春秋隱三年正義引陸機作蘩遊胡游遊同

蘱鼠莞唐石經單疏本雪牕本同釋文五經文字玉篇皆作蘱按廣韻四紙蘱幷弭切六至蘱必至切互引爾雅經注殆隨音作字也孫星衍云一切經音義卷四引釋草蘱鼠莞補侍補婢二反蘱俗字說文所無知古本作蘱矣

可以染皁雪牕本同單疏本閩本監本毛本皂作皁釋文、皁音造舊本誤草

人採作滋染木蘭是也監本同舊本木蘭作本草閩本毛本作皂草

似薺葉細雪牕本注疏本脫似字按疏云似薺而葉細則邢本有似字

郭云似紅草而麤大注疏本皆改注麤作粗舊本作麄

孟狼尾唐石經單疏本雪牕本同石經考文提要引至善堂九經本亦作孟注疏本孟誤盂

𦿔如𤬪棲雪牕本注疏本同疏引詩亦作棲宋王氏詩考采入詩異字郎本依今詩改犀誤甚又注疏本疏末有今詩文作犀五字單疏本無

則非邢氏語也

果蠃之實栝樓　唐石經單疏本雪牕本同釋文蠃力果反栝樓本或作苦蔞按作苦蔞是也毛詩傳用括樓假借字說文作苦蔞正字爾雅多用正字蠃亦俗字當作蓏說文在木曰果在地曰蓏又說文苦蔞果蓏也本此經與本書在地曰蓏之言合而俗本亦改作蠃矣

葉如瓜葉形　注疏本如作似

此味苦可食之菜也　注疏本脫也

經冬歷春乃成　浦鏜云歷春下釋文有得夏二字此脫

又名益母廣雅云　雪牕本注疏本同疏引郭云今茺蔚也廣雅名益母葉似萑云云此邢氏約注義引之非郭氏原文故不得其次釋文⿱艹益音益本今作益按引廣雅字當從艸今本廣雅亦作益非

蓷臭穢臭穢即茺蔚也　注疏本脫一臭穢

邛有旨鷊　正德本同閩本監本毛本作邛有旨虉非

鷊五色作綬文　注疏本脫文

故先儒共疑焉　注疏本共誤甚

戎叔謂之荏菽　唐石經雪牕本注疏本同單疏本作戎菽謂之荏菽詩生民正義引釋草同按釋文於荏上出尗字云本亦作叔下不別出明

無異文釋詁戎大也此以大菽釋詩之荏菽則戎菽字尤不當獨作古字唐石經上叔下菽非

詩大雅生民云藝之荏菽 注疏本脫云藝作蓺

卉草 唐石經單疏本雪牕本同許宗彥云藝文類聚卷八十一引作卉百草據注云百草總名又書禹貢正義引舍人云凡百草一名卉則卉上當有百字

蒬雀弁 唐石經雪牕本舊本同釋文蒬悅轉反又古本反閩本監本毛本作蒬此本作蒬皆訛今訂正注云未詳故邢氏無釋單疏本不標經通書準此

蘾烏蕵 唐石經雪牕本同釋文蘾戶怪切石經考文提要引至善堂九經本亦作蘾注疏本作蘾按玉篇別爲一字非也蕵當從石經作蕵從夕下須蕵蕪澤烏蕵同五經文字云蕵見爾雅

萰菟荄 唐石經雪牕本同釋文菟音兔嚴元照云諸菟字不當從艸說文萰兔瓜也莃兔葵也可證

毚盧一名蟾蠩蘭 單疏本雪牕本舊本同閩本監本毛本盧改顱蠩改蜍疏中同

一名天蔓精 舊本閩本監本同毛本精改菁非

香氣似蘭故名蟾蠩蘭 注疏本脫氣蠩改蜍

可以爲掃蔧 單疏本雪牕本舊本作埽蔧釋文亦作埽閩本監本毛本作掃蔧按蔧當作篲郭序輒復擁篲清道釋文篲字又作蔧

蘹懷羊唐石經雪牕本舊本閩本監本同毛本蘹改蘾按玉篇廣韻作蘾蓋毛本所據改釋文五經文字皆作蘹

生水澤旁注疏本旁作中

苗似鬼鍼荼菜等舊本同監本毛本荼作蒤誤按玉篇廣韻皆云荼菜名徒兼切

葖蘆萉單疏本雪牕本同釋文葖他忽反毛本葖誤葵唐石經此字闕郭注云萉宜爲菔經義雜記曰說文菔蘆菔从艸服聲萉枲實也从艸肥聲後漢書注卷十一引爾雅曰葖蘆菔菔音步北反字或作蔔據說文及後漢書注知爾雅本作菔蓋郭本以形近致誤

紫華大根陳本同雪牕本注疏本華改花

郭氏即云竹別名元本即字闕閩本改曰監本毛本承之

其南鍾其南鏄注疏本脫下三字元本閩本監本毛本鍾改鐘

芘蔵芘唐石經單疏本雪牕本同葉鈔釋文五經文字蔵作葴

莕接余唐石經單疏本雪牕本同釋文莕音杏本亦作荇詩云參差荇菜說文作莕按五經文字莕荇二同並音杏見爾雅則釋文當爲本亦作荇故下引詩參差荇菜說文作莕以證之張參正本釋文云然也今說文莕菨餘也从艸杏聲荇莕或从行同非陸氏所見之說文矣

葉圓在莖端單疏本雪牕本同按圓當作員雅注多用員字

江東食之亦呼爲莕音杏雪牕本同注疏本脫爲又刪下二字單疏本作亦呼爲莕按齊民要術卷九引作江東菹食之以證

蒩法則蒩字當有

脆美可案酒 元本脆字實闕閩本監本毛本誤肥

柔忍宜爲索 元本同閩本監本毛本忍改韌按毛詩將仲子傳檀彊韌之木釋文作彊忍采薇箋元堅忍白華箋云柔忍知陸元恪亦用忍字韌爲說文新附字

郭云卽土瓜也 注疏本脫卽

滑美可作羹幽州人謂之䓝 元本亦作滑閩本監本毛本誤甘注疏本脫州

又是一物 注疏本一誤二

五者一物也 注疏本脫也

大葉白華 單疏本閩本監本毛本同雪牕本元本作萱華白葉誤

熒委萎 唐石經單疏本雪牕本同釋文委作萎云謝於爲反郭女委反舊校云本今作委按委萎一字唐石經今本作委非當從陸本作萎玉篇蘂於營切萎蕤也卽此物萎蕤猶萎蕤也邢疏引本草亦曰萎蕤玉篇廣韻以萎同荾云胡荾香菜蓋此經之誤久矣邢疏云一名榮字從木蓋誤釋文熒戶垌反

長一二尺可啖 單疏本監本毛本同雪牕本作長二尺元本作長三尺閩本作長二尺又剜擠一字

好生道旁 單疏本雪牕本元本同閩本監本毛本旁改傍

綠竹猗猗 元本同閩本監本毛本綠改菉

葉華細綠 注疏本作華葉

葴寒漿 唐石經單疏本雪牕本同釋文⿱艹寒何干反本今作寒按玉篇艸部⿱艹寒⿱艹寒漿也廣韻二十五寒⿱艹寒⿱艹寒漿草也與陸本合

薢茩英茪 唐石經單疏本雪牕本同釋文光本或作茪按當作茪本或作光此後人乙改五經文字云茪音光爾雅或作光可證○按說文無茪當是後人加艸爲之

英明也 雪牕本注疏本同邢疏云藥草英明也一名英光一名決明按英明也字當作決蓋經作英茪注作決明今本注作英爲依經所改釋文音經英本亦作決又依注改經也

關西謂之薢茩音皆 陳本郎本同釋文薢郭音皆雪牕本注疏本删下二字改爲小字音切

一名決明 注疏本決改英

葉如茳豆 元本同閩本監本毛本作茳芏

案本草蕪荑一名無姑 注疏本作蕪荑順爾雅改按釋木疏云本草無夷一名無姑無無同字與此合

一名蕨蘠 音廄唐○注疏本改音於疏後云蕨音殿蘠音唐

或者與草同氣乎 注疏本删乎

故云其紹陕 元本閩本脫云監本毛本脫其

生下田 雪牕本注疏本同單疏本作生下田中後漢書劉元傳注引此注同 按下購商蔞注云生下田

亦可綯以爲索 注疏本可下衍爲

莖頭有臺似薊 單疏本閩本監本毛本同釋文雪牕本元本薊作葪按五經文字云薊從角者訛

故一名桂荏 注疏本脫故

生池澤中者 注疏本脫澤

虋赤苗 單疏本雪牕本唐石經虋亦作虋五經文字虋音門見爾雅釋文虋本亦作亹按詩維穈維芑毛傳穈赤苗也芑白苗也正義曰皆釋草文唯彼穈作亹音同耳釋文穈音門爾雅作亹同據此知虋舊作亹說文虋赤苗嘉穀也从艸釁聲

此亦黑黍 雪牕本注疏本同詩生民正義引作秠亦黑黍齊民要術卷二同 按秠亦黑黍對上文秬黑黍言之今本作此非

維穈維芑 元本同閩本監本毛本穈誤糜下同

則一米亦可爲酒 元本同閩本監本毛本一誤二

十月穫稻 注疏本穫誤獲

按說文云注疏本按改案

江東呼稉乃亂切○注疏本音切改大字

葍藑茅雪牕本注疏本同唐石經單疏本藑作蔓按茅疑衍文注云葍華有赤者爲藑藑葍一種耳不言茅說文舜艸也楚謂之葍秦謂之藑蔓地連華象形亦不言茅艸部云藑茅葍也一名蕣此茅字蓋後人竄入離騷索藑茅以莛篿王逸注藑茅靈草也與爾雅異義恐因此誤衍○按單呼曰藑絫呼曰藑茅未可疑說文艸部爲添字則未可疑爾雅爲衍字

亦猶菱苕雪牕本同單疏本注疏本菱作蔆從水此非

臺夫須唐石經單疏本雪牕本同釋文臺字又作薹同蕦音須本今作須按詩都人士釋文云臺如字爾雅作薹則此釋文當作薹字又作臺蓋爾雅經作薹注引詩箋作臺今祇以臺薹爲異文誤也據釋文須作蕦知臺亦作薹矣

鄭箋詩云臺可以爲禦雨笠雪牕本注疏本同單疏本標起止云注鄭箋至雨笠按詩都人士臺笠緇撮毛傳臺所以禦暑笠所以禦雨也箋云臺夫須也都人之士以臺皮爲笠此約傳箋意合引之非鄭箋本文

可以爲蓑笠元本同閩本監本毛本蓑改簑

莔貝母唐石經單疏本雪牕本同釋文五經文字亦作莔注疏本作莤訛

員而白華葉似韭單疏本雪牕本元本同閩本監本毛本員改圓下苻鬼目注濼貫衆注同

謝氏云小草多華少葉葉又翹起雪牕本注疏本同邢疏亦與郭注連引之邵晉涵正義曰此當是謝嶠殆因詩疏與郭注連引後人遂混入注中太平御覽引郭注無謝氏說按爾雅序疏云五經正義援引有某氏謝氏顧氏邢氏不云郭注引謝氏而云五經正義引謝氏則邢氏所據郭注本無謝氏說可知

廣雅云音典雪牕本同注疏本刪下二字

毋則公薺元本同疑誤閩本監本毛本作狗薺

莖似葛葉員而毛注疏本似改如員改圓舊本作似

蔜蕿䕯雪牕本注疏本同唐石經單疏本蔜作蔜釋文蔜五高反本今作蔜

蘩蔞味辛舊本同閩本監本毛本蔞改䕯

多生下濕坑渠之側舊本閩本監本同毛本濕改溼

離南活莌唐石經單疏本雪牕本同釋文離力知反本今作離

零陵人祖日貫之爲樹單疏本雪牕本注疏本同釋文祖日人一反段玉裁云當依山海經注作零桂人植而日灌之以爲樹

大葉似荷葉而肥注疏本脫似荷葉

零桂人人且日貫之以爲樹舊本同閩本下人字剜改作灌監本承之毛本作零桂人植而日灌之以爲樹毛本是也

須葑蓯唐石經雪牕本同釋文蕦音須本今作須

藏以爲葅亦可瀹食單疏本雪牕本同注疏本食下衍也按葅當作菹釋文亦誤

草生水中陳本正德本同雪牕本閩本監本毛本草作多

江東呼蕕音猶雪牕本同注疏本刪下二字釋文云蕕郭音由又音酉此猶蓋本作酉又猶由字同

作履苴草單疏本雪牕本同按此經作蘆注作苴釋文蘆苴皆有音

中作履底字苑云鞔苴履底注疏本底作底是也

柱夫搖車唐石經單疏本注疏本同雪牕本柱作拄釋文柱本或作拄同

今江東啖之甜滑單疏本雪牕本同釋文啖大敢反按齊民要術卷十引此啖作噉

音氈氍毹單疏本雪牕本同注疏本氈作同係臆改按釋文氈之延反本亦作旃同毹所俱反本今作毹

音氈氍毹者元本同閩本監本毛本氈改同

蘄茝蘪蕪唐石經單疏本雪牕本同釋文蘪亡悲反本今作蘼按雪牕本注云臭如蘪蕪史記司馬相如列傳索隱引樊光注云藁本一名蘪蕪根名蘄延蘪字皆與釋文合

山海經云雪牕本同單疏本注疏本云作曰

言如萎蕎之狀也元本同閩本監本毛本蕎改䔰大誤按蕎卽菸字與萎義同

世人之所亂惑也元本同閩本監本毛本人改主

衆人所眩燿也注疏本燿改耀

贛者類勇而非勇也元本同閩本監本毛本贛改戇

其治病則不同力注疏本其作惟元本閩本亦作不同力監本毛本倒作力不同

浮山有草曰訓草元本同閩本監本毛本訓改薰

名曰杜衡注疏本脫名

茨蒺蔾唐石經單疏本同釋文蔾作䔧雪牕本注疏本作藜據說文改五經文字云蒺蔾音棃見爾雅玉篇云蔾蒺蔾藜蒿類

蘮蒘竊衣唐石經單疏本雪牕本同五經文字蒘女居反釋文作蒘按今釋文作蕠蓋淺人據石經改

一名商蕀單疏本雪牕本元本閩本同監本毛本蕀改棘

郭云細葉有刺蔓生注疏本刺改棘

雚一名芄蘭注疏本名下衍是

則似雚芄一名蘭注疏本似誤以

或傳寫誤芄衍字按當作誤衍芄字

蕁莐藩單疏本雪牕本注疏本同釋文五經文字唐石經蕁作蕁下蕁海藻同九經字樣云尋從口從工作尋者訛

一曰提母單疏本雪牕本正德本同閩本監本毛本提改蝭葉鈔釋文引郭云一名提母通志堂本作蝭誤按釋文下引本草一名蚔母一名蝭母淺人遂據此以改雅注耳

葉如韭一名提母正德本同監本毛本改葉似韭一名蝭母閩本亦作似

形似昌蒲注疏本昌改菖

須燥乃止也正德本同閩本監本毛本須下有枯按此疏襲釋文枯字當有

今澤蔦單疏本雪牕本同釋文音經蔦本又作舃引郭云今澤舃蓋經作蔦注作舃後人轉寫亂之釋文又引本草一名水舃陶注云仙經服食用之令人身輕能步行水上此所以名澤舃水舃歟

蔨鹿藿唐石經單疏本雪牕本同釋文蔍力斛反本今作鹿

本夏后氏著監本同正德本閩本毛本著誤者

先言媞而後言蕎此與傅崧卿本夏小正同浦鏜據大戴禮記蕎下增者非

莞苻蘺唐石經單疏本雪牕本同釋文莞本或作莀苻離本或作離經義雜記曰說文莞艸也莀夫離也萬夫離上也則莞當作莀莞乃別一字釋文

云本或作蓏蓏卽蔬之訛今本作蘺與說文合按玉篇蔬下引爾雅曰蔬夫蘺其上萬與說文同知古本爾雅作夫不作苻也蓋經作夫注作苻故郭云今江東謂之苻蘺釋文及今本經亦作苻蓋誤邢疏引本草一名苻蘺

蒚謂其頭臺首也 雪牕本注疏本同按頭卽首也首字當衍此本首字剜改王宗炎云廣韻二十一麥蒚蒲臺頭名

用之爲席音羽翮 雪牕本同注疏本刪下三字釋文蒚郭音翮

荷芙渠 唐石經單疏本雪牕本同石經考文提要引至善堂九經本亦作芙渠注疏本渠改蕖按釋文渠本又作蕖今本蓋出此說文亦作蕖○按芙俗字也古作扶渠

其葉蕸 唐石經雪牕本作其葉蕸注疏本葉作葉改唐諱也釋文云其葉蕸衆家並無此句唯郭有然就郭本中或復脫此句亦並闕讀經義雜記曰說文茄芙蕖莖荷芙蕖葉蔤芙蕖本亦無其葉蕸句荷爲芙蕖葉則其葉名荷高注淮南子說山篇云其莖曰茄其本曰蔤中無其葉蕸句可證衆家本及郭本並無此句其有者直係俗人妄加

莖下白蒻在泥中者 雪牕本注疏本同詩澤陂正義引釋文及李巡注又引郭氏曰蔤莖下白蒻在泥中者今江東人呼荷華爲芙蓉北方人便以藕爲荷亦以蓮爲荷蜀人以藕爲茄或用其母爲華名或用根子爲母號此皆名相錯習俗傳誤失其正體者也共六十八字審爲郭注未詳何時脫落邢疏襲用詩正義之文絕不別言今注有無是其疎也初學記卷二十七引此注云江東呼荷華爲芙蓉與孔氏所引合

其華菡萏 唐石經雪牕本同釋文萏字又作閻徒感反本今作萏按五經文字萏道感反見爾雅

皆分别連莖葉華實之名 注疏本葉華倒

芙渠其總名也 元本同閩本監本毛本渠改蕖

俗呼紅草爲蘢鼓 單疏本雪牕本注疏本同按蘢鼓當作龍鼓釋文音經蘢力恭反音注爲龍如字此經注異文之明證淺人援經改注校者因云本今作蘢矣

隰有游龍毛云龍紅草也 元本同閩本監本毛本龍改蘢

蘻子名 雪牕本同注疏本作蘻子味甘涉疏語誤改

䔍枲實 單疏本雪牕本同釋文亦作䔍枲唐石經枲作枲下枲麻準此五經文字云枲從台從木朩音匹刃反今唯枲字從朩經典相承從木

菲蒠菜 唐石經雪牕本同釋文蒠本又作息按單疏本菲一名息菜與釋文又本合

菲一名息菜 元本同閩本監本毛本息作蒠

菲芴也 注疏本脱也

今之莧赤莖者 雪牕本同元本閩本作赤莧一名蕢今莧菜之赤莖者也監本毛本無也字係邢疏語誤爲郭注也經義雜記曰易夬莧陸夬夬正義引董遇云莧人莧也齊民要術卷十人莧下引爾雅并郭注云今人莧赤莖者爾雅經注本作今之莧赤莖者之即人字之訛

蕢赤莧○釋曰赤莧一名蕢今莧菜之赤莖者也 注疏本删

蘠蘼虋冬釋文唐石經單疏本注疏本同雪牕本蘼作靡釋文蘼又作靡同虋音門本皆作門郭云門俗字亦作虋字按說文蘠蘠蘼虋冬也字作蘼山海經中山經其草多芍藥虋冬注本草經曰虋冬一名滿冬今作門俗作耳此郭氏改門作虋之事注仍依俗作門爲經注異文之證虋作虋與上虋赤苗作虋正合

一名伯蓱注疏本蓱改萍

楊州人饑荒可以當穀食注疏本脫人食下衍也楊字閩本監本同毛本改揚元本闕

遂薚馬尾唐石經單疏本雪牕本同釋文及注疏本薚作蕩非五經文字云薚見爾雅

江東呼爲當陸釋文單疏本雪牕本同注疏本脫呼

馬尾蔏陸注疏本蔏誤薚

今關西亦呼爲薚江東呼爲當陸注疏本脫亦及下呼

一名蕩根正德本蕩作葛閩本監本毛本誤薚

萍蓱雪牕本注疏本同正德本作苹萍非唐石經單疏本作苹蓱當據以訂正釋文苹音平萍本或作蓱音瓶按五經文字云苹音平蓱音瓶釋文又作萍則張氏所據釋文當爲蓱音瓶本又作萍今本非

水中浮蓱江東謂之薸音瓢雪牕本同注疏本刪下二字蓱改萍釋文薸郭音瓢單疏本亦作水中浮蓱詩采蘋正義引此

云今水上浮蓱也江東謂之薸音瓢月令正義引此云水中浮蓱也然則也字亦當有

苹一名蓱 正德本同閩本監本毛本苹作萍非

今水上浮蓱是也 注疏本蓱誤萍

可糝烝爲茹 正德本同閩本監本毛本烝改蒸

頗似葵而小 注疏本脫而

苗如石龍芮 正德本閩本同監本毛本芮誤苪

其二月三月作英時 注疏本脫其

可作菹及瀹食之 注疏本菹改葅下同

又有渣音樝芹 注疏本改大字渣音樝移於後

藬牛蘈 單疏本雪牕本同釋文藬本又作藬同吐回反蘈大回反唐石經作藬牛藬按藬當爲蓫毛詩我行其野言采其蓫箋云蓫牛蘈也本此正義曰釋草無文則孔所據本已誤爲藬矣詩釋文蓫勑六反本又作蓄又云牛藬本又作蘈徒雷反則藬蘈實一字也

藚牛脣 唐石經單疏本雪牕本同釋文藚音脣本今作脣按玉篇藚牛藚也與陸本合

毛詩傳曰水蕮也 單疏本雪牕本同釋文蕮音昔按毛詩汾沮洳傳作水舄正義引此注作水蕮是毛傳本作舄郭氏引之加艹頭耳

邢疏引毛傳郭注皆從廾非說文蕢水舄也與毛傳同

如蕢斷 雪牕本注疏本同誤也單疏本作續斷詩正義所引同當據以訂正此亦經注異文之證

蕢水舄也是 注疏本也是倒

莖似箸而輕肥 盧文弨曰御覽卷九百九十八引作輕脆此誤

又可烝食是也 注疏本脫是烝字正德本同閩本監本毛本改蒸

澤烏蘞 雪牕本正德本同石經考文提要引至善堂九經本亦作烏蘞閩本監本毛本蘞作蘱因注云即上蘱也致誤葉鈔釋文唐石經單疏本蘱作蘱從夕

傳橫目 唐石經單疏本雪牕本同釋文注疏本撗作橫從木按五經文字云橫從手者訛

一名結縷 單疏本雪牕本注疏本同釋文結音姑本今作結集韻十一模結結縷草名本此按當作結縷俗謂之鼓箏草語轉耳一切經音義卷十四引孫炎注云俗名句屢草句屢猶結縷也皆一聲之轉文選上林賦布結縷郭注曰結縷蔓生如縷相結此結縷亦結縷之訛結縷猶結縷苦蔓括樓也○按姑與結雙聲舊校云上林賦結當爲結非也

蔆蕨攈 唐石經單疏本注疏本同雪牕本此本蔆作菱訛說文蔆从艸淩聲今訂正釋文蔆字又作菱力矜反本今作蔆攈亡悲反孫居郡反又居羣反按一切經音義卷十五引爾雅菱蕨攈字從禾與孫音合下菩攈舌釋文攈俱綸反本或作攈音眉是攈攈二字易相亂錢大昕云說文有攈無攈當從孫

叔然音作攗字凡草木蟲鳥之名多取雙聲疊韻釋草如芙茪薢茩鼎蓳蓫葍荎藸菽葎卭鉅銚芅之類皆雙聲蕨攗亦雙聲攗字誤

楚人名蔆曰芰釋文引字林同注疏本蔆改蔆

葥山每唐石經單疏本雪牕本同釋文葥子賤反莓音每又音梅五經文字云⿱艹湔葥二同子賤反又音前山梅也爾雅用下字蓋莓或作梅

齧苦堇唐石經單疏本注疏本同釋文亦作堇雪牕本作蓳注及下芨堇草同按蓳字說文在艸部然經典相承省作堇毛詩堇荼如飴亦不從廾獨雪牕本改蓳非也

堇荁枌榆是也注疏本荁誤荳

水苔也單疏本雪牕本注疏本同釋文落徒來反說文云水青衣也本今作菭按此草生水中故字從廾從水台聲今說文作水衣从艸治聲非當據此訂正郭氏注本用落字廣雅云水衣落也

生水底雪牕本注疏本同葉鈔釋文單疏本底作底

色類似苔而麤澀為異注疏本脫似閩本監本毛本作麤澀

以繩繫罯舊本同閩本監本毛本罯改腰

咽沒水下注疏本咽誤因

今之秋華菊單疏本雪牕本注疏本同釋文鞠字或作菊按說文蘜治牆也从艸鞠聲此經作蘜注作菊須人易曉也

菊有黃華 舊本同閩本監本毛本華改花

一種莖青而大 注疏本脫大

唐蒙女蘿 唐石經單疏本雪牕本同釋文蘿音唐本今作唐按蒙王女注蒙即唐也釋文亦云蘿音唐舊校云本今作唐知蘿蒙字舊皆從艹矣今本據毛詩改之玉篇蘿蘿蒙女蘿

下云蒙王女 舊本閩本同監本毛本王誤玉下同

茥一名蒛葐 注疏本同葐改盆下一名覆葐同

薺地則子細而酸是也 注疏本酸下衍者

江東呼爲蓳音靳 單疏本雪牕本同注疏本删下二字疏中引郭云有之邢氏云嫌讀爲蓳荁之蓳故音之釋文蓳郭音靳居覲反按

詩緜正義引此注云江東人呼爲蓳此脫人字

孋姬將譖申生 元本閩本監本同毛本孋改驪

嫌讀爲蓳荁之蓳 注疏本荁誤草

菺茙葵 唐石經單疏本雪牕本同釋文茙音戎本今作戎按文選西京賦戎葵懷羊李善注爾雅曰菺茙葵茙音戎與陸本合玉篇茙茙葵也

旋蕧似菊 單疏本注疏本同雪牕本蕧作覆非釋文引郭云旋蕧也

荢麻母唐石經單疏本雪牕本同石經考文提要引至善堂九經本亦作荢注疏本荢訛莩釋文荢孫音嗣本又作字

荢麻母○釋曰注疏本刪按單疏本闕卷八之第十一自一名荢之一字起至近道田野墟落閒甚多之甚字止今據元本注疏校補其標經注起止元本亦無以補正云○今依經注起止照單疏例加補

倚商活脫唐石經雪牕本同釋文蔏音商本今作商

蘵黃蒢唐石經雪牕本同釋文蘵字又作職諸弋反五經文字蘵音職釋文作織按玉篇蘵諸翼切蘵草葉似酸漿蘵同上釋文當爲織字又作蘵夏小正作識

江東以作葅食雪牕本閩本監本毛本同元本葅作葅釋文葅側居反按說文葅从艸沮聲玉篇葅淹菜爲葅也葅同上

藒車芞輿釋文唐石經雪牕本同釋文車音居本多無此字經義雜記曰說文藒芞輿也芞芞輿也知古本爾雅作藒芞輿不名藒車也郭氏因離騷謂之藒車故援以證之後人輒倣注義增一經字耳離騷畦留夷與揭車兮車即輿之駁文猶曰藒輿云耳王叔師云揭車一名芞輿合之爾雅說文少舛矣

○離騷經云閩本監本毛本脫經字此據元本下準此

雜杜衡與芷閩本與下剜擠芳字監本毛本承之

葉似荍蓿雪牕本元本同閩本監本毛本荍誤蔌疏中同釋文荍音牧本亦作目按說文芸艸也似目宿

蔠葵蘩露唐石經雪牕本注疏本同釋文終本亦作蔠同五經文字云蔠釋文作終石經考文提要曰周禮終葵首左傳終葵氏俱作終玆從經典

釋文今本非

華紫黃色 雪牕本閩本監本毛本同元本華誤葉疏中同

蒢荎藸 唐石經雪牕本注疏本同釋文蒢音味又亡戒反藸音除按說文蒢荎藸也藸荎藸也與此同釋木作蒢荎著周禮𦵼師注杜子春讀𦵼爲味荎著之味羣經音辨云著藥草也爾雅蒢荎著五味也又味荎著藥草也蓋賈氏所據釋草釋文亦作著唐石經以下作藸後人依說文改耳

五味也 雪牕本注疏本同按此經作蒢注作味

子叢在莖頭 閩本同監本毛本在誤生

五味皮肉甘酸 此闕酸字據閩本監本毛本補

都有鹹味 此闕鹹字據閩本監本毛本補

蒤委葉 唐石經雪牕本注疏本同釋文荼字亦作蒤按說文有荼無蒤當從陸本

以茠荼蓼 雪牕本注疏本同釋文茠本或作薅按作薅者依毛詩改非也詩釋文曰薅說文云或作茠引此以茠荼蓼與此注合蒤亦當作荼今說文蓐部作旣茠荼蓼者誤也當據詩釋文及此注訂正

鉤藈姑 唐石經閩本監本毛本同雪牕本元本藈作蘔釋文藈本或作睽菇音姑本今作姑按睽字從目作藈訛廣雅亦作菇今本作姑非

鉤瓠也 雪牕本注疏本同誤也按鉤當作瓠釋文音經鉤古侯反音注瓠瓠音鉤字林云瓠瓠王瓜也此經注異文之明證今本援經改鉤非

雅葵菇瓠瓢王瓜也是瓠瓢字皆從瓜

一云鉤瓢也按當作郭云

葉似括樓圓閩本監本毛本括作栝是也

困衱袶唐石經注疏本同雪牕本此本袶作袶訛今訂正釋文袶施音絳孫蒲空反本今作絳按廣韻一東袶下引爾雅困衱袶云亦作袶音降與釋文合釋文袶字舊作絳訛茲改正

攫烏階唐石經元本同雪牕本攫音钁閩本監本毛本作欔訛釋文攫沈居縛反葉鈔本如此通志堂本誤作欔雪牕本同

攫一名烏階閩本同監本毛本攫誤欔

杜土鹵唐石經雪牕本同釋文蔨本又作鹵按玉篇蔨來伍切杜蔨也郭璞曰杜衡也似葵而香知此經舊作蔨字矣

款凍也單疏本雪牕本同元本凍誤陳閩本監本毛本改冬非釋文引郭云款凍也

紫赤華生水中注疏本華誤莖

案本草款凍一名橐吾一名顆東元本同閩本監本毛本凍改冬東改凍按葉鈔釋文作一名顆東與此合釋文引陶注云其冬月在冰下生則應是冬恐承音作字異耳據此知本草不作款冬故陶注云應是冬字今改釋文引本草作冬非

中馗菌唐石經單疏本雪牕本同釋文⿰耳菌郭巨隕反孫去貧反本今作菌按釋文知孫郭本皆作⿰耳菌今作菌非

蕈桑藇也元本藇作萸閩本監本毛本作葽非按說文蕈桑萸藇即萸之訛葉鈔釋文作桑藇

蔵小葉雪牕本元本閩本監本同毛本蔵改萉釋文萉豬葉反又阻留反字又作蔵唐石經闕五經文字萉音輒見爾雅廣韻二十九葉萉陟葉切爾雅釋草云萉小葉按唐石經與五經文字多合據五經文字作萉知唐石經亦作萉也

名亦不同音沛雪牕本同注疏本刪下二字釋文茇郭音沛補蓋反

別華色之名也注疏本改花

有黃紫白紫爾元本同注疏本爾改耳

虋從水生唐石經單疏本雪牕本同按生字疑衍此虋從水與下薇乘水文一律此注生於水中與下注生於水邊文亦一律因經無生字故注云生於水中今本蓋因注誤衍覺注爲贅矣釋丘谷者溦故埀水名薇釋水水草交曰虋故從水名虋○按此宜虋從爲句後人誤斷其句若邪云艸從水生者曰虋非也

粼堅中唐石經雪牕本注疏本同釋文亦作粼此作粼訛今訂正疏云其中堅實者名鄰鄰亦當作粼

仲無笐唐石經雪牕本元本閩本毛本同石經考文提要引至善堂九經本亦作笐釋文笐本又作亢戶剛反監本作笐訛

篵箭萌唐石經雪牕本同釋文𥳑音箭本今作箭

篵蒩鴈醢單疏本雪牕本注疏本同毛本鴈改雁釋文蒩作菹此非

筡空也注疏本也誤中

枹霍首唐石經雪牕本元本閩本監本同毛本首改皆絕無所本惟釋器嚮首謂之華釋文謂本或作古皆字

今南方越人采以爲席單疏本雪牕本同注疏本脫方字

似莞藺注疏本莞作莞

藄月爾唐石經單疏本雪牕本同釋文藄郭音其字亦作藄說文云藄芏夫也按此則許氏讀爾雅土夫王藄爲句與郭氏異讀今本說文作藄月爾也係據郭本竄改非許慎原文

姚莖涂薺唐石經雪牕本同釋文蒤音徒本今作涂

江東呼芐音怙陳本同雪牕本怙改戶注疏本刪下二字釋文音經芐音戶又於注怙音戶單疏本作江東人呼芐此脫人字

一名芑注疏本芑作芑

蒙王女唐石經單疏本雪牕本元本閩本同監本毛本王誤玉石經考文提要引至善堂九經本亦作王女

或曰苓耳單疏本雪牕本元本閩本監本同毛本曰改云

幽州人謂之爵耳注疏本脫人

蕨虌唐石經單疏本雪牕本元本同釋文虌字亦作鼈閩本監本毛本虌改鼈注及疏準此

蕎邛鉅唐石經雪牕本元本同釋文單疏本閩本監本毛本邛作卭誤

繁由胡唐石經雪牕本注疏本同釋文蘩音繁本今作繁按繁當作蘩此蘩由胡與上蘩皤蒿一也字皆從廾傳崧卿本夏小正蘩由胡由胡者繁母也上蘩下繁最有區別春秋隱三年正義及邢疏繁皤蒿皆引陸機疏曰夏小正蘩遊胡今本夏小正亦作繁皆俗寫流傳失其本真非古字通也詩采蘩字亦從廾

今莣草似茅單疏本雪牕本同注疏本莣改芒釋文音經莣音亡本亦作芒按廣韻十陽莣字下引爾雅莣杜榮郭云今莣草似茅據此知舊本注皆作莣非由經注有異也

莣草一名杜榮郭云今莣草似茅注疏本莣皆作芒

今江東呼爲藨莓子似覆葐而大單疏本雪牕本同注疏本葐作盆非上莖缺葐注亦作覆葐又疏引郭云今江東下有人字此脫

子似覆葐而大赤注疏本葐改盆脫赤

的薂唐石經單疏本雪牕本同釋文菂丁歷反本今作的按上的中薏釋文云的丁歷反或作菂同

卽蓮實也雪牕本同注疏本無也

葽繞蕀蒬唐石經雪牕本注疏本同單疏本蕀作棘釋文棘字或作蕀同按說文東象木芒之形棘從並東不當更從廾說文蒬棘蒬也从艸宛聲

亦止作棘五經文字蒬見爾雅今本作蒬非

今遠志也　注疏本同單疏本雪牕本作遠葽釋文遠志字又作遠葽非今本葢據釋文改

一名棘蒬郭云今遠葽也　元本同閩本監本毛本棘改蕀葽改志下並同

小草狀似麻黃而青　注疏本似改如

茦刺　釋文雪牕本元本同單疏本閩本監本毛本作茦刺非唐石經作茦刺釋文刺字又作刾又作莿按五經文字云刺作刾訛刾當作刺隸釋載石經魯詩殘碑是以爲刾說文莿茦也从艸刺聲與釋文又作字合

或謂之劌　注疏本劌誤歲

蕭萩　唐石經單疏本雪牕本元本同石經考文提要引至善堂九經本亦作萩閩本監本毛本萩誤荻釋文萩音秋按說文萩蕭也从艸秋聲詩采葛正義引釋草今亦誤爲荻此蕭萩與蘪麋的藪勃莿葽繞茦刺皆所謂疊韻是也

一名蕁　元本同閩本監本毛本蕁改藫

長楚銚芅　唐石經單疏本雪牕本同五經文字芅音翼見爾雅釋文萇且良反本今作長芅音翼字亦作弋按詩隰有萇楚毛傳萇楚銚弋也說文萇萇楚跳弋从艸長聲字皆作萇今本作長非

芣苢馬舄馬舄車前　唐石經單疏本雪牕本同釋文蕮四夕反本今作舄按毛詩傳作舄爾雅作蕮

其子治婦人難產 注疏本作產難

王基駮云 元本閩本監本同毛本駮改駁

綸今有秩嗇夫所帶糾青絲綸 雪牕本注疏本同此本下綸字剜改按疏云綸是糾青絲繩也本注爲說原刻綸當作繩

疏引張華云綸如宛轉繩又釋言注云綸者繩也皆可證

彩理有象之者 雪牕本注疏本同按疏云采理似之所據郭注彩當作采

采理似之 注疏本采改文

今江東呼爲鴈齒 雪牕本注疏本同單疏本今江東下有人字此脫

纅者以取繭緒□ 注疏本口作者此空闕一字

纅繹繭爲絲也緒絲耑也 注疏本繹誤澤耑字正德本同閩本監本毛本改端

此言蘩蕭蔚莪之類 注疏本脫蔚

莠卽其實音俘 雪牕本同單疏本注疏本實下有也無音俘釋文莠香于芳于二反注音俘同

猋藨芀 唐石經單疏本雪牕本同釋文芀字或作苕下同按單疏本經作芀疏云此辨苕荼之別名也又蔈也莠也其別名荼卽苕也又注云皆苕荼之別名是郭注用苕字故邢疏據之考說文芀葦華也苕艸也毛詩鴟鴞傳荼萑苕也是苕秀字經本作芀毛公郭氏轉用苕字漢晉通行須人易曉故也此

經注異文之明證陸氏不能區別輒云某或作某矣

此辨茗荼之别名也注疏本茗改芀

荼卽茗也茗又一名荈元本亦作茗閩本剜改芀監本毛本承之下同元本荈作焱按釋文云荈字從三犬俗從三火非也

葭華唐石經單疏本雪牕本同按華當作葦字之誤也說文葦大葭也葭葦之未秀者可證文選東京賦外豐葭菼李善引爾雅曰葭葦也菼薍也是唐初本不誤今本承開成石經之訛耳郭注葭葦云卽今蘆也注葭蘆云葦也正彼此互證

江東呼爲蒹藡音廉單疏本作江東呼爲薕藡雪牕本作江東呼爲薕音廉注疏本蒹作薕刪下三字釋文藡徒的反史記索隱司馬相如列傳引此注作江東人呼爲蒹蘞蘞音斂按藡蘞同字人字亦當有

江東呼爲烏蓲單疏本同雪牕本蓲誤區注疏本烏誤鳥釋文引說文云烏蓲草也引張揖云未秀曰烏蓲今本說文脫烏字而玉篇蓲字注云烏蓲也當據以補正史記索隱引作江東人呼爲烏蓲此脫人字

音丘雪牕本同注疏本刪釋文蓲郭音丘五經文字云薍江東謂之蓲蓲音丘見爾雅皆與此合

今江東呼蘆筍爲虇雪牕本元本同單疏本今江東下有人字閩本監本毛本筍作笱玉篇作江東人呼蘆笱爲蘆虇亦有人字當據補五經文字云笱俗作筍訛

音繾綣單疏本閩本監本毛本同元本刪此三字雪牕本改作音丘阮因釋文云虇郭音綣丘阮反故也

江東呼爲薕藡 元本同閩本監本毛本藡誤適

音䝏豬 雪牕本注疏本同單疏本作音䝏豬按釋文釋獸作䝏舊校云本今作䝏

葟亦華也 元本華誤單閩本監本毛本遂改作蕇華單也

郭云釋言云華皇也今俗呼草木華初生者爲芛蕍猶敷蕍亦華之貌所未聞 注疏本删上二十七字

卷施草 唐石經單疏本雪牕本同釋文施或作葹同石經考文提要引至善堂九經本亦作施注疏本施誤旆

夕擘洲之宿莽 正德本同閩本監本毛本洲上衍中

今江東呼藕紹緒如指空中可啖者爲茇茇即此類 單疏本雪牕本同注疏本紹作經爲茇作爲茇皆誤疏中同經義雜記曰疑衍一茇字○按作爲茇茇是也說文曰茇草根也

攫橐含 釋文唐石經同石經考文提要引至善堂九經本亦作攫雪牕本作攖橐監本作欔橐毛本作檴橐皆非正德本閩本亦誤按此攫橐含與上攫爲階一字也陸此音俱縛反與上沈音居縛反一音也

今江東呼華爲荂音敷 雪牕本同注疏本删下二字

不榮而實者謂之秀 釋文唐石經雪牕本同陸德明云衆家並無不字按當從衆家無不字詩生民實發實秀毛傳曰榮而實曰秀正義

本衍不字因曲爲之說曰彼是英秀對文以英爲不實故以秀爲不榮其實黍稷皆先榮後實出車云黍稷方華是嘉穀之秀必有榮也此傳因彼成文而引之耳高誘注淮南子時則及本經篇皆引爾雅榮而實曰秀俗本亦增不字

榮而不實者謂之英按西山經云黑華而不實名曰蓇蓉郭傳曰榮而不實謂之英蓇音骨今本山海經奪英字耳非有異文也

華與荂又一名榮監本毛本脫上三字

散文則草亦名華監本毛本散誤故

實發實秀監本毛本發秀削

徒有其榮而不實者曰英監本毛本脫徒

爾雅注疏卷八校勘記

爾雅疏卷第九

翰林侍講學士朝請大夫守國子祭酒上柱國賜紫金魚袋臣邢昺等奉

敕校定

釋木第十四

疏 釋木第十四○釋曰說文云木冒也冒地而生東方之行也白虎通云木觸也陽氣動躍觸地而出也種名雖多木爲總號此篇析別故云釋木也

稻山榎 今之山楸○稻音叨榎音賈 疏 稻山榎○釋曰李巡云山榎一名稻郭云今之山楸詩秦風云終南何有有條有梅陸機疏云稻今山楸也亦如下田楸耳皮葉白色亦白材理好宜爲車板能溼又可爲棺木宜陽。共北山多有之。也

栲山樗 栲似樗色小白生山中因名云亦類漆樹。○樗丑於切 疏 栲山樗○釋曰舍人曰栲名山樗郭云栲似樗色小白生山中因名云亦類漆樹俗語曰櫄樗栲漆相似如一詩唐風云山有栲陸機疏。云山樗與下田樗略無異葉似差狹耳吳人以其葉爲茗方俗無名此爲樗者似誤也今所云爲栲者葉如櫟木皮厚數寸可爲車輻或謂之栲櫟許慎正以栲讀爲。糗今人言栲失其聲。耳

柏椈 禮記曰鬯臼以椈○椈音菊 疏 柏椈○釋曰柏一名椈○注禮記曰鬯。臼以。椈○釋曰上雜記文也彼鄭注云所以擣鬱也椈柏也是也

髡梱 未詳

椵。柂 白椵也樹似白楊○髡音坤梱五門切椵音段柂音夷 疏 椵柂○釋曰椵一名柂郭云白椵也樹似白楊其材能溼禮記檀弓云柂。棺。鄭注云所謂椑棺也卽引此文以證之是也

梅枏 似杏實酢○枏而占切 疏 梅枏○釋曰孫炎云荊州曰梅揚州曰枏郭云似杏實酢詩秦風終南云有條有梅陸機疏云梅樹皮葉似豫樟葉大如牛耳一頭尖赤心華赤黃子青不可食枏葉大可三四葉一叢木理細緻於豫

樟子赤者材堅子白者材脆是也

柀煔 煔似松生江南可以爲船及棺材作柱埋之不腐○柀音披煔音衫【疏】柀煔○釋曰柀一名煔俗作衫郭云煔似松生江南可以爲船及棺材作柱埋之不腐

櫠椵 柚屬也子大如盂皮厚二三寸中似枳食之少味○櫠音廢椵音賈【疏】櫠椵○釋曰櫠一名椵郭云柚屬也子大如盂皮厚二三寸中似枳食之少味

杻檍 似棣細葉葉新生可飼牛材中車輞關西呼杻子一名土橿○杻女九切檍音億【疏】杻檍○釋曰杻一名檍郭云似棣細葉葉新生可飼牛材中車輞關西呼杻子一名土橿詩唐風云隰有杻陸機疏云葉似杏而尖白色皮正赤爲木多曲少直枝葉茂好二月中葉疏華如練而細蘂正白蓋樹今官園種之正名曰萬歲既取名於億萬其葉又好故種之共汲山下人或謂之牛筋或謂之檍材可爲弓弩幹也

楙木瓜 實如小瓜酢可食○楙音茂【疏】楙木瓜○釋曰木瓜一名楙郭云實如小瓜酢可食○詩衛風云投我以木瓜是也

椋卽來 今椋材中車輞○椋音良【疏】椋卽來○釋曰椋一名卽來郭云今椋材中車輞本草唐本注云葉似柿兩葉相當子細圓如牛李子生青熟黑其木堅重黃汁赤色爾雅云椋卽來是也

栵栭 樹似檞樕而庳小子如細栗可食今江東亦呼爲栭栗○栵音列栭音而【疏】栵栭○釋曰栵一名栭詩大雅皇矣云其灌其栵陸機疏云葉如榆也木理堅韌而赤可爲車轅郭云樹似檞樕而庳小子如細栗可食今江東亦呼爲栭栗禮記內則云芝栭蔆椇是也

檴落 可以爲杯器素○檴音鑊【疏】檴落○釋曰檴一名落某氏曰可作杯圈皮韌繞物不解郭云可以爲杯器素素謂樸也小雅大東云無浸檴薪鄭箋云檴落木名陸機疏云今椰榆也其葉如榆其皮堅韌剝之長數尺可爲絙索又可爲甑帶其材可爲杯器是也

柚條 似橙實酢生江南【疏】柚條○釋曰柚一名條郭云似橙實酢生江南禹貢揚州云厥苞橘柚孔安國云小曰橘大曰柚呂氏春秋云果之美者有雲夢之柚本草唐本注云柚皮厚味甘不如橘皮味辛而苦其肉亦如橘有甘有酸酸者名胡甘今俗人或謂橙爲柚非也

時英梅 雀梅【疏】時英梅○釋曰時一名英梅郭云雀梅似梅而

小者也

椶柜桏。未詳或曰桏當爲柳柜。桏似柳皮可煑作飲〇椶音袁桏音卬 疏 椶柜桏〇釋曰椶一名柜桏郭云未詳或曰桏當爲柳柜桏似柳皮可煑作飲以時驗而知也

栩杼柞樹〇栩香羽切杼省汝切 疏 栩杼〇釋曰栩一名杼郭云柞樹詩唐風云集于苞栩陸機疏云今柞櫟也徐州人謂櫟爲杼或謂之爲栩其子爲皁或言皁斗其殼爲汁可以染皁今京洛及河內言杼。斗謂櫟爲杼五方通語也

味。荎著釋草已有此名疑誤重出〇荎直之切著音儲

藲。荎今之刺榆〇藲音歐荎大結反 疏 藲荎〇釋曰別二名也郭云今之刺榆詩唐風云山有樞陸機疏其針刺如柘其葉如榆。瀹爲茹美滑。於白榆。也。榆之類有十種葉皆相似皮及木理異。耳

杜甘棠今之杜棠 疏 杜甘棠〇釋曰杜一名甘棠郭云今之杜棠下云杜赤棠白者棠舍人曰杜赤色名赤棠白者亦名棠然則其白者名棠其赤者爲杜。爲甘棠。爲赤棠詩召南云蔽芾甘棠。小。雅云有杕之杜傳云杜赤棠是也

狄臧。槔貢綦皆未詳

朹檕梅朹樹狀似梅子如指頭赤色似小柰可食〇槔音皋綦音其朹音求檕音計 疏 朹檕梅〇釋曰朹一名檕梅郭云朹樹狀似梅子如指頭赤色似小。柰可食

朻。者聊未詳

魄榽橀魄大木細葉似檀今。江東多有之齊人諺曰上山斫檀榽橀先殫〇朻音糾榽兮計切橀許兮切 疏 魄榽橀〇釋曰魄一名榽橀郭云魄大木細葉似檀今江東多有之齊人諺曰上山斫檀榽橀先殫殫訓盡也

梫木桂今。南。人呼桂厚皮者爲木桂桂樹葉似枇杷而大白華華而不著子叢生巖嶺枝葉冬夏常青間無雜木〇梫音寑 疏 梫木桂〇釋曰梫一名木桂郭云今南人呼桂厚皮者爲木桂桂樹葉似枇杷而大白華華而不著子叢生巖嶺枝葉冬夏常青間無雜木案本草謂之牡桂者是也

棆無疵棆梗屬似豫章〇棆音倫 疏 棆無疵〇釋曰棆。美木也無疵病因名之郭云棆梗屬似豫章案梗及豫章皆南方大木之名也

椐樻腫節可以爲杖〇椐音祛樻起愧切 疏 椐樻〇釋曰別二名也郭云腫節可以爲杖詩大雅皇矣云其檉其椐陸機疏云節中腫。以扶老今人以爲馬鞭及杖。恆農。郡北山

甚有之

檉河柳今河旁赤莖小楊疏檉河柳○釋曰檉一名河柳郭云今河旁赤莖小楊陸機疏云生水旁皮正赤如絳一名雨師枝葉似松

旄澤柳生澤中者疏旄澤柳○釋曰柳生澤中者別名旄○郭云生澤中者

楊蒲柳可以爲箭左傳所謂董澤之蒲疏楊蒲柳○釋曰楊一名蒲柳生澤中可爲箭笴○注左傳所謂董澤之蒲○釋曰案左傳宣十二年晉楚戰于必晉師敗績楚熊負羈囚知罃知莊子以其族反之廚武子御下軍之士多從之每射抽矢菆納諸廚子之房廚子怒曰非子之求而蒲之愛董澤之蒲可勝既乎杜注云董澤澤名河東聞喜縣東北有黃池陂既盡也是其事也

權黃英

輔小木權輔皆未詳

杜赤棠白者棠棠色異異其名疏杜赤棠白者棠○釋曰郭云杜棠色異異其名○樊光云赤者爲杜白者爲棠陸機疏云赤棠與白棠同耳但子有赤白美惡子白色爲白棠甘棠也少酢滑美赤棠子澀而酢無味俗語云澀如杜是也赤棠木理韌亦可以作弓幹

諸慮山櫐今江東呼櫐爲藤似葛而麤大○櫐音壘疏諸慮山櫐○釋曰諸慮一名山櫐郭云今江東呼櫐爲藤似葛而麤大

欇虎櫐今虎豆纏蔓林樹而生莢有毛刺今江東呼爲欇欇音涉疏欇虎櫐○釋曰欇一名虎櫐郭云今虎豆纏蔓林樹而生莢有毛刺今江東呼爲欇或曰葛類也子如藟豆而葉大

杞枸檵今枸杞也○檵音計疏杞枸檵○杞一名枸檵郭云今枸杞也詩小雅四牡云集于枸杞陸機疏云杞一名苦杞一名地骨春生作羹茹微苦其莖似莓子秋熟正赤莖葉及子服之輕身益氣耳

杬魚毒杬大木子似栗生南方皮厚汁赤中藏卵果疏杬魚毒○釋曰杬一名魚毒郭云杬大木子似栗○生南方皮厚汁赤中藏卵果

檓大椒今椒樹叢生實大者名爲檓疏檓大椒○釋曰檓者大椒之別名也郭云今椒樹叢生實大者名爲檓詩唐風云椒聊且陸機疏云椒樹似茱萸有針刺葉堅而滑澤蜀人作茶吳人作茗皆合煑其葉以爲香今成皋諸山間有椒謂之竹葉椒其樹亦如蜀椒少毒熱不中合藥也可著飲食中又用烝雞豚最佳香東海諸島上亦有椒樹枝葉皆相似子長而不圓甚香其味

似橘皮島上獐鹿食此椒葉其肉自然作椒橘香梫鼠梓楸屬也今江東有虎梓○梫音庾疏梫鼠梓○釋曰李巡曰鼠梓一名梫郭云楸屬也今江東有虎梓詩小雅云北山有梫陸機疏云其樹葉木理如楸山楸之異者今人謂之苦楸是也楓欇欇楓樹似白楊葉員而岐有脂而香今之楓香是○欇音輒疏楓欇欇○釋曰說文云楓木厚葉弱枝善搖一名欇欇郭云楓樹似白楊葉員而岐有脂而香今之楓香是也案本草唐本注云樹高大葉三角商洛之間多有之是也又山海南荒經云有宋山者木生山上名曰楓木楓木蚩尤所棄其桎梏是謂楓木注云即今楓香樹也寓木宛童寄生樹一名蔦○寓魚其切疏寓木宛童○釋曰寓木一名宛童郭云寄生樹一名蔦詩小雅頍弁云蔦與女蘿陸機疏云蔦一名寄生葉似當盧子如覆盆赤黑。恬美是也無。姑其實夷無姑姑榆也生山中葉圓而厚剝取皮合漬之其味辛香所謂無夷疏無姑其實夷○釋曰無姑一名姑榆其實名夷郭云無姑姑榆也生山中葉圓而厚剝取皮合漬之其味辛香所謂。無夷云所謂。者所謂本草無夷一名無姑也櫟其實梂有梂彙自裹梂音求○疏櫟其實梂○釋曰櫟似樗之木也梂盛實之房也孫炎曰櫟實橡也郭云有梂彙自裹詩秦風云山有苞櫟陸機疏云秦人謂柞櫟為櫟河內人謂木蓼為櫟椒樧之屬也其子房生為梂木蓼子亦房生故說者或曰柞櫟或曰木蓼機以為此秦詩也宜從其方土之言柞櫟是也樧。蘿。今楊樧也實似。梨而小酢可食○樧音遂疏樧蘿○釋曰樧一名羅郭云今楊樧也實似梨而小酢可食詩秦風云隰有樹樧陸機疏云樧一名赤蘿一名山梨也今人謂之楊樧實如梨但小耳一名鹿梨一名鼠梨今人亦種之極有脆美者亦如梨之美者楔荊桃今櫻桃旄冬桃子冬熟褫桃山桃實。如桃而小不解核○楔音戛褫音斯疏楔荊桃至山桃○釋曰別桃類也楔一名荊桃郭云今櫻桃廣雅云櫻桃含桃也月令仲夏云羞以含桃是也桃子冬熟者名旄生山中者名褫桃郭云實如桃而小不解核休無實李一名趙李痤。椄。慮李今之麥李駁赤

李子赤【疏】休無至赤李○釋曰別李屬也李之無實者名休郭云一名趙李痤接慮李郭云今之麥李李與麥同熟因名云李之子赤者名駁

棗壺。今江東呼棗大而銳上者爲壺壺猶瓠也

邊要棗子細。腰今謂之鹿盧棗○要音腰

櫅白棗即今棗子白。熟

樲酸棗樹小實酢孟子曰養其樲棗。○樲音二

楊徹齊棗未詳

遵羊棗實小而員紫黑色今俗呼之爲羊矢棗孟子曰曾晳嗜羊棗

洗。大棗今河東猗氏縣出大棗子如雞卵

煑塡棗未詳

蹶泄。苦棗子味苦

晳。無實棗不著子者

還。味。稔棗還味短。味○洗屑典切塡音田洩音屑還音旋稔音稔

【疏】棗壺至稔棗○釋曰別棗類也云棗者目諸棗也壺棗者棗形似壺也郭云今江東呼棗大而銳上者爲壺壺猶瓠也邊大而。腰細者名邊。腰棗郭云子細。腰今謂之鹿盧棗棗子白熟者名櫅實小而味酢者名樲棗楊徹齊棗注未詳遵一名羊棗郭云實棗子而員紫黑色今俗呼之爲羊矢棗洗最大之棗名也郭云今河東猗氏縣出大棗子如雞卵煑塡棗注未詳蹶。泄者味苦之棗名也晳者無實之棗名也還味者短味也名稔棗○注孟子曰養其樲棗○釋曰案孟子曰人之於身也體有貴賤有小大無以小害大無以賤害貴養其小者爲小人養其大者爲大人今有場師舍其梧檟養其樲棗則爲賤場師焉趙岐注云樲棗。小。棗所謂酸棗是也○注孟子曰曾晳嗜羊棗○釋曰孟子云曾晳嗜羊棗而曾子不忍食羊棗是公孫丑問曰膾炙與羊棗孰美孟子曰膾炙哉公孫丑曰然則曾子何爲食膾炙而不食羊棗曰膾炙所同也羊棗所獨也諱。名。不。諱。姓。姓。所。同。也。名。所。獨。也是其事

櫬梧今梧桐

【疏】櫬梧○釋曰櫬一名梧郭云今梧桐詩大雅云梧桐生矣于彼朝陽是也

樸抱者樸屬叢生者爲抱詩所謂棫樸抱櫟○樸音卜

【疏】樸抱者○釋曰樸屬抱。綴皆木叢生之名也郭云樸屬叢生者爲抱○注詩所謂棫樸抱櫟○釋曰棫樸者詩大雅云芃芃棫樸薪之槱之是也抱櫟者秦風云山有苞櫟隰有六駁是也

謂櫬采薪采薪即薪指解今樵薪

【疏】謂櫬至即薪○釋曰郭云指解今樵薪一名櫬一名采薪

一名卽新公羊謂之薪采左傳云不樵樹史記云樵蘇後爨師不宿飽注云樵取薪蘇取草皆謂取草。木爲薪也

棪槤其棪實似。柰赤可食

疏棪槤其○釋曰棪一名槤其郭云棪實似柰赤可食山海經云堂庭之山多棪木注云子似柰而赤可食是也

劉劉杙劉子生山中實如梨酢甜核堅出交阯

疏劉劉杙○釋曰劉一名劉杙其子可食郭云劉劉子生山中實如梨酢甜核堅出交。阯

櫰槐大葉而黑槐樹葉大色黑者名爲櫰○櫰苦回切

疏櫰槐大葉而黑○釋曰櫰槐一也大葉而黑名櫰不爾者卽名槐郭云槐樹葉大色黑者名爲櫰

守宮槐葉晝聶宵炕槐葉晝日聶合而夜。炕布者名爲守宮槐○聶聶音輒炕炕吁郎切

疏守宮至宵炕○釋曰此亦槐也聶合也炕張也言其葉晝合夜開者別名守宮槐郭云槐葉晝日聶合而夜炕布者名爲守宮槐

槐小葉曰榎槐當爲楸楸細葉者爲榎

大而皵。楸老乃皮。麤皵者爲楸

小而皵榎小而皮麤皵者爲榎左傳曰使擇美榎

疏槐小至皵榎○釋曰別楸榎之異也楸之小葉者名榎樊光云大者老也皵。措皮也謂樹老而皮麤皵者爲楸小少也樹小而皮麤皵者爲榎○注左傳曰使擇美榎○釋曰案襄二年夏齊姜薨初穆姜使擇美榎以自爲櫬與頌琴季文子取以葬是其事也

椅梓卽楸○椅於寄切

疏椅梓○釋曰別二名也郭云卽楸詩鄘風云椅桐梓漆陸機疏云梓者楸之疏理白色而生子者爲梓梓實桐皮曰椅則大類同而小別也

桋赤楝。白者楝。赤楝樹葉細而岐銳皮理錯戾好叢生山中中爲車。輞白楝葉員而岐爲大木○楝山厄切

疏桋赤白白者楝○釋曰楝赤者名桋白者名白楝某氏曰其色雖異爲名卽同郭云赤楝樹葉細而岐銳皮理錯戾好叢生山中中爲車輞白楝葉。員而岐爲大木也詩小雅云隰有杞。桋陸機疏云楝葉如柞皮薄而白其木理赤者爲赤楝一名桋白者爲楝其木皆堅韌今人以爲車轂

終牛棘卽馬棘也其刺麤而長

疏終牛棘○釋曰終一名牛棘郭云卽馬棘也其刺麤而長謂棘之針刺麤長者因名牛棘馬棘也

灌木叢木。詩曰集於灌木

疏灌木

叢木○釋曰灌木者卽叢生之木也下云木族生爲灌郭云族叢也是灌木爲叢木也詩周南云黃鳥于飛集于灌木是也

瘣木苻婁 謂木病尫傴瘻腫無枝條○瘣胡罪切

【疏】瘣木苻婁○釋曰某氏云詩云譬彼瘣木疾用無枝苻婁尫傴內疾瘣磊故疾用無枝郭云謂木病尫傴瘻腫無枝條舍人苻婁屬下句獨爲異也

蕡藹 樹實繁茂菴藹

【疏】蕡藹○釋曰蕡亦樹實名又名藹郭云樹實繁茂菴藹

枹遒木魁瘣 謂樹木叢生根枝節目盤結磈磊○遒徂由切

【疏】枹遒木魁瘣○釋曰木叢。攢迫而生者名枹遒木魁瘣讀若磈磊謂根節盤結處也郭云謂樹本叢生根枝節目盤結磈磊

棫白桵。 桵小木叢生有刺實如耳璫紫赤可啖○棫音域桵人隹切

【疏】棫白桵○釋曰棫一名白桵郭云桵小木叢生有刺實如耳璫紫赤可啖詩大雅云芃芃棫樸陸機云。三蒼說棫卽柞也其材理全白無赤心者爲白桵直理易破可爲犢車輻又可爲矛戟矜今人謂之白桵或曰白柘此二說不同未知孰是

梨。山樆。 卽今梨樹○樆音离

【疏】梨山樆○釋曰梨生山中者名樆郭云卽今梨樹言其在山之名則曰樆人植之曰梨

桑辨。有葚梔 辨半也○辨音片

【疏】桑辨有葚梔○釋曰說文云葚桑實也郭云辨半也舍人曰桑樹一半有葚半無葚爲梔

女桑桋。桑 今俗呼桑樹小而條長者爲女桑樹

【疏】女桑桋桑○釋曰女桑一名桋桑郭云今俗呼桑樹小而條長者爲女桑樹詩豳風七月云猗彼女桑是也

榆白枌 枌榆先生葉。却著莢皮色白

【疏】榆白枌○釋曰榆之皮色白名白枌郭云枌榆先生葉却著莢皮色白詩陳風云東門之枌是也

唐棣栘 似白楊江東呼夫栘○栘音移

【疏】唐棣栘○釋曰舍人曰唐棣一名栘郭云。似白楊江東呼夫栘。詩召南云唐棣之華陸機疏云奧李也一名雀梅亦曰車下李所在山皆有其華或白或赤六月中熟大如李子可食

常棣棣 今。山。中有棣樹子。如櫻桃可。食

【疏】常棣棣○釋曰舍人曰常棣一名棣郭云今山中有棣樹子如櫻桃可食詩小雅云。常棣之華陸機疏云許慎曰白棣樹也如李而小。子如櫻桃正白今。官園種之又有赤棣樹亦似白棣葉如刺榆葉

而微圓子正赤如郁李而小五月始熟自關西天水隴西多有之

檟苦荼樹小如梔子冬生葉可煑作羹飲今呼早采者爲荼晚取者爲茗一名荈蜀人名之苦荼

疏檟苦荼○釋曰檟一名苦荼郭云樹小似梔子冬生葉可煑作羹飲今呼早采者爲荼晚取者爲茗一名荈蜀人名之苦荼

樕樸心槲樕別名

疏樕樸心○釋曰孫炎曰樸樕一名心某氏曰樸樕槲樕也有心能濕江河間以作柱是樸樕爲木名也故郭云槲樕別名詩召南云林有樸樕此作樕樸文雖倒其實一也或者傳寫誤

榮桐木卽梧桐

疏榮桐木○釋曰桐木一名榮郭云卽梧桐與上櫬梧一也

棧木干木橿木也江東呼木觡

疏棧木干木○釋曰棧木一名干木郭云橿木也江東呼木觡

檿桑山桑似桑材中作弓及車轅

疏檿桑山桑○釋曰山桑一名檿桑郭云似桑材中作弓及車轅冬官考工記云弓人取幹柘爲上檿桑次之是也

木自斃柛斃踣立死椔不斃頓斃者翳樹蔭翳覆地者詩云其椔其翳木相磨槸樹枝相切磨棤皵謂木皮甲錯梢梢櫂謂木無枝柯梢櫂長而殺者○柛音伸翳側吏切棤音錯皵音舄梢音朔櫂音濁

疏木自斃至梢櫂○釋曰此別死頓相磨皮甲抽擢之異名也云木自斃柛者總在下之稱也自斃踣者名柛立死不斃頓者名椔枝葉蔽蔭覆地者名翳木兩枝相切磨者名槸木皮甲麤錯者名棤亦名皵木無枝柯長而殺者名梢一名梢櫂小爾雅曰拔根曰櫂○注詩云其椔其翳○釋曰詩大雅皇矣篇文也毛傳云木立死曰椔自斃爲翳說者引李巡曰以死害生曰椔斃死也然則以立死之木妨他木長生爲木之害故曰椔也自斃者生木自倒枝葉覆地爲陰翳故曰翳也爾雅直云斃者詩傳以其非人斃之故曰自斃其文與此不同者所見本異也

樅松葉柏身今大廟梁材用此木尸子所謂松柏之鼠不知堂密之有美樅○樅七容切檜柏葉松身詩曰檜楫松舟

疏樅松至松身○釋曰此辨樅檜之異名也松葉柏身者名樅柏葉松身者名檜○注今大至美樅○釋曰云今大廟梁材用此木者以時驗而言也注尸子所謂已下者綽子篇文也○

注詩曰檜楫松舟○釋曰詩鄘風竹竿篇文也毛傳云楫所以擢舟是也句如羽喬樹枝曲卷似鳥毛羽下句曰朻上句曰喬如木楸曰喬楸樹性上竦如竹箭曰苞條竹性叢生如松柏曰茂枝葉婆娑如槐曰茂言扶疏茂盛

疏句如至如槐曰茂○釋曰此別木之曲直叢生茂盛之異名也句曲也樹枝上曲卷似鳥毛羽名喬樹枝下垂而曲名朻詩周南云南有樛木是也木枝上竦而曲卷者亦名喬如木楸上竦者亦曰喬郭云楸樹性上竦詩周南云南有喬木是也凡木如竹箭叢生者曰苞禹貢曰草木漸包是也凡木枝葉婆娑者曰茂詩小雅云如松柏之茂是也枝葉扶疏茂盛如槐者亦曰茂

祝。州木髮柔英皆未詳槐棘醜喬枝皆翹竦桑柳醜條阿那垂條椒榝醜莍莍萸子聚生成房貌今江東亦呼莍莍榝似茱萸而小赤色○榝音殺桃李醜核子中有核人

疏槐棘至醜核○釋曰此辨木之枝條子實形狀之異醜類也喬高也槐棘之類枝皆喬竦桑柳之類皆阿那垂條莍者實之房也椒榝之類實皆有莍彙自裹李巡曰榝茱萸也茱萸皆有房故曰莍莍實也郭云莍萸子聚生成房貌今江東亦呼莍。榝似茱萸而小赤色桃李之類皆子中有核人曲禮云其有核者懷其核

瓜曰華之桃曰膽之棗李曰疐。之樝棃曰鑽之。皆啖食治擇之名樝似棃而酢澀見禮記○華胡化切疐音帝鑽子官切

疏瓜曰至鑽之○釋曰此辨啖食治擇瓜果之名也云瓜曰華之者此為國君削瓜之禮也華謂半破也降於天子故破而不四析也亦橫斷之而巾以綌也云桃曰膽之者桃多毛拭治去毛令色青滑如膽也或曰膽謂。苦桃有苦如膽者擇去之云棗李曰疐之者謂治棗李皆去其疐疐者柢也云樝棃曰鑽之者恐有蟲故一一鑽看其蟲孔也○注皆啖至禮記○釋曰云樝似梨而酢澀者案鄭注禮記內則云相棃之不臧者今之所謂樝子者是也云見禮記者案曲禮云為天子削瓜者副之巾以絺為國君者華之巾以綌又內則云棗曰新之栗曰撰之桃曰膽之相梨曰鑽之鄭注云皆治擇之名也文雖小

異大意則同

小枝上繚爲喬 謂細枝翹繚上句者名爲喬木○繚音了 【疏】小枝上繚爲喬○釋曰此卽上句曰喬嫌不了故重出之言小枝上竦翹繚者名爲喬木也

無枝爲檄 檄擢直上○檄音亦 【疏】無枝爲檄○釋曰此卽上文梢梢擢也檄卽擢也謂木無枝檄擢直上長而殺者也

木族生爲灌 族叢 【疏】木族生爲灌○釋曰族叢也木叢生者爲灌卽上灌木叢木也

釋蟲第十五

【疏】釋蟲第十五○釋曰案說文蟲者裸毛羽鱗介之總稱也此篇廣釋諸蟲之名狀故曰釋蟲

螜天螻 螻蛄也夏小正曰螜則鳴○螜音斛 【疏】螜天螻注螻蛄也夏小正曰螜則鳴○釋曰螜一名天螻一名碩鼠郎今之螻蛄也夏小正者大戴禮之篇名以蟲魚草木正十二月之節候起於夏后氏故曰夏小正其三月云螜則鳴螜天螻是也

蜚蠦蜰 蜰卽負盤臭蟲○蜚音費蠦音盧蜰音肥 【疏】蜚蠦蜰注蜰卽負盤臭蟲○釋曰案洪範五行傳云蜚負蠜夷狄之物越之所生其爲蟲臭惡南方淫氣之所生也本草曰蜚厲蟲也然則蜚是臭惡之蟲害人之物故春秋左氏傳曰有蜚不爲災亦不書也春秋經傳皆云有蜚則此蟲名蜚一名蠦蜰而舍人李巡皆云蜚蠦一名蜰非也此蟲一名負盤漢書及左傳注多作負蠜者以此下有草蟲負蠜故相涉誤耳

螾衘入耳 蚰蜒○螾音引衘音演 【疏】螾衘入耳注蚰蜒○釋曰此蟲象吳公黃色而細長呼爲吐古案方言云蚰蜒由延二音自關而東謂之蚰蜒或謂之入耳或謂之蜧蠟音麗趙魏之間或謂之蛈虷扶于北燕謂之蚰蚭蚰奴六切蚭音泥江東人呼蛩音鞏今蚰蜒憙入人耳者也

蜩蜋蜩 夏小正傳曰蜋蜩者五彩具○蜩音調 螗蜩 夏小正傳曰螗蜩者蝘俗呼爲胡蟬江南謂之螗蛦音荑

蚻蜻蜻 如蟬而小方言云有文者謂之螓夏小正曰鳴蚻虎懸 蠽茅蜩 江東呼爲茅截似蟬而小青色○蚻音札蠽音節 蝒馬蜩 蜩中最大者爲馬蜩 蜺寒蜩 寒螿也似蟬而小青赤月令曰寒蟬鳴 蜓蚞螇螰 卽蝭蟧也一名蟪蛄齊人呼螇螰○蜓音挺蚞

音木【疏】蜩螂蜩至螇螰○釋曰此辨蟬之大小及方言不同之名也云蜩者目諸蜩也螂蜩五彩具者也螗蜩俗呼。胡蟬似蟬而小鳴聲清亮者也蚻一名蜻蜻如蟬而小有文者也蠽一名茅蜩似蟬而小青色者也蝒一名馬蜩。一。名馬。蟬。蟬中最大者也蜺一名寒蜩又名寒螿似蟬而小青赤色者也關東謂蟪蛄為蜓蚞齊謂之螇螰也○注夏小至彩具○釋曰在五月記時也○注夏小至音夷○釋曰云螗蜩者蝘者亦在五月舍人曰皆蟬也方語不同三輔以西為蜩梁宋以東謂蜩為蝘陸機云螗一名蝘蛁字林蛁或作。蟟也青徐人謂之螇螰然則螗蝘亦皆蟬也大雅蕩篇云如蜩如螗是也○注如蟬至虎縣○釋曰舍人曰小蟬也蜻蜻者案方言云蟬楚謂之蜩宋衛之間謂之螗蜩陳鄭之間謂之蜋蜩秦晉之間謂之蟬海岱之間謂之蟜其小者謂之麥蚻有文者謂之。螓是也詩。碩人云螓首蛾眉鄭云螓謂蜻蜻此蟲額廣而且方故以比婦人之首也某氏解此云鳴蚻蚻者也云夏小正曰者在四月彼云鳴蚻蚻者虎。縣也鳴而後知之故先鳴而後蚻是也○注月令曰寒蟬鳴○釋曰在七月鄭注云寒蟬寒蜩謂蜺。也。是○注卽蝭至螇螰○釋曰案方言云。蛥。蚗。音。折。玦齊謂之螇螰楚謂之蟪蛄楚辭云蟪蛄鳴兮啾啾是也或謂之蛉。音。零蛄秦謂之蛥蚗自關而東謂之蛁蟧。貂。料。二。音或謂之蝭。音。帝蟧或謂之蜓蚞然則亦皆蟬之別名耳

蛣蜣。蜣。蜋

黑甲蟲噉糞土○蛣起吉切蜣音羌【疏】蛣蜣蜣螂○釋曰蛣蜣一名蜣螂黑甲翅在甲下噉糞土喜取糞作丸而轉之莊子。曰蛣蜣之智在於轉丸是也

蝎蛣䖦

木中蠹蟲○蝎音曷䖦音屈【疏】蝎蛣䖦○釋曰木中蠹蟲解在下

蠰齧桑

似天牛角長體有白點喜齧桑樹作孔入其中江東呼為齧髮○蠰音餉【疏】蠰齧桑○釋曰蠰一名齧桑江東呼齧髮形似天牛長角體有白點喜齧桑樹作孔入其中因名云

諸慮奚相

未詳

蜉蝣渠略

似蛣蜣身。狹而長有角黃黑色叢生糞土中朝生暮死豬好啖之。○蜉音浮蝣音遊【疏】蜉蝣渠略○釋曰舍人曰蜉蝣一名渠略南陽以東曰蜉蝣梁宋之間曰渠略。似蛣蜣身狹而長有角黃色叢生糞土中朝生暮死豬好啖之。夏小正曰蜉蝣渠略也朝生而。莫死

詩曹風云蜉蝣之羽陸機疏云蜉蝣方土語也通謂之渠略似甲蟲有角大如指長三四寸甲下有翅能飛夏月陰雨時地中出今人燒炙啖之美如蟬也樊光謂之糞中蝎蟲隨陰雨時爲之朝生而夕死

蛂蟥蛢甲蟲也大如虎豆綠色今江東呼黃蛢音瓶○蛂步結切蟥音黃【疏】蛂蟥蛢○釋曰蛂一名蟥蛢甲蟲也形大如虎豆綠色

蠸輿父守瓜今瓜中黃甲小蟲喜食瓜葉故曰守瓜○蠸音權父音甫【疏】蠸輿父守瓜○釋曰蠸輿父一名守瓜黃甲小蟲喜食瓜葉因名守瓜

蝚蛖螻蛖螻螻蛄類○蝚音柔蛖武江切【疏】蝚蛖螻注蛖螻螻蛄類○釋曰案方言云蛄詣謂之杜蛒音格螻蛭謂之螻蛄音窒或謂之蟓蛉象鈴二音南楚謂之杜狗或謂之蛞螻然則此言蝚及蛖螻者亦螻蛄之異名耳

不蜩王蚁未詳

蛄螿強蛘今米穀中蠹小黑蟲是也建平人呼爲蛘子音羋姓○螿音施蛘亡婢切【疏】蛄螿強蛘○釋曰方言云蛄螿謂之強蛘今米穀中小黑蠹蟲也江東謂之蛪音加建平人呼蛘子音楚姓羋之羋

不過蟷蠰蟷蠰螗蜋別名其子蜱蛸一名蟳蟭蟷蠰卵也○蟷子郎切蠰音相蜱音毗蛸音消【疏】不過蟷蠰其子蜱蛸○釋曰不過一名蟷蠰一名蟷蜋螵蛸母也其子一名蜱蛸一名蟳蟭一名螵蛸蟷蠰卵也方言云譚魯以南謂之蟷蠰三河之域謂之蟷蜋燕趙之際謂之食庬齊杞以東謂之馬穀其子同名螵蛸也月令仲夏云蟷蜋生是也

蒺蔾蝍蛆似蝗而大腹長角能食蛇腦○蝍音即蛆子余切【疏】蒺蔾蝍蛆○釋曰蒺蔾一名蝍蛆廣雅云蝍蛆蜈蚣也郭云似蝗而大腹長角能食蛇腦則非蜈蚣也莊子云蝍蛆甘帶是也

蝝蝮蜪蝗子未有翅者外傳曰蟲舍蚳蝝○蝝音緣蝮孚福切蜪音陶【疏】蝝蝮蜪○釋曰蝝一名蝮蜪蝗子未有翅者春秋宣十五年冬蝝生是也○注外傳曰蟲舍蚳蝝○釋曰此魯語里革諫宣公之辭也韋氏解曰蚳螘子也可以爲醢蝝蝮蜪也可食舍不取也

蟋蟀蛬今促織也亦名青蛚○蛬音拱【疏】蟋蟀蛬○釋曰蟋蟀一名蛬今促織也亦名青蛚詩唐風云蟋蟀在堂歲聿其暮陸機疏云蟋蟀似蝗而小正黑有光澤如漆有角翅一名蛬一名

蟯蛩楚人謂之王孫幽州人謂之趨織里語曰趨織鳴嬾婦驚是也蟼蟆蛙類○蟼音警【疏】蟼蟆注蛙類○釋曰此自一種蝦蟆也蛝馬䗃
馬蠲蚐俗呼馬𧒂○蛝音閑䗃音棧【疏】蛝馬䗃○釋曰蛝蟲一名馬䗃一名馬蠲蚐俗呼馬𧒂方言云馬䗃蚿音弦北燕謂之蛆蟝音子余切其大者謂之馬
蚰音逐是也蛗螽蠜詩曰趯趯阜螽蛗音阜螽音終○草螽負蠜詩曰喓喓草蟲謂常羊也○蠜音凡蟴螽蜙蝑蜙蝑也俗
呼蝽蟍○蟴音斯蜙音松蝑音胥蟿螽螇蚸今俗呼似蜙蝑而細長飛翅作聲者為螇蚸○蟿音契蚸音歷土螽蠰谿似蝗而小今謂
之土蠂○蠰音壤【疏】蛗螽至蠰谿○釋曰蛗螽之族厥類實煩此辨之也蛗螽一名蠜李巡曰蝗子也陸機疏云今人謂蝗子為螽子兗州人謂之螣許
慎云蝗螽也蔡邕云螽蝗也明是一物草蟲一名負蠜一名常羊陸機云小大長短如蝗也奇音青色好在茅草中又一名草蟲詩云喓喓草蟲趯趯阜螽是
也蟴螽周南作螽斯七月作斯螽雖字異文倒其實一也一名蜙蝑一名蜙蝬一名蝽蟍陸機云幽州人謂之舂箕舂箕即舂黍蝗類也長而青長角長股股
鳴者也或謂似蝗而小班黑其股似瑇瑁又五月中以兩股相切作聲聞數十步者是也蟿螽一名螇蚸形似蜙蝑而細長飛翅作聲者是也土螽一名蠰谿
今謂之土蠂江南呼虴蛨又名虴蜢形似蝗而小善跳者是也○注詩云喓喓草蟲趯趯阜螽○釋曰召南草蟲篇文也螼蚓蜸蚕即蜑蟺也江東
呼寒蚓○螼蜣引切蜸苦顯切蚕他典切【疏】螼蚓蜸蚕○釋曰螼蚓一名蜸蚕即蜑蟺也廣雅云蜑蟺蚯蚓也月令四月蚯蚓出十一月蚯蚓結是也江東
呼寒蚓郭云蚯蚓土精無心之蟲與蛗螽交者也莫貈蟷蜋蛑蟷蜋有斧蟲江東呼石蜋孫叔然以方言說此義亦不了○貈音鶴蛑音謀
【疏】莫貈蟷蜋蛑○釋曰莫貈一名蟷蜋一名蛑即上不過也捕蟬而食有臂若斧奮之當軼不避莊子云猶蟷蜋之怒臂以當車軼是也江東呼為石蜋又
名齕肱○注孫叔然以方言說此義亦不了○釋曰方言云蟷蜋謂之髦或謂之虰或謂之芊芊孫炎取此方言之文以虰上屬為說案說文以虰蛵負勞為

一則方言之說既失其指孫氏引之爲說是亦不了也

虰蛵負勞或曰卽蜻蛉也江東呼狐梨所未聞○虰音丁蛵音馨

【疏】虰蛵負勞○釋曰卽蜻蛉六足四翼蟲也一名虰蛵一名負勞江東呼狐梨方言云蜻蛉謂之蝍蛉淮南人又呼蝀蛜音康伊字林云一名桑根陶注本草云一名蜻蜓是也○注或曰至未聞○釋曰云所未聞者雖有或人之說但經典未聞所出示其無質故云所未聞

蜭毛蠹卽蛓○蜭戶感切

【疏】蜭毛蠹○釋曰蜭一名毛蠹卽蛓也說文云蛓毛蟲今俗呼爲毛蛓有毒螫人楚辭云蛓緣兮我裳是也

蟔蛅蟴蛓屬也今青州人呼蛓爲蛅蟴孫叔然云八角螫蟲失之○蟔音墨蛅而占切蟴音斯

【疏】蟔蛅蟴○釋曰蟔一名蛅蟴卽蛓類也青州人呼蛅蟴○注孫叔然云八角螫蟲失之○釋曰此卽毛蟲何止八角故云失之螫猶蠚也字林云蟲行毒也

蟠鼠負甕器底蟲○蟠音煩

【疏】蟠鼠負○釋曰此與下蛜威委黍是一故下注委黍云舊說鼠婦別名則此蟲一名蟠一名鼠負負或作婦本草作婦一名蛜威一名委黍也陸機云在壁根下甕器底土中生似白魚者是也陶注本草云多在鼠坎中鼠背負之然與鼠婦及鼠婦則似乖詩東山云伊威在室是也

蟫白魚衣書中蟲一名蛃魚○蟫音淫

【疏】蟫白魚○釋曰此衣書中蟲也一名蟫一名白魚一名蛃魚本草謂之衣魚是也

蛾羅蠶蛾○蛾音娥

【疏】蛾羅○釋曰此卽蠶蛹所變者也說文云蛾羅也是

螒天雞小蟲黑身赤頭一名莎雞又曰樗雞○螒音汗

【疏】螒天雞○釋曰此黑身赤頭小蟲也一名螒一名天雞一名莎雞又曰樗雞李巡曰一名酸雞詩豳風七月云六月莎雞振羽陸機疏云如蝗而班色毛翅數重其翅正赤六月中飛而振羽索索作聲幽州人謂之蒲錯是也

傅負版未詳

強蚚卽強醜捋○蚚音祈

【疏】強蚚○釋曰強蟲名也一名蚚好自摩捋者蓋蠅類

蛶螪何未詳

螝蛹蠶蛹○蛶音劣螪音商螝音龜

【疏】螝蛹○釋曰卽蠶所變者一名螝又名蛹也

蜆縊女小黑蟲赤頭喜自經死故曰縊女○蜆音演

【疏】蜆縊女○釋曰蜆小黑蟲也赤頭喜自縊故又名縊女說文云蛻爲蝶是也○注喜

自經死○釋曰經卽縊也晉語申生使猛足辭於狐突乃雉經於新城廟僖四年左氏傳云十二月戊申縊于新城是謂縊爲經也

蚍蜉大螘俗呼爲馬蚍蜉小者螘齊人呼蟻蟻蛘蠪朾螘赤駮蚍蜉蠽飛螘有翅其子蚳蚳蟻卵周禮曰蚳醢○螘魚綺切蠪音聾朾直耕切蠽音尉蚳音池

疏蚍蜉至子蚳○釋曰此辨衆螘及其子名也螘通名也其大者別名蚍蜉俗呼馬蚍蜉小者卽名螘齊人呼蟻蛘方言云蚍蜉齊魯之間謂之玄蚼蟓駒養二音西南梁益之間謂之玄蚼燕謂之蛾蛘蟻養二音其場謂之坻或謂之垤是也其大而赤色斑駮者名蠪一名朾螘有翅而飛者名蠽卽飛螘也其子在卵者名蚳可以作醢○注周禮曰蜃蚳醬○釋曰案周禮醢人職曰饋食之豆蜃蚳醢醢則醬之有肉者故此云醬也

次蟗鼅鼄鼅鼄鼄蝥今江東呼蝃蝥音掇○蟗音秋鼅音知鼄音誅蝥音謀土鼅鼄在地中布網者草鼅鼄絡幕草上者

疏次蟗至草鼅鼄○釋曰此辨鼅鼄方言及在土在草之名也次蟗卽鼅鼄別名也又一名鼄蝥今江東呼蝃蝥說文謂之蠿蟊作罔鼄蟊也方言云自關而西秦晉之間謂之鼄蝥自關而東趙魏之郊謂之鼅鼄或謂之蠾蝓燭臾二音北燕朝鮮洌水之間謂之蝳蜍毒餘二音郭又云齊人又呼社公亦言罔公其在地中布網者名土鼅鼄其作網絡幕草上者名草鼅鼄也

土蠭今江東呼大蠭在地中作房者爲土蠭啖其子卽馬蠭今荊巴間呼爲蟺音憚木蠭似土蠭而小在樹上作房江東亦呼爲木蠭又食其子○蠭音蜂

疏土蠭木蠭○釋曰此辨蠭在土在木之異也說文云蠭飛蟲螫人者其形大在地中作房而啖其子者名土蠭又名馬蠭今荊巴間呼爲蟺其形差小在樹上作房者名木蠭亦食其子○注音憚○釋曰嫌讀爲蟺蟺之蟺故音之

蟦蠐螬在糞土中蝤蠐蝎在木中今雖通名爲蝎所在異○蟦音費蝤音囚

疏蟦蠐螬蝤蠐蝎○釋曰此辨蝎在土在木之異名也其在糞土中者名蟦蠐又名蠐螬其在木中者方言云關東謂之蝤蠐梁益之間謂之蝎上文蝎蛣蝠郭云木中蠹下文蝎桑蠹郭云卽蛣蝠然則蟦蠐也蠐螬也蝤蠐也蛣蝠也

桑蠹也蝎也一蟲而六名也以在木中白而長故詩人以比婦人之頸碩人云領如蝤蠐是也

蛜威委黍舊說鼠婦別名然所未詳〇蛜音伊蟰

蛸長踦小鼅鼄長脚者俗呼為喜子〇蟰音蕭蛸所交切踦巨綺切

疏蟰蛸長踦〇釋曰此小鼅鼄長脚者一名蟰蛸一名長踦俗呼為喜子詩東山云蟰蛸在戶陸機疏云一名長脚荊州河內人謂之喜母此蟲來著人衣當有親客至有喜也幽州人謂之親客亦如蜘蛛為羅罔居之是也

蛭蝚至掌未詳

國貉蟲蠁今呼蛹蟲為蠁廣雅云土蛹蠁蟲〇蛭音直反

疏國貉蟲蠁〇釋曰此蛹蟲也今俗呼為蠁一名國貉一名蟲蠁說文云知聲蟲也廣雅云上蛹蠁蟲是也

蠖蚇蠖今蝍蝛〇蠖於郭切蚇音尺

疏蠖蚇蠖〇釋曰蠖一名蚇蠖郭云今蝍蝛方言云蠀蝛謂之蚇蠖音卽蝍郭云又呼步屈說文云蠖屈伸蟲也易繫辭云尺蠖之屈以求信者是也

果臝蒲盧卽細䙊蠭也俗呼為蠮螉

螟蛉桑蟲俗謂之桑蟃亦曰戎女〇螟音冥蛉音令

疏果臝蒲盧螟蛉桑蟲〇釋曰案詩小雅小宛云螟蛉有子果臝負之果臝一名蒲盧卽細䙊蠭也俗呼為蠮螉方言云蠭燕趙之間謂之蠓螉其小者謂之蠮螉鄭注中庸以蒲盧為土蠭說文云細要土蠭也天地之性細要純雄無子螟蛉一名桑蟲一名桑蟃一名戎女陸機云螟蛉者桑上小青蟲也似步屈其色青而細小或在草萊上蜾臝土蠭也似蠭而小䙊取桑蟲負之於木空中七日而化為子法言云螟蛉之子殪而逢蜾臝祝之曰類我類我久則肖之是也

蝎桑蠹卽蛣蝠

熒火卽炤夜飛腹下有火〇炤音照

疏熒火卽炤〇釋曰熒火一名卽炤夜飛腹下有火蟲也本草又名夜光一名熠燿月令季夏腐草為熒腐草此時得暑濕之氣故為熒至秋而天沈陰數雨熒火夜飛之時也詩東山云熠燿宵行是也

密肌繼英未詳

蚅烏蠋大蟲如指似蠶見韓子

疏蚅烏蠋〇釋曰蚅一名烏蠋形似蠶而大如指詩大雅韓奕云鞗革金厄毛亦云厄烏蠋也〇注似蠶見韓子〇釋曰案韓子內儲說上七術其三曰信賞盡能云鱣似蛇蠶似蠋人見蛇則驚駭見蠋則毛起然而婦人拾蠶而漁者握鱣利之

所在則忘其所惡皆爲孟賁是其事也

蠓蠛蠓 小蟲似蜹喜亂飛○蠓莫孔切蠛亡結切

疏 蠓蠛蠓○釋曰小蟲似蜹亂飛者也名蠓又名蠛蠓列子云生朽壤之上因雨而生得陽而死一名醯雞莊子云孔子與老聃語出告顏回曰丘之於道也其猶醯雞與郭象云醯雞者甕中蠛蠓是也

王蛈蝪 即蛈蝪似鼅鼄在穴中有蓋今河北人呼蛈蝪○蛈大結切蝪音湯

疏 王蛈蝪○釋曰此鼅鼄之一種也一名螲蟷穴居布罔穴口有蓋河北人呼蛈蝪者是也

蟓桑繭 食桑葉作繭者即今蠶 雔由樗繭 食樗葉○蟓音象雔音讎 棘繭 食棘葉 欒繭 食欒葉 蚢蕭繭 食蕭葉者皆蠶類○蚢音杭

疏 蟓桑至蕭繭○釋曰此皆蠶類作繭者因所食葉異而異其名也食桑葉作繭者名蟓即今蠶也食樗葉棘葉欒葉者名雔由食蕭葉作繭者名蚢

翥醜罅 剖母背而生 螽醜奮 好奮迅作聲○翥者庶切罅呼暇切 強醜捋 以脚自摩捋 蠭醜螸 垂其腴○螸音俞 蠅醜扇 好搖翅

疏 翥醜至醜扇○釋曰此辨蟲屬所生及所好之狀不同者也翥飛也醜類也蟲類能飛翥者謂蟬屬皆剖坼母背以爲孔罅而生螽蝗之類好奮迅作聲而飛強坼之類好以脚自摩捋蠭類好垂其腴以休息說文云螸垂腴也腴即腹下也青蠅之類好搖翅自扇

食苗心螟食葉蟘食節賊食根蟊 分別蟲啖食禾所在之名耳皆見詩○蟘音特蟊音謀

疏 食苗至根蟊○釋曰此分別蟲啖食禾所在之名也李巡云食禾心爲螟言其姦螟螟難知也食禾葉者言假貸無厭故曰蟘也食禾節者言貪狠故曰賊也食禾根者言其稅取萬民財貨故云蟊也孫炎曰皆政貪所致因以爲名也郭璞直以蟲食所在爲名而李巡孫炎並因託惡政則災由政起雖以食所在爲名而所在之名緣政所致理爲兼通也陸機疏云螟似子方而頭不赤螣蝗也賊似桃李中蠹赤頭身長而細耳或說云蟊螻蛄也食苗根爲人患許慎云吏冥冥犯法即生螟吏乞貸則生蟘吏抵冒取民財則生蟊舊說云螟螣蟊賊一種蟲也如言寇賊姦宄內外言之爾故犍爲文學曰此四種蟲皆蝗也實不同故分別釋之○注皆見詩

〇釋曰詩小雅大田云去其螟螣及其蟊賊無害我田稺是也

有足謂之蟲無足謂之豸 疏 有足謂之蟲無足謂之豸〇釋曰此對文爾散文則無足亦曰蟲月令春日其蟲鱗鄭注云龍蛇之屬是也

釋魚第十六

疏 釋魚第十六〇釋曰案說文云魚水蟲也此第釋其見於經傳者是以不盡。載魚名至於龜蛇貝鼈之類以其皆有鱗甲亦魚之類故總曰釋魚也

鯉 今赤鯉魚 疏 鯉〇釋曰今赤鯉魚也詩云豈其食魚必河之鯉是也

鱣 鱣大魚似鱏而短鼻口在頷下體有邪行甲無鱗肉黃大者長二三丈今江東呼為黃魚〇鱣張連切 疏 鱣〇釋曰鱣郭義具注陸機云鱣出江海三月中從河下頭來上鱣身形似龍銳頭口在頷下背上腹下皆有甲縱廣四五尺今於盟津東石磧上。釣取之大者千餘斤可蒸為臛又可為鮓魚子可為醬詩衛風碩人云鱣鮪發發是也

鰋 今鰋額白魚〇鰋音偃 疏 鰋〇釋曰注云今鰋額白魚郭以目驗言之也詩頌云鰷鱨鰋鯉是也

鯷 別名鯷江東通呼鮎為鮧 疏 鮎〇釋曰郭氏云別名鯷江東通呼鮎為鮧案此經鯉鱣鰋鮎舍人曰鯉一名鱣孫炎曰鰋一名鮎則是舍人以鯉鱣為一魚孫炎以鰋鮎為一魚郭氏以為四魚者如陸機之言又以。今語驗之則鯉鮪鱣。鮥皆異魚也故郭氏云先儒及毛詩訓傳皆謂此魚有兩名今此魚種類形狀有殊無緣強合之為一物是郭氏所以異也

鱧 鮦也 疏 鱧。注。鮦。也〇。釋。曰今鱧。魚也鮦與鱧音義同詩小雅云魚麗于罶魴鱧是也

鯇 今。鯶魚似鱒而大〇鯇華板切 疏 鯇注今鯶魚似鱒而大〇釋曰舍人云鱧一名鯇郭氏所不取也

鯊鮀 今吹沙小魚體。員而有。點。文〇鮀音陁 疏 鯊鮀〇釋曰鯊一名鮀詩小雅云魚麗于罶鱨鯊陸機云魚狹而小常張口吹沙故郭氏云今吹沙小魚也

鮂黑鰦 即白鯈魚江東呼為鮂〇鮂音囚鰦音茲 疏 鮂黑鰦〇釋曰鮂一名黑鰦郭云即白鯈江東呼為鮂者以時驗而言之

也詩頌曰鰷鱨鰋鯉是也

鰼鰌今泥鰌○鰼音習鰌音秋

疏鰼鰌○釋曰鰼一名鰌即今泥鰌也穴於泥中因以名云

鰹大鮦小者鮵今青州呼小鱺為鮵○鰹音堅鮦音同鮵音奪

疏鰹大鮦小者鮵○釋曰此即上文鱧也其大者名鰹小者名鮵故注云今青州呼小鱺為鮵鱺與鱧音義同

魾大鱯小者鮡鱯似鮎而大白色○魾音皮鱯音畫鮡音兆

疏魾大鱯小者鮡○釋曰鱯魚名似鮎而大白色鱯之大者別名魾小者別名鮡也

鰝大鰕鰕大者出海中長二三丈鬚長數尺今青州呼鰕魚為鰝○鰝音酆鄗○鰕音霞

疏鰝大鰕○釋曰鰕之大者長二三丈鬚長數尺若此之類者名鰝

鯤魚子凡魚之子總名鯤

疏鯤魚子○釋曰凡魚之子總名鯤詩云其魚魴鱮鄭云鱮魚子鯤鱮字異蓋古字通用出魯語云宣公夏濫於泗淵里革斷其罟而棄之曰魚禁鯤鮞鳥翼鷇卵蕃庶物也是亦以鯤為魚子也

鱀是鱁鱀鯌屬也體似鱏尾如鯯魚大腹喙小銳而長齒羅生上下相銜鼻在額上能作聲少肉多膏胎生健啖細魚大者長丈餘江中多有之○鱀音忌

疏注鱀鯌至有之○釋曰鱀一名是鱁鯌之屬也云體似鱏者字林云鱏長鼻魚也重千斤傳曰伯牙鼓琴鱏魚出聽是也鱀魚之體似之也云尾如鯯魚者說文云鯯魚名出樂浪潘國一曰鯯魚出江東有兩乳今鱀魚之尾如鯯魚故云尾如鯯魚也云大腹以下者時驗而言也

鱦小魚家語曰其小者鱦魚也今江東亦呼魚子未成者為鱦音繩

疏注家語曰其小者鱦魚也○釋曰案家語宓子賤為單父宰孔子使巫馬期往觀政焉期陰免衣弊裘入界見敏者得魚輒捨之巫馬期問焉曰凡敏者為得魚也何以得魚卻捨之曰魚之大者名為鱒鱨吾大夫愛之其小者名鱦吾大夫欲長之是以得二者輒捨之是也引之證鱦是小魚之名也為

鮥鮇鮪鮪鱣屬也大者名王鮪小者名鮇鮪今宜都郡自京門以上江中通出鱏鱣之魚有一魚狀似鱣而小建平人呼鮥子即此魚也音洛○鮇音叔鮪音偉

疏鮥鮇鮪○釋曰郭義具注陸機云鮪魚形似鱣而青黑頭小而尖似鐵兜鍪口亦在頷下其甲可以摩薑大者不過七八尺益州人謂之鱣鮪大者為王

鮪小者名鮇鮪一名鮥肉色白味不如鱣也今東萊遼東人謂之尉魚或謂之仲明仲明者樂浪尉也溺死海中化為此魚又曰河南鞏縣東北崖。上山腹有穴舊說云此穴與江湖通鮪從此穴而來北入河西上龍門入漆沮故張衡賦云王鮪岫居山穴為岫謂此穴也月令季春薦鮪於寢廟天官。䱷人春獻王鮪是也

鮥當魱 海魚也似鯿而大鱗肥美多鯁今江東呼其最大長三尺者為當魱音胡○鮥俱救切

疏 鮥當魱○釋曰鮥一名當魱海魚也○注海魚至音胡○釋曰云似鯿而大鱗者案鯿似魴而大。腰細而長今鮥魚似之但鱗大耳云肥美以下者以時驗而知也

鮤鱴。刀 今之鮆魚也亦呼為魛。魚○鮤音列鱴音滅

疏 鮤鱴刀○釋曰鮤一名鱴刀郭氏云今之鮆魚也說文云鮆飲而不食刀魚也九江有之亦呼為魛魚是則此魚一名鮤。魚一名。鱴刀一名。魛魚一名鮆魚也

鱊鮬鱖鯞 小魚也似鮒子而黑俗呼為魚婢江東呼為妾魚○鱊音聿鮬音步鱖音厥鯞章酉切

疏 鱊鮬鱖鯞○釋曰郭云小魚也似鮒子而黑廣雅云鮒鰿也此魚似其小者故云似。鮒子而黑色為異也江東呼為妾魚說文云鮬魚。出樂浪潘國是也

魚有力者徽 強大多力○徽音暉

疏 魚有力者徽○釋曰凡魚之強大多力異於羣輩者名徽

魵鰕。 出穢邪頭國見呂氏字林○魵音墳

疏 魵鰕○釋曰魵魚一名鰕郭云出穢邪頭國見呂氏字林案說文亦云

鮅鱒 似鯶子赤眼○鮅音必鱒才損切

疏 鮅鱒○釋曰鮅一名鱒詩云九罭之魚鱒魴陸機云鱒似鯶魚而鱗細於鯶赤眼是也、

魴魾 江東呼魴魚為鯿一名魾。音。毗○魴音房

疏 魴魾○釋曰魴一名魾江東呼為鯿詩云其魚魴鰥陸機云魴今伊洛濟潁魴魚也廣而薄肥恬而。少。肉細鱗魚之美者遼東梁水魴特肥而厚尤美於中國魴故其鄉語曰居就糧梁水魴是也

鯬鯠 未詳

蜎蠉 井中小蛣蟩赤蟲一名孑孓廣雅云○鯬音黎鯠音來蜎狂袞切蠉香完切

疏 蜎蠉○釋曰井中小赤蟲也一名蜎一名蠉又名蛣蟩又一名孑。孓廣雅云孑孓蜎是也

蛭蟣 今江東呼水中蛭蟲。入人肉者為蟣○蟣音祈

疏 蛭蟣○釋曰此水中蟲。喜入人肉者江東呼為蟣本草謂之水蛭一

名馬蟥一名馬耆郎。楚王食寒菹得而吞之能去結積者是也

科斗活東蝦蟆子 疏 科斗活東○釋曰郭云蝦。蟆子此蟲一名科斗一名活東頭圓大而尾細古文似之故孔安國云皆科斗文字是也

魁陸本草云魁狀如海蛤圓而厚外有理。縱橫卽今之蚶也 疏 魁陸○釋曰卽魁蛤也見本草○注本草至蚶也○釋曰案本草蟲魚部魁蛤一名魁陸生東海正圓兩頭空表有文陶隱居注云形似紡軠。音。狂小狹長外有縱橫文理云是老蝙蝠化為者是也云卽今之蚶也者案字書云蚶蛤也出會稽可食是也然則又一名蚶也

蜪蚅未詳

鼁。䵶。蟾諸。似蝦。蟆居陸地淮南謂之去。蚊

在水者黽耿黽也似青蛙大腹一名土鴨○鼁音去䵶音秋蟾音占黽音猛 疏 鼁䵶蟾諸在水者黽○釋曰此有多種鼁䵶一名蟾諸郭云似蝦蟆居陸地淮南謂之去蚊然蟾諸非蝦蟆。但相似耳案本草蝦蟆陶注云此是腹大皮上多痱磊者也蟾諸亦類此抱朴子曰蟾諸壽三千歲者頭上有角頷下有丹書八字玄中記云蟾諸。頭生角者食之壽千歲是也其居水者名黽一名耿黽一名土鴨狀似青蛙而腹大為異陶注本草云大而青脊者俗名土鴨其鳴甚壯卽此黽也陶又云一種小形善鳴喚名為鼃者卽郭云青蛙者也

蜌螷。今江東呼蚌長而狹者為螷○蜌音陛螷蒲猛切 疏 蜌螷○釋曰蜌一名螷蚌屬也說文云脩為螷圓為蠇郭云今江東呼蚌長而狹者為螷其肉可為醢周禮醢人。掌饋食之豆云脾析。螷醢是也

蚌含漿蚌卽螷也 疏 蚌含漿○釋曰說文云螷屬郭云卽螷也謂老產珠者也一名蚌一名含漿周禮謂之貍物

鼈三足能龜三足賁山海經曰從山多三足鼈大。苦山多三足龜。今吳興郡陽羨縣君山上有池池中出三足鼈又有六眼龜 疏 鼈三足能龜三足賁○釋曰鼈龜皆四足三足者異故異其名鼈之三足者名能龜之三足者名賁也○注山海至六眼○釋曰案中山經云游戲山東南。二。十里曰從山從水出其上潛其下其中多三足鼈食之無蠱。疾是從山多三足鼈也又云放皋山東五十七里曰大。苦山陽狂水出焉西南注伊水中多三足龜食者無大疾可以已腫是大苦山多三足龜也云吳興

郡以下者以時驗而言也蚹蠃螔蝓即蝸牛也○蚹音附蠃音羅螔音移蝓音俞疏蚹蠃螔蝓○釋曰蚹蠃一名螔蝓郭云即蝸牛也案本草
蝸牛陶注云生山中及人家頭形似蛞蝓但背負殼爾海邊又一種正相似以火炙殼便走出食之益顏色名寄居亦可作醢周禮饋食之豆葵菹蠃醢是也
蠃小者蜬螺大者如斗出日南漲海中可以為酒杯○蜬音含疏蠃與螺音義同其小者名蜬蜎蠌小者蟧螺屬見埤蒼或曰即
彭蜎也似蟹而小音滑○蠌音澤蟧音勞疏蜎蠌小者蟧○釋曰蜎即彭蜎也似蟹而小一名蠌其小者別名蟧案埤蒼云螺屬郭氏兩從之蜃小
者珧珧玉珧即小蚌○珧音遙疏蜃小者珧○釋曰蜃大蛤也月令云孟冬之月雉入大水為蜃其小者名珧一名玉珧可飾佩刀削詩傳云天子玉
琫而珧珌是也山海經嶧皐山皐水出焉東注激女水其中多蜃珧龜俯者靈行頭低仰者謝行頭仰前弇諸果字前長
後弇諸獵甲後長左倪不類行頭左庳今江東所謂左食者以甲卜審右倪不若行頭右庳為右食甲形皆爾○倪丑計切
疏龜俯至下若○釋曰此辨龜之俯仰前後左右其形不同其名亦異也云龜者目諸龜也云龜俯者靈者謂行時頭低周禮天龜曰靈屬是也云仰者謝
者謂行時頭仰周禮地龜曰繹屬是也云前弇諸果者諸辭也謂甲前長弇覆者名果周禮東龜曰果屬是也云後弇諸獵者諸亦辭也謂甲後長弇覆者名
獵周禮南龜曰獵屬是也云左倪不類者倪庳也不發聲也謂行時頭左邊庳下者名類周禮西龜曰靁屬是也云右倪不若者不亦發聲也謂行時頭右邊
庳下者名若周禮北龜曰若屬是也周禮又云各以其方之色與其體辨之鄭注云屬言非一也色謂天龜玄地龜黃東龜青西龜白南龜赤北龜黑俯者靈
仰者繹前弇果後弇獵左倪靁右倪若是其體也東龜南龜長前後在陽象經也西龜北龜長左右在陰象緯也天龜俯地龜仰東龜前南龜卻西龜左北龜
右各從其耦也是周禮先有成文故此釋之鄭取此文為說其言正同惟繹與謝靁與類小異耳其義亦同○注行頭至卜審○釋曰案賈公彥說周禮以倪

為睥睨則左倪右倪是左顧右顧也郭氏以庳解倪及云今江東所謂左食者皆以時驗而言也云以甲卜審言用此龜之甲以卜吉凶審諦也

貝居陸贆在水者蜬陸水異名也貝中肉如科斗但有頭尾耳○贆音標大者魧書大傳曰大貝如車渠車渠謂車輞即魧屬○魧音杭小者鰿今細貝亦有紫色者出日南○鰿音積玄貝貽貝黑色貝也餘貾黃白文以黃為質白文為點○貾音池餘泉白黃文以白為質黃為文點今之紫貝以紫為質黑為文點蚆博而頯頯者中央廣兩頭銳○蚆音巴頯匡軌切蜠大而險險者謂汙薄○蜠求隕切蟦小而橢即上小貝橢謂狹而長此皆說貝之形容○蟦音責橢他果切

疏貝居至而橢○釋曰此辨貝居陸居水大小文彩不同之名也云貝者目諸貝也說文云貝海介蟲也取其甲以飾器物古者貨貝而寶龜周而有泉至秦廢貝行錢居陸者名贆在水者名蜬至大者名魧至小者名鰿黑色之貝名貽貝黃為質白為文點者名餘貾白為質黃為文點者名餘泉中央廣兩頭銳者名蚆大而汙薄者名蜠小而狹長者名蟦○注書大至魧屬○釋曰案大誓云西伯既戡黎紂囚之姜里散宜生之江淮之浦取大貝大如大車渠之渠以贖其辠是也考工記謂車輞為渠故云渠謂車輞其貝形曲及大小如車輞故比之也引之以證此經魧是其大如車輞者故云即魧屬○注以白至文點○釋曰舍人云貝水中蟲也李巡曰餘貾貝甲黃為質白為文彩餘泉貝甲白為質黃為文彩陸機疏云貝水中介蟲也龜鼈之屬其文采之異大小之殊甚衆古者貨貝是也餘貾黃為質以白為文餘泉白為質以黃為文又有紫貝其白質如玉紫點為文皆行列相當其貝大者當至一尺六七寸者今九真交趾以為杯盤寶物也是先儒相傳為然但解紫貝與郭氏少異陸機以白為質紫為文郭氏以紫為質黑為文是其異也書云文貝仍几詩云成是貝錦山海經陰山濁浴水出焉南流注蕃澤其中多文貝皆謂此餘貾餘泉也○注即上至形容○釋曰云即上小貝知者以其同名蟦也云橢謂狹而長者詩云嶞山喬嶽楚辭云南北順橢其循幾何皆是橢為狹長之名也

蠑螈

蜥蜴蜥蜴蝘蜓蝘蜓守宮也轉相解博異語別四名也○蠑音榮螈音原蜥音昔蜴音亦蝘音掩蜓徒典切【疏】蠑螈至守宮也○釋曰詩小雅正月云胡為虺蜴謂此也蠑螈蜥蜴蝘蜓守宮一物形狀相類而四名也字林云蠑螈蛇醫也說文云在草曰蜥蜴在壁曰蝘蜓方言云秦晉西夏謂之守宮或謂之蠦蝘。盧。廛。二音。或謂之刺。易。南。陽。人。呼。蝘。蜓。其在澤中謂之。易。蜥南楚謂之蛇醫或謂之蠑螈。又東方朔云非守宮即蜥蜴案此諸文則。是在草澤中者名蠑螈蜥蜴在壁。者名蝘蜓守宮也博物志云以器養之食以真朱體盡赤重七斤。擣萬杵以點女人體終身不滅耦則落故號守宮陸機疏云青綠色大如指形狀可惡是也

蛈蝁蝮屬大眼最有毒今淮南人呼蝁子。○蛈音迭蝁烏洛切【疏】蛈蝁○釋曰蛇一也蝮虺之屬大眼有毒一名蛈又名蝁淮南人呼蝁子者是也

螣螣。蛇龍類也能興雲霧而遊其中淮南云。蟒蛇○螣上音朕下音騰【疏】螣螣蛇○釋曰蛇似龍者也名螣一名螣蛇能興雲霧而遊其中也○注淮南云蟒蛇○釋曰蟒當為奔案淮南子覽冥篇說女媧云功烈上際九天下契黃壚名聲被後世光輝熏萬物乘雷車服應龍驂青虯援絕瑞席蘿圖。雲黃。璐前白螭後奔蛇許慎云奔蛇馳蛇是也或曰淮南人呼此螣為。蟒。蛇。義亦通

蟒王蛇蟒。蛇。最大者故曰王蛇○蟒音莽【疏】蟒王蛇○釋曰此蛇之最大者也名蟒又名王蛇與上螣蛇異

蝮虺。博三寸首大如擘身廣三寸頭大如人擘指此自一種蛇名為蝮虺○擘音拍【疏】蝮虺至如擘○釋曰博廣也首頭也擘拇指也此自一種毒蛇名蝮虺身廣三寸其頭大如人拇指○注身廣至蝮蛇○釋曰案郭注三蒼云擘大指也蒼頡篇以為足大指鄭注儀禮以為手大指然則手足大指皆得名擘故注云頭大如人擘指又名拇。孫炎云頭如拇指是也案舍人曰蝮一名虺江淮以南曰蝮江淮以北曰虺孫炎曰江淮以南謂虺為蝮廣三寸頭如拇指有牙最毒郭。璞曰此自一種蛇人自名為蝮虺今蛇細頸大頭色如艾綬文文間有毛似。豬鬣鼻上有針大者長七八寸一名反鼻如虺類足以明此自一種蛇如郭意此蛇人自名蝮虺非南北之異蛇實是蟲以有鱗故

在釋魚且魚亦蟲之屬乎鯢大者謂之鰕今鯢魚似鮎四脚前似獮猴後似狗聲如小兒啼大者長八九尺【疏】鯢雌鯨也大者長八九尺別名鰕魚枕謂之丁枕在魚頭骨中形似篆書丁字可作印魚腸謂之乙魚尾謂之丙此皆似篆書字因以名焉禮記曰魚去乙然則魚之骨體盡似丙丁之屬因形名之【疏】魚枕至之丙○釋曰此釋魚之骨體腸尾之名也其魚頭中骨爲枕其骨形似篆書丁字故因謂之丁其腸似篆書乙字尾似篆書丙字亦因名之也○注禮記曰魚去乙○釋曰此禮記內則文也鄭玄注云乙魚體中害人者名也今東海鰫魚有骨名乙在目旁狀如篆乙食之鯁人不可出者與此經違非郭義也

一曰神龜龜之最神明二曰靈龜涪陵郡出大龜甲可以卜緣中文似瑇蝐俗呼爲靈龜即今觜蠵龜一名靈蠵能鳴三曰攝龜小龜也腹甲曲折解能自張閉好食蛇江東呼爲陵龜○攝音涉四曰寶龜書曰遺我大寶龜五曰文龜甲有文彩者河圖曰靈龜負書丹甲青玄六曰筮龜常在蓍叢下潛伏見龜策傳七曰山龜八曰澤龜九曰水龜十曰火龜此皆說龜生之處所火龜猶火鼠耳物有含異氣者不可以常理推然亦無所怪【疏】一曰至火龜○釋曰易損卦六五爻辭云十朋之龜弗克違馬鄭皆取此文解之則此經十龜○所以釋易也神龜者龜之最神明者也禮統曰神龜之象上圓法天下方法地背上有盤法丘山玄文交錯以成列宿長尺二寸明吉凶不言而信者是也靈龜者龜之有靈次神龜者雒書曰靈龜者玄文五色神靈之精也攝龜者龜之小者腹甲曲折能自張閉者也寶龜者傳國所寶者春秋經曰盜竊寶玉大弓公羊傳曰寶者何龜青純何休云謂之寶者言世世保用之辭是也文龜甲有文彩者筮龜在蓍叢下者山龜生山中者澤龜生澤中者水龜生水中者火龜生火中者○注書曰遺我大寶龜○釋曰此周書大誥文也○注河圖至青文○釋曰引此以證龜甲有文彩也其寶河圖說靈龜也非此經之文龜取其一邊耳○注常在至策傳○釋曰龜策傳云傳曰上有擣蓍下有神龜又云聞

蓍滿百莖者其下必有神龜守之其上常有青雲覆之傳曰天下和平王道得而蓍莖長丈其叢生滿百是也○注火龜猶火鼠耳○釋曰𪓰龜不生於火故以火鼠猶之也郭注山海經云今去。天南東萬里有耆薄國復五千里許有火山國其山雖霖雨火常燃火中白鼠時出山邊求食人捕得之以毛作布。名之火澣布是也

爾雅疏卷第九

爾雅注疏卷九校勘記　阮元撰盧宣旬摘錄

爾雅疏卷第九 名銜後一行標目釋木第十四釋蟲第十五另行標釋魚第十六注疏本釋木釋蟲卷第九釋魚以下卷第十

釋木第十四

宜陽共北山多有之 舊本閩本同毛本脫共監本下衍也

亦類漆樹 雪牕本注疏本同單疏本漆作漆釋文桼字又作漆按說文桼木汁水名字作漆此當從陸本又詩山有樞正義引此注下有俗語曰櫄樗栲漆相似如一十一字釋文俗語作方志櫄音勑倫反

陸機疏云 舊本疏下剜擠語字閩本監本毛本排入

許慎正以栲讀爲糗 元本同閩本監本毛本糗作糗非說文米部糗从米臭聲禾部無糗字古音考讀若臭讀爲當作讀若今說文梚山樗也从木尻聲以樗爲檴之正無栲讀爲糗語玉篇以梚爲栲之重文據陸疏則說文當以栲爲正字梚爲重文於栲下云讀若糗

失其聲耳 舊本同閩本監本毛本耳改矣

鬯臼以椈 單疏本雪牕本同注疏本脫臼釋文鬯臼其久反此本椈從手訛今訂正

椵柂 雪牕本注疏本同釋文單疏本椵作椵唐石經作椵此與下櫠椵之椵相涉亂耳徒亂反

柂棺一鄭注云 注疏本棺誤椵脫一

郭云柚屬也子大如盂皮厚二三寸中似枳食之少味注疏本刪下十六字

可飼牛單疏本雪牕本注疏本同釋文飤因志反字林云糧也經典並止作食字借作飼音本又作飯扶晚反本今作飼五經文字云飤經典通以食字爲之按說文飤糧也从人食無飼字知郭注本用飤字

材中車輞單疏本雪牕本注疏本輞作輞釋文輞音罔下同與此合下準此

二月中葉疏注疏本疏改踈

今官園種之注疏本官誤宮

共汲山下人閩本監本同元本毛本共誤其

椋卽來唐石經單疏本雪牕本同釋文棶力臺反埤蒼字林並作棶云椋也本今作棶按玉篇棶椋也說文椋卽來也無棶字

栵栭唐石經單疏本雪牕本同釋文檽字又作栭音而按後漢書王符傳注引作檽與陸本合檽蓋檽之訛卽栭之俗體玉篇檽乃豆切木名皮可染別一字也

今江東亦呼爲栭栗單疏本雪牕本同按亦字當衍或爲人字之訛詩皇矣正義廣韻十七薛並引此云今江東呼爲栭栗無亦字

芝栭蔆椇元本同閩本監本毛本蔆改蓤椇監本毛本改棋

穫落唐石經單疏本雪牕本閩本監本毛本同元本作穫落穫音鑊疏云穫一名落按詩大東無浸穫薪毛傳穫艾也箋云穫落木名也釋文云穫鄭木

名字則宜從木旁是雅經欆字本從木不與毛詩同據唐石經單疏本知元本非也

可以爲杯器素單疏本雪牕本同詩正義引此上有檴音穫三字釋文桮必回反本今作杯按說文桮匴也匴小桮也詩正義引某氏曰可作桮圈郭氏曰可爲桮器素也桮即桮之省素當爲索字之誤也陸元恪云其皮堅韌剝之長數尺可爲絙索其材可爲桮器注本此邢氏作疏時已誤作素故云素謂樸也按釋草望椉車注云可以爲索長丈餘莣杜榮注云皮可以爲繩索可與此注互證也

無浸檴薪鄭箋云檴落木名元本同閩本監本毛本檴改欆非

今榔榆也元本同誤也閩本監本毛本榔作椰與詩正義作椰合○按左傳莊四年正義曰本有似榆者俗呼爲朗榆集韻㮾木名廣韻㮾木名皆是此字而从阝者誤此疏榔字亦當作㮾非椰子木也作椰者非是草木蟲魚疏作椰榆其誤久矣椰不得連榆成文

楥柜桏唐石經雪牕本同單疏本注疏本桏誤柳五經文字桏音邛見爾雅葉鈔釋文云郭音邛今本誤作卭

或曰桏當爲柳柜桏似柳單疏本雪牕本同盧文弨曰上言桏當爲柳則下自當云柜柳矣此仍作桏誤

今京洛及河內言杼斗正德本同閩本監本毛本斗誤汁

味荎著唐石經雪牕本正德本同閩本監本毛本味改蔝釋文蔝音味又亡戒反本今作味知從艹者據釋文改也

藲荎釋文唐石經單疏本同玉篇木部櫙木名爾雅云櫙荎廣韻十九侯同字皆從木從藲唐石經作艹下樞非釋文櫙烏侯反詩云山有樞是也本或作藲同太平御覽卷九百五十六載郭注引詩曰山有藲考說文艸部有藲木部有樞皆區聲而無櫙櫙字毛詩山有樞用木部戶樞字魯詩山有藲用艸部

爲藲字據郭注引詩作藲釋文引詩作樞知爾雅本與詩同今作櫙藲兩體乃幷合艸部木部字爲之複沓難以下筆俗作也近戴震讀樞爲昌朱切讀櫙爲烏侯切謂詩字必當從爾雅作櫙今作樞訛豈未審藲樞同一區聲皆可讀作歐爾雅本與詩同作櫙者爲俗字乎

蘛爲茹 正德本同閩本監本毛本蘛改淪

美滑於白榆也 注疏本脫也監本毛本於誤如

榆之類有十種 注疏本脫榆

皮及木理異耳 正德本同閩本監本毛本耳改矣

其赤者爲杜爲甘棠爲赤棠 正德本同閩本杜下擠棠甘棠下擠杜監本毛本承之

小雅云有杕之杜傳云杜赤棠是也 元本同閩本監本毛本改作唐風云按小雅杕杜篇無傳

狄臧槔 唐石經同石經考文提要引至善堂九經本亦作臧釋文臧孫子郎反雪牕本注疏本作藏誤

似小栜可食 單疏本雪牕本正德本同閩本監本毛本栜改柰疏中同按廣韻十八尤杭字下引注作栜玉篇栜同柰

枓者聊 唐石經雪牕本同注疏本枓誤料釋文云郭音糾而字亦誤料此枓與聊爲疊韻

今江東多有之 單疏本雪牕本同注疏本江改河非疏中同

今南人呼桂厚皮者爲木桂 單疏本注疏本同雪牕本南人作江東非桂生南方

棆美木也 注疏本脫美

節中腫以扶老 舊本同閩本監本毛本以作似○按節中腫似扶老語本陸機詩疏扶老木可作杖陶淵明策扶老以流憩詳困學紀聞作似者是也又按靈壽木作杖一名扶老杖見孔光傳邛竹亦名扶老竹見中山經

恆農郡北山甚有之 舊本同閩本監本毛本恆作弘郡作共

董澤澤名 注疏本澤名誤之蒲

諸慮山櫐 唐石經單疏本雪牕本同釋文慮字又作攄力余反按攄當作櫖五經文字櫖丑餘反見爾雅玉篇櫖山櫐也似葛而麤大

今江東呼爲櫼欇音涉 雪牕本同是也注疏本刪下二字釋文欇郭音涉按單疏本引郭注今江東呼爲櫼止齊民要術卷十四載郭注亦呼爲櫼止欇音涉三字別爲小字音切今本刪音涉二字而誤存欇字皆非也

菼有毛刺 注疏本脫毛

春生蘘茹微苦 舊本同閩本生下擠作監本毛本排入

杬魚毒 唐石經單疏本雪牕本同注疏本杬誤杭釋文杬音元又作芫盧文弨曰說文艸部芫魚毒也从艸元聲木部無杬杬字顏師古注急就章云芫華一名魚毒漁者煑之以投水中魚則死而浮出故以爲名其華可以爲藥芫字或作杬郭景純說誤其生南方用藏卵果者自別一杬木乃左思吳都賦所云緜杬杶櫨者耳非毒魚之杬也據此蓋本釋草文因芫或作杬遂誤入釋木耳上文蕛苵著郭注亦以爲釋草文之誤重者

中藏夘果雪牕本正德本同釋文亦作夘單疏本作卯閩本誤卯監本毛本作卯俗字

大椒之別名也注疏本脫名

葉員而岐正德本同雪牕本作葉員而岐釋文岐音祈單疏本注疏本員作圓下無姑注同

赤黑恬美舊本同閩本監本毛本恬作甜

無姑唐石經單疏本雪牕本注疏本同此本舊作无姑王氏急就篇補注引經注同係俗省今訂正下無實李同

生山中葉圓而厚剝取皮合漬之其味辛香單疏本注疏本同段玉裁云顏師古注急就篇曰生於山中其莢圓厚剝取樹皮合漬而乾之成其辛味也係用郭語葉作莢爲長

所謂無夷單疏本雪牕本正德本同閩本監本毛本改蕪荑疏中準此

所謂無夷云所謂者元本無者字注疏本同無改蕪

樧羅唐石經單疏本雪牕本同注疏本羅改蘿按毛詩晨風傳樧赤羅也正義曰釋木云樧赤羅是古本有赤字

實似梨而小雪牕本同單疏本注疏本梨作棃玉篇梨同棃

實如桃而小單疏本雪牕本同文選閑居賦注引作實似桃而小此作如非

痤椄慮李唐石經單疏本同雪牕本痤改桗正德本椄誤接閩本監本毛本誤痤接疏中準此釋文痤徂禾反石經考文提要引至善堂九經本亦

作痤按玉篇木部云桽亦作梐廣韻梐下引爾雅痤接盧李云或從木雪牕本蓋據此

棗壺棗唐石經棗作棗凡從棘朿字皆作朿與束縛字不同注疏本作棗非壺字石經闕單疏本雪牕本正德本作壺

子細署單疏本正德本同雪牕本闔本監本毛本署作要按釋文要一遙反注同是陸本作要

子白熟雪牕本正德本同闔本白下衍擠乃字監本毛本排入按疏云棗子白熟者名擠是邢本無乃字

養其樲棗單疏本雪牕本正德本同闔本監本毛本棗改棘俗本孟子同按此疏引孟子及趙岐注作樲棗玉篇木部樲酸棗孟子云樲棗是也皆與此合

實小而員單疏本雪牕本正德本同闔本監本毛本員改圓下梀赤梀注同初學記卷二十八引此作員

洗大棗唐石經雪牕本注疏本同釋文洗肩典反段玉裁云集韻二十七銑引爾雅㮊大棗出河東猗氏縣廣韻亦云㮊棗木然則爾雅固有從木作㮊者白氏六帖棗類云遵羊洗犬並棗名出爾雅以羊犬相儷蓋唐人本作犬棗注今河東猗氏縣出大棗疑注亦本作大盧文弨曰梁文帝碑中用河東洗犬隴右蹲鴟仁和丁希曾嘗舉以校爾雅○案詳注意當是大字六朝辭章多不足據存以俟攷

蹶洩苦棗唐石經雪牕本注疏本同釋文單疏本洩作泄

皙無實棗單疏本注疏本同雪牕本此本皙作晳訛今訂正唐石經作晳字從白五經文字白部皙思歷反人色白亦如上字相承多從曰非

還味棯棗單疏本雪牕本注疏本同唐石經闕釋文棯又作荵同按說文玉篇皆於櫏下云櫏味稔棗初學記引爾雅亦作稔稔熟也棗過熟者味

短也故名還味說文木部無棯字玉篇廣韻於棯下引爾雅非

還味短味單疏本雪牕本注疏本同此本舊作短苦苦字剜改今訂正

邊大而羃細者元本同閩本監本毛本羃改要下同

蹶泄者元本同閩本監本毛本泄改洩

趙岐注云樲棗小棗注疏本脫小棗

諱名不諱姓姓所同也名所獨也是其事注疏本刪上十三字

樸屬枹綴元本綴作緻閩本監本毛本改櫟

皆謂取草木爲薪也注疏本脫木

棪實似柰赤可食單疏本雪牕本注疏本同按柰當作棎釋文引山海經堂庭之山多棪木注云子似棎而赤可食可證邢疏引山海經注棎亦改作柰矣○按柰正字棎俗字耳舊校非

出交趾單疏本雪牕本注疏本同釋文阯音止本今作趾按釋獸注交趾釋文雪牕本此本皆作交阯此注亦當從陸作阯○按古書多作交止亦作交阯

槐葉晝日聶合而夜炕布者單疏本雪牕本注疏本同釋文音經炕樊本作抗按郭注炕布字當作抗

大而皵楸唐石經雪牕本同釋文皵字或作皵下同本今作皵

老乃皮麤皵者爲楸單疏本同雪牕本元本麤作麄閩本監本毛本作粗疏中同下準此

皵措皮也閩本監本毛本措誤豬正德本誤猪

桋赤梀白者梀單疏本雪牕本正德本同閩本監本毛本梀作棟非五經文字唐石經作梀朿音七賜反○按唐人作七賜反之朿字略同束書玉反之字而短其末一橫轉寫刊版勢難不誤不如一作朿一作束爲明析

中爲車輞釋文輞音罔今本作輞與此合單疏本雪牕本注疏本皆作輞蓋據釋文改與舊校不符矣

白梀葉員而岐正德本同閩本監本毛本員改圓

隱有杞夷正德本同閩本監本毛本夷改桋下一名夷同案詩釋文云桋本亦作荑音夷

終一名牛棘郭云卽馬棘也其刺麤而長謂棘之針刺麤長者注疏本刪作終一名牛棘之針刺粗長者

因名牛棘馬棘也正德本同閩本監本毛本誤作馬刺

灌木叢木唐石經單疏本雪牕本同釋文樌古亂反字又作灌音同案下木族生爲灌釋文樌古半反或作灌玉篇樌木叢生也今作灌文在釋文當從陸本作樌毛詩作灌假借字蓋今本所據改或郭氏引詩作灌後人援注改之

集於灌木　陳本同雪牕本注疏本於改于單疏本不載注其疏中別引詩云集于灌木蓋淺人據此改

木叢攢迫而生者　注疏本誤作欑道元本攢字不誤案釋文云謂叢攢迫而生

棫白桵　唐石經單疏本雪牕本同五經文字桵人隹反見爾雅釋文桵本或作捼字林人隹反案說文無妥字今說文作桵從妥者誤也字林作桵當本之說文此宜作桵凡從委字多有改作妥者如餧作餒桵作捼之類可證

紫赤可啖　單疏本雪牕本同詩緜正義齊民要術卷十一切經音義卷十四皆引作紫赤可食

三蒼說　注疏本三誤王

棃山樆　唐石經單疏本注疏本同雪牕本棃作梨五經文字云樆山棃也見爾雅釋文棃字亦作梨樆音離本亦作離非案史記司馬相如列傳檗離朱楊集解引漢書音義曰離山梨文選子虛賦注張揖曰離山棃也顏師古注漢書同則爾雅古本作離山棃樆字說文無釋文原本當上樆下棃張參所據尚未誤玉篇廣韻皆云樆山棃

桑辨有葚梔　唐石經單疏本雪牕本元本同閩本監本毛本辨改辦俗字疏中準此葉鈔釋文作辨通志堂本改辦案此注云辨半也釋器革中絕謂之辨釋文引孫云辨半分也革中辨謂之韏郭注云復分半也是辨爲半也

女桑桋桑　唐石經單疏本注疏本同雪牕本桋改姨陋甚釋文桋或作荑案荑當作荑毛詩傳女桑荑桑也可證

葉卻著莢　單疏本雪牕本注疏本同釋文郤去略反案詩東門之枌正義引此注卻作郤此作卻俗字

似白楊單疏本雪牕本元本監本毛本同詩何彼襛矣釋文正義引此注上有今白桵也四字閩本擠入

江東呼夫栘單疏本雪牕本注疏本同釋文夫栘音苻此本舊作大栘誤今訂正

今山中有棣樹子如櫻桃可食單疏本雪牕本元本同監本毛本山中作關西閩本此二字空闕案春秋僖二十四年正義引此注云今關西山中有棣樹子似櫻桃可啖當據以補正陸機疏亦云自關西天水隴西多有之猶釋獸魋如小熊注云今建平山中有此獸鼶鼠注云今江東山中有鼶鼠文正相類今本單言關西及山中非也子如櫻桃可食亦當作子似櫻桃可啖因郭注多言似言啖也

常棣之華注疏本常改棠

子如櫻桃正白今官園種之注疏本脫子官誤宮

晚取者爲茗注疏本取作采

樕樸心單疏本注疏本同唐石經雪牕本皆樕字在上樸字闕釋文樸音卜本今作樸案玉篇樸樕小木也亦作樸案毛詩野有死麕作樸樕爾雅當作樸樕詩正義引釋草文及孫炎某氏注皆樕字在下今本蓋誤倒

詩召南云正德本閩本監本同毛本召南下增野有死麕四字

文雖倒注疏本倒改別

棧木干木唐石經單疏本雪牕本同注疏本干誤于案棧與干爲疊韻釋文干木古丹反樊本作杆同○案干卽乾濕字俗字也

櫨木也單疏本注疏本同雪牕本櫨字闕釋文殭字書云死而不朽本或作僵又作櫨案死而不朽字當從陸本作殭宋鄭樵注本作僵今本從木非

立死椔雪牕本注疏本同唐石經椔字闕五經文字云椔壯利反立死也見爾雅單疏本亦作椔案釋文云甾字林作椔是爾雅不作椔也詩皇矣其菑其翳毛傳木立死曰菑正義引釋木云立死菑李巡曰以當死害生曰菑釋文菑本又作甾然則毛詩亦作甾不作椔也今本從木蓋因字林增加

不弊頓雪牕本同注疏本頓下衍椔字案雪牕本不弊頓下連椔側吏反之音俗本刪之末盡遂誤留椔字而強以側吏反加之下文翳字矣釋文甾側吏反

樹蔭翳覆地者雪牕本注疏本同案此注當作樹蔭翳相覆蔽今本作覆地因詩正義之文相涉致誤釋文音經蔽必世反注同是注中有蔽字也詩釋文引爾雅蔽者翳郭云相覆蔽此其證詩正義引郭氏曰翳樹蔭翳覆地者也又云自斃者生木自倒枝葉覆地為蔭翳故曰翳也此因毛傳蔽者作自斃遂為覆地之說以順改郭注耳郭不言覆地也

梢梢櫂單疏本注疏本同唐石經闕雪牕本櫂作擢釋文擢直角反方言云拔也蒼頡篇云抽也小爾雅云拔根曰擢字皆從手邢疏釋經云此別死頓相磨皮甲抽擢之異名也又下無枝為檄疏云此即上文梢梢擢也然則邢本擢亦從手今經作木旁誤嚴元照云上文木相磨槸棤皵謂樹枝相切磨者為槸木皮甲錯者為皵此云一梢擢謂梢者為擢當衍一梢字唐石經以字數計之此行亦多一字○案謂衍一梢字非也方言曰杪梢也梢尾也說文曰擢引也梢擢者謂木杪引而愈長愈長則愈細因此目之曰梢也單言擢則文不完

梢櫂長而殺者 注疏本同雪牕本櫂作擢案一切經音義卷十五引此注云梢擢長而殺者也

此別死頓相磨皮甲抽擢之異名也 注疏本抽擢誤揩櫂

木兩枝相切磨者 注疏本脫者

自斃爲翳 注疏本斃改弊

以死害生曰菑 以下舊擠當字今刪正正德本死誤當閩本死上剜擠當字監本毛本排入

枝葉覆地爲陰翳 案陰當作蔭詩皇矣正義作蔭

言亦扶疎茂盛 雪牕本同注疏本無亦案亦無所承當衍

草木漸包是也 注疏本包作苞單疏本此頁係補刻因誤改包

柷州木 雪牕本正德本閩本同監本毛本柷改祝釋文柷章六反本今作祝案監毛本據釋文改與舊校不符矣宋翔鳳云柷蓋謂木之中空者也正德本閩本此下分九卷下

子中有核人 單疏本雪牕本注疏本同鍾本郎本人作仁案古書核中人無作仁者明人始全改本艸作仁非也

檓似茱萸而小 注疏本檓誤椒

棗李曰疐之 正德本同唐石經單疏本作疐之閩本監本毛本作疐釋文作重疐

樝似棃而酢澁單疏本雪牕本正德本同閩本監本毛本澁改澀釋文澁字又作澀

謂苦桃有苦如膽者注疏本誤杏桃

檄櫂直上雪牕本注疏本同單疏本櫂作擢釋文云擢直角反字從手不誤

檄卽櫂也注疏本作櫂身櫂也誤

釋蟲第十五

裸毛羽鱗介之總稱正德本裸誤課閩本監本毛本改蜾

螜天螻是也注疏本天誤大

蜰卽負盤臭蟲單疏本雪牕本同春秋隱元年左傳有蜚不爲災正義曰釋蟲云蜚蠦蜰舍人李巡皆云蜚蠦一名蜰郭氏云蜰卽負盤臭蟲洪範五行傳云蜚負蠜本草曰蜚厲蟲也經傳皆云有蜚則此蟲直名蜚耳不名蜚蠦說爾雅者言蜚蠦一名蜰非也然則郭讀爾雅蜚一名蠦蜰不與舍人李巡同邢疏襲用春秋正義而郭注仍作蜰誤甚今邵晉涵正義改作蜚蠦嚴元照云山海經中山經有鳥如雉恆食蜚注云蜚負盤也音蜚可與雅注相證

南方溼氣之所生也注疏本溼作淫

害人之物注疏本之誤衣

蟦衘入耳 唐石經單疏本雪牕本同釋文衘本又作銜經義雜記曰考工記梓人爲筍虡注卻行蟦衍之屬釋文蟦衍下如字爾雅云蟦衍入耳劉云或作蚓衍賈疏引釋蟲亦作蟦衍今爾雅作衘陸云本又作衘衘當爲衍案方言云蚰蜒自關而東謂之蟦衘或謂之入耳字作衘

此蟲象吳公 正德本同閩本監本毛本改蜈蚣非案廣雅蝍蛆吳公也本不加虫旁

案方言云蚰蜒 由延二音 或謂之蛝蠼 音麗 或謂之蚨虷 扶于二音 北燕謂之蛆蚭 蛆奴六切蚭音尼 江東人呼蛩 音鞏○注疏本改音切爲大字總移於下云蚰音由蜒音延蠼音麗蚨音扶虷音于蛆奴六切蚭音尼蛩音鞏

憙入人耳者也 注疏本脫人憙字正德本同閩本監本毛本改喜

江南謂之螗蝭音荑 釋文蝭郭音荑徒低反單疏本標起止云注至夏小正至下二字音蕛皆與此合雪牕本作蛦音夷注疏本亦作蛦又刪

鳴蚻虎懸 雪牕本注疏本同單疏本標起止云注如蟬至虎縣釋文縣音元案夏小正作鳴札札者寧縣也

蠽茅蜩 唐石經單疏本雪牕本同釋文作蠽舊校云本今作蠽五經文字亦作蠽案說文蠽小蟬蜩也从䖵𢧵聲蓋今本所從出據注云江東呼爲茅截蓋經作蠽注作截也

似蟬而小青赤 單疏本雪牕本同注疏本赤作色此涉上蠽茅蜩注似蟬而小青色致誤案詩七月正義禮記月令正義皆引作青赤初

俗呼胡蟬注疏本胡誤曰

一名馬蟬蟬中最大者也注疏本脫上四字中誤之

字林蚒或作嘹也浦鏜云蟟誤嘹案詩蕩正義作蟟

有文者謂之蠑是也注疏本同此本蠑字剜擠作蜻蜻係據方言改今訂正

詩碩人云蠑首蛾眉鄭云注疏本詩下衍人鄭云誤鄭玄

虎縣也鳴而後知之注疏本縣改懸脫之

謂蜺也是注疏本也是倒

案方言云蛈蟧音折決〇注疏本蟧蛈改蛥蚗音折玦三字作大字移於後

或謂之蛉蛄音零謂之蚒蟧貂料二音或謂之蝭蟧音帝〇注疏本音切上增一本字彙於後加圈以間之

蛣蜣蜣蜋唐石經單疏本雪牕本同注疏本及此本蜣作蟯訛今訂正釋文蜣

莊子曰注疏本脫曰

身狹而長雪牎本注疏本同釋文狹作陜舊校云本今作狹〇案作陿者說文體也省作陜非

豬好啖之單疏本雪牎本同詩蜉蝣正義引此啖作嗷案上注嗷糞土亦用嗷字

梁宋之間曰渠略案此下當有郭云

夏小正曰浦鏜云詩正義上有孫炎曰此脫

朝生而莫死注疏本莫改暮

今江東呼黃蛢音瓶雪牎本同注疏本刪下二字釋文蛢郭音瓶經義雜記曰考工記梓人爲筍虡疏引此注云今江東呼爲黃蛢

案一切經音義卷十五引此注云江南呼爲黃瓦亦有爲字瓦即瓶之訛

蝚蛖螻釋文唐石經單疏本注疏本同雪牎本蛖作蠬俗字書所無

案方言蛄詣謂之杜蛒音格螻蛭謂之螻蛄音窒或謂之蟓蛉象鈴二音〇注疏本言下增云

詣誤者蛒誤略蛭誤蛭刪音切彙於後毛本亦作蛒蛭作螲

不蜩王蚥唐石經雪牎本舊本閩本毛本同監本蚥改父石經考文提要引至善堂九經本亦作蚥案上蠸輿父釋文云父音甫下同則陸本於此作父唐石經加虫旁非

蛄𧍐強蛘單疏本雪牎本同唐石經蛄作姑案說文𧍐姑𧍐強芉也字亦作姑今本作虫旁非

今米穀中蠹小黑蟲是也雪牕本同注疏本蠹作蠧非案疏云今米穀中小黑蠹蟲也此作蠹小黑蟲誤倒

建平人呼爲蛘子音芉姓雪牕本同注疏本刪下三字釋文蛘郭音芉疏云音楚姓芉之芉改音芉楚姓芉

江東謂之蛪音加建平人呼蛘子音楚姓芉之芉注疏本音加改大字下六字舊本同閩本監本毛本

螗蜋別名雪牕本注疏本同單疏本作蟷蜋釋文蟷音唐本今作螗此當從陸本

一名䗚蟭單疏本舊本同雪牕本閩本監本毛本䗚誤蟳案釋文䗚普莫反又補莫反

一名螳蜋螵蛸母也注疏本脫螵蛸蟷舊本作唐閩本監本毛本誤蟷

方言云譚魯以南謂之蟷蠰注疏本譚改潭盧文弨曰藝文類聚稱此爲鄭志月令正義誤引爲方言此承其誤

謂之螳蜋舊本作堂蜋下引月令同閩本監本毛本改螳螂

謂之馬穀注疏本穀改谷

蒺蔾蝍蛆唐石經單疏本雪牕本舊本閩本監本同毛本蔾改藜

蟲舍蚳蟓單疏本雪牕本注疏本同此本蚳作蚔誤案玉篇別爲一字非釋文蚳直其反說文从虫氐聲

亦名青蛪單疏本雪牕本同釋文蜻蛚子盈反廣雅云蜻蛚促織也舊校云本今作青蛪案禮記月令正義引孫炎作蜻蛚說文亦作蜻蛚詩

蟋蟀正義引李巡陸機作蜻蛪凡蜻蛚字皆不作青此當從陸本

一名蟯蛪 注疏本作青蛪案蟯當作蜻字之誤也詩正義作蜻蛪可證

馬蠲蚼俗呼馬蝬 單疏本雪牕本元本同釋文蚼音句閩本監本毛本蚼誤蚼玉篇廣韻無蚼集韻十八諄蚼蟲名馬蠲也本釋文太平御覽蟲部引此注云馬蠲蚼也〇案蠲蚼聯綿字也

馬蚿 音弦 北燕謂之蛆蝶 音子余切 其大者謂之馬蚰 音逐〇注疏本音切作大字移於後蚰改蚰今本方言同

詩曰趯趯阜螽 雪牕本同注疏本亦作詩曰單疏本曰作云非注疏本阜作阜案單疏本釋經引詩趯趯阜螽又標注詩云喓喓草蟲趯趯阜螽曰召南草蟲篇文也阜字蓋順毛詩改注引詩當作阜

草螽負蠜 唐石經雪牕本同釋文蝜音負字或作負

蜙蝬也 雪牕本注疏本同疏云一名蜙蝬釋文蚣本亦作螉同烏公反字林云蟲在牛馬皮者案說文螉蟲在牛馬皮者从虫翁聲烏紅切蝬螉蝬也又蜙蝑以股鳴者从虫松聲息恭切蚣蜙或省此經作蜙蝑字注作螉蝬字淺人據說文蚣蜙為一字因改蚣為蜙而不知此蚣為螉之省而非蜙蝑字也

俗呼蝽蟒 雪牕本注疏本同疏云一名蝽蟒釋文春黍本或作蝽蟒案詩螽斯正義云舍人曰今所謂春黍也陸機疏云幽州人謂之春箕春

箕卽舂黍釋文曰楊雄許愼皆云舂黍然則舂黍二字本無虫旁當從陸本

蠜螽蟒蜥單疏本雪牕本同五經文字蜥他各反又音曆見爾雅唐石經作蚸非○案依說文斥作㡿則唐石經是

幽州人謂之舂箕舂箕卽舂黍元本同閩本監本毛本舂字黍字並加虫旁非

或謂似蝗而小班黑元本同閩本監本毛本班改斑

其股似瑇瑁叉案叉當爲乂字之誤也元本瑇瑁省作毒冒爲合古

又名蚝蜢注疏本改蚱蜢案釋文蠑字又作蚝作宅反諸幼云蚝蚝蜢也

形似蝗而小注疏本脫形而誤細

螼蚓蜸蚕唐石經單疏本雪牕本注疏本同毛本蚕改蠶蓋因蠶字俗省作蚕因誤改此蚕爲蠶也釋文蚕他典反嚴杰云陸佃新義亦誤爲蠶目云蚕老而後眠

江東呼寒蚓單疏本雪牕本同釋文螒音寒字亦作寒一切經音義卷十三云今江東呼爲寒蚓當本此注

莫貈蟷蜋蛑雪牕本注疏本同誤也釋文唐石經單疏本蟷作螳當據以訂正說文作堂蜋

螗蜋有斧蟲雪牕本元本同閩本監本毛本螗作蟷非螗依經作螳

江東呼石蜋陳本同單疏本雪牕本注疏本作江東呼爲石蜋此脫爲字

虰蛵負勞唐石經單疏本雪牕本同釋文蟧力刀反本今作勞

即蜻蛉也雪牕本注疏本同釋文青本今作蜻案郭注當本作青蛉高誘注淮南子齊俗篇云蟌青蛉也

蜻蛉謂之蝍蛉淮南人又呼蠊蛜音康伊○注疏本刪小注元本蝍字闕閩本監本毛本誤蜻

蛅毛蠹唐石經單疏本雪牕本蠹作蠧注疏本及此本上從士非

八角螯蟲單疏本雪牕本同釋文螯作螯釋獸䶂鼠注同五經文字亦作螯玉篇螯同螯

然與鼠婦及鼠婦元本同閩本監本剜改與作爲毛本承之

蠶蛓元本閩本監本同雪牕本毛本蠶作蚕誤釋文蠶徂南反下同疏云此即蠶蛹所變者也案下蟓桑繭注及疏同

說文云蛓羅也是注疏本也是倒

螒天雞唐石經單疏本雪牕本同釋文翰胡旦反字林作螒同案文選江賦注引作翰天雞與陸本合釋蟲螒天雞釋鳥鶾天雞字皆作翰唐石經作螒爲依字林所改非也釋鳥釋文鶾本又作幹胡旦反幹即翰之訛說文翰天雞赤羽也从羽倝聲逸周書曰文翰若翬雉此其證釋文當云翰本又作鶾今本出後人乙改因文在釋蟲故從虫文在釋鳥故從鳥也

如蝗而班色元本同監本閩本毛本班改斑

蛶螪何毛本同雪牕本元本閩本監本螪訛蟰唐石經闕釋文螪失羊反字林之亦反五經文字云螪失羊反又之亦反案失羊反字作螪之亦反字

作螪說文蜉商何也無螪螪二字

蜆縊女 唐石經單疏本雪牕本同釋文蜆孫音俔案此孫讀蜆爲俔俔與磬聲相轉毛詩俔天之妹韓詩作磬說文磬象懸虡之形禮記文王世子注云縣縊殺之曰磬磬者經死之卽縣虛之義此縊女之所以名蜆也

說文云蜆爲蝶是也 今說文蜆縊女也下無此語又說文有蜨無蝶此蓋誤引

齊人呼蟻蟻蛘 陳本同雪牕本元本作齊人呼蟻爲蛘閩本監本毛本改齊人呼螘爲蛘案當作齊人呼蟻蛘疏云小者卽名螘齊人呼蟻蛘方言云燕謂之蛾蛘郭彼注云蟻養二音邢疏正本注云然也釋文蛘以丈反郭云齊人呼蟻也字林云北燕人謂蚍蜉曰蟻蛘與疏合釋文音經螘俗作蟻字音同蓋注用俗字以曉人也○案呼蟻蟻蛘者呼蟻爲蟻蛘也此本方言有改下一蟻字作爲者非是

蟿飛螘 唐石經單疏本雪牕本同釋文蟿於貴反說文字林從蚰五經文字蟿於貴反爾雅又作蟿案釋文蚰爲蚰之訛謂說文字林皆從蚰作蟿爾雅則從虫作蟿也唐石經今本依字書改蟿非今說文無蟿蟿字玉篇蟿飛螘也

謂之蚼蟓 駒養二音○注疏本蟓誤蠓注改大字移於後云蚼音駒蠓音蒙下準此

燕謂之蛾蛘 蟻養二音○注疏本移音於下

次蟗 案經文蟗字於六書皆不合出非諧聲也以諧聲求之當是作蠹从蚰橐聲與說文蚍蠹同字次蠹在說文則作蠹蠹古音相同也次古音讀如桼

今江東呼蝃蝥音掇 陳本同雪牕本掇誤蝃注疏本刪下二字釋文棳章悅反本或作掇拾字非○案當云棳音掇寫者省棳字耳

說文謂之蠿蟊作罔蠿蟊也注疏本蠿蟊改蠿蝥罔作網正德本作罔作蟊下同

謂之蠿蝥閩本監本毛本蝥作蟊

或謂之蝎蛈蠋臾二音〇正德本亦作蝎閩本監本毛本作蠋

謂之蝳蜍毒餘二音〇注疏本改大字每字分音彙於後

土蠭唐石經單疏本注疏本同下木蠭同釋文蠭字又作蜂案此經作蠭注作蜂雪牕本注中五蠭字皆作蜂是也

今江東呼大蠭在地中作房者爲土蠭雪牕本同蠭作蜂注疏本脫呼

今荊巴閒呼爲蟺音憚雪牕本憚誤蟬注疏本刪下二字釋文蟺郭音憚徒旦反

此辨蠭在土在木之異也注疏本脫下在

讀爲蛩蟺之蟺注疏本蟺誤亶讀上增蟺

其在糞土中者名蟦蠐浦鏜云蠐字衍

以在木中白而長注疏本中下衍者

蛜威委黍唐石經同五經文字蛜見爾雅詩風作伊雪牕本蛜音伊經作伊或非釋文蛜音伊本今作伊當爲蛜音伊本今作蛜注疏本作蛜威蟠

鼠負疏引此經同乃幷合詩爾雅字爲之非也說文蛜蛜威委黍从虫伊省聲

蟰蛸長踦　唐石經單疏本正德本同石經考文提要引至善堂九經本亦作蟰　雪牕本閩本監本毛本蟰改蠨案釋文云蟰詩作蠨明爾雅不作蠨也

一名蟰蛸　正德本同閩本監本毛本蟰改蠨

蟰蛸在戶　正德本訛肅肖閩本監本毛本蟰改蠨案廣韻一屋一切經音　義卷二十五引詩皆作蟰

爲羅罔居之　正德本同閩本監本毛本罔改網

蟦蹴謂之蚇蠖　音卽蹴○注疏本蟦改蟜分音於後

果蠃蒲盧　唐石經單疏本正德本同石經考文提要引至善堂九經本亦作蠃　雪牕本閩本監本毛本蠃改蠃案說文蠃蜾蠃也从虫𣎆聲作蠃爲俗字五經文字蠃魯果反見爾雅爲勝於開成石經當本之釋文今釋文亦改　蠃矣詩小宛作螺蠃說文於艸部作果蓏於虫部作螺蠃爾雅當與說文同

卽細𧟗蠭也　單疏本正德本同雪牕本閩本監本毛本𧟗作腰釋文細要一　遙反本今作𧟗

亦曰戎女　雪牕本注疏本同詩小宛正義引作亦呼爲戎女

螺蠃負之　注疏本螺作果釋文音經果本又作螺大元親次三螺蠃負之　宋司馬君實注引詩作螺

負之於木空中　注疏本負誤附

蝎桑蠹　唐石經雪牕本同注疏本蠹作蠧非

本草又名夜光注疏本又作一此本又下剜擠一字今刪正

蚅烏蠋也唐石經單疏本雪牕本同釋文蝎音烏本又作烏案玉篇虫部蝎蝎蠋

鱣似蛇正德本鱣誤亶閩本監本毛本改蟺下同

則忘其所惡閩本監本毛本忘誤亡正德本誤无

小蟲似蚋喜亂飛雪牕本閩本監本毛本同單疏本蚋作蜹正德本作芮即蜹之訛疏中準此釋文蜹又作蚋案說文秦晉謂之蜹楚謂之蚊从虫芮聲一切經音義卷八引此注作蜹今本作蚋非喜亦當作憙

因雨而生注疏本而誤布

即螳蟷耳雪牕本注疏本同釋文蟷丁郎反此本作蝠訛螳蟷之為蛈蝪語轉

雔由樗繭唐石經雪牕本同釋文雔市由反本今作雔

食蕭葉者雪牕本同注疏本脫者案廣韻十一唐蚢字下引此注有者

因所食葉異注疏本脫異

食樗葉棘葉欒葉者名雔由浦鏜云下脫棘欒二字

翥醜鏬正德本同雪牕本閩本監本毛本鏬作罅唐石經作罅釋文虢呼暇反本今作鏬段玉裁云後人訛寫從金也釋文當是本作罅〇案廣韻九

御引爾雅蟲醜螸字不作蝓

皆剖蚚母背 監本毛本同舊本閩本脫背

強蚚之類 注疏本強蚚改蝨斯

好垂其腴以休息 注疏本休誤伏

食葉蟘 注疏本同唐石經單疏本雪牕本蟘作蟦案釋文貣字又作蟦今本作蟦非

食節賊 唐石經雪牕本同釋文蠈音賊本今作賊案玉篇蠈音賊食禾節蟲與陸本合今本蓋據毛詩改

分別蟲啖食禾所在之名耳 雪牕本注疏本同案詩大田正義引郭云分別蟲啖禾所在之名耳郭注多言啖蓋詩正義引作啖注疏本作食今本誤幷爲一

故曰蟘也 舊本同閩本監本毛本蟘改蟦下同

螟似子方而頭不赤 注疏本子方作虸蚄廣韻虸蚄蟲名案詩正義作子方與此合

賊似桃李中蠹蟲 注疏本脫似

吏抵冒取民財 舊本同閩本監本毛本抵誤牴

釋魚第十六

是以不盡載魚名 元本闕載閩本監本剜改作釋毛本承之

石磧上釣取之 元本同閩本監本毛本釣改鉤

又以今語驗之 元本闕今閩本監本毛本改時

則鯉鮪鱣鮥 注疏本鮥改鮎

鱧注鮦也○釋曰今鱧魚也 注疏本刪注鮦也釋曰五字此本鱧誤鯉今訂正

今鯶魚似鱒而大 單疏本雪牕本同釋文鯶胡本反此本鯶訛鱓今訂正案此云鯶魚似鱒下鯇鱒注云似鯶子可互證

體員而有點文 雪牕本元本同閩本監本毛本員改圓下魁陸注同案點文當作文點下言見注云白為文點黃為文點黑為文點此作點文非

此即上文鱧也 元本同閩本監本毛本文改云

鱯魚名似鮎而大 注疏本同此本鱯字剜改作鮇今訂正

今青州呼鰕魚為鰝音酆鄗 雪牕本同注疏本刪下三字釋文鰝郭音鄗戶老反酆芳弓反

魚禁鯤鱬 詩敝笱正義宋本同注疏本鱬作鮞案鱬當作鱬即鮞字之變體淺人改鱬別為一字矣

健啖細魚 雪牕本注疏本同釋文啖作噉大敢反

鱏長鼻魚也　注疏本鼻作鼻下並同

鮈魚出江東　注疏本脫出

見魰者得魚　注疏本脫者

其小者名爲鱦　注疏本脫爲

鮥鮛鮪　唐石經單疏本雪牕本同五經文字鮛音叔案釋文云叔字林作鮛是爾雅不作鮛也詩潛釋文引爾雅云鮥叔鮪可證然則五經文字唐石經作鮛非又案說文鮪鮥也鮥鮪也互訓今本鮪下衍叔字鄭箋詩碩人及潛皆云鮪鮥也蓋散文則鮪鮥不別對文則大者名鮪小者名鮥

大者名王鮪小者名鮛鮪　雪牕本注疏本同案鮛當作叔文選江賦魚則江豚海狶叔鮪王鱣李善引爾雅鮥鮛鮪郭注曰大者王鮪小者叔鮪又詩碩人釋文曰大者曰王鮪小者曰鮛鮪可與經互證

即此魚也音洛　雪牕本同注疏本刪下二字釋文鮥郭音洛

崖上山腹有穴　注疏本上誤二

天官䲛人春獻王鮪　注疏本䲛改漁元本闕獻閩本監本毛本改薦

脥細而長　注疏本脥誤腹

鮤鱴刀　唐石經雪牕本注疏本同單疏本鱴作蠛釋文鱴亡節反案玉篇鱴與鮆同海中魚似鮑也義別魛字注引此作鮤刀周禮鼈人注貍物亦謂

鱴刀含鮆之類釋文鱴字無音

亦呼爲魛魚單疏本雪牕本注疏本同毛本魛誤魴疏同案此經作刀注作魛釋文音經刀亦作魛非

一名鮤一名蠛刀一名魛魚注疏本鮤下衍魚蠛作鱴魛誤魴

故云似鮆子注疏本脫似

鯵魚出樂浪潘國注疏本出誤也

出穢邪頭國○案釋文魵郭云小鰕別名集韻亦引郭同小鰕云小鰕者謂今蝦之小者對上文鰝大蝦而言郭注蓋並載二說而今本有脫也

江東呼魴魚爲鯿雪牕本注疏本同詩九罭正義引此注云江東人呼魴魚爲鯿案人字當有

一名魾音毗也雪牕本同注疏本刪下二字釋文魾音丕又音毗又音邸郭音也

肥恬而少肉細鱗元本同閩本監本毛本少肉作小力

一名孑孓單疏本雪牕本同注疏本及此本作孑孑非疏中同今訂正釋文孑紀列反字林云無右臂孓九月反字林云無左臂

今江東呼水中蛭蟲入人肉者爲蟣雪牕本注疏本同案疏云此水中蛭蟲憙入人肉者江東呼爲蟣本注爲說入人肉者上當脫憙字蜆縊女注云憙自經死可證

憙入人肉者 注疏本憙改喜

卽楚王食寒菹 注疏本脫楚菹改葅

蝦蟆子 單疏本雪牕本同釋文蟇字又作蟆案一切經音義卷四引此云蝦蟇子也與陸本合

外有理縱橫 雪牕本注疏本同釋文從子容反本今作縱

形似紡軖 音狂○注疏本刪音狂

鼁䵷蟾諸 唐石經單疏本雪牕本同釋文鼁起據反䵷音秋蠩音諸本今作諸戴震曰鼁說文作鼀今爾雅轉寫訛案䵷當爲䵹說文鼀䵹同字非誤其引詩得此䵹䵸今毛詩作戚施䵹與戚䵸與施皆聲相近斯其證矣釋文䵷爲䵹之訛一切經音義卷十引爾雅作蟾蠩與陸本合今本作諸

似蝦蟆居陸地淮南謂之去蚥 單疏本同一切經音義卷上引作似蝦蟇與上陸本合釋文蚥音甫雪牕本注疏本及此本作蚊訛今訂正疏中同

但相似耳 注疏本但誤俱

蟾諸頭生角者 注疏本脫頭

蜌螷 唐石經單疏本雪牕本同釋文螷字林作蠯校者云本今作螷

掌饋食之豆云脾析螷醢 注疏本掌改職螷改蠯

大苦山多三足龜單疏本雪牕本元本同閩本苦剜改砦監本毛本承之此本剜改作若今訂正

今吳與郡陽羨縣雪牕本同注疏本脫今案文選江賦注引此注有今

遊戲山東南二十里元本同閩本二十剜擠作三十五監本毛本承之

食之無蠱疾元本同閩本剜改蠱疾爲蠱疫監本毛本承之

曰大苦山元本同閩本剜改苦作砦監本毛本承之

形似蛞蝓注疏本蛞誤蛣

葵菹蠃醢注疏本葵誤龔

螺大者如斗雪牕本注疏本同案此經作蠃注作螺釋文上云蠃力禾反下同注作螺字亦同可證

卽彭螖也單疏本雪牕本同注疏本彭改蟚釋文蟚音彭本今作彭案今本據釋文改與舊校不符矣

似蟹而小音滑雪牕本同注疏本刪下二字

螖卽彭螖也元本同閩本監本毛本彭改蟚

案埤蒼卽云螺屬元本亦作卽云下二字闕閩本剜改作云卽蟚螖監本毛本承之

月令孟冬之月云注疏本云倒月令下

可飾佩刀削　元本同閩本削𠛱改鞘監本毛本承之

東注澂女水　注疏本女作汝依今本山海經改案釋文引東山經作澂女之水與此合

仰者謝　唐石經雪牕本同釋文謝如字衆家本作射案禮記玉藻注云謂靈射之屬所當用者是鄭氏所據本亦作射龜人地龜曰繹靈屬注云仰者繹此順周禮經字以繹爲射也周禮古文故作繹爾雅今文故作射郭本作謝非

行頭左庳　雪牕本注疏本同釋文俾普計反下同本今作庳疏云謂行時頭左邊庳下者案說文俾俾門侍人倪俾也一切經音義卷十云說文頫傾頭也蒼頡篇頫不正也經文作俾是俾頫字通左右俾者行時頭俾倚於左右少衺傾也釋文音經倪亦作睨文選思元賦注引爾雅左睨不類郭注曰行頭左睥也周禮龜人疏云頭向左右睥睨然考說文有俾無睥睨爲邪視其義非也此當從陸本作俾邪疏作庳高字誤甚

龜俯者靈　注疏本脫龜

車渠謂車輞　釋文車輞音罔雪牕本注疏本作輞案疏云考工記謂車輞爲渠故云渠謂車輞然則上車字衍文因上引書大傳致誤

小者鰿　唐石經雪牕本同釋文鰿字又作鰿

餘貾黃白文　唐石經雪牕本同釋文蚳字或作貾同案五經文字貾丈尸反見爾雅

今之紫貝　雪牕本同注疏本無之

謂汚薄　雪牕本注疏本同釋文汚作汙

蟦小而𧍪唐石經雪牕本注疏本同釋文蟦本或作鱝箋注云卽上小貝則當同上作鱝石經上鱝下蟦非釋文當爲鱝本或作蟦邢疏釋此經曰小而狹長者名鱝又釋注曰云卽上貝知者以其同名鱝也則邢本上下皆作鱝字

𧍪謂狹而長單疏本雪牕本同釋文狹作陜

貝海介蟲也注疏本海誤爲

周而有泉注疏本改周有泉貝

大而汙薄者名蜬注疏本脫者

西伯旣戡者注疏本者改黎案書釋文曰黎尙書大傳作耆書正義曰書傳云文王受命五年伐耆詩文王正義曰殷傳云西伯得四友獻寶免於虎口而克耆此皆大傳作耆之證

紂囚之牖里注疏本牖改羑

以備其辜注疏本作以贖其辠案此作備誤釋詁辜辠也

其文采之異大小之殊甚衆注疏本脫之異大小倒

以黃爲文注疏本脫以

其白質如玉注疏本脫其

今九真交趾以爲杯盤注疏本今上衍皆杯作柸

以其同名鱝也正德本同閩本監本毛本鱝誤蟦

隨山喬嶽注疏本隨作墮非

其循幾何浦鏜云楚辭循作衍案此蓋脩字之譌

或謂之蠦蝘盧廛兩音或謂之刺易南陽人呼蝘蜓其在澤中者謂之易蜥注疏本刺易易蜥皆改蜥蜴盧廛改蠦蝘脫人字者字音切俱作大字

或謂之蠑螈注疏本此下誤空一字

則是在草澤中者名蠑螈蜥蜴在壁者名蝘蜓守宮也注疏本脫是及下者

擣萬杵正德本閩本同監本毛本擣改搗

今淮南人呼蛩子音惡雪牕本同注疏本刪下二字

螣螣蛇唐石經雪牕本同單疏本注疏本作螣螣蛇釋文螣直錦反字又作朕螣字又作騰徒登反案螣螣雖兩體實一字也據釋文知本作螣騰蛇注云能興雲霧而遊其中卽螣之謂也唐石經作螣螣誤文選思元賦注藝文類聚卷九十六皆引爾雅作螣蛇與釋文合

淮南云蟒蛇單疏本雪牕本同疏云蟒當爲奔淮南子覽冥篇後奔蛇許慎云奔蛇䟫蛇是也或曰淮南人呼此螣爲蟒蛇義亦通案注引

淮南子奔蛇以證經之騰蛇奔騰一義也故許注又轉爲馳蛇馳亦奔騰之意也因字形相涉奔誤爲莽又因下有蟒王蛇遂改莽作蟒此當從邢叔明義或說非也

雲黃璐　注疏本璐誤路案依淮南子當作璐雲黃

淮南人呼此螣爲蟒蛇　正德本誤蟒螣閩本監本毛本誤蟒蟒

蟒蛇最大者故曰王蛇　雪牕本注疏本同案一切經音義卷六引此注云蚺蛇之最大者故曰王是訓莽爲大也邢疏亦云此蛇之最大者也今本作蟒蛇最大者非孫星衍云蟒義當用莽小爾雅莽大也○案蟒逗蛇最大者句

蝮虺　唐石經單疏本雪牕本同釋文蝮字亦作蝮虫即虺字也說文云虫一名蝮博三寸首大如擘字林同郭云別自一種蛇名蝮虺本今作虺案此爲經作虫注作虺之明證唐石經以下諸本俱係後人援注所改

又名拇　注疏本拇下衍指

郭璞曰　注疏本脫璞

文閒有毛似豬鬣　注疏本豬作猪

大者長八九尺　雪牕本同注疏本此下有別名鰒三字係疏語竄入

涪陵郡出大龜甲可以卜緣中文似瑇瑁俗呼爲靈龜　雪牕本注疏本同段玉裁云文當作㐅靈

龜當作靈乂乂釵古今字依蜀都賦注華陽國志訂正毒冒即龜之至大者其甲可爲釵

見龜策傳　單疏本雪牕本同釋文筴初革反本今作策

背上有盤法丘山　注疏本脫有

公羊傳曰　注疏本曰作云

言世世保用之辭　舊本閩本同監本毛本保改寶

其寶河圖說靈龜也　元本閩本監本同毛本寶誤寳

上有擣著　索隱云擣古稠字元本擣誤儔閩本監本毛本作壽今史記作下有擣著下當從此作上〇案擣當从木

今去天南東萬里　元本同閩本剜改天爲扶監本毛本承之

名之火澣布是也　浦鏜云今誤名

爾雅注疏卷九校勘記

爾雅疏卷第十

翰林侍講學士朝請大夫守國子祭酒上柱國賜紫金魚袋臣邢昺等奉

勑校定

釋鳥第十七 疏釋鳥第十七○釋曰說文云鳥者羽禽之總名象形字左傳曰少皡氏以鳥名官之類此篇廣釋其名也

佳其鴂鴀 今鵓鳩○鴂方扶切鴀方浮切 疏佳其鴂鴀○釋曰舍人曰鵻一名。夫。不李巡曰今楚鳩也某氏引春秋云祝鳩氏司徒祝鳩卽鵻其夫不。孝故爲司徒也郭云今鵓鳩詩曰翩翩者鵻毛傳云鵻夫不也一宿之鳥鄭箋云一宿者一意於所宿之木又云鳥之謹慤者人皆愛之。則此是謹慤孝順之鳥也陸機云今小鳩也一名鵓鳩幽州人或謂之。鷱。鷎梁宋之間謂之佳楊州人亦然

鶌鳩鶻鵃 似山鵲而小短尾青黑色多聲今江東亦呼爲鶻鵃○鶌居物切鶻音骨鵃音嘲 疏鶌鳩鶻鵃○釋曰春秋左氏傳云鶻鳩氏司事也杜注云鶻鳩鶻。鵰也春來。秋去故爲司事卽此鶌鳩也舍人曰鶌鳩一名鶻鵃今之。班鳩孫炎曰鶻。鳩一名。鳴鳩月令云鳴鳩拂其羽郭云似山鵲而小短尾青黑色多聲今江東亦呼爲鶻鵃案舊說及廣雅皆云。班鳩非也

鳲鳩鴶鵴 今之布穀也江東呼爲穫穀○鳲音尸鴶古八切鵴音菊 疏鳲鳩鴶鵴○釋曰左傳云鳲鳩氏司空也詩召南云維鵲有巢維鳩居之皆謂此也郭云今之布穀江東呼爲穫穀埤。倉云鴶鵴方言云戴勝謝氏云布穀類也陸機云云今梁宋之間謂布穀爲鴶鵴一名。擊穀一名桑鳩案戴勝自生穴中不巢生。而方言云戴勝非也

鷑。鳩鵧。鷑。 小黑鳥鳴自呼江東名爲烏。鷑○鷑音及鵧符悲切 疏鷑鳩鵧鷑○釋曰鷑鳩一名鵧鷑郭云小黑鳥鳴自呼江東名爲烏鷑

鴡鳩王鴡 鵰類今江東呼之爲鶚好在江。渚。山。邊食魚毛詩傳曰鳥。摯而有別○鴡七徐反 疏鴡鳩王鴡

○釋曰李巡曰王鴡一名鴡鳩郭云鵰類今江東呼之爲鶚好在江渚山邊食魚詩周南云關關鴡鳩陸機疏云鴡鳩大小如鴟深目目上骨露幽州謂之鷲而楊雄許愼皆曰白鷢似鷹尾上白○注毛詩傳曰鳥摯而有別釋曰此即關雎傳文也摯至也謂鳥中雌雄情意至厚而猶能有別故以興后妃說樂君子情深猶能不淫其色鵅。鵋。鵙。今江東呼鵂鶹爲鵋。鵙。亦謂之鴝。鵅。音。格○鵋音忌鵙音欺【疏】鵅鵋鵙○釋曰鵅一名鵋鵙郭云今江東呼鵂鶹爲鵋鵙亦謂之鴝鵅鴩鵵軌未詳䳙天狗小鳥也青似翠食魚江東呼爲水狗○鵵音兔䳙音立【疏】䳙天狗○釋曰䳙一名天狗郭云小鳥也青似翠今江東呼爲水狗鷚天鸙大如鷃雀色似鶉好高飛作聲今江東名之。曰天鷚音綢繆○鷚亡侯切鸙音藥【疏】鷚天鸙○釋曰鷚一名天鸙郭云大如鷃雀色似鶉好高飛作聲今江東名之曰天鷚音綢繆者詩豳風云綢繆牖戸取其音同故讀從之鵱鷜鵝。今之野鵝○鵱音六鷜力于切【疏】鵱鷜鵝○釋曰鵱鷜者野鵝之別名也郭云今之野鵝鶬麋鴰今呼鶬鴰○鴰古活切【疏】鶬麋鴰○釋曰鶬一名麋鴰郭云今呼鶬鴰鵅烏鸔水鳥也似鶂而短頸腹翅紫白背上綠色江東呼烏鸔。音。駮○鵅音洛鸔音剝【疏】鵅烏鸔○釋曰鵅一名烏鸔郭云水鳥也似鶂而短頸腹翅紫白背上綠色江東呼烏鸔舒鴈鵝禮記曰出如舒鴈今江東呼鴚。音。加【疏】舒鴈鵝○釋曰鵝一名舒鴈今江東呼鴚某氏云在野舒翼飛遠者爲鵝李巡曰野曰鴈家曰鵝○注禮記曰出如舒鴈○釋曰聘禮記文也案彼云私覿愉愉焉出如舒鴈鄭注云威儀自然而有行列是也舒鳧鶩鴨。也○鶩音木【疏】舒鳧鶩○釋曰鶩鴨也一名舒鳧李巡曰野曰鳧家曰鶩禮記內則辨鳥之不可食者云舒鳧翠鳽鵁鶄似鳧脚高毛冠江東人家養之以厭火災○鳽音顙鵁音交鶄音精【疏】鳽鵁鶄○釋曰鵁鶄一名鳽郭云似鳧脚高毛冠江東人家養之以厭火災輿鵛鷋未詳鵜鴮鸅今之鵜鶘也好羣飛沈水食魚故名。洿。澤俗呼之爲淘河○鵛音經鷋音徒鵜音啼鴮音烏鸅音澤【疏】鵜鴮鸅○釋曰舍人曰鵜一名鴮鸅郭云今之鵜鶘也好羣飛沈水食魚一名洿澤俗呼之爲淘河詩曹風云維鵜在梁陸機疏云鵜水鳥形如鶚而極大喙長尺餘直而廣口中正赤頷下胡大如數斗囊若小澤中有魚便羣共抒水滿其胡而棄之令水竭盡魚在陸地乃共食之故曰淘河

鶾天雞。鶾雞赤羽逸周書曰文鶾若彩雞成王時蜀人獻之〇鶾音汗

【疏】鶾天雞〇釋曰鶾一名天雞赤羽之鳥也〇注逸周書至獻之〇釋曰云逸周書曰者雖是周書不在尚書百篇內故曰逸周書今所謂汲冢周書也云文鶾若彩雞者王會篇文也案彼云蜀人以文鶾鶾者若暈雉孔晁注云鳥有文彩者是也云成王時蜀人獻之者案彼孔晁注又云王城既成大會諸侯及四夷故知當成王時蜀人獻之也

鷽山鵲。似鵲而有文彩長尾觜脚赤〇鷽音握

【疏】鷽山鵲〇釋曰山鵲一名鷽郭云似鵲而有文彩長尾觜脚赤說文云知來事鳥也

鷣負雀鷣鷂也江南呼之爲鷣善捉雀因名云〇鷣音淫

【疏】鷣負雀〇釋曰鷣一名負雀郭云鷣鷂也江南呼之爲鷣善捉雀因名云

齧齒。艾未詳

鶨鵋老。鳹鶨也俗呼爲癡鳥〇鶨丑絹切鳹巨炎切

【疏】鶨鵋老〇釋曰鶨一名鵋老郭云鳹鶨俗呼爲癡鳥字林云勾喙鳥

鳸鴳今鴳雀〇鳸音戶鴳音晏

【疏】鳸鴳〇釋曰別二名也郭云今鴳雀案舍人李巡孫炎郭氏皆斷老上屬鳸下屬解云鶨一名鵋老。鴳一名。鳸。鳸雀也唯樊光斷鶨鵋爲句以老下屬注云春秋云九鳸爲九農正九鳸者春鳸夏鳸秋鳸冬鳸棘鳸行鳸宵鳸桑鳸老鳸是以老爲下屬唯鴳不重耳杜預仍云老鳸鴳鴳非郭義

桑鳸。竊脂俗謂之青雀觜曲食肉好盜脂膏因名云

【疏】桑鳸竊脂〇釋曰桑鳸一名竊脂郭云俗謂之青雀觜曲食肉好盜脂膏因名云鄭玄詩箋云竊脂肉食陸機毛詩疏云竊脂青雀也好竊人脯肉脂及筩中膏故以名竊脂也諸儒說竊脂皆謂盜。人脂膏即如下云竊玄竊黃者豈復盜竊玄黃乎案下篇釋獸云虎竊毛謂之虦貓虦如小熊竊毛而黃竊毛皆謂淺毛竊即古之淺字但此鳥其色不純竊玄淺黑也竊藍淺青也竊黃淺黃也竊丹淺赤也四色皆具則竊脂爲淺白也而諸儒必爲盜竊脂膏者以此經下別云桑鳸與竊玄竊黃等幷

列則爲淺白者也春秋九扈是也此自別一種青雀好竊脂肉目驗而然詩小雅交交桑扈是也且鄭玄郭璞陸機皆當世名儒無容不知竊爲淺義脂爲白色而待後人。剝正也後人不達此旨妄說異端非也

鳭鷯剖葦好剖葦皮食其中蟲因名云江東呼蘆虎似雀青。班長尾○鷯力周切

疏鳭鷯剖葦○釋曰鳭鷯一名剖葦郭云好剖葦皮食其中蟲因名云江東呼蘆虎似雀青班長尾

桃蟲鷦其雌鴱鷦鸋桃雀也俗呼爲巧婦○鴱音艾

疏桃蟲鷦其雌鴱○釋曰舍人曰桃蟲名鷦其雌名鴱郭云鷦鸋桃雀也俗呼爲巧婦此鷦鸋小鳥而生鵰。鶚者也詩周頌云。肇允彼桃蟲拚飛維鳥毛傳云桃蟲鷦也鳥之始小終大者陸機疏云今鷦鷯是也微小於黃雀其鶵化而爲鵰故俗語鷦鷯生鵰鄭詩箋云鷦之所爲鳥題肩也或曰。鴞皆惡聲之鳥其義未詳方言說巧婦之名自關而東謂之工爵或謂之過。蠃或謂之女鴎。自。關。而。東。謂之鸋。鴂自關而西謂之桑飛或謂之。韈。爵是也

鶠鳳其雌皇瑞應鳥雞頭蛇頸燕頷龜背魚尾五彩色。高六尺許

疏鶠鳳其雌皇○釋曰鳳一名鶠郭云瑞應鳥雞頭蛇頸燕頷龜背魚尾五彩色高六尺許說文云神鳥也天老曰鳳像麟前鹿後蛇頸魚尾龍文龜背燕頷雞喙五色備舉出於東方君子之國翺翔四海之。外過崐崘飲砥柱濯羽弱水莫宿丹穴見則天下大安寧字從鳥几聲鳳飛則羣鳥從以萬數故鳳古作朋字山海經曰丹穴之山有鳥焉其狀如。鶴五彩而文名曰鳳首文曰德翼文曰順背文曰義膺文曰仁腹文曰信是鳥也飲食自歌自舞見則天下大安寧京房易傳曰鳳皇高丈二漢時鳳皇數至漢書云高五六尺是說鳳皇之狀也

䳭。鴒雝渠雀屬也飛則鳴行則搖

疏䳭鴒雝渠○釋曰䳭鴒一名雝渠水鳥也郭云雀屬也飛則鳴行則搖詩小雅云脊令在原陸機疏云大如鷃雀長脚長尾尖喙背上青。灰色腹下白頸下黑如連錢故杜陽人謂之連錢是也

鸒斯鵯鶋鴉烏也小而多羣腹下白江東亦呼爲鵯烏。音。匹○鸒音預

疏鸒斯鵯鶋○釋曰鸒斯一名鵯鶋郭云鴉烏也小而多羣腹下白江東亦呼爲鵯烏詩小雅云弁彼鸒斯毛傳云鸒鵯鶋然則此鳥名鸒而云斯者語辭

猶黎彼鷽斯之類也小爾雅云小而腹下白不反哺者謂之雅烏說文字林皆云楚烏是也

燕白脰烏。脰頸○脰音豆 【疏】燕白脰烏○釋曰脰項也小爾雅云白項而羣飛者謂之燕烏燕烏白脰烏是也

鴽，鴾母。鶕也青州呼鴾母○鴽音如鴾音謀 【疏】鴽鴾毋○釋曰李巡云鴽鶕一名鴾毋郭云鶕也青州呼鴾母田鼠所化者也月令季春田鼠化爲鴽是也

密肌，繫英。釋蟲以有此名疑誤重

巂周。子巂鳥出蜀中○巂音攜 【疏】巂周○釋曰子巂鳥也出蜀中說文云巂蜀王望帝化爲子巂今謂之子規是也

燕燕，鳦。詩云燕燕于飛一名玄鳥齊人呼鳦○鳦音乙 【疏】燕燕鳦○釋曰燕燕又名鳦郭云一名玄鳥齊人呼鳦此燕燕即今之燕古人重言之詩云燕燕于飛漢書童謠云燕燕尾涎涎是也孫炎舍人以巂周燕燕鳦爲一物三名郭所不取也○注詩云至呼鳦○釋曰詩云燕燕于飛者邶風衛莊姜送歸妾之詩也云一名玄鳥者案月令仲春之月玄鳥至以其色玄故謂之玄鳥是也云齊人呼鳦者案商本紀云簡狄行浴玄鳥隋其卵取而吞之因孕生契諸緯候皆言簡狄吞鳦卵而生契是玄鳥又名鳦也

鴟鴞，鸋鴂。鴟類○鴟尺之切鴞音遙鸋音寧鴂音決 【疏】鴟鴞鸋鴂○釋曰舍人云鴟鴞一名鸋鴂郭云鴟類詩豳風云鴟鴞鴟鴞毛傳云鴟鴞鸋鴂陸機疏云鴟鴞似黃雀而小其喙尖如錐取茅秀爲窠以麻紩之如刺韈然縣著樹枝或一房或二房幽州人謂之鸋鴂或曰巧婦或曰女匠關東謂之工雀或謂之過羸關西謂之桑飛或謂之韈雀或曰巧女先儒皆以爲今之巧婦郭注此云鴟類又注方言云鸋鴂鴟鴞鴟屬非此小雀明矣是與先儒意異也今爾雅以郭氏爲宗且依郭氏

狂，茅鴟。今鵋鴟也似鷹而白

怪鴟。即鴟鵂也見廣雅今江東通呼此屬爲怪鳥

梟，鴟。土梟○梟音嬌 【疏】狂茅鴟怪鴟梟鴟○釋曰此別鴟類也茅鴟一名狂廣雅云茅鴟鵋也郭云今鵋鴟也似鷹而白怪鴟廣雅謂之鴟鵂郭云今江東通呼此屬爲怪鳥梟一名鴟郭云土梟說文云梟食母不孝之鳥故冬至捕梟磔之字從鳥首在木上詩陳風云墓門有梅有鴞萃止毛傳云惡聲之鳥也一名鵩一名梟一名鴟大雅瞻卬云爲梟爲

鴞陸機云鴞大如班鳩綠色惡聲之鳥也入人家凶賈誼所賦鵩鳥是也其肉甚美可爲羹臛又可爲炙漢供御物各隨其時鴞冬夏常施之以其美故也

鴜劉疾未詳

生哺鷇鳥子須母食之

生噣雛皆自食○鷇音皆鷇古候切噣音啄雛仕俱切疏生哺鷇生噣雛○釋曰辨鳥子之異名也鳥子生須母哺而食者名鷇謂燕雀之屬也史記趙武靈王探雀鷇而食之是也鳥子生而能自啄食者名雛謂雞雉之屬也禮記內則云雛尾不盈握弗食是也

爰居雜縣國語曰海鳥爰居漢元帝時琅邪有大鳥如馬駒時人謂之爰居疏爰居雜縣○釋曰爰居海鳥也大如馬駒一名雜縣漢元帝時琅邪有之○注國語至爰居○釋曰云國語曰海鳥爰居者案魯語云海鳥曰爰居止於魯東門之外三日臧文仲命國人祭之展禽曰越哉臧孫之爲政也夫祀國之大節也節政之所成也故制祭祀以爲國典今無故而加典非政之宜也今海鳥至已不知而祀之以爲國典難以言仁且知矣無功而祀之非仁也弗知而弗問非知也今茲海其有災乎夫廣川之鳥獸皆知辟其災是歲海多大風冬煖是其事也

春鳸鳻鶞夏鳸竊玄秋鳸竊藍冬鳸竊黃桑鳸竊脂棘鳸竊丹行鳸唶唶宵鳸嘖嘖諸鳸皆因其毛色音聲以爲名竊藍青色○鳻音汾鶞敕倫切唶音即嘖音責疏春鳸至嘖嘖○釋曰李巡云諸鳸別春夏秋冬四時之名唶唶嘖嘖○鳥聲貌也郭云諸鳸皆因其毛色音聲以爲名竊藍青色案昭十七年左傳云九鳸爲九農正以此八鳸并上鳸鴳爲九賈逵注云春鳸分循相五土之宜趣民耕種者也夏鳸竊玄趣民耘苗者也秋鳸竊藍趣民收斂者也冬鳸竊黃趣民蓋藏者也棘鳸竊丹爲果驅鳥者也行鳸唶唶晝爲民驅鳥者也宵鳸嘖嘖夜爲農驅獸者也桑鳸竊脂爲蠶驅雀者也老鳸鷃鷃趣民收麥令不得晏起者也舍人樊光注爾雅其言亦與賈同其意皆謂以鳸爲官還令依此諸鳸而動作也然則趣民耕耘及收斂蓋藏其事可得召民使聚而總號令之其爲果驅鳥爲蠶驅雀豈得多置官方使之就果樹入蠶室爲民驅之哉又晝驅鳥夜驅獸不可竟日通宵常在田野滯天

之下何以可周且其言不經難可據信也故郭氏及杜預皆不從也

鵖鴔戴鵀鵀即頭上勝今亦呼為戴勝鵖鴔猶鶝鶔語聲轉耳○鵖彼及切鴔皮及切鵀音賃【疏】鵖鴔戴鵀○釋曰李巡云戴勝一名鵖鴔郭云鵀即頭上勝今亦呼為戴勝鵖鴔猶鶝鶔語聲轉耳月令季春云戴勝降于桑方言云燕之東北朝鮮洌水之間謂之鶝鶔自關而東謂之戴鵀或謂之戴頒或謂之戴勝東齊吳揚之間謂之鵀自關而西謂之服鶝或謂之鶝鶔

鸆澤虞今媔澤鳥似水鴞蒼黑色常在澤中見人輒鳴喚不去有象主守之官因名云俗呼為護田鳥○鸆孚往切【疏】鸆澤虞○釋曰澤虞一名鸆郭云今媔澤鳥似水鴞蒼黑色常在澤中見人輒鳴喚不去有象主守之官因名云俗呼為護田鳥說文云媔嫪也聲類云媔嫪戀惜也以此鳥戀惜池澤見人不去因名媔澤鳥也

鶿鷧即鸕鶿也觜頭曲如鉤食魚○鶿音慈鷧於計切【疏】鶿鷧○釋曰別二名也字林云似鶂而黑郭云即鸕鶿也

鷯鶉其雄鶛牝痺鶉䳺屬○痺音脾【疏】鷯鶉其雄鶛牝痺○釋曰李巡曰別雄雌異方之言鶉一名鶉其雄名鶛其牝名痺郭云鶉䳺屬䳺即上云鴽鴾母田鼠所化者鶉舊云蝦蟆所化者也

鸍沈鳧似鴨而小長尾背上有文今江東亦呼為鸍。音施【疏】鸍沈鳧○釋曰鸍一名沈鳧郭云似鴨而小長尾背上有文今江東亦呼為鸍陸機云大小如鴨青色卑脚短喙水鳥之謹愿者也大雅云鳧鷖在涇

鴢頭鵁似鳧脚近尾略不能行江東謂之魚鵁音髐箭○鴢音拗鵁許交切【疏】鴢頭鵁○釋曰鴢一名頭鵁郭云似鳧脚近尾略不能行江東謂之魚鵁音髐箭嗛讀為鵁青之鵁故音之山海經云青要山畛水出焉北注河其中有鳥名鴢狀如鳧青身朱目赤毛食之宜子是也

鵽鳩寇雉鵽大如鴿似雌雉鼠脚無後指。岐尾為鳥憨急羣飛出北方沙漠地○鵽丁刮切【疏】鵽鳩寇雉○釋曰寇雉一名鵽鳩郭云鵽大如鴿似雌雉鼠脚無後指岐尾為鳥憨急羣飛出北方沙漠地又謂之洟洟下云寇雉洟洟是也

萑老鵵木兔也似鴟鵂而小兔頭有角毛脚夜飛好食雞○萑音九【疏】萑老鵵○釋曰老鵵一名萑郭云木兔也似鴟鵂而小兔

頭有角毛脚夜飛好食雞

鶟鶦。鳥 似雉青身白頭鶟音突鶦音胡○【疏】鶟鶦鳥○釋曰鶟鶦鳥名也郭云似雉青身白頭

狂。𤢖鳥 狂鳥五色有冠見山海經【疏】狂𤢖鳥○釋曰𤢖鳥一名狂五。采之鳥也○注狂鳥至山海經○釋曰案大荒西經云栗廣之野有五。采之鳥有冠名曰狂鳥是也

皇黃鳥 俗呼黃離留亦名搏黍【疏】皇黃鳥○釋曰舍人曰皇。名黃鳥郭云俗呼黃離留一名搏黍詩周南云黃鳥于飛陸機疏云黃鳥黃鸝留也或謂之黃栗留幽州人謂之黃鸎一名倉庚一名商庚一名鵹黃一名楚雀齊人謂之。搏黍常葚熟時來在桑間故里語曰黃栗留看我麥黃葚熟。亦是應節趨時之鳥也自此以下諸言倉庚商庚鵹黃楚雀倉庚鵹黃之文與此一也

翠鷸 似燕紺色生鬱林○鷸音聿【疏】翠鷸○釋曰李巡曰鷸一名爲翠其羽可以爲飾樊光云青羽出交州郭云似燕紺色生鬱林說文云翠青羽雀也案漢書尉。他獻文帝翠鳥毛然則鷸羽可以飾器物故僖二十四年左氏傳鄭子臧好聚鷸冠是也

鸀。山烏 似烏而小赤觜穴乳出西方○鸀音蜀【疏】鸀山烏○釋曰山烏一名鸀郭云似烏而小赤觜穴乳出西方

蝙蝠服翼 齊人呼爲蠘蠌或謂之仙鼠【疏】蝙蝠服翼○釋曰蝙蝠一名服翼郭云齊人呼爲蠘蠌或謂之仙鼠方言云蝙蝠自關而東謂之服翼或謂之。䙴鼠自關而西秦隴之閒謂之蝙蝠北燕謂之蠘蠌

晨風鸇 鷂屬詩曰鴥彼晨風○鸇之然切【疏】晨風鸇○釋曰舍人曰晨風一名鸇。摯鳥也郭云鷂屬陸機云鸇似鷂。黃色燕頷勾喙嚮風搖。翅乃因風飛急疾擊鳩鴿燕雀食之○注詩曰鴥彼晨風○釋曰詩秦風晨風篇文也

鸉。白鷢 似鷹尾上白○鷢巨月切【疏】鸉白鷢○釋曰鸉一名白鷢郭云似鷹尾上白

寇雉泆泆 卽鴔鳩也

鷏蟁母 似烏鸔而大黃白雜文鳴如鴿聲今江東呼爲。蚊母俗說此鳥常吐蚊。故以名云○鷏音田蟁音文【疏】鷏蟁母○釋曰鷏一名蟁母郭云似烏鸔而大黃白雜文鳴如鴿聲江東呼爲蚊母俗說此鳥常吐蚊因以名云蟁蚊音義同

鷉須蠃。 鷉。鷿鷉似鳧而小膏中瑩刀○鷉音梯蠃音螺【疏】鷉須蠃○釋曰鷉一名須蠃郭云鷉鷿鷉似鳧

而小膏中瑩刀

鼯鼠夷由狀如小狐似蝙蝠肉翅翅尾項脅毛紫赤色背上蒼艾色腹下黃喙頷雜白腳短爪長尾三尺許飛且乳亦謂之飛生聲如人呼食火烟能從高赴下不能從下上高○鼯音吾 疏鼯鼠夷由○釋曰鼯鼠一名夷由郭云狀如小狐似蝙蝠肉翅翅尾項脅毛紫赤色背上蒼艾色腹下黃喙頷雜白腳短爪長尾三尺許飛且乳亦謂之飛生聲如人呼食火烟能從高赴下不能從下上高

倉庚商庚即鵹黃也

鴩餔豉。未詳○鴩大結反餔音步豉音鼓

鷹鶆。鳩鶆當爲類字之誤耳左傳作鶆鳩是也 疏鷹鶆鳩○釋曰樊光曰。來鳩爽鳩也春秋曰。爽鳩氏司寇鷹鷙故爲司寇郭云鶆當爲鶆字之誤耳左傳作鶆鳩是也案昭十七年左傳郯子曰少皞氏以鳥名官。爽鳩氏司寇也杜注云。爽鳩鷹也鷙故爲司寇主盜賊是也

鶼鶼比翼說已在上 疏鶼鶼比翼○釋曰鶼鶼比翼鳥名也說在釋地篇故注云說已在上

鵹黃楚雀即倉庚也○鵹音離

鴷斲木口如錐長數寸常斲樹食蟲因名云○鴷音列 疏鴷斲木○釋曰斲木鳥一名鴷郭云口如錐長數寸常斲樹食蟲因名云

鸄鶶鷵似烏。蒼白色○鸄音激鶶音唐鷵音徒 疏鸄鶶鷵○釋曰鸄一名鶶鷵郭云似烏。蒼白色

鸕諸雉未詳或云即今雉

鷺舂鉏。白鷺也頭翅背上皆有長翰毛今江東人取以爲睫欐名之曰白鷺縗○鉏音鋤 疏鷺舂鉏○釋曰鷺一名舂鉏郭云白鷺也頭翅背上皆有長翰毛今江東人取以爲睫。欐名之曰白鷺縗詩陳風云值其鷺羽陸機疏云鷺水鳥也好而潔白故謂之白鳥齊魯之間謂之舂鉏遼東樂浪吳揚人皆謂之白鷺青腳高尺七八寸尾如鷹尾喙長三寸頭上有長毛十數枚長尺餘毿毿然與衆毛異好欲取魚時則弭之今吳人亦養焉楚威王時有朱鷺合沓飛翔而來舞則復有赤者舊鼓吹朱鷺曲是也然則鳥名白鷺赤者少耳

鷂雉青質五。采○鷂音遙

鷮雉即鷮雞也長尾走且鳴○鷮音驕

鳪雉黃色鳴自呼○鳪音卜

鷩雉似山雞而小冠背毛黃腹下赤項綠色鮮明

秩秩海雉如雉而黑在海中山上

鸐山雉尾長者○鸐音狄

雗

雉鶾雉今。白鶾也江東呼白鶾亦名白雉○鶾音汗鶾下罕切雉絶有力奮最健鬭伊洛而南素質五采。皆備成章曰翬翬亦雉屬言其毛色光鮮。○翬音暉江淮而南青質五采皆備成章曰鷂即鷂雉也。南方曰𠷎東方曰鶅北方曰鵗西方曰鷷說四方雉之名○𠷎音儔鶅音緇鵗音希鷷音尊

疏鷂雉至西方曰鷷○釋曰別諸雉之名也雉者郭云青質五采即下文江淮而南者是也云鶅雉者郭云即鶅鷂也長尾走且鳴說文云鷂長尾雉走鳴乘輿以尾爲防釳著馬頭上詩小雅云有集維鷂陸機疏云鷂微小於翟也走而且鳴曰鷂鷂其尾長肉甚美故林木山下人語曰四足之美有麃兩足之美有鷂麃者似鹿而小是也山海經。女。几山其鳥多白鷂云鳩雉者雉之黃色鳴自呼者名鳩云鷩雉者案山海經牝山之上鳥多赤鷩郭注云即鷩雉也尙書謂之華蟲周禮春官司服職云鷩冕七章之服也畫此鷩雉郭云似山鷄而小冠背毛黃腹下赤項綠色鮮明云秩秩海雉者海雉一名秩秩郭云如雉而黑在海中山上云鸐山雉者山雉一名鸐郭云尾長者今俗呼山鷄是也云鶾雉者別二名也郭云今白鶾也江東呼白鶾亦名白雉云雉絶有力奮者謂雉之壯大有力能鬭者名奮郭云最健鬭云伊洛而南素質五采皆備成章曰翬者李巡曰素質五采備具文章鮮明曰翬孫炎曰翬雉白質五色爲文也郭云翬亦雉屬言其毛色光鮮王后之服以爲飾案周禮內司服云王后之六服褘衣鄭注云王后之服刻繒爲之形而采畫之綴於衣以爲文章褘衣畫翬者是也云江淮而南青質五采皆備成章曰鷂者有雉青質五采備具而成文章名曰鷂雉郭云即鷂雉也亦王后之服以爲飾周禮云揄狄鄭注云揄狄畫搖者是也搖與鷂音義同云南方曰𠷎東方曰鶅北方曰鵗西方曰鷷者郭云說四方雉之名左傳曰五雉爲五工正杜預取此四方之雉幷上翬雉以爲五也必取翬雉者伊洛土之中區故與四方之雉爲五也樊光賈逵以此五雉分屬五土無所。馮據不可采用故略而不言

鳥鼠同穴其鳥爲鵌其鼠爲鼵鼵如

人家鼠而短尾鵌似鵽而小黃黑色穴入地三四尺鼠在內鳥在外今在隴西首陽縣鳥鼠同穴山中孔氏尚書傳云共爲雄雌張氏地理記云不爲牝牡○鵌音徒鼵音突

疏鳥鼠同穴其鳥爲鵌其鼠爲鼵○釋曰尚書禹貢云導渭自鳥鼠同穴不言鳥獸之名故此釋之也李巡云鵌鼵鳥鼠之名共處一穴天性然也郭云鼵如人家鼠而短尾鵌似鵽而小黃黑色穴入地三四尺鼠在內鳥在外今在隴西首陽縣鳥鼠同穴山中孔氏尚書傳云共爲雌雄張氏地理記云不爲牝牡郭氏並載此言未知誰得其實也

鶨鶝䳓鵖如鵲短尾射之銜矢射人或說曰鶨鶝䳓鵖一名䴏羿○鶨音歡鶝音團䳓音福鵖音柔射食亦切

疏鶨鶝䳓鵖如鵲短尾射之銜矢射人○釋曰鶨鶝一名䳓鵖郭云或曰鶨鶝䳓鵖一名䴏羿案字書云䴏古以名爲懈惰字羿古之善射者此言鳥捷勁雖羿之善射亦懈惰不敢射也故以名云郭圖讚云鶨鶝之鳥一名䴏羿應弦銜鏑矢不著地逄蒙縮手養由不睨

鵲鶪醜其飛也翪竦翅上下○翪音宗

疏鵲鶪醜其飛也翪○釋曰鶪伯勞也翪竦也醜類也鵲鶪之類不能翱翔遠飛但竦翅上下而已

鳶烏醜其飛也翔布翅翱翔○鳶音玄

疏鳶烏醜其飛也翔○釋曰鳶鴟也鴟烏之類其飛也布翅翱翔

鷹隼醜其飛也翬鼓翅翬翬然疾

疏鷹隼醜其飛也翬○釋曰舍人曰謂隼鷂之屬也翬翬其飛疾羽聲也郭云鼓翅翬翬然疾是急疾之鳥也說文云隼鷙鳥也陸機云隼鷂屬也齊人謂之擊征或謂之題肩或謂之雀鷹春化爲布穀者是也

鳧鴈醜其足蹼脚指間有幕蹼屬相著○蹼音卜其踵企飛即伸其脚跟企直

疏鳧鴈醜其足蹼其踵企○釋曰鳧水鳥也鴈陽鳥也蹼猶蹼屬相著之謂也踵脚跟也鳧鴈之類脚指間有幕蹼屬相著飛則伸其脚跟企直也

烏鵲醜其掌縮飛縮脚腹下

疏烏鵲醜其掌縮○釋曰掌足也爲鵲之類飛時縮足於其腹下也

亢鳥嚨嚨謂喉嚨亢即咽其粻嗉嗉者受食之處別名嗉今江東呼粻○亢戶郎切嗉音素

疏亢鳥嚨其粻嗉○釋曰別爲咽嗉之名也亢者鳥喉嚨也

其受粻處名餦郭云嚨謂喉嚨亢郎咽也餦者受食之處別名餦今江東呼粻 鶉子鳼 鴽子鸋 別鴾鶉雛之名○鳼音文 疏 鶉子鳼鴽子鸋○釋曰別鴾鶉雛之名也鶉之子雛名鳼鴽之子雛名鸋

雉之暮子爲鷚 晚生者今呼少雞爲鷚○鷚力救切 疏 雉之暮子爲鷚○釋曰是雉晚生之子名也郭云晚生者今呼少雞爲鷚

鳥之雌雄不可別者以翼右掩左雄左掩右雌 疏 鳥之雌至右雌○釋曰鄭詩箋云陰陽相下之義也

鳥少美長醜爲鶹鷅 鶹鷅猶留離詩所謂留離之子○長丁丈切鶹音留鷅音栗 疏 鳥少至鶹鷅○釋曰鳥之少爲子而美長食母而醜其名爲鶹鷅猶留離詩所謂留離之子者案詩邶風云瑣兮尾兮流離之子陸機疏云流離梟也自關而西謂梟爲流離其子適長大還食其母故張奐云鶹鷅食母許愼云梟不孝鳥是也流與鶹同

二足而羽謂之禽四足而毛謂之獸 疏 二足至謂之獸○釋曰別禽獸之異也凡語有通別別而言之羽則曰禽毛則曰獸所以然者禽者擒也言鳥力小可擒捉而取之獸者守也言其力多不易可擒先須圍守然後乃獲故曰獸也通而爲說鳥不可曰獸獸亦可曰禽故曲禮鸚鵡不曰獸而猩猩通曰禽也易云王用三驅失前禽則驅走者亦曰禽也又周禮司馬職云大獸公之小禽私之以此而言則禽未必皆鳥也又鄭玄注周禮云凡鳥獸未孕曰禽周禮又云以禽作六贄卿羔大夫鴈白虎通云禽者鳥獸之總名以其小獸可擒故得通名禽也

鶪伯勞也 似鶷鶡而大左傳曰伯趙氏○鶪工役切 疏 鶪伯勞也○釋曰李巡云伯勞一名鶪樊光曰春秋傳曰少皞氏以鳥名官伯趙氏司至伯趙鶪也以夏至來冬至去郭云似鶷鶡而大陳思王惡鳥論云伯勞以五月鳴應陰氣之動陽氣爲仁養陰爲殺殘賊伯勞蓋賊害之鳥也其聲鶪鶪故以其音名云月令仲夏之月鶪始鳴是也○注似鶷至趙是○釋曰云似鶷鶡而大者字林云鶷鶡似伯勞而小故也云左傳伯趙是者案昭十七年云伯趙氏司至者也杜注云伯趙伯勞也以夏至鳴冬至止是也

倉庚鵹黃也 其色鵹黑

而黄因以名云○鵹力知切【疏】倉庚鵹黄也○釋曰即上。黄。鳥也郭云其色鵹黑而黄因以名云

釋獸第十八

【疏】釋獸第十八○釋曰釋鳥云四足而毛謂之獸說文云獸守備也此篇釋其名狀故曰釋獸

麋牡麔牝麎其子麇國語曰獸長麛麇其跡躔脚所踐處絶有力狄○麔音咎麎音辰麇於兆切【疏】麋牡至力狄○釋曰此釋麋之種類也說文云鹿屬也冬至解其角春秋莊十七年冬多麋麋總名也其牡者名麔其牝者名麎詩吉日云其麎孔有是也其所生之子名麇其脚跡所踐之處名躔其絶異壯大有力者名狄也○注國語曰獸長麛麇○釋曰此魯語文也魯宣。公夏濫于。泗淵里革斷其罟而棄之曰且夫山不槎櫱澤不伐夭魚禁鯤鮞獸長麛麇鳥翼鷇。卵蟲舍蚳蝝蕃庶物也古之訓也今魚方別孕不教魚長又行網罟貪無。藝也韋昭云鹿子曰麛麋子曰麇是其事也

鹿牡麚牝麀其子麛其跡速。絶有力麉○麚音加麀於牛切麛音迷麉音堅【疏】鹿牡至力麉○釋曰此辨鹿之種類也說文云鹿解角獸也羣萃善走者也其牡名麚其牝名麀詩小雅云麀鹿。麌。麌其跡名速絶有力者名麉

麕牡麌詩曰麀鹿。麌麌。鄭康成解即。謂此也但重言耳○麕音君麌魚矩切牝麜其子麆其跡解絶有力豜○麜音栗麆音助豜五見切【疏】麕牡麌至力豜○釋曰此辨麕之種類也說文云麕麞也麕其總名也牡名麌牝名麜其子名麆其跡名解絶有力名豜○注詩曰至言耳○釋曰詩小雅吉日篇文鄭箋云麕牡曰麌麌復麌言多也是鄭康成解即謂此也云但重言耳者謂再言麌也

狼牡貛牝狼其子獥絶有力迅○獥音亦【疏】狼牡至力迅○釋曰此辨狼之種類也舍人曰狼牡名貛牝名狼其子名獥絶有力者名迅孫炎曰迅疾也詩齊風云並驅從兩狼兮陸機疏云其鳴能小能大善爲小兒啼聲以誘人去數十步其猛健者雖善用兵者不能免也其膏可煎和其皮可爲裘故禮記狼臑膏又曰君之右虎裘厥左狼裘是也

兔。子

娩俗呼曰䲸其跡迒絕有力欣○娩芳萬切迒音剛疏兔子娩至力欣○釋曰此辨兔之種類也崔豹古今注云兔有九孔論衡曰兔
舐。毫而孕及其生子從口而出其子名娩郭云俗呼曰䲸其跡名迒字林云迒兔道也絕有力名欣豕子豬今亦曰彘江東呼。豨皆通名𧱰豶
俗呼小豶豬為𧱰子○𧱰音偉豶音墳幺幼最後生者俗呼為幺豚○幺音腰奏者豱今豱豬短頭皮理腠蹙○奏音腠豱音溫豕生
三豵二師一特豬生子常多故別其少者之名○豵音宗所寢橧。橧其所臥蓐○橧音繒四豴。皆白豥詩云有豕白蹢
蹢蹄也○豴音滴豥音垓其跡刻絕有力豟即豕高五尺者○豟音厄牝豝詩云一發五豝○豝音巴疏豕子至牝豝○釋曰此辨
豕之種類也其子名豬郭云今亦曰彘江東呼豨皆通名也說文云豬豕而三毛叢居者字林云豕後蹄廢謂之彘小爾雅云彘豬也其子曰豚大者謂之豣。
方言云北燕朝鮮之間謂之豭關東西或謂之彘或謂之豕南楚謂之豨其子或謂之豚或謂之貕。音。奚吳揚之間謂之豬子云𧱰豶者舍人曰𧱰一名豶郭
云俗呼小豶豬為𧱰子豶謂犍豬也云幺幼者豕之最後生者名也郭云最後生者俗呼為幺豚云奏者豱者謂皮理腠蹙者名豱郭云今豱豬短頭皮理腠
蹙云豕生三豵二師一特者郭云豬生子常多故別其少者之名詩召南云一發五豵鄭箋云豕生三曰豵張逸問曰豕生三曰豵不知母豕也豚也答曰豚
也過三以往猶謂之豵以自三以上更無名也故知過三亦為豵其生子二者為師一者為特云所寢橧者郭云橧其所臥蓐方言云其檻及蓐曰橧是也舍
人曰豕所寢草名為橧某氏曰臨淮人謂野豬所寢為橧李巡曰豬臥處名橧橧是所居之處云四豴皆白豥者豴蹄也豕四蹄皆白名豥其跡名刻絕有力
名豟郭下篇豕高五尺者也云牝豝者豕之牝者名豝○注詩云有豕白蹢○釋曰小雅漸漸之石篇文也案詩經直云白蹢不云豥則白蹢不知幾蹄白而
郭氏引之者以爾雅主謂釋詩詩中言豕白蹢惟此而已故知本以訓此也鄭箋以豥為駭。駭者躁疾之言也駭與豥字異義同○注詩云一發五豝○釋曰

召南騶虞篇文也毛傳云豕牝曰豝虞人翼五豝以待公之發鄭箋云君射一發而翼五豝者。戰禽獸之命也戰之者仁心之至是也

虎竊毛謂之虦貓竊淺也詩曰有猫有虎 疏 虎竊毛謂之虦貓○釋曰竊淺也虎之淺毛者別名虦貓○注詩曰有猫有虎○釋曰詩大雅韓奕篇文也

貘白豹似熊小頭庳脚黑白駮能舐食銅鐵及竹骨骨節強直中實少髓皮辟濕或曰豹白色者別名貘○貘音陌 疏 貘白豹○釋曰貘一名白豹字林云似熊而白黃出蜀郡一曰白豹郭云熊小頭庳脚黑白駮能舐食銅鐵及竹骨骨節強直中實少髓皮辟濕或曰豹白色者別名貘

甝白虎漢宣帝時南郡獲白虎獻其皮骨爪牙○甝音含 疏 甝白虎○釋曰白虎一名甝漢宣帝時南郡獲白虎獻其皮骨爪牙

虪黑虎晉永嘉四年建平秭歸縣檻得之狀如小虎而黑毛深者為班山海經云幽都山多玄虎玄豹○虪式六切 疏 虪黑虎○釋曰黑虎一名虪郭云晉永嘉四年建平秭歸縣檻得之狀如小虎而黑毛深者為班山海經云幽都山多玄虎玄豹者案海內經云北海之內有山名曰幽都之山黑水出焉其上有玄鳥玄蛇玄豹玄虎是也

貀無前足晉太康七年召陵扶夷縣檻得一獸似狗豹文有角兩足即此種類也或說貀似虎而黑。無。前兩足○貀女滑切 疏 貀無前足○釋曰字林云獸無前足似虎而黑者名貀郭云晉太康七年召陵扶夷縣檻得一獸似狗豹文有角兩脚即此種類也或說貀似虎而黑無前兩足

鼳。鼠身長須而賊秦人謂之小驢鼳似鼠而馬蹄一歲千斤為物殘賊○鼳古役切 疏 鼳鼠身至小驢○釋曰鼳獸名也身如鼠有長須而賊害於物秦人呼為小驢郭云鼳似鼠而馬蹄一歲千斤為物殘賊

熊虎醜其子狗絕有力麙律曰捕虎一購錢三千其狗半之○麙音巖 疏 熊虎醜至力麙○釋曰醜類也熊虎之類其子名狗絕有力名麙郭云律曰捕虎一購錢三千其狗半之此當時之律也引之以證虎子名狗之義也

貍子貄今或呼豾貍○貄音曳 疏 貍子貄○釋曰字林云貍伏獸似貙其子名貄郭云今或呼豾貍者字林云豾貍也

貈子貆其雌者名。貗今江東呼貉爲⿰豸夬⿰豸夾○貈乎各切貆音丸疏貈子貆○釋曰字林云貈似狐善睡其子名貆郭云其雌者名貗今江東呼貉爲⿰豸夬⿰豸夾字林云⿰豸夬貍類⿰豸冘謂之⿰豸夾廣雅云⿰豸夾⿰豸冘也然則皆貈之通名也

貒子貗貒豚也一名貛○貒音湍貗其禹切疏貒子貗○釋曰字林云貒獸似豕而肥其子名貗郭云貒豚也一名貛

貔白狐其子豰一名執夷虎豹之屬○貔音毗豰火卜切疏貔白狐其子豰○釋曰字林云貔豹屬一名白狐其子名豰郭云一名執夷虎豹之屬詩大雅云獻其貔皮陸機疏云貔似虎或曰似熊一名執夷一名白狐遼東人謂之白羆

麔父。麕足脚似麕有香○父音甫疏麔父麕足○釋曰字林云小鹿有香其足似麕故云麕足郭云脚似麕有香

豺狗足脚似狗疏豺狗足○釋曰說文云豺狼屬狗聲郭云脚似狗貪殘之獸左傳云戎狄豺狼不可厭也

貙獌似貍今山民呼貙虎之大者爲貙。豻。音。岸○貙音樞獌音萬疏貙獌似貍○釋曰字林云貙似貍而大一名獌郭云今山民呼貙虎之大者爲貙豻字林云豻胡地野狗似狐黑喙皆貙之類故又呼貙豻

羆如熊黃白文似熊而長頭。高脚猛憨多力能拔樹木關西呼曰貑羆疏羆如熊黃白文○釋曰舍人曰羆如熊色黃白也郭云似熊而長頭高脚猛憨多力能拔樹木關西呼曰貑羆詩大雅韓奕云赤豹黃羆陸機疏云羆有黃羆有赤羆大於熊其脂如熊白而麤理不如熊白美也

麢大羊麢羊似羊而大角。圓銳好在山崖間○麢音零疏麢大羊○釋曰羊之大者名麢郭云麢羊似羊而大角圓銳好在山崖間陶注本草云今出建平宜都諸蠻中及西域多兩角有一角者爲勝角甚多節蹙蹙圓繞別有山羊極長唯一邊有節節亦疎大而不入用羌夷云只此名麢羊

麠大麃牛尾一角漢武帝郊雍得一角獸若麃然謂之麟者此是也麃即麠○麠音京麃音炮疏麠大至一角○釋曰麃麠也大麃牛尾一角者名麠即所謂麟也郭云漢武帝郊雍得一角獸若麃然謂之麟者此是也者漢書郊祀志文也麃即麠也

麂大麕旄毛狗足旄毛猥長○麂音几旄音帽

疏麢大至狗足○釋曰麢亦麢也旄毛猥長毛也大麢毛長狗足。者名麢山海經云女几山其獸多麢麢

魋如小熊竊毛而黃今建平山中有此獸狀如熊而小毛麤淺赤黃色俗呼為赤熊。即魋。也○魋音頹

疏魋如至而黃○釋曰竊淺也獸如小熊淺毛而黃者名魋郭云今建平山中有此獸狀如熊而小毛麤淺赤黃色俗呼為赤熊即魋也

猰。貐。類。貙虎爪食人迅走迅疾○猰烏八切貐羊玉切

疏猰貐至迅走○釋曰迅疾也猰貐之獸其狀類貙而虎爪食人疾走山海經云少咸山有獸狀如牛而赤身人面馬足名曰窫。窳其音如嬰兒食人其名與此同其狀與此。錯

狻麑如虦貓食虎豹即。師子也出西域漢順帝時疏勒王來獻犎牛及。師子穆天子傳曰狻。猊日走五百里

疏狻麑至虎豹○釋曰即。師子也出西域其狀如虦貓食虎豹善走者也○注漢順帝至百里○釋曰云漢順帝時疏勒王來獻犎牛及。師子者案後漢帝紀云孝順帝諱保安帝之子也陽嘉。三年疏勒國獻師子犎牛注引東觀記曰疏勒王。盤遣使文時詣闕獻。師子似虎正黃有顴耏尾端茸毛大如斗。封牛其領上肉隆起若封然因以名之即今之峯牛是也云穆天子傳曰狻猊日走五百里案穆天子傳云柏天曰名獸使足狻猊野馬走五百里是也

驨如馬一角不角者騏元康八年九真郡獵得一獸大如馬一角角如鹿茸此即驨也今深山中人時或見之亦有無角者○驨胡圭切

疏驨如至者騏○釋曰驨獸名也狀如馬一角不角者名騏郭云元康八年九真郡獵得一獸大如馬一角角如鹿茸此即驨也今深山中人時或見之亦有無角者

羱如羊。羱羊似吳羊而大角角橢出西方○羱音元

疏羱如羊○釋曰字林云野羊大角者也郭云羱羊似吳羊而大角角橢出西方橢謂狹而長也

麐。麕身牛尾一角角頭有肉公羊傳曰有麐而角○麐音鄰

疏麐麕身牛尾一角○釋曰李巡曰麐瑞應獸名孫炎曰靈獸也京房易傳曰麐麕身牛尾狼額馬蹄有五彩腹下黃高丈二詩周南云麟之趾毛傳云麟信而應禮以足至者也鄭箋云麟角之末有肉示有武而不用陸機疏云麟麕身牛

尾馬足黃色圓蹄一角角端有肉音中鍾呂行中規矩遊必擇地詳而後處不履生蟲不踐生草不羣居不侶行不入陷阱不罹羅網王者至仁則出今幷州界有麟大小如鹿非瑞。應麟也故司馬相如賦曰射麋腳麟謂此麟也○注公羊傳曰有麕而角○釋曰案春秋哀十四年春西狩獲麟公羊傳云有以告者曰有麕而角者孔子曰孰為來哉孰為來哉是其事也

猶如麂善登木 健上樹○麂音几

疏 猶如麂善登木○釋曰說文云猶玃屬也其狀如麂為獸健捷善能上樹

貄脩。毫 毫毛長○貄音四

疏 貄脩毫○釋曰脩長也廣雅云乾毛謂之毫言貄獸體多長毛

貙似貍 今貙虎也大如狗文如貍

疏 貙似貍○釋曰貙獸其文似貍郭云今貙虎也大如狗文如貍

兕似牛 一角青色重千斤

疏 兕似牛○釋曰郭云一角青色重千斤說文云兕如野牛青毛其皮堅厚可制鎧交州記曰兕出九德有一角角長三尺餘形如馬鞭柄是也

犀似豕 形似水牛猪頭大腹庳脚脚有三蹄黑色三角一在頂上一在額上一在鼻上鼻上者即食角也小而不橢好食棘亦有一角者○橢音墮

疏 犀似豕○釋曰郭云形似水牛猪頭大腹庳脚脚有三蹄黑色三角一在頂上一在額上一在鼻上鼻上者即食角也小而不橢音墮好食棘亦有一角者劉欣期交州記曰犀出九德毛如豕蹄有甲頭似馬吳錄地理志云武陵。阮南縣以南皆有犀

彙毛刺 今。蝟狀。似鼠○彙音謂刺音次

疏 彙即蝟也其毛如針郭云今蝟狀如鼠

狒狒如人被髮迅走食人 梟。羊也山海經曰其狀如人面長脣黑身有毛反踵見人則笑交廣及南康郡山中亦有此物大者長丈許俗呼之曰山都○狒音費被之備

疏 狒狒至食人○釋曰狒狒獸名狀如人被髮疾走食人山海經謂之梟羊又謂之贛。音。感。臣。人周書王會云北方謂之吐嘍郭云梟羊也山海經曰其狀如人面長脣黑身有毛反踵見人則笑交廣及南康郡山中亦有此物大者長丈許俗呼之曰山都山海經曰者海內南經文也案彼文云梟羊在。北。朐之西其狀人面長脣有毛反踵見人笑亦笑左手操管又海內經云笑則脣蔽其。面因可逃也故郭讚云狒狒怪。萌被髮操竹獲

人則笑脣蔽其目終亦號咷反爲我戮是也云反踵者脚跟反向也大傳云周成王時州靡國獻之也貍狐貒貈醜其足蹯皆有掌蹯

〇蹯音煩其跡内。内指頭處〇内音鈕疏貍狐至跡内〇釋曰說文云蹯掌也此四獸之類皆有掌蹯宣。二年左傳云宰夫胹熊蹯是其類也其指

頭著地處名内蒙頌猱狀即蒙貴也狀如蜼而小紫黑色可畜健捕鼠勝於猫九真日南皆出之猱亦獮猴之類〇猱奴刀切疏蒙頌猱狀〇釋

曰蒙頌一名蒙貴狀似猪猱故曰猱狀郭云即蒙貴也狀如蜼而小紫黑色可畜健捕鼠勝於猫九真日南皆出之猱亦獮猴之類猱蝯。善援便攀

援〇蝯音袁疏猱蝯善援〇釋曰猱一名蝯善攀援樹枝郭云便攀援者便謂便捷也〇玃父善顧貑玃也似獮猴而大色蒼黑能。玃持人好

顧盼〇玃音钁父音甫疏玃父善顧〇釋曰大蝯也能玃持人又善顧盼因名郭云貑玃也似獮猴而大色蒼黑能玃持人好顧。盼威夷長脊

而泥泥少才力疏威夷長脊而泥〇釋曰泥弱也威夷之獸長脊而劣弱少才力也麔麚短脰脰項疏麔麚短脰〇釋曰脰項也麔麚

之獸皆短項贙有力出西海大秦國有養者似狗多力獷惡〇贙音鉉疏贙有力〇釋曰贙似犬之獸名也郭云出西海大秦國有養者似狗

多力獷惡豦迅頭今建平山中有豦大如狗似獮猴黃黑色多髯鬣好奮迅其頭能舉石擿人玃類也〇豦音據疏豦迅頭〇釋曰豦似猴之獸也

好奮迅其頭故曰迅頭郭云今建平山中有豦大如狗似獮猴黃黑色多髯鬣奮迅其頭能舉石擿人玃類也蜼卬。鼻而長尾蜼似獮猴而大

黃黑色尾長數尺似獺尾末有。岐鼻露向上雨即自縣於樹以尾塞鼻或以兩指江東人亦取養之爲物。健。捷〇蜼音誄疏蜼卬鼻而長尾〇釋曰蜼亦猴

類之獸卬鼻而尾長大山海經曰鬲山多猨蜼是也郭云蜼似獮猴而大黃黑色尾長數尺似獺尾末有岐鼻露向上雨即自縣於樹以尾塞鼻或以兩指江

東人亦取養之爲物健捷時善椉領好登山。峯〇椉音承疏時善椉領〇釋曰登山峯之一獸也好猩。猩。小而好啼。山海經曰

人面豕身能言語今交。趾封。谿縣出猩猩狀如獾。狏聲似小兒啼 疏 猩猩小而好啼○釋曰能言獸也曲禮曰猩猩能言周書王會曰。都郭。狌。狌欺羽狌

狌若黃狗人面能言郭云山海經曰人面豕身能言語今交趾封谿縣出猩猩狀如獾狏聲似小兒啼云山海經者海內南經文也 闕洩。多狃 說者

云脚饒指未詳○闕其越切狃音鈕 疏 闕洩多狃○釋曰舊說以爲闕泄獸名其脚多狃狃指也然其形所未詳聞 寓。屬 疏 寓屬○釋曰寓寄也

言此上獸屬多寄寓木上故題云寓屬 ○鼢鼠 地中行者○鼢音憤 鼸鼠 以頰。裏藏食○鼸故忝切 鼷鼠 有螫毒者○鼷音奚 鼶鼠

夏小正曰鼶鼬則穴○鼶音斯 鼬鼠 今鼬似鼦赤黃色大尾啖鼠江東呼爲鼪。音。牲○鼬音佑 鼩鼠 小鼱鼩也亦名鼷鼩○鼩音劬 鼭鼠 未詳

鼣。鼠 山海經說獸云狀如鼣鼠然形則未詳○鼭音時鼣音吠 鼫鼠 形大如鼠頭似兔尾有毛青黃色好在田中食粟豆關西呼爲鼩。鼠見廣雅。音

瞿。○鼫音石 鼤鼠鼨鼠 皆未詳○鼤音問鼨音終 豹文鼮鼠 鼠文彩如豹者漢武帝時得此鼠孝廉郎終軍知之賜絹百匹○鼮音廷

鼰鼠。 今江東山中有鼰鼠狀如鼠而大蒼色在樹木上音巫覡○鼰南見切 鼠屬 疏 鼢鼠至鼰鼠○釋曰此別鼠屬也云鼢鼠者郭云地中行

者說文云地中行鼠伯勞所作也廣雅云。鼢鼠也方言。名犂鼠即此鼠也謂起地若耕因名云云鼸鼠者大戴禮云田鼠者鼸鼠也鼸是頰裏藏食之名鼠若

此者因名鼸鼠云鼷鼠者李巡曰鼱鼩鼠郭云有螫毒者蓋如今鼠狼春秋成七年食郊牛角者是也博物志云鼠之最小者或謂之耳鼠何休亦云鼷鼠者

鼠中之微者云。鼶鼠者似鼬之鼠也郭云夏小正曰鼶鼬則穴者在九月云鼬鼠者字林云如鼠赤黃而文郭云今鼬似鼦赤黃色大尾啖鼠江東呼爲鼪即

莊子云騏驥驊騮捕鼠不如狸鼪是也云鼩鼠者鼱鼩小鼠也。本云一名鼷鼠郭云小鼱鼩也亦名鼷鼩云鼫鼠者孫炎曰五技鼠許慎云鼫鼠五技能飛不

能上屋能游不能渡谷能緣不能窮木能走不能先人能穴不能覆身此之謂五技蔡邕以此爲螻蛄郭云形大如鼠頭似兔尾有毛青黃色好在田中食粟

豆關西呼爲鼩鼠見廣雅。鼩。音。雀今本作鼩誤也案詩魏風云碩鼠碩鼠陸機疏云今河東有大鼠能人立交前兩脚於頸上跳舞善鳴食人禾苗人逐則走入樹空中亦有技或謂之雀鼠案此與郭氏所說同云豹文鼮鼠者郭云鼠文彩如豹者漢武帝時得此鼠孝廉郎終軍知之賜絹百匹者案漢書云終軍字子雲濟南人也少好學以辯博能屬文初入關棄繻而去至長安上書拜爲謁者給事中使南越爲呂嘉所殺死時年二十餘故世號之終童武帝嘗得豹文鼠終軍以爾雅辨其名故受賜也鼳鼠者鼳鼠名也郭云今江東山中有鼳鼠狀如鼠而大蒼色在樹木上○注山海經說獸云狀如鼣鼠○釋曰案中山經云倚帝山其上多玉下多金有獸焉狀如鼣鼠白喙名狙如見則其國有大兵是也鼠屬○釋曰言此上皆鼠之屬類也鼠小獸也亦四足而毛故於此釋之案字林云鼮鼠即鼩鼠也今郭氏分爲二又說文云鼮豹文鼠也今郭氏以豹文下屬未知孰是故略言之

○牛曰齝。食。之。已。久。復出嚼之。○齝丑之切 羊曰齥。今江東呼齝爲齥音漏洩 麋鹿曰齸江東名咽曰齸齸者䶢食之所在依名云○齸音益 鳥曰嗉咽中裹食處 寓鼠曰嗛頰裹貯食處寓謂獮猴之類寄寓木上 齸屬

疏牛曰齝至齸屬○釋曰此別鳥獸嚼食之名也牛名曰齝郭云食之已久復出嚼之羊名曰齥郭云今江東呼齝爲齥麋鹿名曰齸郭云江東名咽爲齸齸者䶢食之所在依名云鳥名曰嗉郭云咽中裹食處即上篇其粻嗉也寓木之獸及鼠皆曰嗛郭云頰裹貯食處寓謂獮猴之類寄寓木上此屬皆咽中藏食復出嚼之故題云齸屬

○獸曰釁自奮。釁。動。作○釁許刃切 人曰撟頻伸夭撟撟紀小切 ○魚曰須鼓。鰓。須息 鳥曰狊。張兩翅。皆氣體所須○狊古闃切 須屬

疏獸曰釁至須屬○釋曰此辨人魚鳥獸氣體所須之名也獸之自奮迅動作名釁人之罷倦頻伸夭撟舒展屈折名撟魚之鼓動兩。頰若人之欠須導其氣息者名須鳥之張兩翅狊狊然搖動者名狊此皆氣倦體罷所須若此故題云須屬也

釋畜第十九

【疏】釋畜第十九○釋曰案字林畜作嘼說文云獸也人之畜養者也所以與釋獸異篇者以其畜是畜養之名獸是毛蟲總號故此篇唯論馬牛羊彘犬雞前篇則通釋百獸之名所以異也

騊駼馬 山海經云北海有獸狀如馬名騊駼。色。青○騊音陶駼音徒 【疏】騊駼馬○釋曰良馬名騊駼字林云北狄良馬也一曰野馬瑞應圖云幽隱之獸。也有明王在位郎至是也○注山海至色青○釋曰海外北經文也色青二字郭氏語也

野馬 如馬而小出塞外 【疏】野馬○釋曰如馬而小出塞外案穆天子傳云野馬日走五百里是也

駮如馬倨牙食虎豹 山海經云有獸名駮如白馬黑尾倨牙音如鼓食虎豹○倨音鋸 【疏】駮如至虎豹釋曰駮亦野馬名也其狀如馬其牙倨曲而食虎豹也詩秦風云隰有六駮傳引此文以釋之是也○注山海至虎豹○釋曰案西山經云中曲山有獸如馬而身黑。三尾一角虎牙爪音如鼓名曰駮食虎豹可以禦兵言雖小異正謂此也

騉蹄趼善陞甗 甗山形似甑上大下小騉蹄蹄如。趼而健上山秦時有騉蹄苑○騉音昆趼五見切甗言蹇切 【疏】騉蹄趼善陞甗○釋曰舍人云。騉蹄者涵蹄也趼平也謂蹄平正善陞甗者登山隒也一云甗者阪也言騉善登高歷險上下於阪秦時有騉蹄苑是也李云騉者其蹄正堅而平似趼也顧云山嶺曰甗郭云甗山形似甑上大下小騉蹄蹄似趼而健上山秦時有騉蹄苑者取此駿馬以名其苑也

騉駼枝蹄趼善陞甗 騉駼亦似馬而牛蹄 【疏】騉駼枝蹄趼善陞甗○釋曰騉駼馬名李巡曰騉駼其跡枝平似趼亦能登高歷危險也孫炎云騉駼之馬枝蹄如牛而下平郭云騉駼亦似馬而牛蹄也

小領盜驪 穆天子傳曰天子之駿盜驪。綠。耳又曰右服盜驪盜驪千里馬。 【疏】小領盜驪○釋曰領頸也盜驪駿馬名也駿馬小頸名曰盜驪○注穆天子至千里馬○釋曰案穆天子傳云丙寅天子屬官效器乃命正公郊父受。敕憲用中八駿之乘以飲于枝詩之中積石之南河天子之駿亦驥盜驪白義渠黃。華騮綠耳郭注云

盜驪者爲馬細頸驪黑色也綠耳者紀年曰北唐之君來見驪馬是生綠耳魏時。西卑獻千里馬白色而兩耳黃因名之爲黃耳即此類也云又曰右服盜驪者案彼云癸酉天子命駕八駿之乘右服。盜。驪而左綠耳右驂赤驥而左白義天子主車造父爲御是也

絕有力駥即馬高八尺。○駥音戎

【疏】絕有力駥○釋曰馬絕有力者名駥郭云即馬高八尺者即下文馬八尺爲駥者也

膝上皆白惟馵四骹皆白驓骹膝下也○馵音注骹音敲驓音繒

四蹢皆白首。俗呼爲踏雪馬

前足皆白騱後足皆白翑前右足白啓左傳曰啓服○騱音奚翑音劬

左白踦○前左脚白踦音欺

後右足白驤左白馵後左脚白易曰震爲馵足○驤音箱

駵馬白腹騵駵赤色黑鬣○駵音留騵五官切

驪馬白跨驈驪黑色跨髀間○驈音聿

白州驠州竅○驠音宴

尾本白騴○尾株白騴音晏

尾白駺。但尾毛白○駺音郎

馰顙白顛○戴星馬也馰音的

白達素縣。素。鼻莖也俗所謂漫驢徹齒○縣音玄

面顙皆白惟駹顙額○駹音尨

【疏】膝上至惟駹○釋曰此辨馬白色所在之異名也馬之膝上皆白者惟馵也骹膝下也四膝下皆白。名驓蹢蹄也四蹄皆白名首俗呼爲踏雪馬言蹄白似踏雪也前兩足皆白名騱後。兩足皆白名翑前右足白名啓前左足白名踦後右足白名驤後左足白名馵駵馬赤色黑鬣馬也若駵馬腹下白者別名騵詩大雅云四騵彭彭是也孫炎云驪黑也白跨股脚白也郭云驪黑色跨髀間也謂黑馬髀間白名驈詩魯頌云有驈有皇是也州竅也謂馬之白尻者名驠。本根株也馬尾株白者名騴但尾毛白者名駺。的顙者舍人曰的白也顙額也額有白毛今之戴星馬也易震爲的顙素鼻莖也其白目額下達鼻莖者名縣俗所謂漫驢徹齒其面額皆白者惟駹馬○注左傳曰啓服○釋曰案昭二十九年公至自乾侯處于鄆衞侯來獻其乘馬曰啓服杜預云啓服馬名是也○注易曰震爲馵足○釋曰說卦文也取其動而見也

回毛在膺宜乘。樊光云俗呼之官府馬伯樂相馬灋

旋毛在腹下如乳者千里馬在肘後減陽在幹茀方幹脅○減古湛切在背闋廣皆別旋毛所在之名○闋音缺廣音光

疏回毛至闋廣○釋曰此別馬旋毛所在之名也回旋也膺胸也旋毛在膺者名宜乘樊光云俗呼之官府馬伯樂相馬灋旋毛在腹下如乳者千里馬也旋毛在肘後者名減陽幹脅也旋毛在脅者名茀方旋毛在背者名闋廣郭云皆別旋毛所在之名也

逆毛居馻馬毛逆刺○馻音充

疏逆毛居馻○釋曰字林云馬毛逆刺馬逆毛也郭云馬毛逆刺

騋牝。驪牡詩云騋牝三千馬七尺。已上爲騋見周禮

疏騋牝驪牡注詩云至見周禮○釋曰云詩云騋牝三千者鄘風定之方中篇文也云七尺。已上爲騋見周禮者庾人文也案鄭玄注禮記檀弓引此文云騋牝驪牡玄謂七尺曰騋牝者色驪牡者色玄與郭異也

玄駒褭驂玄駒小馬別名褭驂耳或曰此即腰褭古之良馬名○褭奴了切驂音參

疏玄駒褭驂○釋曰此郭氏兩解一云玄駒小馬別名褭驂耳指謂今馬駒也一云或曰此即腰褭古之良馬名言玄駒褭驂即腰褭也

牡曰騭今江東呼駁馬爲騭。音質牝曰騇草馬名○騇音舍

疏牡曰騭牝曰騇○釋曰別馬牡牝之異名也郭云今江東呼駁馬爲騭騇即草馬之名也

騵白駁黃白騜詩曰騜駁其馬騵馬黃脊騝驪馬黃脊騽皆背脊毛黃○騝音虔騽音習青驪駽今之鐵驄。駽呼縣切○青驪驎。驒色有深淺班駁隱。粼今之連錢驄○驎良刃切驒音陀青驪繁鬣騥禮記曰周人黃馬繁鬣繁鬣兩被毛或曰美髦鬣○鬣音獵騥音柔驪白雜毛。鴇今。之。烏驄。○鴇音保黃白雜毛駓今之桃華馬○駓音皮陰白雜毛駰陰淺黑今之泥驄。○駰乙巾切蒼白雜毛騅。詩。曰。有騅有。駓彤白雜毛騢。即今之赭白馬彤。赤○騢音遐白馬黑鬣駱禮記曰夏后氏駱馬黑鬣白馬黑脣駩黑喙騧今。之淺黃色者爲騧馬○騧音瓜一目白瞯。二目白魚似魚目也詩曰有驔有魚○瞯音閑

疏騵白駁至白魚

〇釋曰此別馬毛色不純之異名也孫炎曰騂赤色也謂馬有騂處有白處者曰駁有黃處有白處者曰騜騂馬脊毛黃者名騝驪馬脊毛黃者名騮青驪駽舍人曰青驪馬今名駽馬也孫炎曰色青。之間青毛黑毛相雜者名駽今之鐵驄也青驪驎。驒孫炎曰色有淺深似魚鱗郭云色有深淺。班駁隱。鄰名驒今之連錢驄說文云馬文如鼉詩云有驒有駱是也毛色青黑而髦鬣繁多者名騥毛色黑白而復有雜毛相錯者名鴇詩云叔于田乘乘鴇是也今謂之烏驄毛色黃白而復有雜毛者名駓今謂之桃華馬陰淺黑色也毛淺黑而白兼雜毛者名駰今謂之泥驄詩云有駰有騢是也蒼淺青也毛有淺青及白兼雜毛者名騅彤赤也毛赤白兼雜毛者名騢說文云。似騢。魚也卽今之赭白馬也鬣鬛也白馬黑鬣者名駱白馬黑脣者名駩喙口也黑喙者名騧說文云黃馬黑喙曰騧郭云今之淺黃色者為騧馬詩云騧驪是騧是也一目白者名瞯二目白者名魚言以魚目也〇注詩曰騜駁其馬〇釋曰豳風東山篇文也〇注禮記至髦鬣〇釋曰云周人黃馬繁鬣者明堂位文也云繁鬣兩被毛者郭氏釋之也言繁鬣者分其髦鬣兩被之也云或云美髦鬣者又引或人以為一解言其髦鬣繁多而美也今禮記本繁作蕃則或說為得〇注詩曰有騅有駓又詩曰有驔有魚〇釋曰皆魯頌駉篇文也〇注禮記曰夏后氏駱馬黑鬣〇釋曰亦明堂位文也

既差我馬差擇也宗廟齊毫尚純差音义〇戎事齊力尚強田獵齊足尚疾

疏至既差齊足〇釋曰云既差我馬者此詩小雅吉日篇文也作者引之然後作釋云差擇也者。詁差為揀擇之義也云宗廟齊毫戎事齊力田獵齊足者此遂言擇馬之事也李巡曰祭於宗廟當加謹敬取其同色也。某氏曰戎事謂兵革戰伐之事當齊其力以載干戈之屬舍人曰田獵取牲於苑囿之中逐飛逐走取其疾而已郭云尚純尚強尚疾者此毛傳文也案詩小雅車攻云我馬既同毛傳引此文則每增二字以解之云宗廟齊毫尚純也戎事齊力尚強也田獵齊足尚疾也言齊其毫毛尚純色齊其馬力尚強壯齊其馬足尚迅疾義與此合故郭氏取以為說也

馬屬

疏馬屬〇釋曰自騋駒已下雖駿異毛色不同皆

馬之屬類故以此題之也下倣此 ○犘牛出巴中重千斤○犘音麻 犦牛卽犎牛也領上肉。犦。胅起高二尺許狀如。橐。駝肉鞍一邊健行者日

三百餘里今交州合浦徐聞縣出此牛○犦音雹 犤牛犤牛庳小今之。㹀牛也又呼果下牛出廣州高涼郡○犤音悲 犩。牛卽犪牛也如牛而大

肉數千斤出蜀中山海經曰岷山多犪牛○犩音危 犣。牛旄牛也髀膝尾皆有長毛○犣音獵 犝牛今無角。牛。○犝音童 㹇。牛未詳○㹇古覓

切 角一俯一仰觭牛角低。仰。○觭音欺 皆踊觢今豎角牛○觢音誓 黑脣犉毛詩傳曰黃牛黑脣此宜通謂黑脣牛○犉閏

旬切 黑眥牰眼眥黑○眥才細切牰音袖 黑耳犚黑腹牧黑脚犈皆別牛黑所在之名○犚音尉犈音權 其子犢

今青州呼犢為牰 體長牬。長身者牬音貝 ○絕有力欣。犌○犌音加 牛屬 【疏】犘牛至欣犌○釋曰此別牛屬也云犘牛名也

郭云出巴中重千斤犦牛領上肉犦胅起之牛也郭云卽犎牛也者卽上注云漢順帝時踈勒王來獻犎牛是也云領上肉犦胅起高二尺許者謂領上肉腫

墳起也云狀如橐駝肉鞍一邊者山海經云。號山獸多橐駝彼注云有肉鞍善行流沙中日行三百里負千斤知水泉所在是也橐駝肉鞍胅起有二此牛領

肉胅起惟一故云一邊云健行者日三百餘里今交州合浦徐聞縣出此牛犤牛名也郭云犤牛庳小今之㹀牛也又呼果下牛出廣州高涼郡以其庳小可

行果樹下故又呼果下牛犩亦牛名也郭云卽犪牛也如牛而大肉數千斤出蜀中山海經曰岷山多犪牛案中山經云岷山其獸多犀象犪牛彼注云今蜀

中有大牛重數千斤名為犪牛晉大興元年此牛出上鄘郡人弩射殺。之。得三十擔肉卽爾雅犩牛是也犣亦牛名也郭云旄牛也髀膝尾皆有長毛案山海

經潘侯山有獸狀如牛而四節生毛名曰旄牛彼注云今旄牛背膝及胡尾皆有長毛是也犝牛。者無角牛名也易云童牛之牿是也俯低也牛角一低一仰

者名觭言傾。欺也踊豎也牛兩角豎者名觢牛黑脣者名犉皆目匡也牛之目匡黑者名牰黑耳者名犚黑腹者名牧黑脚者名犈郭云皆別牛黑所在之名

其牛所生之子名犢郭云今青州呼犢爲㸬體身也凡牛之身長者名牬絕有力壯大者名欣犌○注毛詩至脣牛○釋曰詩小雅無羊篇云誰謂爾無牛九十其犉毛傳云黃牛黑脣曰犉毛意以此言黑脣明不與身同色而牛之黃者衆故云黃牛也其實不主爲黃牛故郭氏云此宜通謂黑脣牛

○羊牡羒 謂吳羊白。羝○羒音墳 牝牂 詩曰牂羊墳首○牂音臧 夏羊 黑羖攊 牡羭。 黑羝也歸藏曰兩壺兩羭○羭音俞 牝羖。 今人便以牂羖爲白黑羊名○羖音古 角不齊觤 一短一長○觤音鬼 角三觠羷 觠角三匝。○觠音權羷音險 羳羊黃腹 腹下黃○羳音煩 未成羊羜 俗。呼五月羔爲羜○羜直呂切 絕有力奮 羊屬

疏 羊牡羒至力奮○釋曰此別羊屬也云謂吳羊也其牡者名羒即。白。羝也其牝者名牂云夏羊者黑羖攊也其牡者名羭即黑羝也其牝者名羖郭云今人便以牂羖爲白黑羊名其實白羊牝者名牂黑羊牝者名羖羊角不齊一長一短者名觤觠捲也羊角捲三匝者名羷羊之黃腹者名羳羊新生未成羊者名羜郭云俗呼五月羊爲羜詩小雅伐木云既有肥羜是也壯大絕有力者名奮○注詩云牂羊墳首○釋曰小雅苕之華篇文也○注歸藏曰兩壺兩羭○釋曰歸藏者成湯之所作也言萬物歸之所藏也是三易之一也云兩壺兩羭者齊。母經瞿有之文也案彼云瞿有瞿有䰾胥梁爲酒尊於兩壺兩羭飲之三日然。后穌士有澤我取其魚是也

○犬生三猣二師一玂 此與猪生子義同名亦相出入○猣音宗玂音祈 未成毫狗 狗子未生𣯍毛者 長喙獫短喙猲。獢 詩曰載獫猲獢○獫力驗切猲音歇獢虛嬌切 絕有力狣 尨狗也 詩曰無使尨也吠○狣音兆 狗屬

疏 犬生至狗也○釋曰此別狗屬也云犬者說文云狗之有縣蹏者也象形孔子曰視犬之字如畫狗也犬生三子則曰猣二曰師三曰玂毫是𣯍毛。也犬子未生𣯍毛者名狗喙口也犬長口者名獫短口者名猲獢壯大絕有力者名狣尨即狗也說文孔子曰狗叩也叩气吠以守也○注此與至出入釋曰云此與猪生子義同者案釋獸注云猪生

子常多故別其少者之名犬生子亦常多而此亦別其少者之名故云義同云名亦相出入者謂此猣師玂與彼豵師特字雖小異大意則同故云亦相出入〇注詩曰載獫猲獢〇釋曰秦風駟鐵篇文也毛傳云田犬也長喙曰獫短喙曰猲獢鄭箋云載始也〇釋曰載始也始田犬者謂達其搏噬始成之也〇注詩曰無使尨也吠〇釋曰召南野有死麕篇文也毛傳云尨狗也非理相陵則狗吠是也

〇雞大者蜀今蜀雞蜀子雓雓子名〇雓音餘未成雞僆江東呼雞少者曰僆〇僆音練絕有力奮諸物有氣力多者無不健自奮迅故皆以名云

雞屬【疏】雞大至力奮〇釋曰此別雞屬也案春秋說題辭曰雞為積陽南方之象火陽精物炎上故陽出雞鳴以類感也雞者知時畜其大者名蜀郭云今蜀雞蜀之雛子名雓雛之稍長未成雞者名僆郭云江東呼雞少者曰僆壯大絕有力者名奮郭云諸物有氣力多者無不健自奮迅故皆以名云者謂上文雉也羊也犴此雞皆云絕有力奮故此釋之也

〇馬八尺為駥周禮曰馬八尺已上為駥〇駥音戎牛七尺為犉詩曰九十其犉亦見尸子〇犉閏旬切羊六尺為羬尸子曰大羊為羬六尺〇羬五咸切彘五尺為豟尸子曰大豕為豟五尺今漁陽呼豬大者為豟〇彘音滯豟音厄狗四尺為獒公羊傳曰靈公有害狗謂之獒也尚書孔氏傳曰犬高四尺曰獒即此義〇獒五刀切雞三尺為鶤陽溝巨鶤古之名雞〇鶤音昆

六畜【疏】馬八尺至為鶤〇釋曰此別六畜絕大者名也馬高八尺者名駥牛高七尺者名犉羊高六尺者名羬山海經云錢來山有獸其狀如羊而馬尾名羬注云今大月氏國有大羊如驢馬尾是也彘豬也豬高五尺者名豟狗高四尺者名獒雞高三尺者名鶤〇注周禮至為駥〇釋曰夏官庾人職文也〇注詩曰至尸子〇釋曰小雅無羊篇文也上云牛黑脣犉注引此詩傳此牛七尺為犉又引尸子此詩文是犉有二義則牛黑脣者為犉牛七尺者亦為犉義得兩通故並引之云亦見尸子者尸子說六畜云大牛為犉七尺故云亦見尸子下羊彘倣此〇注公羊至之獒〇釋曰案宣六年傳云晉靈公將殺趙盾趙盾

躇階而走靈公有周狗謂之獒呼獒而屬之獒亦躇階而從之祁彌明逆而踆之絕其頷趙盾顧曰君之獒不若臣之獒也何休云周狗可以比周之狗所指如意是也今此周作害蓋傳寫誤或所見本異也

爾雅疏卷第十

爾雅注疏卷十校勘記　阮元撰盧宣旬摘錄

爾雅疏卷第十單疏本名銜後標目釋鳥第十七釋獸第十八另行標釋畜第十九注疏本分釋獸以下卷第十一

釋鳥第十七

鵻一名夫不元本同閩本監本毛本夫不改鳺鴀下同

夫不孝注疏本孝誤者

則此是謹慤孝順之鳥也注疏本脫則

或謂之鶌鳩元本亦作鶌閩本鶌作䳜監本毛本鶌鳩作鷑鶌

鶻鵃鶻鵰也注疏本鵰誤鳩

春來秋去浦鏜云冬誤秋

今之班鳩注疏本班改斑下同

鶻鵃一名鳴鳩鷓元本閩本監本鳴誤鶻毛本改鶻鵃浦鏜云鶻鳩當作鶻

埤倉云鶌鳩注疏本倉作蒼

一名鷇注疏本鷇作擊

鶬鳩鵧鷑唐石經單疏本雪牕本同釋文鵧謝苻悲反郭力買反又苻尸反字林父佳反惠棟云鵧鷑當作裨笠亦名離禮見淮南子王宗炎云淮南說林篇烏力勝日而服於離禮高誘注云離禮爾雅謂裨笠蔡人謂之裨祝此經鵧當作鵯釋文所載四音其字皆從卑苻悲反讀爲卑力買反讀爲捭釋文唐石經作鵧訛○按此古支清合音之理戴震已詳言之

江東名爲烏鵙注疏本同單疏本作鵙雪牕本作鴡皆鴟之訛疏中準此釋文臼如字本或作鴟

好在江渚山邊食魚單疏本雪牕本同詩關雎正義引作好在江邊沚中亦食魚按雎鳩水鳥不當言在山邊據詩正義則此注當作好在江中渚邊沚渚義通山爲中字之誤

鳥摯而有別單疏本注疏本同雪牕本摯作鷙釋文鷙本又作摯文選高唐賦注引此作鳥鷙而有別者按左傳昭十七年鴡鳩氏司馬也杜注鴡鳩王鴡也鷙而有別故爲司馬主法制鄭康成說鷙從鳥摯省聲也月令鷹隼蚤鷙夏小正作鷹始摯是古文鷙字多作摯常武如飛如翰傳曰疾如飛摯如翰亦以摯爲鷙可證杜郭皆以今字讀之故云鷙而有別詩箋云摯之言至非毛義也陸於爾雅左傳從鷙於毛詩從摯最是單疏本此作摯

幽州人謂之鷲注疏本脫人鷲誤鷙

鵅鵋鶀唐石經單疏本雪牕本同釋文鵋本亦作忌鶀本亦作欺下欺老同本今作鶀按鶀字從欺故通作欺今作鶀非也據釋文則下鶀鶀老本作鶀老亦作欺老說文鶀欺老也可證今亦作鶀非一切經音義卷十卷十七卷二十四三引皆作鵅忌欺嚴元照云說文隹部雒忌欺也鳥部鵅烏鸔也二字

音同文異廣韻十九鐸雒鵅同紐義與說文同釋文唐石經前後皆作鵅非玉篇隹部云雒鵋鶀鳥與說文合然鳥部云鵅雒鶀也又鳥鸔也蓋爲宋人所亂耳

今江東呼鵂鶹爲鵋鶀亦謂之鴝鵅單疏本注疏本同雪牕本鵋作忌釋文鉤古侯反本今作鴝按一切經音義卷十七鉤鵅下引爾雅怪鴟犍爲舍人曰謂鵂鶹也南陽名鉤鵅又引郭氏曰今江東呼鵂鶹爲忌欺亦謂之鉤鵅論文作鴝與鸜同音具榆反鴝鵅鳥也鴝非字義足以證陸本之是訂今本之訛鵋鶀亦當作忌欺也

音格雪牕本同注疏本刪此二字按一切經音義卷十卷二十四兩引皆有之

今江東名之天鸃雪牕本元本同閩本監本毛本名之下有曰

鵱鷜鵝毛本同唐石經單疏本雪牕本元本閩本監本鵝作鵞下舒鴈鵝及注同釋文鵝字亦作鵞五經文字鵞或作鵝見爾雅

江東呼烏鸔音駮雪牕本同注疏本刪下二字釋文鸔郭音駮駮布角反

今江東呼鴚音加雪牕本同注疏本刪下二字釋文鴚郭音加

聘禮記文也元本聘字竇闕閩本監本毛本改引

鴨也雪牕本注疏本同釋文鴨字又作鴨

輿鵛鷋唐石經注疏本同雪牕本輿作與釋文與音餘樊孫本作鸒按與即鸒之省當從釋文唐石經作輿非

沈水食魚故名洿澤單疏本雪牎本同釋文音經鵜鶘云毛詩傳作洿澤此經注異文之明證

俗呼之爲淘河注疏本脫爲

鴿下胡大如數斗囊注疏本斗作升

鶾天鷄唐石經單疏本雪牎本注疏本皆作雞注中同

文鶾者若翬雉浦鏜云周書翬雉作皐雞按經義雜記曰說文引逸周書文翰若翬雉是許氏所見周書本作翬雉不作皐雞也此所引與說文合今本作皐雞非又元本閩本此節疏後分十卷下

鷽山鵲唐石經單疏本雪牎本同釋文鸒本亦作鵲

觜脚赤單疏本注疏本同雪牎本觜作鮆釋文鴜字或作觜廣雅云口也葉鈔本鴜作觜按廣雅觜喝喙口也從鳥從魚皆誤一切經音義卷五引下鶿鷧注云觜頭曲如鉤今釋文及諸本皆作觜

江南呼之爲鷣單疏本雪牎本同注疏本南改東

因名云音淫雪牎本同注疏本刪下二字

齧齒艾唐石經雪牎本同嚴元照云齒亦當作齧鳥名齧艾猶蟲名齧桑其說非也

鳹鶨也單疏本雪牎本元本同閩本監本毛本鳹誤鴒按釋文鳹巨炎反

鴱一名鳸鳸雀也元本同閩本剜改作鳸一名鴱鴱雀也監本毛本承之

桑鳸竊脂唐石經雪牕本注疏本同單疏本鳸改扈按上鳸鴱釋文云鳸左傳詩並作扈是爾雅不作扈也

皆謂盜人脂膏注疏本脫人

竊藍淺青也注疏本脫淺

而待後人剝正也元本同閩本監本毛本剝改駁

青班長尾單疏本雪牕本元本同閩本監本毛本班改斑疏中準此

此鷦鷯小鳥而生鵰鶚者也按鶚當作鴞

肈允彼桃蟲注疏本肈改肇按唐石經毛詩作肈

或曰鴞注疏本鴞誤鶚

或謂之過鸁元本鸁字闕閩本監本毛本改羸

自關而東謂之鸋鴂元本鴂作鵵餘同閩本監本毛本改幽人或謂之鸋鵵

或謂之懱爵元本作韈爵閩本監本毛本改韈雀〇按本作懱字心懱猶細也

五彩色其高六尺八許陳本同單疏本雪牕本注疏本及釋文引郭云皆無其字此蓋衍

翱翔四海之外 注 疏本外作內此剜改

其狀如鶴 浦鏜云雞誤鶴

鶺鴒雛渠 唐石經單疏本雪牕本同釋文鶺詩作脊本今作鶺

背上青灰色 注 疏本灰作赤此剜改

江東亦呼爲鶨烏音匹 雪牕本同注疏本刪下二字詩小弁正義引此無亦單疏本同衍

謂之雅烏 元本閩本同監本毛本雅改鴉此本烏誤爲今訂正

燕白脰烏 唐石經單疏本雪牕本毛本同石經考文提要引至善堂九經本亦作烏元本閩本監本烏作鳥誤

燕白脰烏○釋曰脰頸也頸項也 注疏本刪但存脰項也三字

鴽鴾毋 單疏本雪牕本元本閩本同唐石經監本毛本毋作母疏中同按釋文毋如字李音無舍人本作無則石經作母非禮記月令注鴽母無釋文母音牟正義曰母當作牟聲轉字誤牟字作母儀禮公食大夫禮注鴽無母誤倒當依月令注作母無其母字作無與舍人本合說文鴽牟母也从隹奴聲鴽或从鳥

青州呼鴾母 單疏本雪牕本同按公食大夫禮疏引作青州人呼曰鴾母禮記內則正義引作青州呼爲鴾母下字作父母字非也

密肌繫英 唐石經雪牕本同釋文鷚音密本今作密鸚音英本今作英

釋蟲以有此名陳本元本同雪牕本閩本監本毛本以作已古已以通

爲一物三名注疏本爲誤爲

見玄鳥隋其卵注疏本脫見隋改墮非

詩豳風云鵙鴂鵙鴂注疏本脫一鵙鴂

取茅秀爲窠元本同閩本監本毛本秀作莠

關東謂之工雀或謂之過蠃注疏本脫工雀或謂之五字此本工誤上今訂正

今鶬鵙也單疏本雪牕本同注疏本鶬訛鶬釋文鶬字又作鵝亡項反

鵙大如班鳩元本同閩本監本毛本班改斑

鳥子須母食之雪牕本注疏本同釋文母食本或作飤同音嗣按華嚴經音義卷上引此注曰鷇謂鳥子須母飤者鶵謂能自食者也是飤養與自食字不同一切經音義卷十引爾雅生哺鷇郭氏曰謂須母飤也亦作飤郭氏當本用飤字杻檍注可飤牛可證○按說文本無飤字後人分別爲之

鳥子生而能自啄食者注疏本子生倒啄作噣

春鳸鶞鶞唐石經雪牕本同單疏本亦作春鳸釋文鳸音戶葢誤

春鳸分循注疏本分循改鳻鶞扈改鳸下並同

鵖鴔猶鶝鶔單疏本同注疏本鶝作鵖雪牕本作鴔皆誤釋文鶝皮逼反

東齊吳揚之間謂之鵀注疏本鵀改鵖鴔舊本閩本揚作楊

似鵲而黑注疏本鵲改鵙

牝痺注疏本同誤也釋文唐石經單疏本雪牕本皆作庳當據以訂正疏中同

今江東亦呼爲鸍音施雪牕本同注疏本刪下二字釋文鸍郭音施

岐尾單疏本閩本監本毛本同釋文雪牕本正德本岐作歧

鶟鶦鳥唐石經雪牕本注疏本同單疏本鶦作鶘非釋文胡字或作鶦

狂鸏鳥唐石經單疏本雪牕本同釋文鵟音狂本今作狂

五采之鳥也舊本同閩本監本毛本采改彩下同

皇名黃鳥按皇下脫一

齊人謂之摶黍注疏本摶作搏段玉裁云摶非也搏是也搏黍者謂其搏取黍而食之與儀禮摶黍迥別

看我麥黃葚熟詩葛覃正義熟下有不字此脫不否平聲

尉他獻文帝翠鳥毛注疏本他改佗非

鷂山烏唐石經雪牕本注疏本同釋文亦作鷂單疏本作鷂非疏中仍作鷂

謂之服翼或謂之嚳鼠閩本毛本嚳改嚳

一名鸇鸇摯鳥也舊本同閩本監本毛本脫一鸇

青黃色注疏本脫青

嚮風搖翅舊本同閩本監本毛本翅改翮

鸒白鷢唐石經單疏本同石經考文提要引至善堂九經本亦作鸒釋文鸒音楊雪牕本注疏本誤分楊鳥二字

今江東呼爲蚊母單疏本雪牕本同釋文音經蟁本或作䲾郭云皆古蚊字按說文云俗蟁从虫从文此經作古字注作今字之證

故以名云陳本同單疏本雪牕本注疏本故皆作因

鷉鷿鷉單疏本雪牕本同釋文鷿蒲歷反本今作鸊

膏中瑩刀單疏本雪牕本同釋文瑩烏瞑反本今作瑩按磨瑩字當從金今本作瑩非

鴩鋪敊唐石經雪牕本同釋文鴩本今作鴩鋪音步字或作鵏豉如字本今作敊按說文鴩鋪豉也玉篇同一切經音義卷八卷十一引爾雅作鴩鋪豉與陸本合唐石經作鴩敊非又廣韻十一暮鵏鵏豉鳥蓋鵏字從鳥甫聲卽鋪之俗體釋文云字或作鵏是今本作鵏訛

鷹鶆鳩唐石經單疏本雪牕本同釋文來鳩來字或作爽郭讀作爽衆字並依字林作鶆字音來云鶆鳩鷹也又音注爽鳩本或作鷞按春秋昭十七年正義引釋鳥鷹鶆鳩樊光曰來鳩爽鳩也春秋曰爽鳩氏又引郭注曰鶆當爲爽字之誤耳左傳作爽鳩是也蓋爾雅經作來鳩注作爽鳩字林始加鳥旁唐石經今本因之

來鳩爽鳩也春秋曰爽鳩氏司寇注疏本來改鶆爽改鷞元本作來

爽鳩氏司寇也元本同閩本監本毛本爽改鷞下引杜注同

似烏蒼白色單疏本雪牕本同廣韻三十嘯引作似烏而蒼白色按而字當有

鷺舂鉏唐石經單疏本雪牕本同釋文鋤字又作鉏按文選西都賦注引作鷺舂鋤與陸本合

今江東人取以爲睫攡單疏本雪牕本同釋文注疏本攡作樆按廣韻十一暮亦引作手旁

青質五彩雪牕本閩本監本毛本同單疏本元本彩作采當據以訂正

今白鵫也單疏本雪牕本同釋文鵫音白本今作白按注當本用鵫字今本蓋因下文白鶾白雉誤改

素質五采皆備成章曰翬唐石經單疏本雪牕本同石經考文提要引至善堂九經本亦作采注疏本采改彩下同元本下作采疏中同

言其毛色光鮮雪牕本注疏本同邵晉涵正義曰邢疏引郭注此下有王后之服以爲飾七字檢諸本俱無按邢疏有引周禮申釋之辭

則爲郭注無疑

卽鶬雉也 雪牕本注疏本同按邢疏引郭注此下有亦王后之服以爲飾八字下引周禮申釋之

鸐微小於翟也 元本同閩本監本毛本翟改鸐非

山海經女几山 元本女几作友几閩本監本毛本改文几○案作女几與山海經中山經合

無所馮據 元本同閩本監本毛本馮作憑

穴入地三四尺 單疏本雪牕本注疏本同此本舊脫穴今補按續漢郡國志注引作穴地入三四尺

共爲雄雌 注疏本同單疏本雪牕本作雌雄按疏中作雌雄

天性然也郭云鼵如人家鼠而短尾鵽似鷄而小黃黑色穴入地三四尺鼠在內鳥在外今在隴西首陽縣鳥鼠同穴山中 注疏本刪下四十三字

璞古以爲懈惰字 元本同閩本監本毛本懈改解下同

鵲鵙醜其飛也翪 單疏本雪牕本同唐石經鵙作鶪此誤釋文亦作鶪

鳶烏醜 唐石經單疏本雪牕本元本閩本毛本同石經考文提要引至善堂九經本亦作鳶烏監本作鳥誤

齊人謂之擊征 注疏本同此本征字剜改當本作正

其足蹼單疏本雪牕本同唐石經闕下二字釋文蹼本又作䑑

烏鵲醜唐石經單疏本雪牕本元本同石經考文提要引至善堂九經本亦作烏鵲閩本監本毛本作烏誤

別鵅鶨雛之名雪牕本元本同單疏本閩本監本毛本雛作鶵按釋文作雛

鷚是雉晚生之子名也郭云晚生者今呼少鷄爲鷚注疏本脫郭云以上八字雉誤雛鷄作雛

鳥之少爲子而美注疏本而誤者

詩所謂留離之子者注疏本脫詩所留離四字

流離梟也注疏本梟誤梟

鳥不可曰獸注疏本不改亦

以禽作六贄注疏本脫以

似鸜鵒而大雪牕本注疏本同單疏本鵒作鵅按釋文作鵒元本疏中亦作鵒

左傳曰伯趙是雪牕本元本同閩本監本毛本是改氏按單疏本標起止作是

陳思王惡鳥論云伯勞以五月鳴此本以字剜擠注疏本排入云作曰

陽氣爲仁養注疏本作陽爲生仁養

云左傳伯趙是者 元本同閩本監本毛本云改注是改氏

倉庚黧黃也 唐石經單疏本雪牕本同釋文鵹力兮反按文選東京賦注引作鶬鶊鵹黃也鵹字與陸本合上皇黃鳥疏云自此以下諸言倉庚商庚鵹黃楚雀倉庚鵹黃之文與此一也則邢本與釋文同作鵹今單疏本於此作黧非按上鵹黃與此黧黃為一不當殊文或因注云其色黧黑而黃因以改經矣五經文字云雞雞黃也爾雅作黧又云黧黑也見爾雅所據與唐石經今本同

卽上黃鳥也 注疏本黃鳥改黧黃

釋獸第十八

魯宣公夏濫於淵 注疏本作泗淵此本剜擠公字脫泗字○今補

鳥翼鷇卵 元本同閩本監本毛本卵誤鷇

貪無藝也 注疏本藝作埶

其跡速 唐石經單疏本雪牕本同釋文䴥素卜反本又作速按速當作速段玉裁云說文速迹為籀文迹廣雅蹥踈解亢迹也四字正釋爾雅曹憲音踈為四迹速與踈同字石鼓詩亦當讀麀鹿速速

麀鹿麌麌 單疏本雪牕本同按麌麌當作噳噳釋文音經噳一作麌麌卽噳之訛為經注異文之證陸所見本已溷混矣詩吉日麀鹿噳噳本作噳噳正義曰噳噳衆多與韓奕同則傳本作噳字下箋云祁當作麎此噳不破字則鄭本亦作麌也是正義本作噳明甚韓奕麀鹿噳噳說文噳下引

詩同云麋鹿羣口相聚貌無麌字

卽謂此也雪牕本注疏本同按卽字疑衍或當作謂卽邢疏有卽謂此也之言或因此誤衍

兎子嬎唐石經單疏本雪牕本同釋文嬔本或作嬎

兎舐豪而孕注疏本豪作毫

江東呼貕單疏本同雪牕本注疏本貕誤豯按初學記卷二十九太平御覽卷九百三皆引作江東呼爲貕此脫爲字

所寢檜唐石經單疏本雪牕本同釋文檜舊本多作繒帛字非方言作木旁詩漸漸之石箋云離其繒牧之處釋文爾雅豕所寢曰繒方言作檜從木正義引爾雅作檜云繒與檜音義同按舊本作繒帛字與詩釋文所引合

四豴皆白豥唐石經單疏本雪牕本同五經文字豕部豴豨也見爾雅按釋文蹢蹄也本今作豴詩有豕白蹢傳蹢蹄也注本此則郭本必作蹢字當從釋文自五經文字誤作豕旁而開成石經因之

大者謂之豣注疏本豣改豝

或謂之豯音奚○注疏本刪音奚

駭者趮疾之言也注疏本同此本駭字剜改作豥今訂正

戰禽獸之命也監本戰誤載也字同元本閩本毛本也改必今詩箋同按詩正義曰故云戰禽獸之命也而必云戰之者則箋文有

也無必

能舐食銅鐵及竹骨節強直 陳本同雪牕本注疏本骨字複單疏本亦複骨字而上文竹字剜擠

虪黑虎 唐石經單疏本雪牕本同釋文虪式六反本今作虪

無前兩足 單疏本雪牕本同注疏本作前無兩足誤倒元本無前二字寶闕

鼳鼠身 唐石經單疏本同雪牕本鼳作鼰注疏本作鼰皆譌下鼳鼠同

其雌者名䝟 注疏本䝟作貍單疏本作狸釋文作䝟按集韻三十二晧則䝟當作䝟䝟當作䝟雪牕本䝟誤貍

䴥父麢足 唐石經單疏本雪牕本同釋文麢本或作麢

今山民呼貙虎之大者爲貙豻音岸 雪牕本同注疏本刪下二字釋文豻郭音岸

似熊而長頭 單疏本雪牕本同詩斯干正義一切經音義卷二十四皆引作似熊而長頸此作頭誤又一切經音義卷二十四引此下有似馬有髦四字今諸本無

角負銳 單疏本雪牕本元本同閩本監本毛本負改圓

旄毛獵長 注疏本同雪牕本獵作濃此本作穠皆誤今訂正五經文字犬部獵犬多毛見爾雅釋文獵字林云多毛犬也疏云旄毛獵長毛也

大䴥毛長狗足者 注疏本脫者

俗呼爲赤熊卽羆也　單疏本雪牕本同注疏本删下三字

猰貐類貙　唐石經單疏本雪牕本同釋文猰字亦作猰或作窫貐字或作窳按山海經北山經注引作窫窳似貙太平御覽卷九百八引作猰窳類貙皆與陸氏所見本合

名曰窫窳　注疏本作窫窳

其狀與此錯　注疏本錯作異

卽師子也　單疏本雪牕本元本同閩本監本毛本師改獅俗字下及疏中同

狻猊日走五百里　單疏本雪牕本同釋文音經麑字又作猊按此經作麑注作猊

陽嘉三年　浦鏜云二誤三

竦勒王盤　注疏本脫盤

封牛其領上肉隆起　元本同閩本監本毛本封改犎

角橢出西方　單疏本雪牕本同釋文橢字或作隋他果反下同按郭注當本用隋字

麐麕身　唐石經單疏本雪牕本同釋文麐本又作麟牝麒也五經文字云麐牝麒也經典皆作麟唯爾雅作此麐字按說文麒仁獸也麐牝麒也麟大牝鹿也是麒麟字作麐今毛詩春秋禮記作麟者同聲假借也惟爾雅作麐爲正

非瑞麐麟也注疏本脫應

貄脩毫唐石經單疏本雪牕本閩本監本同元本脩字闕毛本改修按釋文脩說文作希

武陵阮南縣元本閩本同監本毛本阮改沅是也

今蝟狀似鼠雪牕本注疏本同單疏本似作如非釋文音經彙又作蝟按此經作彙注作蝟

梟羊也按此作梟羊字說文作梟陽或有改此羊爲陽者非也

又謂之贛音感臣人注疏本移音感於後脫臣人○按山海經臣作巨此臣字蓋誤

梟羊在北朐之西注疏本朐誤煦北字此本誤此今訂正

笑則脣蔽其面元本同閩本監本毛本面改目

狒狒怪萌元本同閩本剜改萌作獸監本毛本承之

其跡厹雪牕本注疏本同釋文唐石經單疏本厹作[illegible]按說文厹九聲

宣二年左傳云元本同閩本監本毛本二誤三

猱蝯善援唐石經單疏本雪牕本同釋文猨音爰本今作蝯五經文字云蝯作猨訛按釋文知此經舊作猨從犬說文虫部云蝯善援故五經文字唐石經皆定作蝯

能玃持人單疏本注疏本同說文引爾雅云玃父善顧攫持人也此玃持為攫持之訛雪牕本作玃蓋本從手旁誤刻改注以攫釋玃本說文

好顧盼單疏本注疏本同毛本盼誤盼釋文眄亡見反按說文眄邪視也莫甸切當用此字盼恨視也胡計切盼詩美目盼兮匹莧切皆非此義雪牕本此字脫

蜼卬鼻而長尾唐石經單疏本作卬鼻雪牕本作卬鼻注疏本作卬鼻釋文卬五剛反又魚兩反按注云鼻露向上則卬為古仰字魚兩反今作卬非

尾末有岐單疏本注疏本同雪牕本元本岐作歧釋文歧音祁

為物捷健雪牕本注疏本同單疏本作健捷

好登山峯單疏本雪牕本元本閩本同監本毛本峯改峰按釋文作峰舊校云本今作峯

猩猩小而好啼雪牕本注疏本同按猩猩當作狌狌釋文猩音生當本是狌音生唐石經兩字犬旁清楚星星模糊蓋本作狌狌後刻改邢疏引周書王會都郭狌狌又引曲禮猩猩能言按禮記釋文云狌狌音生本又作猩知禮記本作狌狌山海經海內經作狌狌郭注云或作猩猩可證此注引山海經亦當作狌狌釋文嗁作啼同

今交阯封谿縣出猩猩雪牕本元本同單疏本閩本監本毛本阯改趾按釋文阯音止磎音溪本今作谿

狀如貛㹠單疏本雪牕本同釋文豚字亦作肫

都郭狌狌欺羽 今周書狌狌作生生非○按都山海經注作鄭

鬫洩多狃 唐石經雪牕本注疏本同釋文單疏本洩作泄是

寓屬 唐石經單疏本雪牕本同釋文寓屬舍人本作䝞按說文蝯善援禺屬周禮司尊彝注蜼禺屬卬鼻而長尾是許叔重鄭康成所據爾雅皆作禺說文禺母猴屬蝯目蒙頌猱狀以下言之今本作寓屬邢疏以寄寓木上釋之非○按寓屬對釋嘼言之嘼者人所養也寓屬者皆寄居於野者也自麋以下至末皆是也若說文周禮注之禺屬單謂母猴類與此寓屬絕不相涉舊校非也

以頰裏藏食 雪牕本注疏本同釋文引郭云以頰內藏食也此本裏作褢訛今訂正下寓鼠曰嗛注同

江東呼為鼪音牲 雪牕本同注疏本刪下二字釋文鼪郭音生

鼣鼠 單疏本雪牕本同唐石經犬旁損闕段玉裁云鼣當作鼥按釋文鼣字或作鼥苻廢反舍人云其鳴如犬也集韻二十廢鼣鼥鼠名其鳴如犬吠或從發是丁度等所據釋文本作鼥舍人云其鳴如犬犬下脫一吠字廣韻亦云如犬吠藝文類聚卷九十五引爾雅作鼥鼠音吠犮發聲相近今本從犬訛

鬫西呼為鼩鼠見廣雅音瞿 雪牕本同注疏本刪下二字釋文作鬫西呼為鼩鼠見廣雅又云鼩郭音雀將略反郭注本雀字或誤為瞿字瞿音劬疏云鼩音雀今本作鼩誤也

狀如鼠而大蒼色在樹木上 單疏本雪牕本同段玉裁云初學記引作江東呼鼫鼠者但鼠大而食鳥在樹木上又以食鳥毀牛為事對蒼色蓋食鳥為形近之訛

鼴鼠也方言名犁鼠注疏本鼴改鼹方言下增云

云鼶鼠者似鼬之鼠也注疏本鼶誤鼷

本云一名鼷鼠釋文引李云此誤

關西呼爲鼩鼠見廣雅鼩音雀○注疏本作鼩音瞿小注改大字元本同

牛曰齝唐石經單疏本雪牕本同釋文齝郭音笞一切經音義卷一卷七皆引爾雅牛曰齥按下注齝字釋文作齥是齥齝同字然郭氏音笞則此經郭本作齝也

食之已久復出嚼之單疏本雪牕本同按詩無羊釋文引郭注爾雅云食已復出嚼之也又一切經音義卷九引此云食之已復出嚼之也今本衍之久脫也

羊曰齥唐石經雪牕本注疏本同釋文單疏本齥作齛疏中同○按當作齛注洩當作泄皆唐人避諱改也說文齛羊粻也

自奮齝雪牕本同注疏本作自奮迅動作係依疏語刪改元本齝字以下實闕

鼓鰓須息注疏本鰓作顋雪牕本元本作腮釋文鰓西才反此舊作鰓訛今據釋文訂正顋與腮同字玉篇顋頰腮鰓魚頰也

鳥曰狊唐石經單疏本雪牕本同注疏本狊誤臭釋文狊古闃

張兩翄單疏本雪牕本同釋文翄本或作翅又作翨同

魚之鼓動兩頰 元本同閩本監本毛本頰改腮

釋畜第十九

色青 單疏本雪牕本同按釋文曰山海經云有獸狀如馬名騊駼青色本注云然也又疏云青色二字郭氏語也又史記索隱匈奴列傳曰郭注爾雅云騊駼馬青色音淘塗然則此注色青本作青色矣

幽隱之獸也 注疏本脫也

而身黑三尾 注疏本三作二浦鏜云山海經作白身黑尾

蹄如趼而健上山 單疏本雪牕本同釋文引郭云蹄如研而健上山此作趼訛釋文引舍人云研平也謂蹄平正李云其蹄正堅而平似研也釋文音經趼本或作研段玉裁曰如淳百官公卿表注作昆蹄研師古曰蹄研者謂其蹄下平也作研爲是作趼者淺人所改

舍人云騉蹄者 注疏本騉誤踞

盜驪綠耳 單疏本雪牕本同釋文綠耳本或作騄駬同按五經文字馬部騄音綠騄耳見爾雅史記秦本紀造父以善御幸於周繆王得盜温驪驊騮騄耳之駟集解引郭氏曰紀年北唐之君來見以一驪馬是生綠耳八駿皆因其毛色以爲名號索隱引穆王傳曰赤驥盜驪白義渠黃驊騮騟䮝騄耳山子是紀年作綠耳穆傳作騄耳此注引穆傳字當作騄矣釋文當是騄駬本或作綠耳今本後人竄改張參所見本蓋作騄

千里馬領頸 雪牕本同注疏本刪下二字單疏本云注穆天至領頸太平御覽卷九百十三引此注亦有領頸

受敕憲 元本同閩本監本毛本敕改勑穆傳同按廣韻敕誡也恥力切今相承用勑勑本音賚說文勑勞也

華騮綠耳 元本同閩本監本毛本華改驊

魏時西牟獻千里馬 浦鏜改西牟作鮮卑云西字誤按西鮮聲相近今穆傳注作鮮

右服盜驪而左綠耳 浦鏜云盜驪當爲驊騮穆傳作䮿騮注云疑驊騮字按此注引穆傳之右服盜驪以證爾雅之小領盜驪且自釋之曰盜驪千里馬然則穆傳必本作盜驪今本作驊騮淺人所改當據此訂正

卽馬高八尺 單疏本雪牕本同按八尺下當有者字疏曰郭云卽馬高八尺者卽下文馬八尺爲駥者也是邢本原有者字釋獸絕有力豝注云卽豕高五尺者可證

四蹢皆白首 唐石經單疏本注疏本同雪牕本首改蹢按玉篇蹢才田切馬四蹄白廣韻一先蹢馬四蹄皆白也考初學記卷二十九藝文類聚卷九十三引爾雅皆作首與唐石經合今邵晉涵正義改作四蹢皆白前云爾雅舊本作前後人加馬旁作蹢因字形相涉前誤爲首

尾白駺 唐石經雪牕本同釋文駺本多作狼狼同音郎按藝文類聚引爾雅作尾白狼盧文弨曰說文有狼無駺知此經本用狼字

馰顙白顛 唐石經雪牕本注疏本同單疏本馰作的引易震爲的顙按釋文云的字林作馰是爾雅不作馰也初學記引爾雅作的顙與釋文邢本合又易釋文作的云說文作馰〇按說文引周易爲馰顙又日部的下引易爲的顙的本从日俗从白作的

白達素縣 單疏本雪牕本注疏本同唐石經縣作懸

素皐莖也單疏本同雪牕本注疏本皐作鼻

四膝下皆白名驓注疏本名誤色

後兩足皆白名翑注疏本兩改二

謂馬之白尻者名驠元本閩本同監本毛本驠下衍也

的顙者元本同閩本監本毛本的改馰下引易同

回毛在膺宜乘唐石經雪牕本同釋文棄字又作乘按爾雅乘字多作棄石經此作乘非

騋牝驪牡唐石經注疏本同單疏本描改不可據雪牕本作騋牝驪牝經義雜記曰鄭康成孫叔然本作騋牝驪牡元郭景純本作騋牝驪牝騋古讀若驪故爾雅以驪牝釋詩騋牝釋文騋牝頻忍反下同指下驪牝之牝也今本作驪牡係妄改陸云孫注改上騋牝為牡讀與郭異因下作驪牝故言上騋牝別之且以明下驪牝為孫郭同也

馬七尺已上為騋雪牕本同注疏本已作以

云詩云騋牝三千者元本同閩本監本毛本云改注

云七尺已上為騋元本同閩本監本毛本已改以

今江東呼駁馬為隲音質雪牕本同注疏本刪下二字釋文父本或作駁俗字按單疏本注疏本作駁雪牕本誤駮此當從陸

本

今之鐵驄單疏本雪牕本元本同閩本監本毛本驄改驄釋文亦作驄

青驪驎驒唐石經單疏本雪牕本同五經文字云驎與粼同今之連錢驄也釋文粼本或作驎郭云斑剝隱粼也孫云似魚鱗也按說文無驎字驒下云一曰青驪白鱗文如鼉魚與孫說合是古借用魚鱗字或用隱粼字今本作驎非

色有深淺班駮隱粼閩本監本毛本同元本粼作粼單疏本雪牕本作鄰釋文引郭云斑剝隱粼也或音鄰詩駟驖釋文正義皆引作斑駁隱粼按說文巜部粼水生厓石間粼粼也今從巜訛作鄰爲同聲借用字

驪白雜毛駂注疏本同釋文五經文字唐石經單疏本駂作鴇毛詩大叔于田傳驪白雜毛曰鴇釋文云鴇依字作駂

今之烏驄雪牕本注疏本同疏云今謂之烏驄詩大叔于田正義引作今呼之爲烏驄今本脫呼爲二字

陰淺黑今之泥驄雪牕本注疏本同詩駟正義引此注下有或云目下白或云白陰皆非也十二字正義有申釋之辭

詩曰有騅有駓單疏本雪牕本同詩駉正義引郭注曰即今騅馬也與今本異

即今之赭白馬彤赤雪牕本注疏本同案此注誤倒詩正義引郭云彤赤也即今赭白馬是也猶陰白雜毛駰注先言陰淺黑訓陰爲淺黑後云今之泥驄舉時驗以證之

今之淺黃色者爲騧馬單疏本雪牕本同釋文引郭云今以淺黃色爲騧馬案今本之字蓋涉上注誤當從釋文作以

一目白瞯二目白魚唐石經單疏本雪牕本同釋文瞯音閑本又作瞯魚本又作䁜案釋文當作瞯音閑本又作瞷䁜本又作魚葉鈔本云本又作瞯則正當作瞯詩釋文引爾雅云一目白瞯二目白䁜可證說文瞯戴目也从目閒聲

色青之閒元本同閩本青下擠黑監本毛本排入

青驪驎驒注疏本驒誤驔

色有深淺班駁隱鄰名驒元本同閩本監本毛本班改斑鄰誤粼

文似鼉魚也元本閩本脫此句監本毛本作似鼉文也

詁差爲揀擇之義也注疏本詁改訓

某氏曰注疏本某氏誤其次

田獵取牲於苑囿之中元本閩本監本同毛本囿改圃

領上肉㶿肤起單疏本雪牕本同釋文㶿音與上㶿字同本亦作㶿案臕肤字當從肉鄭注考工記云臕謂墳起郭注以臕訓㶿此當從釋文然陸氏所見本已有援經改注者矣元本閩本監本毛本肤作眹

狀如橐駝單疏本雪牕本同注疏本駝改駞五經文字作馲駝云馲音洛又他各反見爾雅釋文橐字又作馲引字林云馲駝似鹿而大然則爾雅注本作橐駝呂氏字林作馲駝淺人據以改之

今之㹌牛也單疏本雪牕本同注疏本㹌訛㹌五經文字㹌子力反見爾雅釋文㹌子息反本或作稷

魏牛唐石經單疏本雪牕本注疏本皆作犩牛釋文亦作犩此作魏蓋非盧文弨曰山海經中山經夔牛郭傳云即爾雅所謂魏夔魏兩字俱無牛旁與此合案五經文字牛部載爾雅牛屬字無犘犩二字蓋張參所據本亦作魏

犣牛唐石經單疏本雪牕本同五經文字犣力涉反見爾雅釋文犣字林云牛名也本多作鬣字此牛多毛鬣案注云旄牛也髀膝尾皆有長毛釋文旄作髦郭氏以髦訓鬣則經必作鬣字今本後人援字林所改說文無犣

今無角牛也雪牕本同元本閩本監本無牛毛本無今疏云犝牛者無角牛名

犑牛釋文五經文字唐石經同雪牕本注疏本犑誤犑

牛角低仰雪牕本注疏本同釋文低卬五剛反又魚丈反案仰當作卬注以低卬釋經之俯仰今本訛

體長犻注疏本同釋文單疏本雪牕本犻作牬皆誤案五經文字引爾雅作犻布大反玉篇犻布外反牛體長當據以訂正釋文博蓋反雪牕本音貝則字本作犻也○案以屮木朩朩然之朩爲聲

絕有力欣犌雪牕本注疏本同單疏本標經起止云犘牛至欣犌唐石經損闕然欣之偏旁欠字尚可考邵晉涵正義曰玉篇云犌牛有力廣韻云犌牛絕有力欣字疑衍案邵說是也釋鳥雉絕有力奮釋獸麔絕有力狄鹿絕有力麉麕絕有力豣狼絕有力迅兎絕有力欣豕絕有力豟熊絕有力麙釋畜馬絕有力駥羊絕有力奮犬絕有力狣雞絕有力奮是凡鳥獸之絕有力者皆單字無兼名者自唐石經誤衍欣字而今本因之○案單字雙字隨方俗語

言爲之舊校誤引邵說

號山獸多橐駝 元本同閩本號誤號監本毛本誤⿰豸虎

人弩射殺得之 元本同閩本監本毛本得之倒

犝牛者 注疏本脫者

言傾攲也 浦鏜云攲誤攲

謂吳羊白羝 雪牕本元本同閩本監本毛本羝誤羒釋文羝丁兮反

牡羭牝羖 唐石經單疏本雪牕本同程瑤田謂當作牡羖牝羭說詳通藝錄

羳角三匝 雪牕本注疏本同釋文單疏本匝作迊廣韻三十三線引作币

俗呼五月羔爲羜 單疏本注疏本同詩伐木正義引此江俗呼上有今字此脫

卽白羝也 監本毛本脫也元本閩本誤作郎助羝也

齊毋經瞿有之文也 元本閩本監本同毛本毋作母

然后穌士有澤 注疏本后改後

短喙猲獢 唐石經單疏本雪牕本同釋文獥許謁反字林作猲案玉篇獥許謁切獥獢犬短喙也亦作猲文選西京賦載獫獥獢獥爲狠子釋文胡

狄古狄工弔三反非犬名也陸氏既云字林作猲知爾雅不作猲矣釋文作玁者玁之訛今本作猲者據字林所改毛詩作歇驕者爲通借字說文亦作猲

毫是𣯡毛也 注疏本也誤子

叩气吠以守也 元本閩本毛本同監本气誤乞

云名亦相出入者 注疏本名誤義

與彼豵師特 注疏本豵誤二

秦風駟鐵篇文也 浦鏜云鐵誤從金旁作案詩正義本作駟鐵云言其色黑如鐵俗本改作馬旁

雛子名 單疏本雪牕本同注疏本雛誤雞釋文雛本或作鶵

周禮云馬八尺已上爲駥 雪牕本注疏本云作曰釋文已作以單疏本元本駥作龍此經注異字之證閩本監本毛本雪牕本皆作駥非後漢書注引亦誤作駥

牛七尺爲犉 唐石經雪牕本同單疏本亦作犉釋文犉字亦作犉案爾雅釋文本多用古字

今漁陽呼猪大者爲豝 雪牕本同注疏本猪作豬疏云豬高五尺者名豝

靈公有害狗謂之獒也 雪牕本監本同單疏本亦作害元本閩本毛本作害狗係臆改案何氏公羊傳本作周狗害恐周之誤字也字形相似

尚書孔氏傳曰犬高四尺曰獒卽此義雪牕本注疏本同段玉裁云此非郭注後人所附益案單疏本標起止云注公羊至之獒是邢氏所據郭注無此一十五字

六畜雪牕本同有此題唐石經單疏本注疏本皆無石經考文提要云至善堂九經本亦有此二字案春秋桓六年正義曰爾雅釋畜於馬牛羊豕狗雞之下題曰六畜又昭二十五年正義曰釋畜之末别釋馬牛羊豕犬雞六者之名其下題曰六畜然則唐初本爾雅舊有此題特開成石經偶脫耳

牛高七尺者名犉羊高六尺者名羬注疏本脫二者羬下衍者

其狀如羊而馬尾名羬注疏本名作曰

今大月氏國元本同閩本監本氏改氐

豬高五尺者名豟注疏本名誤爲豟作豝

此牛七尺爲犉注疏本此誤云

晉靈公將殺趙盾趙盾躇階而走注疏本脫一趙盾

今此周作害注疏本害改善大誤

爾雅疏卷第十唐石經雪牕本同題爾雅卷十單疏本注疏本删此本下記經三千一百一十三字注七千八百九十字

爾雅注疏卷十校勘記